GUÍA

Arquitectura de España
1929/1996

Architecture of Spain

of Spain

CARLOS FLORES · XAVIER GÜELL

GUIDE

CAJA DE ARQUITECTOS
FUNDACIÓN

CARLOS FLORES LÓPEZ (1928)

Título de arquitecto, 1958.
Título de doctor arquitecto, 1965.
Escuela Técnica Superior de
Arquitectura de Madrid.
Principales obras publicadas:
Arquitectura española contemporánea,
1961, Aguilar S.A.
Arquitectura popular española
(5 volúmenes), 1972-76, Aguilar S.A.
La arquitectura de Josep M. Jujol, 1974.
La Gaya Ciencia, Barcelona
Gaudí, Jujol y el modernismo catalán,
1982, Aguilar S.A.
Ciudades de Europa, 1992.
Espasa Calpe
Sobre arquitecturas y arquitectos, 1994.
Madrid, Fundación COAM.
Director revista *Hogar y Arquitectura,*
1964-1974.
Profesor titular interino de la Escuela
Técnica Superior de Arquitectura de
Madrid desde 1987 hasta 1996 en la
asignatura de composición II
(Cuarto curso).
Premio COAM a la mejor labor crítica
e historiográfica en 1962.
Premio Ayuntamiento de Madrid,
1990, por el conjunto de su labor
investigadora.

XAVIER GÜELL GUIX (1950)

Título de arquitecto por la
"Escola Tècnica Superior
d'Arquitectura" de Barcelona
desde 1977.
Despacho profesional en
Barcelona.
Principales obras publicadas:
Antoni Gaudí,
Casas mediterráneas,
Costa Brava 1 y 2,
Arquitectura española contem-
poránea,
La década de los ochenta,
publicados por la Editorial
Gustavo Gili, S.A.
Desde 1987 tiene a su cargo la
colección "Catálogos de
Arquitectura Contemporánea"
de la misma editorial.
Autor del *Special Issue,*
con alrededor de treinta y
cinco libros publicados.
Finalista de los premios
FAD en 1990,
en la III Bienal de Arquitectura
Española 1993/1994 y
Mención Especial Restauración
Premi Bonaplata 1995.

Degree in Architecture, 1958.
Doctor in Architecture, 1965.
Escuela Técnica Superior de Arquitectura of
Madrid.
Main published works:
Arquitectura española contemporánea, 1961,
Aguilar S.A.
Arquitectura popular española (5 volúmenes),
1972-76, Aguilar S.A.
La arquitectura de Josep M. Jujol, 1974.
La Gaya Ciencia, Barcelona.
Gaudí, Jujol y el modernismo catalán, 1982,
Aguilar S.A.
Ciudades de Europa, 1992, Espasa Calpe.
Sobre arquitecturas y arquitectos, 1994,
Madrid, Fundación COAM.
Editor of the magazine *Hogar y Arquitectura,*
1964-1974.
Professor at the Escuela Técnica Superior
de Arquitectura de Madrid from 1987 to
1996 of the subject composition II
(Fourth course).
Prize COAM to the best critic and historical
task in 1962.
Prize Madrid City Hall, 1990, for the totality
of his research task.

Degree in architecture at the "Escola
Tècnica Superior d'Arquitectura" of
Barcelona in 1977.
Professional studio in Barcelona.
Main publsihed works:
Antoní Gaudí,
Casas mediterráneas,
Costa Brava 1 y 2,
Arquitectura española contemporánea,
La década de los ochenta,
all of them published by Gustavo Gili
Publishing House, S.A.
Since 1987 he takes care of the
collection "Catálogos de Arquitectura
Contemporánea" of the same
publishing house.
Author of *Special Issue,* with around
thirty-five published books.
Finalist of the prizes FAD in 1990,
at the III Bienal de Arquitectura
Española 1993/1994 and
Special Mention of Restauration
Premi Bonaplata 1995.

Arquitectura de España 1929/1996
Architecture of Spain

XAVIER GÜELL
CARLOS FLORES

CAJA DE ARQUITECTOS
FUNDACION

Indicativo provincial y provincia
Provincial indicative and province

A–   ALICANTE
AB– ALBACETE
AL– ALMERÍA
AV– ÁVILA
B–   BARCELONA
BA– BADAJOZ
BI– VIZCAYA
BU– BURGOS
C–   LA CORUÑA
CA– CÁDIZ
CC– CÁCERES
CE– CEUTA
CO– CÓRDOBA
CR– CIUDAD REAL
CS– CASTELLÓN
CU– CUENCA
GC– GRAN CANARIA
GI– GIRONA
GR– GRANADA
GU– GUADALAJARA
H–   HUELVA
HU– HUESCA
J–   JAEN
L–   LLEIDA
LE– LEÓN
LO– LOGROÑO
LU– LUGO
M–   MADRID
MA– MÁLAGA
ML– MELILLA
MU– MURCIA
NA– NAVARRA
O–   ASTURIAS
OR– ORENSE
P–   PALENCIA
PM– BALEARES
PO– PONTEVEDRA
S–   SANTANDER
SA– SALAMANCA
SE– SEVILLA
SG– SEGOVIA
SO– SORIA
SS– GUIPUZCOA
T–   TARRAGONA
TE– TERUEL
TF– TENERIFE
TO– TOLEDO
V–   VALENCIA
VA– VALLADOLID
VI– ALAVA
Z–   ZARAGOZA
ZA– ZAMORA

Sumario
Contents

INTRODUCTION

From 1929, the year that Mies van der Rohe constructed the German Pavilion for the Barcelona Exhibition, until our own time there has elapsed a long and fecund, if not always coherent, period in which Spanish architecture has passed from an incipient and vigorous enlistment in the Modern Movement to the deployment of a notable production, most particularly in the last few years, which have brought it recognition within the panorama of international architectonic culture.

Until now, nobody has undertaken to produce a document such as this, whose objective is to offer a guide to all those interested in the architecture produced in Spain faithful to the principles of the Modern Movement, perceiving that affiliation as its major nexus of connection, over and above the links that relate it to the cities in which it is situated. This is in consequence a guide that transcends the city —the habitual realm of documents of this kind— and as such exposed to the risk inherent in the innovative nature of the endeavour.

The great architectural production of these last few years, years which are generically identified with the restoration of democracy, is not exclusively the outcome of the work of its creators and the social and cultural context that shaped them, but also of the continuity and consolidation of certain expedients which, employed by the earlier generations with considerable effort and courage, laid the foundations and gave the necessary impetus to their successors.

There is nothing more difficult, and to some degree arbitrary, than the election of a cut-off point, the initial date of a period which determines a before and an after, in relation to the assumption of the postulates of the Modern Movement by Spanish architecture.

This was not the case for the present guide, which has taken 1929, the year of the Mies Pavilion, as the formal initiation of Spanish architecture's incorporation into a modernity that was already by then consolidated in Central Europe. The significance attaching to this small yet immense production provides us with a starting point for a period that brings us up to the present day.

Seventy years have passed, in which various generations of architects, in times propitious or unfavourable, have managed, by way of their personal contributions, to consolidate the maturity, the vigour and the modernity of the Spanish architecture of the end of the millennium.

The selection of works and the intellectual responsibility for the guide was entrusted to the architects Carlos Flores and Xavier Güell. Each of them, bringing to bear their finest qualities, took charge of a part of this guide. Thus, Carlos Flores was responsible for the period from 1929 to 1960, while Xavier Güell did so for the subsequent period. Carlos Flores needs little introduction; let me take this opportunity to thank him for his tireless capacity for the study of architecture, and especially for his book *Arquitectura española contemporánea*, published by Aguilar in 1961, a study that should be obligatory reading for anyone who wishes to understand the period 1929-1960 in its full extension. Of Xavier Güell it is worth noting that he is a practising architect who combines his professional activities with the editing and publication of architectonic culture in numerous books, amongst which we might mention here *La arquitectura española contemporánea de los ochenta*, published by Gustavo Gili, an equally fundamental work for the comprehension of the period it treats.

This guide makes its appearance just a few months before the U.I.A. Architecture Congress in Barcelona, an event which we hope will enjoy the widest possible diffusion for the benefit of architecture, and to which the Foundation of the Caixa d'Arquitectes seeks to contribute by means of the present publication.

INTRODUCCIÓN

Desde 1929, año en el que Mies van der Rohe construyó el Pabellón Alemán para la Exposición de Barcelona, hasta nuestros días ha transcurrido un largo y fecundo, aunque no siempre coherente, período en el que la arquitectura española ha pasado de un incipiente y vigoroso enrolamiento al movimiento moderno hasta el despliegue de una notable producción y muy particularmente en estos últimos años, que le han dado notoriedad en el panorama de la cultura arquitectónica mundial.

Hasta la fecha nadie se ha ocupado de producir un documento, como el presente, cuyo objetivo sea guiar a las personas interesadas en la arquitectura producida en España, fiel a los principios del movimiento moderno y que tal adscripción sea su principal aglutinante, más allá de los nexos que la vinculan con las ciudades que las acogen. Se trata en consecuencia de una guía supraciudadana, territorio más habitual para este género de documento, lo que plantea un riesgo por la novedad de la propuesta.

La gran producción arquitectónica de estos últimos años, los que de una manera genérica identificamos con los de la democracia, no son fruto exclusivo del trabajo de sus autores y del contexto social y cultural que los ha propiciado, sino de la continuidad y consolidación de unas trazas, que con notable esfuerzo y valor, cimentaron e impulsaron las generaciones que les precedieron.

Nada mas difícil, y hasta cierto punto arbitrario, resulta el determinar una fecha de corte, de inicio de un periodo, en el que se pueda convenir un antes y un después, de la asunción de los principios del movimiento moderno por la arquitectura española. No ha sido así para esta guía que ha tomado 1929, año del Pabellón Mies como inicio formal de la incorporación de la arquitectura española a la modernidad, ya consolidada por aquellas fechas en el centro europeo. El significado que acompaña a esta pequeña pero inmensa construcción, nos sirve de arranque de un periodo que nos conduce hasta hoy.

Setenta años han transcurrido, en los que distintas generaciones de arquitectos, ya sea en épocas propensas o en otras desfavorables, han sabido, con sus aportaciones personales, consolidar la madurez, el vigor y la modernidad de la arquitectura española del final del milenio.

La selección de las obras y la responsabilidad intelectual de la guía la hemos confiado a los arquitectos Carlos Flores y Xavier Güell. Cada uno de ellos, adaptándose a sus mejores cualidades, ha asumido una parte de la guía. Así Carlos Flores se ha responsabilizado del periodo que discurre entre 1929 y 1960, mientras que Xavier Güell lo ha hecho con la parte siguiente. Poco podemos decir de Carlos Flores sino agradecerle su incansable capacidad de estudio de la arquitectura, y en especial por su *Arquitectura española contemporánea*, editada por Aguilar en 1961. Libro que entendemos debe ser de obligada lectura para comprender en toda su extensión el periodo 1929/1960. De Xavier Güell, señalar que es arquitecto en activo y que compagina su labor profesional con la publicación y edición de la cultura arquitectónica por medio de numerosos libros, entre el que debemos citar *La arquitectura española contemporánea de los ochenta*, editada por Gustavo Gili, obra así mismo trascendental para la compresión de su periodo.

Esta guía sale a la luz en las semanas previas al Congreso de la Unión Internacional de Arquitectos en Barcelona, evento al que deseamos una notable difusión en bien de la arquitectura y al que la Fundación de la Caja de Arquitectos quiere colaborar con su edición.

Spanish architecture 1929-1960:
Light and shade of three decades

THE "GENERATION OF 1925" AND THE "GATEPAC GENERATION"

The various avant-garde tendencies committed to a new and innovative architecture that began to establish themselves and gather strength in Europe around 1918 [1] —a date at once real and symbolic— were introduced into Spain by way of the writings and works of two successive groups of architects, very close to one another in time but characterized by certain differential features that permit their separate identification. The members of the so-called "generation of 1925" and the "GATEPAC generation" represented in their day two different ways of thinking —and also of approach and strategy— in relation to the shared goal of situating Spanish architecture in a sphere comparable to that already being explored by some of their European colleagues, confronting to this end a series of established situations which they profoundly rejected. The succession and/or the mixture of eclectic languages —historicist, nationalist, regionalist, even modernist, in their different acceptations of "modernity" repeated time and again by the laws of routine and the repudiation of analytical premises, appeared to them to be so many exhausted options, so many ways of understanding architecture without the least possibility of logical development or future revitalization.

One key element in the explanation of how this process of breaking away came about is provided by the architect Fernando García Mercadal; such a postulate does not imply the consideration of the "Mercadal case" as an exceptional, one-off phenomenon within a generally barren landscape, but rather the active presence of a lively intelligence in contact with other —albeit not many— like minds who manifested analogous critical responses to the situation in which, from a conceptual point of view, most of the architectural profession found itself.

Fernando García Mercadal was born in Saragossa on May 5th, 1895; twenty-six years later (June 1921) he graduated from the Escuela Superior de Arquitectura de Madrid as the best student of his year. In 1923 he was awarded a Pensión de Roma study grant —still in existence today— which allowed him four years of studying and developing on his architectural training in various European countries. He went first to Italy, where he spent a very fruitful eighteen months; he also, in compliance with the conditions of the Pensión, stayed for shorter periods of time in other European cities, including Vienna, Berlin and Paris [2]. He made contact with architects from the Wagnerschule, Hoffmann amongst them, and with teachers of the calibre of Loos, Behrens, Poelzig and others; he settled for a time in Paris, where he was frequently in the company of Le Corbusier and the Esprit Nouveau group. With that tremendous vitality he manifested in every period of his life, Mercadal made contact with many of the most active avant-garde movements and the most radical members of the profession. From his position as privileged observer he set about "taking note" of the processes that were taking place with such intensity and increasing rapidity, and which were to bring about the consolidation and extension of those new tendencies that were subsequently subsumed under the denomination of the Modern Movement.

It is important to bear in mind that when, in 1927, Mercadal returned definitively to Spain, the future Modern Movement no longer constituted a mere collection of manifestoes and intentions; by then a considerable number of works embodying the new ideas had been constructed in Europe, and Mercadal had studied many of these in situ and had personal contact with the architects. A brief list of these architects who, prior to 1927, had already built significant and in some cases paradigm works would include figures such as Loos, Behrens, Poelzig, Gropius, Meyer, Theo van Doesburg, Mendelsohn, Mies, Le Corbusier, Oud, Max and Bruno Taut and others. It is worth noting that before 1923, the year of his study grant, Mercadal had already visited –perhaps at the suggestion of Anasagasti– Vienna and Paris [3], and that beginning with the issue for June 1920 the magazine *Arquitectura* had published some of his comments, to which were subsequently added those of future members of the "generation of 1925": Lacasa, Sánchez Arcas, Bergamín, Blanco Soler, Amós Salvador, etc. In fact, *Arquitectura* —the official journal of the Sociedad Central de Arquitectos and the only genuinely nationwide platform of architectural debate prior to 1936— introduced beginning with issue

---

1. *Although we can identify a number of isolated phenomena prior to 1918 which represent radical departures from the habitually accepted norms, it was only after the cessation of the 1914-18 war that these individual efforts, essentially limited in scope, came to constitute a corpus with the capacity to influence to a significant degree the architectural activity produced within what has come to be known as "western culture".*

2. *The subject of the architect Fernando García Mercadal's travels in Europe, and his sporadic visits to Spain between 1923 and 1927, is discussed in Carmen Rábanos Faci, Vanguardia frente a tradición... El Racionalismo, Saragossa, 1984, pp. 99-106, and in Carlos Sambricio, Cuando se quiso resucitar la arquitectura, Murcia, 1983, pp. 95-131.*

3. *Concerning the influence of Anasagasti on the young Mercadal, and on the whole architectural panorama of Madrid from 1920 on, see Carlos Sambricio, op. cit., p. 97.*

Arquitectura española 1929-1960: Luces y sombras de tres décadas

LA "GENERACIÓN DE 1925" Y LA "GENERACIÓN DEL GATEPAC"

Las diversas tendencias de vanguardia por una renovación de la arquitectura que comenzaron a consolidarse y a tomar fuerza, en Europa, alrededor de 1918 [1] —una fecha real y simbólica al propio tiempo— serían introducidas en España a través de los escritos y las obras de dos grupos sucesivos de arquitectos, muy próximos en el tiempo pero dotados de ciertas señas diferenciales que permiten su identificación por separado. Los integrantes de las llamadas "generación de 1925" y "generación del GATEPAC", representaron en su día dos formas distintas de entendimiento —e incluso de aproximación y estrategia— en relación con una finalidad compartida, aquella de colocar a la arquitectura española en una órbita semejante a la que recorría ya una parte de sus colegas europeos, enfrentándose para ello a un cúmulo de situaciones establecidas que rechazaban radicalmente. La sucesión y/o la mezcla de lenguajes eclécticos —historicistas, nacionalistas, regionalistas, e incluso modernistas pertenecientes a diversas "modernidades"— repetidos una y otra vez por las leyes de la rutina y de la renuncia a planteamientos analíticos, aparecían ante ellos como un conjunto de caminos agotados, como formas de entender la arquitectura sin la menor posibilidad de desarrollo lógico o revitalización futuros.

Un elemento clave para explicar cómo fue produciéndose este proceso rupturista, vendría dado por la figura del arquitecto Fernando García Mercadal, atribución que no supone la consideración del "caso Mercadal" como un hecho insólito o único dentro de un panorama general desértico sino, por el contrario, como la presencia activa de una inteligencia alerta conectada con otras afines —cierto que no muchas— que mantenían análogas divergencias respecto de la situación en que se encontraba, desde un punto de vista conceptual, la parte más numerosa de la profesión.

Fernando García Mercadal nace en Zaragoza el día 5 de mayo de 1895; veintiséis años después (junio de 1921) obtendrá su graduación en la Escuela Superior de Arquitectura de Madrid con el número uno de su promoción. En 1923 será becado con una de las Pensiones de Roma —aún hoy existentes— lo que le permite disfrutar, durante cuatro años, de un período de formación y estudio repartido entre diversos países europeos. Marcha, en primer lugar, a Italia donde transcurrirán dieciocho, para él, fecundos meses; también —y cumpliendo las condiciones de la Pensión— permanecerá durante períodos de tiempo más breves en otras ciudades europeas, Viena, Berlín, París, entre ellas [2]. Tomará contacto con arquitectos procedentes de la Wagnerschule, Hoffmann, entre ellos; con maestros de la categoría de Loos, Behrens, Poelzig, etc.; se instalará en París y frecuentará a Le Corbusier y al grupo de L'Esprit Nouveau. Con aquella tremenda vitalidad que no le abandonará mientras viva, Mercadal conectará con buena parte de las vanguardias más activas y con los profesionales más contestatarios. Desde su posición de observador privilegiado irá "tomando nota" de los procesos que se van sucediendo de forma intensa y progresivamente acelerada y que habrán de suponer la consolidación y extensión de aquellas nuevas tendencias que más tarde serían englobadas bajo la denominación de Movimiento Moderno.

Hay que tener en cuenta que cuando, en 1927, Mercadal regresa a España de modo definitivo, el futuro Movimiento Moderno no se reduce ya a un mero conjunto de manifiestos e intenciones sino que un buen número de obras afines a las nuevas ideas han sido llevadas a cabo en Europa y que Mercadal ha estudiado in situ muchas de ellas y mantenido contactos directos con sus autores. Una relación sumaria de aquellos arquitectos que, con anterioridad a 1927, tendrán ya obras significativas

---

1. Si bien con anterioridad a 1918 se detectan ya un cierto número de hechos aislados que representan movimientos de ruptura en relación con las normas habitualmente aceptadas, será a partir del final del conflicto armado de 1914-1918 cuando todos aquellos intentos individuales, o de alcance menor, constituyan un corpus con una potencia capaz de influir profundamente sobre la actividad arquitectónica desarrollada dentro de lo que se ha venido llamando "cultura occidental".

2. El tema de los viajes por Europa del arquitecto Fernando García Mercadal, así como sus visitas esporádicas a España realizadas entre 1923-27, están comentadas en Vanguardia frente a tradición... El Racionalismo. Carmen Rábanos Faci. Zaragoza, 1984, págs. 99 a 106 y Cuando se quiso resucitar la arquitectura, Carlos Sambricio. Murcia, 1983, págs. 95 a 131.

Casa para el Marqués de Villora
House for the Marqués de Villora
Madrid. 1927-1929
Rafael Bergamín

Estación de servicio de Porto Pi
Porto Pi service station
Madrid. 1927
Casto Fernández-Shaw

number 82 (January 1926) significant changes in its editorial board, bringing in younger elements, amongst them some of the architects mentioned above, who incorporated opinions of their own alongside the discourse of their older but similarly forward-looking colleagues such as Torres Balbás, Anasagasti, Fernández Balbuena and García Mercadal himself. This issue 82 of *Arquitectura* is of interest not only for the inclusion of new voices but also for the radical and clearly necessary transformation of the formal significance of the magazine, adapting to a new style and content in marked contrast to the old-fashioned typography, layout and design it had used in the past.

From the time of García Mercadal's definitive return to Spain, the circumstances that fomented the development and consolidation of avant-garde architecture in the country became increasingly important. In the realm of built architecture, the years 1927-1928 saw the appearance of four works that were to prove emblematic in terms of the development of these avant-gardes [4]:

— Service station for the Porto Pi petrol company in Madrid.
   Arch.: Casto Fernández Shaw. Project and construction :1927.
— House for the Marqués de Villora in Madrid.
   Arch.: Rafael Bergamín. Project: 1926; construction: February 1928.
— Rincón de Goya in Zaragoza. Arch.: Fernando García Mercadal.
   Project: 1927; inauguration: May 1928. [5]
— House in Las Palmas de Gran Canaria. Arch.: Miguel Martín-Fernández de la Torre.
   Project: 1927; construction: 1927 or 1928.

A succession of key events can be traced in the field of theoretical discourse and of strategic movements oriented towards a more effective diffusion of the new ideas, and also in the laying down of the channels for better communication between the people interested in promoting these ideas:

—9th and 11th of May 1928: Le Corbusier takes part in a series of lectures on the new architecture in the functions hall of the Students' Residence in Madrid [6].
—June 1928: Fernando García Mercadal is present at the founding meeting of the C.I.R.P.A.C. in the castle of La Sarraz,near Lausanne, Switzerland, in company with the architect Juan de Zavala [7].
—13th of April 1929: inauguration in the Galeries Dalmau in Barcelona of the exhibition "Projectes d'Arquitectura", with plans and models of schemes by Sert, Torres Clavé, Yllescas, Rodriguez Arias and others, and A. Puig Gairalt as invited architect [8].

4. Not included in this short check-list is the Cine Pavón cinema, which J. A. Cortés has referred to as a building deserving consideration in this regard, given that Anasagasti's output as a whole, despite various works of interest such as the Madrid-Paris building from 1922 or his interventions in Rodríguez Acosta's "Carmen" in Granada, should be considered as closer to languages such as the Viennese Sezession (or even Art Deco) than to the European avant-gardes that contributed to the so-called Modern Movement.

5. According to Carmen Rábanos Faci (op. cit., p. 103), on the basis of data published in the magazine ARA-GON, a first sketch design for the Rincón de Goya was submitted by García Mercadal to Zaragoza City Council before November 1926, although it has not been possible to establish the degree of correspondence between this scheme and the work as ultimately constructed.

6. This series of lectures —in which Gropius, Breuer and Theo van Doesburg— was the result of a personal initiative of García Mercadal. Le Corbusier was later to recall how on his return by express from Madrid, during the brief stop in Barcelona José Luis Sert and a number of other young architects virtually dragged him from the train and hurried him off to give a talk in a hall in the city. (Prologue to the book Gaudí, Editorial La Polígrafa, Barcelona, 1967.)

7. An interesting graphic record of this meeting has been published by Benedikt Taschen; the photograph shows Fernando García Mercadal surrounded by a group of architects, some of whom were already significant figures in relation to the birth and propagation of the Modern Movement. Peter Gössel and Gabriele Leuthäuser, Architecture of the 20th century, Cologne, 1991, p. 393.

8 The 2-page catalogue includes a significant reference to a L'Esprit Nouveau text published in 1920, as well as glossing and endorsing the premisses expressed by Le Corbusier in his writings. None of the commentaries in this catalogue are signed, nor is there any mention of the individuals or group responsible for organizing this exhibition

—y en algunos casos capitales— habría de incluir a personajes como Loos, Behrens, Poelzig, Gropius, Meyer, Theo van Doesburg, Mendelsohn, Mies, Le Corbusier, Oud, Max y Bruno Taut, etc. Conviene advertir que con anterioridad a 1923, año de la Pensión, Mercadal había visitado ya —tal vez inducido por Anasagasti— Viena y París[3] y que desde el número correspondiente a junio de 1920 la revista *Arquitectura* ha ido recogiendo algunos de sus comentarios, a los que, en breve plazo se unirán los de los otros futuros miembros de la "generación de 1925", Lacasa, Sánchez Arcas, Bergamín, Blanco Soler, Amós Salvador, etc. Por cierto que *Arquitectura* —órgano oficial de la Sociedad Central de Arquitectos y el único portavoz de los mismos de verdadero alcance nacional anterior a 1936— experimentará a partir de su número 82, (enero de 1926) cambios importantes en el comité de redacción, dando entrada a elementos jóvenes como algunos de los citados los cuales venían incorporando ya sus propias opiniones al discurso mantenido por colegas de mayor edad pero de talante renovador como Torres Balbás, Anasagasti, Fernández Balbuena y el propio García Mercadal. En ese mismo número 82 no sólo se dará entrada a nuevas voces sino que se llevará a cabo una transformación radical, y ya inaplazable, de la revista en cuanto a su propio significado formal, adecuándolo a unos contenidos que chocaban con los criterios arcaicos, desde el punto de vista tipográfico y de diseño, mantenidos hasta entonces. A partir del momento mismo en el que tiene lugar el retorno definitivo de Fernando García Mercadal, las circunstancias que van a propiciar el desarrollo y consolidación de una arquitectura de vanguardia en España parecen precipitarse. En el terreno de la arquitectura construida, el bienio 1927-28 supondrá la aparición de cuatro obras que resultarán emblemáticas en relación con el desarrollo de estas vanguardias: [4]

—Estación de servicio para petróleos Porto Pi en Madrid.
   Arq. Castro Fernández Shaw. Proyecto y construcción 1927.
—Casa para el Marqués de Villora en Madrid.
   Arq. Rafael Bergamín. Proyecto 1926. Construcción Febrero de 1928.
—Rincón de Goya en Zaragoza. Arq. Fernando García Mercadal. Proyecto 1927.
   Inauguración Mayo de 1928 [5].
—Casa Machin en Las Palmas de Gran Canaria.
   Arq. Miguel Martín-Fernández de la Torre. Proyecto 1927. Construcción 1927 ó 1928.

En el campo de los planteamientos teóricos y de los movimientos estratégicos encaminados a una más eficaz divulgación de las nuevas ideas, así como al establecimiento de los cauces para una mejor comunicación entre quienes las compartían se producen, sucesivamente, los siguientes acontecimientos:

—9 y 11 de Mayo de 1928: Le Corbusier pronuncia en el salón de actos de la Residencia de Estudiantes, en Madrid, sendas conferencias sobre el tema de la nueva arquitectura. [6]
—Junio de 1928: Fernando García Mercadal asiste a la reunión fundacional del C.I.R.P.A.C. celebrada en el castillo de La Sarraz, próximo a Laussanne (Suiza). Le acompaña el arquitecto Juan de Zavala. [7]
—13 de Abril de 1929: Inauguración en las Galeries Dalmau, de Barcelona, de una "Exposició de projectes d'Arquitectura" con planos y maquetas de obras de Sert, Torres Clavé, Yllescas, Rodríguez Arias, etc. y de A. Puig Gairalt que acude en calidad de arquitecto invitado. [8]
—3 de Septiembre de 1930: Exposición celebrada en el Ayuntamiento de

3. *Acerca de la influencia de Anasagasti en el joven Mercadal e incluso sobre el panorama arquitectónico madrileño a partir de 19 véase: Carlos Sambricio, obra citada, pág. 97.*

4. *No se incluye en esta breve relación el "Cine Pavón", al que hace referencia J.A. Cortés como edificio a considerar en tal sentido ya que la producción de Anasagasti en su conjunto, pese a la presencia de obras de interés como el edificio Madrid-París de 1922 o sus intervenciones en el "carmen" de Rodríguez Acosta en Granada, habría que considerarla más afín a lenguajes como los de la Secession Vienesa (o incluso del movimiento Art Déco) que con los de las vanguardias europeas que habrían de integrar el denominado Movimiento Moderno.*

5. *Según Carmen Rábanos Faci (obra citada pág. 103) aportando datos publicados en la revista Aragón, un primer anteproyecto de Rincón de Goya habría sido presentado por Mercadal al Ayuntamiento de Zaragoza en fecha anterior a noviembre de 1926, si bien no se ha podido determinar su semejanza o disparidad respecto de la obra que sería llevada a cabo definitivamente.*

6. *Estas conferencias —entre las que hay que destacar también las pronunciadas por Gropius, Breuer y Theo van Doesburg— respondían a una iniciativa personal de F. García Mercadal, quien encontró en los directivos de la Residencia de Estudiantes y en otras entidades culturales el apoyo necesario para que pudieran llegar a celebrarse. Le Corbusier relata cómo a la vuelta de una de tales intervenciones y aprovechando una escala en Barcelona del rápido Madrid-Port Bou, José Luis Sert y otros jóvenes arquitectos, le trasladan sin perder un minuto, a pronunciar una conferencia en una sala de la Ciudad Condal. (Prólogo al libro Gaudí, Editorial La Polígrafa, 1967. Barcelona).*

7. *Un curioso documento gráfico obtenido con motivo de tal reunión ha sido publicado por Benedikt Taschen; en él puede contemplarse a Fernando García Mercadal rodeado de un conjunto de arquitectos algunos de los cuales constituían ya figuras significativas en relación con el nacimiento y propagación del Movimiento Moderno. (Arquitectura del siglo XX, Peter Gössel y Gabriele Leuthäuser. Colonia, 1991. Pág. 393.)*

8. *El catálogo, de dos páginas, recoge una cita perteneciente a un texto programático de L'Esprit Nouveau publicado en 1920 al tiempo que glosa y apoya los planteamientos que Le Corbusier había expresado hasta entonces a través de sus diversos escritos. Todos los comentarios de este catálogo aparecen sin firmar sin que tampoco exista ninguna mención acerca de las personas o grupo promotor o responsable de tal exposición.*

Edificio de viviendas. Housing building
Madrid. 1932/1938
Secundino Zuazo Ugalde

—3rd of September 1930: exhibition in the City Hall in San Sebastián, organized by the Ateneo Guipuzcoano with works and projects by Churruca, Aizpúrua and Labayen, García Mercadal, Sert, Torres Clavé and others [9].
—26th of October 1930: foundation in Zaragoza of the Grupo de Arquitectos y Técnicos Españoles para la renovación de la Arquitectura (G.A.T.E.P.A.C.) with the presence of: José Manuel Aizpúrua, Luis Vallejo, Joaquín Labayen, Fernando García Mercadal, Santiago Esteban de la Mora, Manuel Martínez Chumillas, Ramón Anibal Alvarez, Victor Calvo de Azcoitia, Felipe López Delgado, José Luis Sert, Manuel Subiño, German Rodriguez Arias, Pedro Armengou, Cristóbal Alzamora, Francisco Perales, Ricardo de Churruca, Sixto Yllescas and J. Torres Clavé. The G.A.T.E.P.A.C. was structured in three sections: Grupo Este (Barcelona), Grupo Centro (Madrid), Grupo Norte (San Sebastián and Bilbao).

In a different order of things, another equally significant phenomenon was the appearance on the streets on the 15th of April 1928 of an issue of the prestigious journal La Gaceta Literaria dedicated entirely to the theme of "New Art in the World: ARQUITECTURA, 1928"; the special issue was edited by García Mercadal, and published the opinions of some of the figues who were to become leading members of the "generation of 1925", such as Zuazo, Eugenio D'Ors and others [10].
In the light of the above data, it is hardly necessary to insist further on the outstanding role played by the tireless Mercadal in introducing avant-garde tendencies into Spain, together with his importance as an indefatigable and enthusiastic catalyst –rather than a leader as such– during these first years, continually willing to "put on the right road" those of his colleagues who sought to pursue a course in the same direction. Mercadal's intensive activity is largely responsible not only for the consolidation of the "generation of 1925" but also to a great extent for the incorporation in a remarkably short time of a subsequent wave of already decidedly radical architects who were to constitute the "G.A.T.E.P.A.C. generation".
If we seek to establish a comparison, based on strictly chronological data, between the most prestigious architects who graduated during the period 1917 to 1923 from the Schools of Madrid and Barcelona, respectively, we find these to be slightly out of phase with one another in relation to the appearance of more or less homogeneous groups united by their desire for innovation and change.

9. Issue no. 1 of the magazine AC, for the first quarter of 1931, undated (the 2nd issue is dated the second quarter of 1931), includes a short review of the exhibition and a complete list of the exhibitors:
"With the object of interesting the public in the resolution of the architectonic problems posed by modern cons-truction techniques, the Ateneo Guipuzcoano of San Sebastián organized last summer (September 1930) an exhibition of Architecture and Painting in the Gran Casino, whose rooms were specially adapted for the occa-sion.
"Aizpúrua and Labayen, San Sebastián's two enthusiastic architects, took charge of the architectural facet of the exhibition, which was genuinely representative of the architectural avant-gardes throughout Spain.
"The architects involved were:
"From Madrid: Anibal Alvarez, Esteban de la Mora, Arrate, J. Barroso Calvo de Azccoitia, Fernández Shaw, García Mercadal, López Delgado, Amós Salvador.
"From Barcelona: Rodríguez Arias, R. de Churruca, Fábregas, Yllescas, Oms Gracia, J. L. Sert, J. Torres Clavé and Armengou and Perales.
"From San Sebastián: Aizpúrua and Labayen.
"From Bilbao: Vallejo and Real de Asua.
"From Zaragoza: Borobio.
"The painters involved were: Bores, Cabanas, Cossío, Juan Grís, Maruja Mallo, Maura Salas, Moreno Villa, Miró, Olasagasti, Olivarres, M. Angeles Ortíz, Picasso, Peinado, Ponce de León, Pruna, Ucelay, Viñes.
"We recognize the effort represented by the bringing together of such a large number of exhibitors; it is our wish that these exhibitions which resolve the artistic character of a city, provoking debate and overthrowing aesthetic principles that had seemed indestructible may be produced periodically in different Spanish cities."
10. The issue included a questionnaire, responded to by R. Bergamín, C. Fernández-Shaw, F. García Mercadal, L. Lacasa, M. Sánchez Arcas, C. Arniches and M. Domínguez, José Bergamín, J. Moreno Villa and Antonio Espina. Also included were lengthy quotes from Van de Velde and Mies, a short interview with S. Zuazo, arti-cles by D'Ors and Gasch and an illustrated study by A. Behne on the Bauhaus in Dessau.

Con anterioridad a la fundación del GATEPAC ya habían sido proyectadas y se hallaban en construcción dos de las obras más anticipadoras y ortodoxas de todo el racionalismo español, la Casa Vilaró de Sixto Yllescas, en Barcelona (Av. Coll del Portell, 43-61), y la Casa Duclós de Sert en el sevillano barrio de Nervión (Ceán Bermúdez, 5-A), ambas de 1929-1930. Dos casos singularísimos que adelantaban los caminos por los que había de transitar el grupo catalán de arquitectos del GATEPAC.

Prior to the founding of the GATEPAC, two of the most forward-looking and orthodox examples of Spanish rationalism had already been designed and were under construction: the Vilaró house by Sixto Yllescas in Barcelona (Av. Coll del Portell, 43-61) and the Duclós house by Sert, in the Nervión district of Seville (Ceán Bermúdez, 5-A), both from 1929-1930. These two highly individual works set the precedent for the path that was subsequently taken by the Catalan architects of the GATEPAC group.

San Sebastián, organizada por el Ateneo guipuzcoano, incluyendo obras y proyectos de Churruca, Aizpurúa y Labayen, García Mercadal, Sert, Torres Clavé y otros. [9]

—26 de Octubre de 1930. Fundación en Zaragoza, del Grupo de Arquitectos y Técnicos Españoles para la renovación de la Arquitectura (GATEPAC) con asistencia de: José Manuel Aizpurúa, Luis Vallejo, Joaquín Labayen, Fernando García Mercadal, Santiago Esteban de la Mora, Manuel Martínez Chumillas, Ramón Aníbal Alvarez, Víctor Calvo de Azcoitia, Felipe López Delgado, José Luis Sert, Manuel Subiño, Germán Rodríguez Arias, Pedro Armengou, Cristóbal Alzamora, Francisco Perales, Ricardo de Churruca, Sixto Illescas y J. Torres Clavé.

—El GATEPAC se articula en tres subgrupos: Grupo Este, (Barcelona); Grupo Centro, (Madrid); Grupo Norte, (San Sebastián y Bilbao).

En otro orden de cosas habría que recoger también, como hecho significativo, la salida correspondiente al 15 de abril de 1928 de la prestigiosa revista La Gaceta Literaria, dedicada por entero al tema "Nuevo Arte en el Mundo: Arquitectura, 1928" número preparado por García Mercadal y en el que se publicaban opiniones de algunos de los que llegarían a ser miembros destacados de la "generación de 1925", así como de Zuazo, Eugenio d'Ors, etc. [10]

A la vista de los datos reseñados, no será preciso insistir en el papel relevante que el inquieto Mercadal representó como introductor en España de las tendencias de vanguardia, así como su importancia como elemento aglutinador —más que de líder propiamente dicho— infatigable y entusiasta durante los primeros años, siempre dispuesto a encauzar "por el camino recto" a todos aquellos colegas que buscaban como orientar sus pasos en la misma dirección. A esa activa labor de Mercadal se deberá, en gran medida, la consolidación de la "generación de 1925" pero también, en no escasa, la incorporación, en un plazo brevísimo, de una oleada sucesiva de arquitectos ya decididamente rupturistas que constituirán la "generación del GATEPAC".

9. La revista AC, en su número primero correspondiente al primer trimestre de 1931, no fechado —el número segundo llevará la fecha de segundo trimestre de 1931— incluye una breve información sobre el acto así como la relación completa de los expositores:
"Con objeto de interesar al público en la resolución de los problemas arquitectónicos que presenta la moderna técnica de la construcción, el Ateneo Guipuzcoano de San Sebastián organizó el pasado verano (septiembre 1930) una exposición de Arquitectura y Pintura en el Gran Casino, cuyas salas fueron transformadas convenientemente.
"Aizpurúa y Labayen, los dos arquitectos entusiastas de San Sebastián, cuidaron de que la exposición, en lo que se refiere a arquitectura, fuese una verdadera representación de los arquitectos vanguardistas de toda España.
"Concurrieron como arquitectos: De Madrid: Aníbal Alvarez, Esteban de la Mora, Arrate, J. Barroso, Calvo de Azcoitia, Fernández Shaw, García Mercadal, López Delgado, Amós Salvador. De Barcelona: Rodríguez Arias, R. de Churruca, Fábregas, Yllescas, Oms Gracia, J.L. Sert, J. Torres Clavé, y Armengou y Perales. De San Sebastián: Aizpurúa y Labayen. De Bilbao: Vallejo y Real de Asua. De Zaragoza: Borobio."
"Concurrieron como pintores: Bores, Cabanas, Cossío, Juan Gris, Maruja Mallo, Maura Salas, Moreno Villa, Miró, Olasagasti, Olivares, M. Angeles Ortíz, Picasso, Peinado, Ponce de León, Pruna, Ucelay, Viñes."
"Reconocemos el esfuerzo que representa reunir un número tan grande de expositores; nuestro deseo es que estas exposiciones se resuelvan en el ambiente artístico de una ciudad, provocando discusiones y echando por el suelo principios estéticos que parecían indestructibles, se puedan realizar periódicamente en distintas ciudades de España."
10. En él se plantea un cuestionario al que responden R. Bergamín, C. Fernández-Shaw, F. García Mercadal, L. Lacasa, M. Sánchez Arcas, C. Arniches y M. Domínguez, José Bergamín, J. Moreno Villa y Antonio Espina. Se incluyen también extensas citas de Van de Velde y Mies; una breve entrevista con S. Zuazo, artículos de D'Ors y S. Gasch y un documentado trabajo de A. Behne sobre la Bauhaus de Dessau.

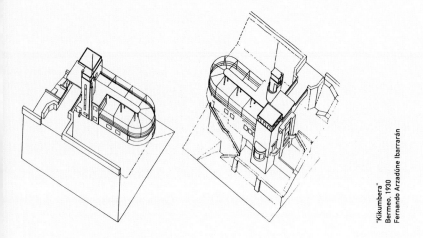

"Kikumbera"
Bermeo. 1930
Fernando Arzadúne Ibarrarán

—Escuela de Arquitectura de Madrid:

1918 Fernando Arzadún, Rafael Bergamín, Luis Blanco Soler, Pascual Bravo, Manuel Galíndez, Miguel Martín-Fernandez de la Torre.
1919 Casto Fernández-Shaw, Miguel de los Santos.
1920 Agustín Aguirre, Regino Borobio, Victor Eusa, Manuel Sánchez Arcas.
1921 Fernando García Mercadal, Luis Lacasa
1922 Carlos Arniches, Martín Domínguez.
1923 Luis Gutierrez Soto, Mariano Marín de la Viña.

Of the names on this list, a sizeable majority went on to become members of the "generation of 1925"; architects who produced a significant proportion of their work in or from Madrid, alongside others who returned to their native cities, where they were responsible for the appearance of the first buildings designed and constructed there in line with the postulates of the Modern Movement.

A similar list of graduates from the Escuela de Arquitectura de Barcelona provides the following names:

1918 J. F. Ráfols, Francesc Folguera, Pere Cendoya.
1919 Ramón Raventós, J. Mestres Fossas, Francisco de P. Quintana, P. Bassegoda Musté, A. Puig Gairalt, Joan Bergós, Ll. Bonet Garí.
1920 Pedro Ispízua, Peregrin Estellés.
1921 Pelagi Martínez, Roberto Oms.
1922 Eduardo Laforet.
1923 J. Rieta Sister, Pere Benavent, Antoni Fisas.

Independent of any other consideration, one significant feature of the Barcelona list is the relatively numerous presence of architects of note associated with the ancien régime, together with others closer to the radical camp; a special case apart is that of Folguera and Raventós, capable of simultaneously pursuing opposing approaches, while consistently producing work of great quality.

As with a number of names on the first of these lists such as Miguel Martín-Fernandez, Borobio, Galíndez or Marín de la Viña, here, too, we find a number of architects who went back from Barcelona to their places of origin —Estellés to La Coruña, Ispízua to Bilbao, Rieta to Valencia and so on— where in the years up to 1936 (and in certain cases until the early 40s) they produced their most interesting and valuable work. Nevertheless, with respect to architects graduating from the Barcelona School, it was not until 1926, the year in which figures such as Rodriguez Arias and Durán Reynals qualified, and above all the years 1928-1929, when Yllescas, Sert and Torres Clavé graduated —or even 1939-1931, when the other members of the Catalan section of the G.A.T.E.P.A.C. qualified— that we can identify the presence of a sizeable and effective front with a definite character of its own, united by a spirit of innovation indisputably more radical and polemical than that evidenced by the "generation of 1925".

One other special circumstance particularly definitive of the consolidation and real presence on the street of the "generation of 1925" is that of the opportunities presented within a short period of time to many of these architects working in Madrid, in the form of commissions of exceptional importance. Whether the clients were the public authorities (as in the case of the Ciudad Universitaria campus), the private sector (the two major modern developments promoted by Gregorio Iturbe, "Parque-Residencia" and "El Viso") or semi-private entities (those commissioned by the Institución Libre de Enseñanza and the Fundación Rockefeller on the Colina de los Chopos, from Arniches and Domínguez and Lacasa-Sánchez Arcas, respectively), these commissions meant that within less than a decade the Madrid group was in a position to

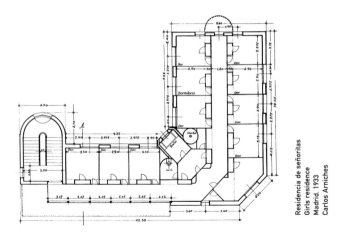

Si se establece una comparación, basada en datos estrictamente cronológicos, entre los arquitectos más destacados que obtendrán sus títulos profesionales entre 1917 y 1923 en las Escuelas de Madrid y Barcelona, respectivamente, podrá observarse el pequeño desfase existente entre uno y otro caso en lo que a la aparición de grupos más o menos homogéneos unidos por un deseo de renovación y cambio se refiere. Escuela de Arquitectura de Madrid:

1918 Fernando Arzadún, Rafael Bergamín, Luis Blanco Soler, Pascual Bravo, Manuel Galíndez, Deogracias M. Lastra López, Miguel Martín-Fernández de la Torre.
1919 Casto Fernández-Shaw, Miguel de los Santos.
1920 Agustín Aguirre, Regino Borobio, Víctor Eusa, Manuel Sánchez Arcas.
1921 Fernando García Mercadal, Luis Lacasa.
1922 Carlos Arniches, Martín Domínguez.
1923 Luis Gutiérrez Soto, Mariano Marín de la Viña.

En la relación aparece un gran núcleo mayoritario integrado por los que serán futuros miembros de la tan citada "generación de 1925", arquitectos que, en un elevado porcentaje, realizarán sus obras en, o desde, Madrid mientras que otros regresarán a sus ciudades de origen y serán responsables de la primera arquitectura afín a las tendencias del Movimiento Moderno que en ellas aparezca.
Una relación semejante, referida a titulados en la Escuela de Arquitectura de Barcelona, proporcionaría los siguientes datos:

1917 J. F. Rafols, Francesc Folguera, Pere Cendoya.
1918 Ramon Raventós, J. Mestres Fossas, Francisco de P. Quintana, P. Bassegoda Musté, A. Puig Gairalt, Joan Bergós, Ll. Bonet Garí.
1920 Pedro Ispízua, Peregrín Estellés.
1921 Pelagi Martínez, Roberto Oms.
1922 Eduardo Laforet.
1923 J. Rieta Sister, Pere Benavent, Antoni Fisas.

Al margen de cualquier otro análisis se destaca en el grupo barcelonés, la presencia, relativamente numerosa, de arquitectos importantes ligados aún al *ancien régime* junto a otros más próximos a posiciones rupturistas, aparte de casos tan peculiares como los que representan Folguera y Raventós, capaces de transitar a un tiempo por caminos contrapuestos, logrando siempre elevados niveles de calidad.
Lo mismo que sucedía en la relación anterior con personajes como Miguel Martín-Fernández, Borobio, Galíndez o Marín de la Viña, también ahora serán varios los arquitectos que regresarán, desde Barcelona, a sus puntos de origen —Estellés a La Coruña, Ispízua a Bilbao, Rieta a Valencia, etc.— donde llevarán a cabo hasta 1936 —algunos incluso hasta los primeros años 40— la parte más interesante y valiosa de su obra. En todo caso, y por lo que se refiere a los titulados procedentes de la Escuela de Barcelona, habrá que esperar hasta 1926, —año en el que finalizan los estudios hombres como Rodríguez Arias y Durán Reynals— y sobre todo el bienio 1928-29 en el que lo hacen Illescas, Sert y Torres Clavé, o si se quiere hasta 1930-31, en que se gradúan los restantes miembros que integrarán el grupo catalán del GATEPAC, para

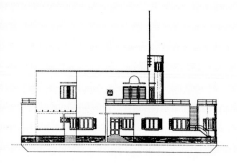
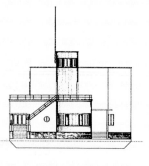

Vivienda unifamiliar "Plus Ultra"
"Plus Ultra" Single-family house
Gibraleón (Huelva). 1933
José Mª Pérz Carasa

present as one of the most defining characteristics of its architecture the fact of its having been actually constructed.

With regard to the members of the "generation of 1925" —and while allowing that we can not speak of entirely equivalent levels of theoretical development or the depth and firmness of their convictions— we need to note here the presence of a certain conceptual lightness that found its reflection in attitudes that were often more intuitive and visceral than reasoned and analytical, without this adequately evidencing the real importance of that attempt at promoting an architectural and social revolution posited by many of the movement's European figures, although it is no less true that the principal theorists of the movement were equally incapable of putting these premisses into practice. This fact does not invalidate the appreciable results obtained by the members of this "generation of 1925" in terms of built work, nor the role of stimulus and support it represented for their immediate successors, the "G.A.T.E.P.A.C. generation". The members of the G.A.T.E.P.A.C. — and especially some of those in the Catalan nucleus — possessed from the outset a more solid and contrasted base, as well as a "group doctrine" that steadily established itself not only on the basis of the individual efforts of each of them but above all by way of their frequent contacts with one another [11] and the exchange of ideas with their European colleagues, who belonged, as they did, to CIRPAC, the significance of which is extensively detailed in issue after issue of the magazine A.C.[12]

In any case, the time available, little more than five years, was to prove in effect insufficient for the consolidation of any genuine maturity, and the G.A.T.E.P.A.C. as a group never achieved much more than a series of somewhat ingenuous and dogmatic radical postures, faithfully reproducing positions outlined by Le Corbusier in his manifesto-texts [13].

Nevertheless, both the "generation of 1925" and the "G.A.T.E.P.A.C. generation" managed to produce a considerable number of works of value, not only in Madrid and Barcelona but in many other Spanish cities — indisputable testimony to the professional skills of its most noted members. It is greatly to be regretted that a sizeable percentage of these works have since disappeared or undergone irreversible transformations, although this apparently inevitable aspect of the ongoing dynamic of real life is of course not confined to Spain.

Finally, before concluding this general outline of the sigificance of avant-garde architecture in Spain immediately prior to 1936, we need to consider briefly the work of an architect who, although he always preserved his independence as a "free agent" is unequivocally situated by the year of his graduation —1923— and the orientation of his early works within the so-called "generation of 1925". Gutierrez Soto —whose name was to come in time to represent a whole architectural style based on a compromise between "modernity" and "dignity"— is probably the

11. As Francesc Roca Rosell has documented, a decisive part in the founding meeting of the G.A.T.E.P.A.C. was played by the earlier G.C.A.T.S.P.A.C. (Grup Català d'Arquitectes i Tècnics per a la Solució dels Problemes de l'Arquitectura Contemporània), which subsequently became the G.A.T.C.P.A.C., although the group was consistently referred to in the pages of A.C. as G.A.T.E.P.A.C. (Grupo Este). Roca draws attention to the integrating spirit of the G.A.T.C.P.A.C., offering as convincing evidence of this a paragraph from the minutes for November 30th, 1932, to the effect that the Group should "convey to Sr. Mercadal the advisability of not dissolving the Centre Group". At the same time, as Roca himself observes, we should not forget that "for the ordinary people of Barcelona the G.A.T.C.P.A.C. was a shop in the Passeig de Gràcia". (All quotes are from the text "AC; from the G.C.A.T.S.P.A.C. to the S.A.C.", introduction by Francesc Roca Rosell to the facsi-mile edition of the G.A.T.E.P.A.C. magazine, pp. 12-13). The 2nd issue of AC, for the second quarter of 1931, published a lengthy report on this "shop" under the title "Exposición Permanente que el 'GRUPO ESTE' ha inaugurado en Barcelona".

12. The themes to which AC gave a monograph or virtually monograph treatment include the "functional city", the hygienic open-air life as an "indispensable necessity for the masses", the 4th CIRPAC Congress, an urban design study for Barcelona carried out by G.A.T.E.P.A.C. Grupo Este in conjunction with Le Corbusier, the new concepts of town planning and Neutra's Rush City, an urbanistic analysis of Warsaw (focus of the CIAM V meeting in Paris), and even the "problems of the Revolution" (no. 25, June 1937). Amongst the other notable concerns addressed by the magazine are standard construction elements, the "new cities" in the USSR, Barcelona's "barrio chino" slum district, the evolution of the skyscraper, treatment of the sunlight fac-tor in construction, the school in the "functional city", popular architecture, Gaudí's achievement, new work by artists such as Julio González, Calder and Arp, and of course the recent output of Europe's avant-garde architects, including the members of the G.A.T.E.P.A.C.

13. As an isolated and individual yet evidently significant case we might cite the "tolerance" of the "genera-tion of 1925" for walls of exposed brickwork, while the majority of members of the G.A.T.E.P.A.C. —and all of those in its Grupo Este— considered brick to be imbued with with "traditional craft" connotations, an old-fas-hioned system, and as such totally unacceptable.
One idea that was generally shared by many of the members of the "generation of 1925" is aptly summarized in the following observation made by Arniches and Dominguez in their response to the questionnaire publis-hed in the Gaceta Literaria: "What we practice seems to us to be rational; we can not know if to you it might seem rationalist".

poder señalar la presencia de este segundo frente nutrido y efectivo —y con características propias— unido por un propósito de ruptura sin duda más radical y polémico que el que animaba a la "generación de 1925".

Una circunstancia especial determinante también en alto grado de la consolidación y presencia real en la calle de la "generación de 1925", viene dada por las oportunidades que, en un plazo breve, van a ofrecérseles a buena parte de sus miembros instalados en Madrid, al recibir encargos de singular relieve. Así, tanto desde instancias oficiales (caso de la Ciudad Universitaria) como privadas (las dos grandes promociones modernas de Gregorio Iturbe, "Parque-Residencia" y "El Viso") o semi-privadas, (las patrocinadas por la Institución Libre de Enseñanza o la Fundación Rockefeller en la Colina de los Chopos, para Arniches y Domínguez y Lacasa-Sánchez Arcas, respectivamente) tales encargos conducirán a que, en el espacio de menos de una década, el grupo madrileño pudiera presentar entre las características más definitorias de su arquitectura ésta de haber sido realmente construida.

Con relación a los miembros de la "generación de 1925" —y aún admitiendo que no podría hablarse de niveles totalmente coincidentes en cuanto a formación teórica o arraigo y solidez de sus convicciones— es preciso señalar la presencia de una cierta ligereza conceptual que tendrá su reflejo en adhesiones muchas veces más intuitivas y viscerales que razonadas y analíticas, sin que se llegara a captar la importancia real de aquel intento de promover una revolución arquitectónico-social que buena parte de las figuras del movimiento europeo planteaban, aunque es cierto que tampoco sus propios impulsores serían capaces de llevar a término tales propósitos. El hecho no invalida los estimables resultados obtenidos por los miembros de dicha generación "de 1925" en cuanto a obra construida como tampoco el papel que como estímulo y apoyo habrían de suponer para aquellos que venían inmediatamente después, la "generación del GATEPAC". Los miembros del GATEPAC —y especialmente algunos de los componentes del núcleo catalán— dispondrán ya desde un principio de una base más sólida y contrastada, así como de una "doctrina de grupo" que se iría estableciendo no sólo a través de la labor individual de cada uno de ellos sino, aún más, mediante los contactos frecuentes entre los propios miembros [11] y el intercambio de ideas con colegas europeos —pertenecientes como ellos mismos al CIRPAC— y sobre cuyo significado proporciona datos abundantes el contenido global de la revista AC [12]. En todo caso, el tiempo disponible, poco más de un lustro, resultaría realmente insuficiente para llegar a consolidar una auténtica madurez y así el GATEPAC, como grupo, no sería capaz de superar ciertas posturas radicales, un tanto ingenuas y dogmáticas, o el ser arrastrado por Le Corbusier a través de sus textos—manifiesto. [13] De cualquier modo, tanto la "generación de 1925" como la "del GATEPAC" lograrían producir un importante número de obras valiosas —y no sólo en Madrid y Barcelona sino en otras muchas ciudades españolas— testimonio irrebatible de la categoría profesional de sus miembros más cualificados. Resulta bien lamentable que, en un elevado porcentaje, esa obra haya desaparecido o experimentado transformaciones irreversibles, circunstancia que forma parte de la dinámica imparable de la vida real y que, por supuesto, no queda circunscrita en exclusiva al caso español.

Finalmente, si se desea completar el esquema aproximado sobre lo que la arquitectura de vanguardia llegaría a significar en la España inmediatamente anterior a 1936, habría que incluir un breve comentario sobre la obra de un arquitecto que aunque

11. *Según documenta Francesc Roca Rosell, en la convocatoria que daría lugar a la reunión fundacional del GATEPAC jugará papel decisivo un previo G.C.A.T.S.P.A.C. (Grup Català d'Arquitectes i Tècnics per a la Solució dels Problemes de L'Arquitectura Contemporània) que posteriormente se convertiría en GATCPAC si bien a lo largo de todos los números de AC el grupo figuraría como GATEPAC (Grupo Este). Roca destaca la voluntad integradora del GATCPAC citando como ejemplo convincente un párrafo de las actas del 30 de Noviembre de 1932 en el que se recomienda "aconsellar al senyor Mercadal la conveniència que no disolgui el Grup Centre". En todo caso, como afirma el propio Roca, no hay que olvidar que "para el barcelonés de la calle el GATCPAC era una tienda del Passeig de Gràcia". (Todas las citas pertenecen al artículo "AC; del G.C.A.T.S.P.A.C. al S.A.C.", introducción de Francesc Roca Rosell al volumen que reúne la colección facsímil de la revista GATEPAC, págs. 12-13). En el número 2 de AC correspondiente al segundo trimestre de 1931 se publica in extenso un reportaje sobre dicho establecimiento bajo el título: "Exposición Permanente que el "Grupo Este" del G.A.T.E.P.A.C. ha inaugurado en Barcelona".*

12. *La "ciudad funcional", la vida higiénica al aire libre, "como necesidad ineludible para las masas", el IV Congreso del CIRPAC, un estudio urbanístico del GATEPAC (G.E.) para Barcelona (en colaboración con Le Corbusier) los nuevos conceptos sobre planificación de ciudades y la Rush City, de Neutra, el análisis urbanístico de Varsovia (objeto de la V reunión de los CIAM celebrada en Amsterdam) e incluso (nº 25, junio de 1937) los "problemas de la Revolución", constituyeron temas monográficos o casi monográficos a los que se dedicarían salidas casi completas de AC. Otra innumerable serie de cuestiones serían objeto de atención por parte de la revista, entre ellas: los elementos standard en la construcción, las "nuevas ciudades" en la URSS, el "barrio chino" de Barcelona, la evolución del rascacielos, el soleamiento en las construcciones, la escuela en la "ciudad funcional", la arquitectura popular, la obra de Gaudí, las últimas realizaciones de artistas como Julio González, Calder, Arp, y por supuesto la producción reciente de arquitectos europeos de vanguardia, incluyendo a los miembros del GATEPAC.*

13. *Como un simple caso aislado, pero sin duda significativo, podría citarse la "tolerancia" de la "generación de 1925" respecto a los aparejos de ladrillo visto, mientras que para la mayor parte de los miembros del GATE-PAC —y sin excepción para los encuadrados en el (G.E.)— estas fábricas de ladrillo incluían unas connotaciones de "sistema artesanal" o sistema "a la antigua" que las convertían en algo absolutamente inaceptable. Una idea bastante compartida por buena parte de los componentes de la "generación de 1925" podría resumirla el comentario expresado por Arniches y Domínguez en respuesta a las preguntas de Mercadal en la citada encuesta de Gaceta Literaria: "Lo que nosotros practicamos —afirmaban— nos parece razonable; no sabemos si a ti te parecerá racionalista".*

Cine Europa (en reconstrucción).
Europa Cinema (under reconstruction)
Madrid. 1928-1929
Luis Gutiérrez Soto

Antiguo Cine Barceló (actualmente Discoteca Pacha)
Former Cine Barceló (currently Discoteca Pacha)
Madrid. 1930-1931
Luis Gutiérrez Soto

20th century's most outstanding example of stylistic versatilty, equalled, if at all, only by that other great socio-architectural phenomenon represented in Catalonia by the work of Enric Sagnier Villavecchia. Operating all through his career as a "lone gun" (although this does not mean that he was not at the same time sharply attentive to what was going on around him), in the short space of a decade (1926-1936) Gutierrez Soto gave to the Spanish scene, and in particular to the urban panorama of Madrid, a series of "major" and "minor" works that had an inevitably visible and visual impact on the centre —and in some cases the periphery, too— of the city, Within three years of graduating, Gutierrez Soto had designed the cinema identified as the most important in Madrid in terms of its dazzling modernity, the Cine Callao (1926). Then, in just two years, he evolved from the Sezessionist and Art Deco language of that work to the truly remarkable achievement, unparalleled on the Spanish scene, of the Cine Europa of 1928-1929; here for the first time there appeared in the architecture of this country elements belonging to the steamlined aesthetic that Mendelsohn had introduced into his drawing in 1927, and into his built architecture with the "Berliner Tageblatt" building of 1921-1923. [14] By means of these works of great impact (which also include the Cine Barceló and Madrid airport, both from 1930, the La Isla swimming pools, etc.) and the minor but repeated and polemical presence of a considerable number of public establishments such as the Bar Chicote in 1931, "Acuarium" in 1932, "Casablanca" in 1933, etc., Gutierrez Soto was responsible for introducing into the architectonic traditionalism and eclecticism that dominated the calles of Madrid, unequivocal signs that something was beginning to change in this panorama characterized for so many years its stasis.

II. BEGINNING AND END OF A LONG POST-WAR PERIOD

Following the terrible parenthesis of the Civil War, nothing was as it had been before in the panorama of Spanish architecture. The various avant-garde tendencies that prior to July of 1936 had arrived at a position it would be no exaggeration to describe as important all unequivocally had their origins in the doctrines and works developed by a number of European architects who were for the most part associated with political positions that were at least "left wing" if not decidedly Marxist in inspiration. With all due allowance for the exceptions that require to be made in this respect, it is nevertheless true that in Spain, too, the majority of those who called for a radical and urgent transformation of architecture were aligned on the left of the political spectrum, although they tended in general to espouse more moderate forms of socialism. With the "victory" of the Falange in the Civil War, the New Regime proposed from the outset to establish attitudes and ideals that were diametrically opposed to those left-wing tendencies, not only in politics but in every other sphere of activity. Indeed, the regime set out to imbue an exhausted and impoverished Spain with the idea of an ineluctable imperial destiny —to make the country the "forge of Empire", and in this way to draw together a sizeable proportion of the New Spain. Within the context of this social and political pretensions, architecture was expected to constitute one of the most effective visible manifestations of the regime, especially in view of the great destruction caused by the war and the need for massive and urgent government action to reconstruct towns and cities.

January 1938 saw the coming into operation of the Servicio de Regiones Devastadas y Reparaciones; in September 1939 the Direccion General de Arquitectura and the Instituto Nacional de la Vivienda housing agency were established, and also in 1939 the Junta Técnica para la Reconstrucción de Madrid. All of these bodies were set up with the common aim of giving "material form" to the New State, seeking to create the desired image of an imperial and

14. As Mendelsohn himself wrote, the purpose that initially led him to introduce the series of parallel horizontal lines that appear in some of his buildings —evidently dynamic elements in the manner of the "slipstream" speed lines typically used to indicate movement in cartoon strips— was in radical oppositionto the effect obtained. What he had been attempting to achieve by the use of this device was an image of equilibrium and repose that would induce in the observer a sense of serenity and peace; he goes on to declare that "Modern man may find a compensation for the frenetic rhythm of his life by means of a horizontality without limits, as opposed to mediaeval man who, at the end of his day's work, with its horizontal character, felt a need to contemplate the vertical lines of a cathedral that would carry him up to God". (Arnold Whittick, Erich Mendelsohn, architetto, Edizioni Calderini, Bologna, 1960, pp. 75-77).

siempre actuaría "por libre" su titulación, en 1923, y la significación de sus primeros trabajos le sitúan, inequívocamente, dentro de la citada "generación de 1925". Gutiérrez Soto —cuyo nombre llegaría a representar, pasado el tiempo, todo un estilo arquitectónico basado en un compromiso entre "modernidad" y "dignidad"— encarna seguramente el más extremado ejemplo de versatilidad estilística de todo el siglo, igualado, si acaso, por el otro gran fenómeno socio—arquitectónico que representa en Cataluña Enric Sagnier Villavecchia. Actuando durante toda su vida como un franco-tirador solitario, —lo que no quiere decir que, en cada momento, no estuviera "a la escucha" de lo que sucedía a su alrededor— Gutiérrez Soto aportará a la escena española, y muy especialmente al panorama urbano madrileño, en el breve espacio de una década (1926-36), una serie de obras "mayores" y "menores" que supondrán un impacto inevitablemente visible sobre el centro —y a veces también sobre alguna zona del extrarradio— de la ciudad. A los tres años de finalizados los estudios Gutiérrez Soto es ya autor del más importante local cinematográfico identificado con el Madrid de la última modernidad, el Cine Callao (1926). En sólo dos años será capaz de evolucionar desde el lenguaje "secessionista" vienés y Art Déco de esta obra hasta la aportación, insólita dentro del panorama español, que representará en su momento el Cinema Europa, de 1928-29, en el que por vez primera aparecerán en nuestra arquitectura elementos pertenecientes a una estética *streamline* que Mendelshon introdujera en sus dibujos, desde 1917, y en su arquitectura construida a partir del edificio para el "Berliner Tagleblatt" de 1921-23. [14]

A través de estas obras de gran impacto (como lo serán también el Cine Barceló (1930) y el aeropuerto de Madrid de 1930, las piscinas La Isla, etc.) y de la presencia menor pero repetida polémica de un gran número de establecimientos públicos —Bar Chicote, 1931; "Acuarium", 1932; "Casablanca", 1933; etc.— Gutiérrez Soto sería capaz de introducir, entre el casticismo y el eclecticismo arquitectónicos que dominaban la calle madrileña, signos inequívocos de que dentro de aquel panorama, por tanto tiempo inamovible, algo estaba empezando a cambiar.

II. PRINCIPIO Y FINAL DE UNA LARGA POSTGUERRA

Tras el paréntesis tremendo que significó la Guerra Civil nada volvería a ser como antes dentro del panorama de la arquitectura española. Las corrientes de vanguardia que, con anterioridad a julio de 1936, habían logrado una implantación que no sería exagerado calificar de importante, tenían su origen inequívoco en las doctrinas y en las obras que a lo largo de las dos últimas décadas habían ido desarrollando un cierto número de arquitectos europeos, afines, por lo general, a tendencias políticas "de izquierda" cuando no de inspiración decididamente marxista. Con todas las excepciones que puedan ser señaladas, también dentro de España aquellos profesionales que pugnaban por una drástica y urgente transformación de la arquitectura se inclinaban mayoritariamente hacia posiciones de izquierda si bien de una izquierda en general moderada. Con la Victoria, el Nuevo Régimen se propone, desde un principio, establecer unas directrices y unos ideales totalmente opuestos a tales tendencias tanto por lo que concierne a la actividad política como a cualquiera de los más diversos órdenes de la vida. Más aún, se pretenderá imbuir entre los empobrecidos españoles la idea de que resultaba inaplazable la recuperación de una vocación imperial —la "forja de un Imperio"— pretendiendo, a través de semejante empeño compartido, aglutinar a buena parte de los integrantes de la Nueva España. Dentro de tales planteamientos sociopolíticos la arquitectura debería representar uno de los medios más eficaces para que tal ideario tomara forma visible, máxime cuando —como era el caso— las terribles destrucciones bélicas exigían del Gobierno acciones masivas y urgentes en este tema de la reconstrucción de pueblos y ciudades.

Desde enero de 1938 había venido operando el Servicio de Regiones Devastadas y Reparaciones; en septiembre de 1939 se creaban la Dirección General de Arquitectura y el Instituto Nacional de la Vivienda; a partir, también de 1939, la Junta Técnica para la Reconstrucción de Madrid, organismos, todos ellos, desde que se actuará con este mismo propósito de dar "forma material" al Nuevo Estado, procurando plasmar esta imagen de una España imperial y gloriosa. En el mes de junio de 1940 tendrá lugar la inauguración de una magna "Exposición de la Reconstrucción en España", suceso al que se le concederá tal importancia que, tras una obligada fase de clausura veraniega, volverá a abrir sus puertas en el mes de octubre siguiente. (Casi un año antes de celebrarse esta exposición había sido editado en Madrid un extenso trabajo

---

14. Por cierto que, según el mismo Mendelsohn expresó en sus escritos, el propósito que le movió a introducir las series de líneas horizontales paralelas que aparecen en algunos de sus edificios, —elementos claramente dinamizadores a la manera de las "ráfagas de velocidad" utilizadas por los dibujantes de comics para expresar el movimiento— se hallaba en una línea opuesta a los resultados obtenidos. Mendelsohn pretendía lograr mediante este artificio una imagen de equilibrio y reposo que indujera en el espectador sensaciones de serenidad y sosiego: "El hombre moderno debería encontrar una compensación al ritmo frenético de su vida a través de una horizontalidad sin límites contrariamente al hombre medieval que —sigue afirmando Mendelsohn— "terminada su jornada de trabajo, de carácter por así decirlo horizontal, tenía necesidad de contemplar las líneas verticales de una catedral que le conducían hasta Dios". (Arnold Whittick; Eric Mendelsohn, architetto. Edizioni Calderini. Bologna, 1960. Págs. 75—77.)

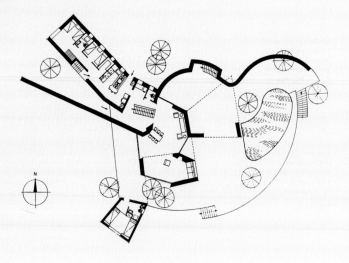

glorious Spain. June 1940 brought the inauguration of a great "Exposición de la Reconstrucción en España", an event that was endowed with such importance that, having closed for the summer, it reopened in October. (Almost a year before the first opening of this exhibition, Madrid published an extensive study drawn up by the Technical Services of the F.E.T. and the Architecture Section of the J.O.N.S., the content of which provides extensive information on the subject and the general climate. The report, entitled "Ideas Generales sobre el Plan Nacional de Ordenación y Reconstrucción", set out to establish the doctrines and guidelines that would lead to the creation of a New Spain, clearly indicating the role to be played in this task by the architects and town planners. The first chapter of "fundamental ideas" was entitled Ambición de Imperio; a concept that is further elaborated in chapter 5: Madrid, capital imperial. The study also includes reflections on "industrial development", "improvement of living standards" and "mission and organs of the city", concluding with a list of the organisms which would be responsible for the drawing up and putting into practice of the plan. This report, produced by architects —expressions such as "we architects" appear time and again— is one of a series of documents which insist on the obsessive idea of "the recovery of empire", manifested in phrases such as "we have the ambition of Empire", "Spain has a transcendent mission to fulfil", "our will to creation, to dominion, to Empire" and others in which the message is perfectly explicit.)

In view of all this propaganda and operative action —which extended to the various officially organized competitions, where any project that did not present some touches at least of "pariotism" or "traditionalism" had little hope of success— and bearing in mind that many of those architects who had been associated with avant-garde ideas in the pre-war period had either gone into exile or were maintaining a prudent silence, it is not difficult to appreciate the extent to which the design and construction of architecture in Spain during these first post-war years was dominated by concepts such as tradition and roots, understood in their most superficial and derivatively mimetic senses.

Amongst the circumstances which in one way or another played a part in overcoming —at least partially— this state of affairs, is the perhaps somewhat trivial and fortuitous fact of the discovery by the architectural profession in Europe of the existence in Spain of a type of architecture that, at least since the end of the Civil War, rejected the directives expressed —implicitly or explicitly— by the authorities. The occasion for this discovery was provided in June 1949 by the celebration in Barcelona of the V Asamblea Nacional de Arquitectos, and its protagonists were on the one hand the young Barcelona architects José Antonio Coderch and Manuel Valls, and on the other two of the outstanding figures of the architecture and architectural history of the period, the Italian Gio Ponti and the Swiss (for some time associated with Spain) Alberto Sartoris. The "discovery" came about by means of a few small photographs of essentially simple holiday houses built on the coasts of Barcelona and Mallorca by Coderch and Valls; less important was the fact that a number of other young architects had by then constructed a series of no less significant works informed by the same spirit of confrontation and breakaway. It was the Perez Mañanet and Garriga Nogués houses in Sitges and the Ferrer Vidal house in Cala Gran (one of the most admirable and at the same time neglected works by Coderch and Valls) that served in effect to provide the architects of Europe and North America with the image of a Spanish architecture deserving of serious consideration.

It is interesting to note, from our present perspective, the way that this first front of opposition or rebellion was constituted in the main by architects who, in the political sphere, were far from being enemies of the new regime but directly associated with it to a greater or lesser degree. Nevertheless, this did not prevent them from seeing clearly that this ambition to establish a neo-imperial architecture was devoid of all present of future viability. Without going so far as proposing at that moment theoretical manifestoes or revolutions, and thus avoiding unnecessary confrontations, but from the irresistible force of established facts, a small group of architects who can be situated within a "first post-war generation" proved capable in their day-to-day work of creating the necessary conditions for the return to a logical focus Spanish architecture, setting aside highly contrived premises and politically determined

Durante sus dos primeras décadas de ejercicio profesional los arquitectos Coderch y Valls dedicaron gran parte de su trabajo al tema de la vivienda unifamiliar aislada. Dentro de esta tipología llevarían a cabo obras de un excepcional interés como las casas Ferrer Vidal en la Cala Gran, Mallorca (1946), Ugalde en Caldes d'Estrac (1951), Dionisi, Torrens y Catasús en Sitges (1954 y 1955), Ballvé en Camprodón (1957), Olano en Comillas (1957), Rozes en Roses (1962), alcanzando elevados niveles de calidad a través de unos planteamientos tan sutiles y rotundos desde el punto de vista plástico como lógicos y sencillos bajo los aspectos funcional y constructivo.
Dada la dificultad –a veces, imposibilidad– que presenta la visita de estas obras e incluso, en muchos casos, su mera observación desde el exterior (teniendo en cuenta también las transformaciones sufridas por algunas de ellas) sus fichas no han sido incluídas en esta Guía pese a su indiscutible interés.

During the first two decades of their professional practice, the architects Coderch and Valls devoted much of their activity to the construction of detached family residences. Within this typology they produced a number of works of great interest, such as the Ferrer Vidal house in Cala Gran, Mallorca (1946), the Ugalde house in Caldes d'Estrac (1951), the Dionisi, Torrens and Catasús houses in Sitges (1954 and 1955), the Ballvé house in Camprodón (1957), the Olana house in Comillas, and the Rozes house in Roses (1962), achieving high levels of quality on the basis of schemes that were both subtle and imposing in their formal character and logical and simple in their function and construction.
In view of the difficulty –in some cases the impossibility– of arranging to visit these works, or even of examining them from outside (and bearing in mind the transformations that some of them have undergone), they have not been selected for inclusion in this Guide, in spite of their indisputable interest.

redactado por los Servicios Técnicos de F.E.T. y de las J.O.N.S., Sección de Arquitectura, cuyo contenido proporciona amplia información sobre el tema y clima aludidos. El informe, titulado "Ideas Generales sobre el Plan Nacional de Ordenación y Reconstrucción", procurará establecer las doctrinas y pautas que conducirían a la consecución de esa Nueva España dejando claro el papel que, en tal sentido, deberá representar la aportación de los profesionales de la arquitectura y del urbanismo. Un primer capítulo de "ideas fundamentales" se inicia bajo el título de Ambición de Imperio, concepto sobre el que se volverá en el capítulo V: Madrid, capital imperial. El estudio incluye también reflexiones sobre "explotación industrial", "mejoramiento de vida" y "misión y órganos de la ciudad", finalizando con una relación de organismos que tendrán a su cargo la puesta a punto y realización del plan. Este informe, redactado por los arquitectos, —en distintos momentos se utilizan expresiones como "nosotros los arquitectos" u otras análogas— constituye uno de tantos documentos que insisten en la idea obsesiva de la "recuperación imperial"; frases como "tenemos la ambición del Imperio", "España tiene una misión trascendente que cumplir", "...nuestra voluntad de creación, de dominio, de Imperio", etc. hacen bien explícito el mensaje.)
A la vista de toda esta acción operativa y propagandística, también de los diversos concursos convocados desde instancias oficiales —y en los que cualquier solución que no presentara, al menos, algunos toques "patrióticos" o "casticistas", podría albergar escasas esperanzas de ser premiada—; teniendo en cuenta que buena parte de los arquitectos de pre-guerra afines a las ideas de vanguardia se habían exiliado o mantenían un prudente mutismo, puede entenderse cómo a lo largo de estos primeros años de la posguerra conceptos como los de la tradición y las raíces, entendidos en sus aspectos más superficiales y miméticos, dominarán el panorama de la arquitectura española construida o proyectada.
Entre las circunstancias que, de uno u otro modo, influirían en el sentido de una superación —al menos parcial— de semejante estado de cosas, se encuentra un hecho hasta cierto punto trivial y no previsto: se trata del descubrimiento desde los medios profesionales europeos de la existencia, en España, de un tipo de arquitectura que, por vez primera desde el final de la Guerra Civil, rechazaba cualquier género de consignas expresadas de forma tácita o explícita, desde instancias oficiales. La ocasión tiene lugar en el mes de junio de 1949 con motivo de la celebración en Barcelona de la V Asamblea Nacional de arquitectos y sus protagonistas serán, por una parte, dos jóvenes profesionales barceloneses, José Antonio Coderch y Manuel Valls, y por otra dos importantes figuras de la arquitectura y la historiografía como eran el italiano Gio Ponti y el suizo (de antiguo relacionado con España) Alberto Sartoris. El "descubrimiento" se va a producir a través de unas pequeñas fotografías de, a su vez, sencillas casas para vacaciones realizadas en zonas costeras de Barcelona y Mallorca por Coderch y Valls. No importa que para entonces se hubieran construido ya otras obras valiosas animadas por el mismo espíritu de confrontación y ruptura realizadas también por jóvenes arquitectos. Serán las "torres" Pérez Mañanet y Garriga Nogués en Sitges, y Ferrer Vidal en Cala Gran (por cierto uno de los trabajos más admirables y a la vez olvidados de sus autores) el medio que llevaría hasta los colegas de Europa y América esta imagen de una arquitectura española digna de ser tenida en cuenta.
Resulta curioso comprobar, desde la perspectiva actual, cómo este primer frente de

Al término de la Guerra Civil y durante un período de tiempo que habría de prolongarse hasta bien entrada la década de los años 50, el gobierno de Franco pretendió —a través de consignas tácitas o explícitas— la utilización de la arquitectura como medio eficaz para dar forma visible a la idea de una España Imperial. El recurso a la resurrección de formas históricas —tan habitual por otra parte dentro de la arquitectura española del primer cuarto de siglo XX— representaba el camino más elemental y simplista hacia tales propósitos. Así, un arquitecto, incluso, como Gutiérrez Soto, parte de cuya labor anterior a 1936 se situaba en una línea próxima a las vanguardias, realizará en Madrid, entre 1943 y 1951, una de las obras más emblemáticas del Nuevo Régimen: el Ministerio del Aire. Un caso muy distinto representa la catuación del arquitecto y estudioso Luis Moya Blanco cuya tendencia predominante habría de concretarse en una reelaboración personal de las arquitecturas históricas hallando cauce idóneo en las premisas que informaban el Nuevo Estado. En cualquier caso, sus profundos conocimientos teóricos y prácticos le conducirían a la realización de obras sin duda relevantes; excepcionales, incluso, en algún caso, como el que supone esta especie de ciudad lineal que representa la Universidad Laboral de Gijón, mestra indudable, pese a todos sus excesos, del talento y capacidad de un arquitecto cuya valía difícilmente puede ser discutida.

At the end of the Civil War, and throughout a period that continued until well into the 1950s, the Franco government sought to promote –by means of implicit or explicit signals– the utilization of architecture as an effective instrument for giving visible form to the idea of an Imperial Spain. The recourse to the resurrection of historical forms –equally habitual in the Spanish architecture of the first quarter of the 20th century –afforded the most elementary and simplistic way of achieving these aims. As a result, even an architect such as Gutiérrez Soto, some of whose work prior to 1936 pursued a line close to the avant-gardes, constructed in Madrid between 1943 and 1951 the most emblematic manifestations of the New Regime, the Air Ministry. A very different case is that of the architect and scholar Luís Moya Blanco, whose predominant tendency took the form of a personal reelaboration of historical architectures, and thus found an ideal opportunity in the premises informing the New State. At all events, his profound theoretical and practical knowledge enabled him to produce a series of clearly important and in certain cases outstanding works, such as the form of linear city constituted by the former Universidad Laboral in Gijón, an indisputable example, despite its excesses, of the capacity and the talent of an architect whose significance seems beyond dispute.

doctrines then prevailing. These architects' approach was based on an engagement with unadorned present reality in place of a backward-looking conservatism, even dispensing with references from the past that might have been of continuing validity, such as those still provided by the avant-garde architecture of the period prior to the Civil War, many of whose values were widely recognized and respected.

The space of a few years served to complement the roster of significant figures from the first generation —Aburto, Cabrero, Coderch and Valls, Fernández del Amo, Fisac, Mitjans, Moragas, Sostres, de la Sota, etc.— with the addition of a series of new names whose ideas and design approach were similar to those shared —albeit never explicitly declared— by the former group. The continuation over such a lengthy period of many of the difficult conditions of the post-war years allows us to identify the presence within this same phase of a "second generation"; subsequent, identifiable and different from the first, in spite of numerous points of corres-pondence. Amongst its distinctive features we might note the question of year of birth, which may seem relatively unimportant in terms exclusively of the chronology itself but assumes greater significance in relation to certain other considerations. Thus while José Maria Sostres (b. 1915), the youngest member of the "first generation", was twenty-one in 1936, Julio Cano Laso (b. 1920), the eldest member of the second generation, was not quite sixteen at the outbreak of the Civil War [15]. The implication of this is that a phenomenon as exceptional and traumatic as that of the Civil War took place at a point in time when the members of the "first generation" had come of age —and were thus active participants in the conflict— while those of the second generation were still children, or at the most adolescents. We might locate the interface —at once borderline and link or hinge between the two— in the person of J. F. Sáenz de Oiza (b. 1918), who was aged eighteen in 1936.

With regard to the most representative figures of the "second post-war generation", a short checklist would necessarily include the following names:

Corrales and Molezún, Bassó and Gili, Romany (with Sáenz de Oiza, Sierra, Cubillo and Alvear and, subsequently, Mangada and Ferrán), Cano Lasso, La Hoz and García de Paredes, Barbero, Bohigas and Martorell, Giraldez, Subías, López-Iñigo, Correa and Milá, Ribas Piera, Tous and Fargas, Carvajal, Alas and Casariego, Lamela, Vazquez de Castro, J. L. Iñiguez, Bar Boo, and a precocious Peña Ganchegui who, although he graduated in 1959, had already constructed various significant works by the end of the 60s (in conjunction with J. M. de Encío).

Apart from the difference in chronology, we should also take note of other factors that

15. Joaquim Gili (b. 1916), an architect of considerable merit who pursued a decidedly individual trajectory dedicated in part to fields other than architecture.

José Mª Sostres Maluquer, miembro fundador del "Grupo R". Catedrático de la Escuela de Arquitectura de Barcelona, aglutinador y orientador, en su momento de un importante núcleo de jóvenes arquitectos barceloneses sería capaz de compaginar su gran vocación por los estudios teóricos con una importante actividad docente y un ejercicio de la profesión reducido en cantidad pero significativo y valioso en su conjunto. A su primera época (1950-1960) pertenece los apartamentos de Torredembarra.
José Mª Sostres Maluquer, a founder member of "Grup R". Professor at the Escuela de Arquitectura de Barcelona and in his day the catalyst and guide of an important grouping of young Barcelona architects, effectively combined his great vocation for theoretical study with an influential role as a teacher and an output as a practising architect that although limited in qualtity constitutes a sigificant and valuable body of work. The Torredembarra apartments date from his first period (1950-1960).

oposición, o de rebeldía, se hallaba integrado en una mayoría por arquitectos que, en lo político, no se significaban precisamente como enemigos del nuevo régimen sino, por el contrario, como afines a él en mayor o menor grado, lo que en cualquier caso, no les impedía ver con claridad cómo aquella pretensión de establecer una arquitectura neo-imperial carecía de cualquier género de posibilidades presentes o futuras. Sin llegar a plantear en aquellos momentos manifiestos o rupturas teóricas, evitando enfrentamientos innecesarios, y desde la fuerza imparable de los hechos consumados, este reducido grupo de arquitectos, que podría ser situado dentro de una "primera generación de postguerra" será capaz, a través de su trabajo de cada día, de ir creando las condiciones necesarias para que la arquitectura española recuperara unos enfoques lógicos, al margen de planteamientos artificiosos y de doctrinas de clara intención política. Su actitud será la de enfrentarse a la estricta realidad presente sin volver la vista atrás, desechando, incluso, referencias pasadas que podrían haber sido válidas, como las que podía ofrecer aún aquella arquitectura de vanguardia anterior a la Guerra Civil muchos de cuyos valores resultaban generalmente admitidos y reconocidos.

El paso de tan solo unos años tendría la virtualidad de agregar a los Aburto, Cabrero, Coderch y Valls, Fernández del Amo, Fisac, Mitjans, Moragas, Sostres, de la Sota, etc., —figuras destacadas de la primera generación— un nuevo grupo con proyectos e ideales semejantes a los compartidos —si bien nunca enunciados— por aquellos. La prolongación, durante tan largo tiempo, de gran parte de las difíciles condiciones de postguerra permite señalar dentro de ella la presencia de una "segunda generación", sucesiva, identificable y diferente de la anterior pese a las numerosas coincidencias. Entre los rasgos diferenciadores podría mencionarse lo relacionado con las fechas de nacimiento, cuestión que parecería poco importante atendiendo únicamente a las cifras concretas pero que alcanza mayor significación si se tienen en cuenta otro tipo de consideraciones. Así, mientras José María Sostres (n. 1915), el arquitecto más joven de la "primera generación", cumple los veintiún años en 1936, Julio Cano Laso (n. 1920), el de mayor edad de la segunda, no llega a los dieciséis al comenzar la contienda [15]. Quiere esto decir que un fenómeno tan excepcional y traumático como el que representa la Guerra Civil se produce en un momento en el que los miembros de la "primera generación" han alcanzado una mayoría de edad —y por ello su participación directa en el conflicto— mientras que los de la segunda no han pasado apenas de la infancia o, como mucho de la adolescencia. Como elemento límite —en una situación de enlace o charnela entre ambos— habría que situar a F.J. Sáenz de Oiza (n. 1918) que cumple los dieciocho años de edad en 1936.

Por lo que se refiere a las figuras más representativas de la "segunda generación de postguerra" una relación resumida debería incluir, al menos los siguientes nombres: Corrales y Molezún, Bassó y Gili, Romany (con Sáenz de Oiza, Sierra, Cubillo y Alvear y, posteriormente, Mangada y Ferrán) Cano Lasso, La Hoz y García de Paredes, Barbero, Bohigas y Martorell, Giraldez, Subías, López-Iñigo, Correa y Milá, Ribas Piera, Tous y Fargas, Carvajal, Alas y Casariego, Lamela, Vázquez de Castro, J.L. Iñiguez, Bar Boo, y un adelantado Peña Ganchegui que, aun titulado en 1959, tiene ya construidas obras importantes antes de finalizar la década de los 60 (en colaboración con J.M. de Encío).

Aparte de la diferencia de carácter cronológico podrían señalarse otros rasgos no compartidos como los relacionados con un autodidactismo menos arduo para los segundos que para los primeros, al contar con un mayor número de publicaciones a su disposición, algunas esenciales como los libros de Zevi y Giedion (traducidos al castellano en 1954 y 1955 respectivamente); el principio de generalización de los viajes fuera de España, el trabajo en equipo, e incluso un cambio en el talante personal y

15. Joaquím Gili (n. 1916) arquitecto valioso aunque de peculiar trayectoria profesional, volcada en parte en campos ajenos a la arquitectura, quedará fuera de este esquema cronológico, válido en términos generales.

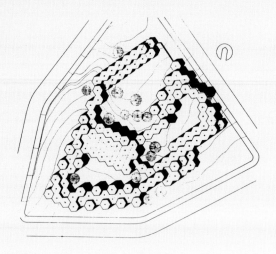

effectively differentiated the two generations, such as those relating to the less arduous autodidacticic experience of the second in view of the greater number of publications at their disposal, some of which were of fundamental importance (such as the books by Zevi and Giedion translated into Castilian in 1954 and 1955, respectively); the possibility of travelling freely outside Spain; team working, and even a change in character and attitudes to daily life, all of which were to a greater or lesser extent differential elements. At all events, neither of the two groups was a closed and isolated entity; rather, in various areas, and above all with regard to the basic aim of seeking to arrive at a different architecture, they formed a single block, distanced from both the "pseudo-academicist" teaching of the architecture schools and the prevailing socio-political premisses.

At the same time, the work carried out by these two generations configures, from our present viewpoint, an important and highly diversified whole with its own irrefutable and duly recognized specific gravity. The 50s proved to be a key decade in relation to the recognition accorded by numerous foreign architects, and as a result Spanish architecture was rewarded with a considerable number of significant and, more importantly, well-deserved international prizes. Moreover, when a broad sample of these architects' output, constructed for the most part between 1950 and 1960, was recognized as a coherent body of work and brought together in a book [16], the impact produced on their European colleagues was so significant that one of Britain's leading critics and historians expressed in the pages of the prestigious Architectural Review his conviction that the young Spanish architects had dedicated themselves to a process of "furious experimentation".

This highly auspicious moment was followed, approximately from 1960 on, by several years that were perhaps less creative, during which time the interventions of many Spanish architects were mediated by an excessive concern with being à la page. Experimentation ceased to be "furious", in many cases giving way to a rage for more or less tedious imitations and mannerisms; it is nevertheless important to exclude from this judgment the work of the genuine masters whom Spanish architecture has produced, whose names it would be superfluous to list here, given that the quality of their buildings speaks for itself. After these less stimulating years of modish imitation, then, it would seem that creative tension was reestablished, with the pulse of Spanish architecture once again bearing witness to the existence of a strong vital current.

16. Arquitectura Española Contemporánea, *Carlos Flores, Madrid, 1961.*

Diez años después de ser desmontado de su emplazamiento original (el recinto de la Exposición Universal de Bruselas de 1958) una versión drásticamente modificada del Pabellón de los Hexágonos sería construída —utilizando buena parte de los elementos constructivos originales— en los terrenos de la Feria del Campo de Madrid. Corrales y Molezún, con la colaboración de José Luis Fernández del Amo, en este caso, llevarían a cabo una solución acusadamente distinta de la primera, sustituyéndose el predominio de las superfícies diáfanas de aquella por una abundante presencia de muro de ladrillo, manteniendo en todo caso, los elevados niveles de calidad de la solución primitiva. El Pabellón español en esta su segunda existencia tendría, sin embargo, corta vida viéndose en pocos años en una situación de abandono que habría de conducir al estado de semidestrucción en el que hoy se encuentra. Así, en lamentable situación de ruina prematura, puede ser aún reconocido como una muestra más del desinterés que varias generaciones de representantes del poder han venido manteniendo haia algunos valores culturales de primer rango. También desde instancias oficiales se permitió (o más bien se ordenó) hace unos años la destrucción de otra obra paradigmática de Molezún y Corrales: el Instituto Laboral de Herrera de Pisuerga sustituído por un edificio de Seguridad Social tan lamentable como anodino.

Ten years after the dismantling of the original construction (on the site of the 1958 Brussels World's Fair), a drastically modified version of the Pabellón de los Hexágonos was erected —utilizing many of the original construction elements— in the grounds of the Feria del Campo in Madrid. Corrales and Molezún, in conjunction with José Luis Fernández del Amo in this case, produced a solution markedly different from the first, replacing the predominance of glazed surfaces with an abundance of brick walls, while maintaining at all times the high levels of quality of the original solution. Nevertheless, in this second incarnation, the Spanish Pavilion was to have a brief life, being abandoned after only a few years with a consequent deterioration, resulting in the present semi-derelict state. Thus, in this deplorable and premature degradation, the work is a further manifest example of the lack of interest on the part of various generations of public authorities in certain cultural values of the highest sigificance. Again, a few years ago, the authorities permitted (or rather ordered) the demolition of another paradigm work by Molezún and Corrales: the Instituto Laboral in Herrera de Pisuerga, replaced by a Social Security building as lamentable as it is anodyne.

forma de situarse ante la vida cotidiana hasta cierto punto no coincidentes. En todo caso, ninguno de los dos grupos permanecería como un territorio aislado y estanco sino que bajo diversos aspectos y, esencialmente, en cuanto al básico de perseguir la consecución de una arquitectura distinta integrarían un sólo bloque, alejado tanto de las enseñanzas "pseudo-academicistas" impartidas en las respectivas escuelas como de los presupuestos sociopolíticos dominantes.

En cualquier caso, la obra llevada a cabo por ambas generaciones representa, vista desde el presente, un conjunto importante y diversificado, dotado de un peso específico innegable y reconocido. La década de los 50 había de ser ya pródiga en tal reconocimiento expresado desde diversos medios profesionales del exterior, y así, sobre la nueva arquitectura española recaería un elevado número de premios valiosos y lo que es más importante, merecidos. También, cuando una muestra amplia de esta arquitectura, realizada en su mayor parte en la década 1950-60 pudo ser conocida como conjunto al ser agrupada en las páginas de un libro [16] el impacto entre los colegas europeos alcanzaría la categoría de acontecimiento señalado hasta el punto de llevar a uno de los más prestigiosos críticos e historiadores británicos al convencimiento de que los jóvenes arquitectos españoles se hallaban dedicados a una "furiosa experimentación", y de expresar esta idea desde las páginas de la siempre solvente *Architectural Review*.

A partir de ese momento estelar que llegaría a establecerse alrededor de 1960, vendrían períodos tal vez menos creativos durante los cuales la actuación de buena parte de los profesionales españoles se vería mediatizada por un interés excesivo por estar à la page. La experimentación dejó de ser furiosa y cedió su sitio, con frecuencia, a una furia encaminada hacia mimetismos y manierismos más o menos aburridos de los que, en todo caso, sería preciso separar siempre la labor de los escasos auténticos maestros que la arquitectura española produjo hasta ese momento y cuyos nombres no es preciso citar dado que su obra habla por sí misma. Transcurridos algunos años más, la tensión creativa pareció recuperada y el pulso de la arquitectura española volvió a dar nuevamente testimonio de la existencia de un alto tono vital.

16. Arquitectura española contemporánea; *Carlos Flores. Madrid, 1961.*

The last 35 years: approach to a new architectonic reality

This introduction to the second of our two periods, from 1961 to 1996, is an always subjective approach to those values I consider to be basic and indispensable to any clear appreciation of what took place on the architectural plane during these years.

Due to the complexity of elements and motifs that have intervened in one way or another in construction over these last 35 years, I feel it is necessary to take as a basis the real historical facts of the Spanish state that marked so profoundly a before and an after.

"With the lifting by the UN of the international embargo in 1950, Spain commenced a new phase in which the opening up of the country in a whole range of fields constituted the principal motive force of every activity undertaken by the Regime. With the clear identification of two opposing flanks within the government, one clinging desperately and unconditionally to the old autarchic totalitarianism, the other proposing a new, liberal economic system, the United States approved a credit for Spain of $62 million, while the Vatican accorded official recognition to the Franco regime. All of this represented the confirmation of a new state of relations with the democratic nations. In spite of the grave agricultural crisis of 1949, the country's financial capital experienced considerable expansion, thus permitting a progressive liberalization of the economy that gradually dismantled the autarchic model of the previous phase.

This decade was also to see the completion of the ideological emergence of a government that had until then presided over a state of confusion and instability. 1957 was a key year in the consummation of this process, with a number of members of Opus Dei, committed to the new liberal economic ideology and agents of the subsequent reforms of the sixties, came to occupy important ministerial positions in Franco's cabinet, taking the place of the military and authoritarian old guard.

It was precisely the fifties that brought a significant advance in Spain's industrial development, prompting the consequent movements of population from the country to the city associated with this type of activity, and generating an urgent need for a type of housing specifically adapted to this situation". [1]

In November 1975, with the death of General Franco, Spain entered on a new era, and was able to consign to the past a "manner" of doing things that the immense majority of the Spanish people had found difficult to assimilate. In spite of the potent structure of various clandestine organizations prior to 1975, Spain was a country in which a single power held sway over the population.

The triumph of democracy in 1976 brought about a gradual but unmistakable change that was to produce in time very satisfactory results: on the one hand, the recovery and consolidation of a democratic state, and on the other the restoration of the historic autonomies of the Basque Country and Catalonia. What was to follow, in terms of the overall state of the autonomous regions, although directly produced by the new democracy, was to have widely varying repercussions from the cultural and social point of view. The provisions for efficient economic management were the starting point for a new urban and social autonomy that was to give rise to new infrastructures which in general terms marked the first step in the construction of numerous new urban centres.

Nevertheless, the choice of the year 1961 as the commencement of this second period needs to be seen as somewhat random, given that in attempting to locate the concept of modernity in Spanish architecture we need in effect to go back to the previous decade.

Having situated ourselves, rapidly and succinctly, in the social and economic realities of post-war Spain, we can pursue our course through these three —almost four— decades of the latter part of the 20th century, from 1961 to 1996.

From 1960 on, contemporary Spanish architecture began to be disseminated and elucidated in an extensive series of books, seminars, exhibitions —in Spain and abroad— lectures and, naturally, a multitude of periodical publications: Spanish and foreign architecture magazines. However, the first serious study of the first six decades of the century was that produced by my predecessor and co-author of the present book, Carlos Flores. He indisputably initiated a new approach to the presentation and explanation of the works, the architects, the movements and the influences that configured the Spanish architecture of those years. Subsequent to the publication of Flores' study in 1960, numerous architects, critics and historians, as well as others from the communications media —journalists, writers and commentators— took up the task of disseminating and commenting in unprecedented volume on the very considerable developments that were taking place in the architectural sphere and its social context.

I am conscious that the text in the present book relating to this period will reflect only a very small part of those developments, for obvious reasons. I would like to insist, however, that in

1. *Carme Rodríguez, Jorge Torres, Francesc Català-Roca (photographs), Grupo R, Editorial Gustavo Gili, S.A., Barcelona, 1994.*

Los últimos 35 años: aproximación sobre una nueva realidad arquitectónica

Esta introducción sobre el segundo período 1961-1996, es una aproximación, siempre opinable, a unos valores que considero básicos e imprescindibles para tener una noción sobre lo acontecido, a nivel de arquitectura, en estos años.

Debido a la complejidad de motivos que han incidido de una forma y otra en la construcción de estos últimos 35 años, creo que es necesario basarse en hechos históricos reales del estado español que marcaron profundamente un antes y un después.

"Con la derogación del bloqueo internacional de la ONU, España (1950) inaugura una nueva etapa para el país en la que el aperturismo generalizado pasa a ser el motor principal de toda actividad emprendida por el Régimen. Cuando ya se reconocen claramente dos flancos opuestos en el seno del gobierno, el que se aferra aisladamente al autarquismo totalitario, sin remisión, frente a otro que propone un nuevo sistema económico-liberal, EEUU aprueba un crédito para España de sesenta y dos millones de dólares, mientras que el Vaticano reconoce oficialmente el Régimen de Franco. Todo esto supone la confirmación de un nuevo estado de relaciones con los países democráticos. A pesar de la grave crisis agrícola, acaecida en 1949, el capital financiero aumentó considerablemente, lo cual permitió una progresiva liberalización económica que fue enterrando poco a poco el modelo autárquico de la etapa anterior.

Esta década va a contemplar también cómo se consume la escisión ideológica de un gobierno en el que, hasta entonces ha gobernado la confusión y la inestabilidad. El año 1957 es fecha clave en la concreción de este proceso, momento en el que una serie de miembros del Opus Dei, defensores de la nueva ideología económica-liberal e impulsores de la reforma posterior de los sesenta, pasan a ocupar importantes carteras del gabinete franquista, desbancando así a la vieja guardia dirigista militar.

Precisamente los cincuenta van a ser testigos del avance de la industrialización en nuestro país, con las consecuentes fluctuaciones de población desde el campo a la zona urbana que esta clase de actividad comporta y con la demanda urgente de un tipo de vivienda específica para ello". [1]

En noviembre de 1975, con la muerte del General Franco, España entrará en una nueva era y podrá olvidar una "manera" de hacer las cosas difícil de asimilar para una inmensa mayoría del país. A pesar de la potente estructura de algunas organizaciones clandestinas antes de 1975, España es un país con un único poder que decide e incide sobre el pueblo.

La victoria de la democracia de 1976 irá produciendo un paulatino pero seguro cambio que acabará dando unos satisfactorios resultados: la recuperación y consolidación de un estado democrático por un lado y por otro la recuperación de las autonomías históricas para el País Vasco y Cataluña. Lo que ocurra después con el estado global de las autonomías, es una decisión que si bien es fruto de la nueva democracia, tendrá una repercusión muy variada, desde el punto de vista cultural y social. El posibilitar una gestión económica será el punto de partida para una nueva autonomía social-urbana que dará lugar a nuevos equipamientos, que a grandes rasgos, darán el primer paso para obtener multitud de nuevos centros urbanos.

Sin embargo el haber escogido la fecha de 1961 como incio de este período hemos de considerarlo un tanto aleatorio, ya que para entroncar el concepto de modernidad en la arquitectura española hemos de remontarnos a prácticamente una década anterior. Situados, de una forma rápida y sucinta, en la realidad social y económica de la postguerra española, iniciaremos un recorrido por estas tres décadas, casi cuatro, que corresponden al final del siglo XX, entre 1961 y 1996.

A partir de 1960 la arquitectura española contemporánea se ha explicado y divulgado en multitud de libros, seminarios, exposiciones —nacionales e internacionales—, conferencias y como no en multitud de publicaciones más rápidas: las revistas de arquitectura nacionales e internacionales. No obstante, el primer estudio riguroso que recoge la arquitectura española de los primeros seis lustros del siglo XX es el realizado

---

1. Rodríguez, Carme/Torres, Jorge/Català-Roca, Francesc (fotografías) Grupo R, Editorial Gustavo Gili, S.A, Barcelona, 1994.

focusing on certain moments from those years it is not my intention to put forward an approach directed at establishing an alternative evaluation and explanation of that situation. This is, at all events, one version among many, and is without doubt "subordinated" to the particular selection of works presented in this guide.

During the 60s and 70s, the Spanish architectural scene was, in broad outline, polarized between a new and technologically advanced architecture and the initiation, in the 70s, of an engagement with the civil society of the major cities: Madrid, Barcelona and Bilbao. If we bear in mind the significance of the change from a mentality that was closed, obtuse, parochial and chauvinistic to an attitude of greater openness in terms of its commercial and cultural parameters, we can identify the beginnings of a recovery, the establishing of "a peak in Flanders", in the Brussels International Exposition of 1957, with Spain being represented by an emblematic pavilion designed by José Antonio Corrales and Ramón Vázquez Molezún. In 1954-1956 the same architects had constructed a centre for secondary education and vocational training in Herrero de Pisuerga, Palencia, that is outstanding in its effective transcription of certain formal premisses derived from the Soviet Pavilion at the 1925 Exposition in Paris, by Konstantin Melnikov.

"In 1958 Spain presented in Brussels a pavilion designed by José Corrales and Ramón Vázquez Molezún. It occupied a plot with an irregular form and significant changes in level. Perhaps this was a surplus plot, appropriate for difficulties and even to be the basis for producing a work as exceptional as the one that was installed there. Never since then has this country had so brilliant and fitting a representation beyond its borders. The short-sighted authorities proved incapable of exploiting this success... This was an intelligent and inspired building: the repetition of a single element —a hexagonal umbrella— countless times was a solution appropriate to the national technology of the period, manipulated here with great freedom." [2]

Juan Daniel Fullaondo has commented with regard to these two architects that *"they seem to embody, respectively, the two lobes of the brain; the visual, verbal, linear, controlled, quantitatively dominant etc. left lobe in José Antonio, while the right, spatial, acoustic, holistic, simultaneous, emotional, intuitive, is perhaps represented more completely in Ramón. A single architect and two distinct personalities...".* [3]

Continuing with this preface we come next to the so-called Grupo R in Barcelona (1952-1958). Antonio Moragas Gallissà (1913-1985), Josep Mª Sostres Maluquer (1915-1984), Joaquim Gili Moros (1914-1984), Francesc Bassó Birulés (1921-), Oriol Bohigas Guardiola (1925-), Josep Mª Martorell Codina (1925-), Josep Pratmarsó Parera (1913-1985), Manuel Ribas Piera (1925-), José Antonio Coderch de Sentmenat (1913-1984), Manuel Valls Vergés (1912-), Pau Monguió Abella (1932-), Francesc Vayreda Bofill (1927-), Josep Anton Balcells Gorina (1920-1988) and Guillermo Giráldez Dávila (1925-) were the components of this group which ranged between a reference to the rationalist architecture associated with the GATCPAC (Grup d'Artistes i Tècnics Catalans pel Progrés de l'Arquitectura Contemporània), whose endeavour it sought to recreate, and a broader and more contemporary formal diversity.

The group's most noteworthy activities were: the exchange of ideas, knowledge and critiques which the members carried out in relation to their works; the gathering of cultural information; the overcoming of the intellectual poverty of the local architectural scene and the establishing of contacts with the international architecture of the time and its truly modern tradition.

Of all the buildings constructed by the architects of this group, one in particular, the Editorial Gustavo Gili, 1954-1961, stands out on account of its architectonic signification, conceived as a atempt at producing a building without civic links, but with a commitment and a vocation to constructing a highly developed project underpinned by a European consciousness. Situated in the interior of one of the typical city blocks of the Cerdà Eixample, "the repertoire of the Modern Movement appears consolidated and sure. The use of pilotis, emphasized by their red colour, the windows en longueur of the robust stone-clad walls of the central courtyard, the utilization of the roof as a landscaped terrace with pergolas, the recourse to a large vertical brise-soleil on the main facade, the complete absence of applied decoration beyond a strictly limited chromatic range —black, grey and white— on the smooth rendered surfaces, together with the expressive

2. Elias Torres Tur, "Corrales y Molezún en Bruselas '58" in Corrales y Molezún, Consejo Superior de los Colegios de Arquitectos en España, Madrid, 1993.
3. Juan Daniel Fullaondo, Maria Teresa Muñoz, "Sir José Antonio and Sir Ramón" in Corrales y Molezún, op. cit.

por mi antecesor y coautor de este libro, Carlos Flores. Él, sin duda, inicia una manera de explicar y constatar qué obras, qué arquitectos, qué movimientos e influencias han conformado la arquitectura en España durante estos años. Con posterioridad a este estudio publicado en 1960, serán muchos los arquitectos críticos e historiadores, así como personas afines a los medios de comunicación: periodistas, escritores y comentaristas y otros, los que se hayan ocupado ampliamente de divulgar y comentar cuanto haya acaecido, que es mucho, en relación a su medio social involucrado con los profesionales de la arquitectura.

Creo que el texto de este período en esta guía, va a reflejar un porcentaje muy pequeño de lo ocurrido, por razones obvias. Sí que quisiera explicitar que no es mi propósito, al elegir y comentar algunos momentos de estos años, evidenciar una aproximación que haría otra valoración susceptible de explicar la misma situación. En cualquier caso, es una versión más que, sin duda, está "supeditada" a la elección de las obras que se ha hecho en esta guía.

Durante la década de los 60 y 70 la arquitectura española está, a grandes rasgos, bipolarizada entre una nueva arquitectura tecnológicamente muy avanzada y una década, la de los 70, que inicia una aproximación con la sociedad civil de las grandes ciudades: Madrid, Barcelona y Bilbao. Si recordamos la importancia que supone el cambio de mentalidad, cerrada, obtusa y nacional hacia una posición más abierta en los ámbitos comerciales y culturales, vemos que el primer indicio de una recuperación, al restablecer "una pica en Flandes", es la exposición internacional de Bruselas de 1957. España participa en este evento con un pabellón emblemático debido a José Antonio Corrales y Ramón Vázquez Molezún. Los mismos arquitectos en 1954-1956 habían realizado el Centro de Segunda Enseñanza y Enseñanza Profesional en Herrero de Pisuerga, Palencia, que podría merecer una excelente calificación por su proximidad a una cierta transcripción de unos planteamientos formales procedentes del Pabellón Soviético de la exposición de París de 1925, debido a Konstantin Melnikov.

"En 1958 España presentó en Bruselas un pabellón proyectado por José Corrales y Ramón Molezún. Ocupaba una parcela de forma irregular con importantes desniveles. Quizás era un solar sobrante, apropiado para dificultades e incluso ser la base para gestar una obra tan excepcional como la que allí se instaló. Nunca desde entonces este país ha vuelto a tener una representación fuera de sus fronteras tan brillante y ajustada. La miopía oficial no supo explotar aquel inesperado éxito... Era un edificio inteligente e inspirado: la repetición de un único elemento —un paraguas hexagonal— hasta un número de veces no preciso era una solución que se adecuaba a la tecnología nacional de la época y que se manipulaba con libertad". [2]

Juan Daniel Fullaondo comenta acerca de estos dos arquitectos: *"parece que encarnan, respectivamente, los dos lóbulos del cerebro, el hemisferio izquierdo visual, verbal, lineal, controlado, dominante cuantitativo, etc. en José Antonio, mientras que el derecho, espacial acústico, holístico, simultáneo, emocional, intuitivo, quizás representa más completamente a Ramón. Un sólo arquitecto y dos personas distintas ..."* [3]

Sigamos en este preludio y entremos en el denominado Grupo R de Barcelona (1952-1958). Antonio Moragas Gallissà (1913- 1985), Josep Mª Sostres Maluquer (1915- 1984), Joaquim Gili Moros (1914-1984), Francesc Bassó Birulés (1921), Oriol Bohigas Guardiola (1925), Josep Mª Martorell Codina (1925) Josep Pratmarsó Parera (1913-1985) Manuel Ribas Piera (1925) José Antonio Coderch de Sentmenat (1913-1984) Manuel Valls Vergés (1912), Pau Monguió Abella (1932), Francesc Vayreda Bofill (1927), Josep Anton Balcells Gorina (1920-1988) y Guillermo Giráldez Dávila (1925) serán los componentes de este grupo que se moverá entre un referente a la arquitectura racionalista vinculada al GATCPAC (Grup d'Artistes i Tècnics Catalans per al Progrés de l'Arquitectura Contemporània) cuya aventura intentará rehacer, y una diversidad formal más amplia y contemporánea.

Las actividades más notables son: el intercambio de ideas, conocimientos y críticas que los miembros efectúan respecto a sus obras; la obtención de información cultural; superar la pobreza intelectual que rodea al ambiente arquitectónico local y establecer contacto con la actualidad internacional de la arquitectura y con su tradición verdaderamente moderna.

De todos los edificios construidos por este grupo de arquitectos, uno, la Editorial Gustavo Gili, 1954-1961, sobresale por su significación arquitectónica entendida como un esfuerzo de realizar un edificio sin vinculaciones ciudadanas, sí en cambio con una voluntad y una evocación de construir un proyecto muy elaborado y respaldado por una conciencia europea. Ubicado en el interior de una de las típicas manzanas del ensanche Cerdà, "el repertorio del Movimiento Moderno aparece consolidado y seguro. La utilización de pilotis enfatizados por su color rojo, las ventanas *en longueur* de los recios muros aplacados del patio central, la utlización de la cubierta como terraza ajardinada con pérgolas, el recurso al gran *brise-soleil* vertical de su fachada principal, la ausencia de todo tipo de decoración aplicada que queda reducida a una limitada

2. Torres Tur, Elias. "Corrales y Molezún en Bruselas '58" en Corrales y Molezún, Consejo Superior de los Colegios de Arquitectos de España, Madrid, 1993.

3. Fullaondo, Juan Daniel. Maria Teresa Muñoz: "Sir Jose Antonio and Sir Ramón" en Corrales y Molezún, op.cit.

quality of the construction, and, of course, the transparency of the central volume with its double-height space: these are the concepts that configure this building".
Of the three exhibitions which this group mounted in the Galerias Laietanas in Barcelona, the third, held in 1958, included the latest works by its members, with the additional circumstance that it also featured works by Javier Carvajal, Miguel Fisac, Corrales and Molezún and Alejandro de la Sota. *"We are therefore drawn to the conclusion that this exhibition, for all its importance, is also the swan-song of Grupo R as a key movement pursuing a definite line through a precise action."*
The more contextual schemes by Coderch and Valls, and in the case of the Casa de la Marina building (1951-1955) close to the work of Gio Ponti and Ignazio Gardella, are the recognized beginning of the career of an architect —Coderch— who at the IX Milan Triennial in 1951 won first prize with his Spanish Pavilion. As a final reference for this period, we must mention the Law Faculty building in Barcelona (1957-1958) by the architects Guillermo Giráldez, Pedro López Iñigo and Xavier Subías, with its more international character.
I think it is necessary to take note here, even in such a highly compressed manner, of the presence of this group, given that nowhere else in Spain during the 50s was there a comparable grouping of architects (the case of painting is different) engaged in drawing together their intellectual concerns, derived from the CIAM Congresses and Team X. Although a significant feature of the decade was the construction of a considerable number of buildings which exploited Spain's new industrial technology and paid tribute to the great figures of the Modern Movement who died during this period (Gropius and Wright in 1959, Le Corbusier in 1965, Mies van der Rohe in 1969), it is equally evident that the sum of these works amounts to no more than the initiation of a dialogue between the postulates of the Modern Movement and the loss of their dogmatic character. As subsequent sections of this text should make clear, the work produced by the more experienced Madrid architects —including those from the Basque Country who also asserted their presence in the capital of the Spanish state— consistently manifests strong links with the traditions of the Modern Movement and the International Style.

THE REALISM OF THE 60s

"A new ornamental form is currently appearing among the best of the world's younger architects. This is an ornamentation purified by exercises of expiation, not in the detailing, which is now of very little interest to us, but in the concept, in the utilization, in the ultimate aim, in the technological relationships, in the material."

    I ELOGI DE L'ORNAMENTACIÓ (IST EULOGY TO ORNAMENTATION), 1962

"We must not back down, we must be on the alert. We need to know that the process to which we are committed is that of a total and effective industrialization, that the basic promises of the "machine à vivre" are valid, required of us architecturally, socially and even politically. But we need to remember that the immediate problem is homes for the many many families rejected and abandoned by our social organization. And for their sakes we must sacrifice, for the moment, everything: style, opinions, principles, forms. And, if necessary, climb down from the pedestal of the technicians of the industrial age and set to work with our hands like a mediaeval craftsman."

    II ELOGI DEL TOTXO (2ND EULOGY TO THE BRICK), 1960

In the third Eulogy to the shack (1957), Bohigas concludes his apologia with an affirmation of the right to a house with light, ventilation and a landscaped space of its own. This house, which will be situated in the conurbations, in the districts on the outskirts of the big cities, will have far-reaching implications for the understanding of the city, which will be absolutely fragmented, and will only experience controlled growth in the more residential sectors.
The three eulogies occupy the final pages of the book Barcelona, entre el Plà Cerdà i el barraquisme. This text was to exercise enormous influence, thanks to two key factors: firstly, its historical discourse, in which Bohigas recalls the importance of certain profound "national"

gama cromática —negro, gris y blanco —sobre las tersas superficies estucadas, junto a la expresividad de la construcción de los elementos estructurales, y, por supuesto, la transparencia del cuerpo central con su espacio a doble altura, son conceptos que configuran este edificio".

De las tres exposiciones que este grupo realizó en la Galerías Laietanas de Barcelona, la tercera, celebrada en 1958 recoge las últimas obras de los miembros del grupo pero con la salvedad de que en ella también participan Javier Carvajal, Miguel Fisac, Corrales y Molezún y Alejandro de la Sota.

"Tendremos que llegar a la conclusión de que esta exposición, a pesar de su importancia, es también el canto del cisne del Grupo R como movimiento punta con una línea definida un una acción precisa".

Las obras de Coderch y Valls más contextuales y en el caso del edificio de la Casa de la Marina (1951-1955) próxima a la obra de Gio Ponti e Ignacio Gandella, son un inicio reconocido de la trayectoria de un arquitecto, Coderch, que en 1951 recibe el primer premio de la IX Trienal de Milán, con la realización del Pabellón Español. Una última referencia a este momento hay que hacerla para la Facultad de Derecho de Barcelona (1957-1958), obra de los arquitectos Guillermo Giráldez, Pedro López Iñigo y Xavier Subías, de factura más internacional.

Creo que es necesario dejar constancia, aunque de una forma muy sucinta, de la presencia de este grupo, ya que durante la década de los 50 en el resto de España no existe en torno a la arquitectura, sí en torno a la pintura, otro equipo de arquitectos que quieran aunar esfuerzos ideológicos, provenientes de los Congresos del CIAM y del Team X. Si bien durante esta década tendrá un gran protagonismo un número importante de edificios construidos al amparo de una reciente y nueva tecnología industrial española, que rinde homenaje a la próxima desaparición de los maestros del Movimiento Moderno: Gropius y F.L. Wright (1959), Le Corbusier (1965), Mies van der Rohe (1969), sí es cierto que el resultado de todas ellas abre un línea que no es más que el inicio de un diálogo entre los postulados del Movimiento Moderno y la pérdida de su carácter dogmático. Como podrá apreciarse en próximos apartados, la arquitectura que saldrá de las manos más experimentadas de los arquitectos de Madrid, incluidos los del País Vasco que también tendrán una presencia en la capital del Estado, siempre tendrá una ligazón con la tradición del Movimiento Moderno y el Estilo Internacional.

EL REALISMO DE LOS AÑOS 60

"Una nova forma ornamental apareix actualment entre els millors i més joves arquitectes del món. És una ornamentació purificada pels exercicis d'expiació, no pas en el detall, que ara ens interessa ben poc, sinó en el concepte, en la utilització, en la finalitat, en les relacions tecnolò-giques, en el material".
I Elogi de l'ornamentació, 1962.

"Cal no claudicar i estar alerta. Cal saber que el procés a què estem obligats és el de la total i efectiva industrialització, que les promeses bàsiques de la machine à vivre són vàlides, ens exigeixen arquitectònicament, socialment i fins políticament. Però cal recordar que el problema immediat és la casa de tantes i tantes famílies rebutjades per la nostra organització social. I per a elles cal sacrificar-ho, momentàniament, tot: estil, opinions, principis, formes. I, si cal, encara, baixar del pedestal dels tècnics de l'era industrial per tal de treballar manualment com un artesà medieval".
II Elogi del totxo. 1960.

En el tercer Elogi, el de la barraca (1957), Bohigas finaliza su apología con una defensa al derecho de tener una vivienda con luz, aireada, y con una zona verde propia. Esta vivienda que estará situada en las conurbaciones, en los barrios periféricos de las grandes ciudades, tendrá unas repercusiones importantes en la comprensión de la ciudad. Esta quedará absolutamente fragmentada y únicamente tendrá un crecimiento controlado en los sectores más residenciales.

Los Tres elogis son las últimas páginas del libro *Barcelona, entre el Pla Cerdà y el barraquisme*. Este texto ejerce una enorme influencia debido a dos factores. El primero por su discurso histórico, en el que recuerda la importancia de unas raíces "nacionales" profundas. El segundo, por ser un texto muy claro y rotundo. Para algunos arquitectos aposentados puede ser ofensivo y excesivamente social. El tono es didáctico, directo, simple y perfectamente asimilable.

Durante la década de los sesenta no existirá una idea de ciudad. Existirá una conciencia social, con un punto de atención a la áreas más necesitadas, pero también es cierto con implicaciones diversas si nos centramos en Madrid, Barcelona y Bilbao. La situación política de indefinición, engaño y ostracismo tiene una traducción directa en el empleo de una lenguaje arquitectónico que en estos años se inica desde el interiorismo, desde el diseño de lo particular, del detalle.

Esmerado estilismo, sensibilidad en recuperar valores del pasado y un apurado estudio de las funciones y usos que el objeto ha de asumir, son objetivos de esta manera de hacer la arquitectura.

roots, and secondly, its clear and forthright quality. At the same time, certain materially prosperous seem to have found it offensive and excessively social. The tone is didactic, direct, simple and perfectly assimilable.

Throughout the sixties there was no idea of the city as such. There was a social conscience, with a degree of attention to the areas of greatest need, but it must be noted that the implications of this were different, depending on whether the focus was Madrid, Barcelona or Bilbao.

The political situation, with its uncertainty, deception and ostracism, found its direct translation in the recourse to an architectonic language that was initiated in these years in interior design, in the design of the particular, the detail.

A painstaking stylism, sensitivity in the recuperation of values from the past and a precise study of functions and uses to be assumed by the built object were the principal concerns of this way of making architecture.

If Bohigas stands out as the figure with the strongest presence in the architectural culture of Barcelona, Carlos de Miguel and Antonio Fernández Alba occupied a comparable position in Madrid, although their discourse took a more profound, cultivated and detached tone. Between 1958 and 1968 de Miguel exercised an influential pedagogical role in the Escuela de Arquitectura de Madrid and on the board of the Revista Nacional de Arquitectura. We should bear in mind that, from 1951 on, there was also a change of cultural conception that was chanelled by way of the Sesiones Críticas de Arquitectura held each month in Madrid. The problem of housing, the relationship between architecture and landscape, architecture teaching or the relevance of popular and vernacular architectures figure amongst the themes recorded in the minutes of these monthly sessions. Carlos de Miguel, editor of the Revista Nacional de Arquitectura, was responsible for reflecting all of these concerns in the pages of the magazine. [4]

The texts published by Antonio Fernández Alba in the magazines El Adelanto, Revista Nacional de Arquitectura, Acento Cultural, Hogar y Arquitectura, Arquitectura and Nueva Forma cover in an objective and very adequate fashion not only issues relating to architecture, but also the long-standing links with groups of artists such as El Paso and the work being carried out by José Luís Fernández del Amo at the Museo Nacional de Arte Contemporáneo in Madrid, which he helped found in 1951. [5]

THE MISSED OPPORTUNITY OF TOURISM

Before going on to evaluate the first great error of this period, in the form of the failure of a new undertaking that might have resulted in a qualitative change in relations between Spain and the rest of the world, namely tourism, I would like to consider an unbuilt project which for obvious reasons does not appear in this guide but which I feel is of sufficient interest to merit our attention here.

In 1960 Fernando Higueras produced a scheme for ten artists' residences in the Monte del Pardo in Madrid. Designed only three years after Higueras graduated, the project manifests a great formal and plastic capacity. The layout of the houses in the form of a crescent, following the topography of the hilltop site, together with the specific volumetry of each of the houses with their eaved triangular roofs expressing a freedom not yet attained, attest to the talent of the young architect. Two years later he designed one of the paradigm houses of this period, for the painter Lucop Muñoz, in Torrelodones, Madrid. In the same way that Aldo van Eyck and Peter Smithson, founder members of the Team, sought to carry forward the premisses of the old guard, then lately deceased, to pave the way for a complete revision of modern architecture, Higueras formulated in the 60s various proposals inherited from the principles of the final CIAM congresses of 1953 and 1956. The separating of pedestrian and vehicular circulation, and of work from home and leisure, is indicative of a whole new way of designing.

We can now take a summary look at leisure, or, to use a term more typical of the period, tourism.

The fact that this phenomenon of wide-reaching social and economic importance was never properly studied or planned is a matter of common knowledge. The occupation of the Mediterranean coastline without any prevision for what might occur twenty years on ignored factors of fundamental importance, such as: the standards of the facilities provided, road infrastructures, densities of occupation, location of and volumetric relationships between constructions, availability of landscaped areas and the more recent issue of impact on the ecology of the environment.

The rush to occupy the seafront in order to satisfy the customer gave rise to genuine chaos. In addition, Spain includes two archipelagoes, where the ratio of coast to interior is obviously even greater. The massive demand prompted very rapid construction, with inevitable and clearly apparent consequences in terms of quality. We need only reflect on the standards of quality control in Spain during those years to appreciate the scale of the problem presented by these thousands upon thousands of square metres of built surface today. The most practical solution is their disappearance.

Nevertheless, there are a number of isolated examples of quality. Ricardo Bofill, in his interventions in the 60s —Plexus (1962-1963), La Muralla Roja (1966-1968) and Xanadú (1968-1971), all on the Alicante coast— initiated a very attractive manner of responding to the influx of tourism. During the same decade, the most consistent and brilliant of his career to date, Bofill constructed almost simultaneously three residential buildings in Barcelona: c. Johann Sebastian Bach, 28 (1962-1963), number 4 of the same street (1963-1965) and c. Nicaragua, 99

4. Josep Mª Montaner, "España", a chapter in the book by Leonardo Benévolo, Historia de la arquitectura moderna, Editorial Gustavo Gili, S.A., Barcelona, 1994.

5. The activity of this architect in Madrid, 1914-1995, associated with the creation of the Museo Nacional de Arte Contemporáneo, and the actuations carried out above all in support of the new currents in the visual arts and abstraction, can be traced in the catalogue of the exhibition José Luis Fernández del Amo. See the project for a museum of contemporary art in the MNCARS exhibition from October 1995 to January 1996.

Si Bohigas es la persona que más presencia tiene en la cultura arquitectónica barcelonesa, Carlos de Miguel y Antonio Fernández Alba harán lo propio en Madrid aunque con un tono más profundo, culto y disgregado. Desde 1958 a 1968 el primero influye, con su actividad pedagógica en la *Revista Nacional de Arquitectura* y en la Escuela de Arquitectura de Madrid. Recordemos que en Madrid, desde 1951, también existe un replanteamiento cultural que se canalizará a través de las Sesiones Críticas de Arquitectura, que se celebrarán cada mes en Madrid. El problema de la vivienda, la relación entre la arquitectura y el paisaje, la enseñanza de la arquitectura o la vigencia de las arquitecturas populares son temas que quedarán reflejados en las actas de las sesiones. Carlos de Miguel, director de la *Revista Nacional de Arquitectura*, será quien reflejará todos estos planteamientos en las páginas de la revista [4]. Los escritos del segundo en El Adelanto, *Revista Nacional de Arquitectura*, *Acento Cultural*, *Hogar y Arquitectura*, *Arquitectura y Nueva Forma* cubren de forma objetiva y suficiente no solamente temas relacionados con la arquitectura sino incluso aquellos vínculos existentes desde años con grupos de artistas como El Paso y la actividad de José Luís Fernández del Amo desde su fundación del Museo Nacional de Arte Contemporáneo en Madrid en 1951.[5]

EL TURISMO, UNA OCASIÓN PERDIDA

Antes de valorar el primer gran error entendido como fracaso de un nuevo proyecto que bien podría haber supuesto un cambio cualitativo entre España y el resto del mundo, nos referimos al turismo, quisiera valorar un proyecto no realizado que por cuestiones obvias no aparece en esta guía pero que creo interesante incluir.
Fernando Higueras, realiza en el Monte de el Pardo, Madrid, una propuesta de diez residencias para artistas, 1960. Con tan sólo tres años de profesión, este proyecto es una muestra de gran capacidad formal y plástica. La posición de las casa en forma de crescent, siguiendo la topografía en lo alto de la montaña, junto a la volumetría específica de cada una de las viviendas con sus cubiertas triangulares aladas expresando una libertad todavía no conseguida, son motivos para creer en el talento de este arquitecto. Dos años más tarde, realizará una de las viviendas paradigmáticas de este momento, la casa para el pintor Lucio Muñoz en Torrelodones, Madrid. De la misma manera que Aldo van Eyck y Peter Smithson, miembros fundadores del Team X quieren tomar el relevo a la vieja guardia de los grandes maestros recientemente fallecidos preparando el terreno para la revisión completa de la arquitectura moderna, Higueras formulará en estos años 60 propuestas heredadas de las consignas de los últimos CIAM de 1953 y 1956. El separar la circulación peatonal de la rodada y el trabajo de la vivienda y el ocio son meros apuntes de toda una nueva manera de proyectar.
Pasemos a hacer una rápida reflexión acerca del ocio o usando una terminología más de la época del turismo.
Es de sobras conocido el cómo no se planteó este fenómeno de amplio espectro económico y social. Con la ocupación del litoral del mediterráneo sin ninguna prevención a lo que podría ocurrir veinte años más tarde, se olvidaron aspectos tan fundamentales como: los estándares de equipamientos, infraestructuras viarias, densidades de ocupación, localización y relación volumétricas entre construcciones o la disponibilidad de zonas verdes ajardinadas y como tema de lectura más reciente el impacto sobre el entorno ecológico.
La gran disponibilidad en ocupar la primera línea para satisfacer al cliente, provoca un caos importante. España, además posee dos archipiélagos: Baleares y Canarias, con lo que el perímetro del litoral es aún mayor. La afluencia masiva, provoca una ejecución muy rápida y como consecuencia de una calidad aparente. Si pensamos en el control de calidad que existe en nuestro país en estos años, se entiende el gran problema que supone en estos momentos qué hacer con miles y miles de metros cuadrados construidos. Su desaparición, es la medida más realista.
No obstante existen algunos ejemplos puntuales y aislados. Ricardo Bofill, en sus actuaciones de los años 60: Plexus (1962-1963), La muralla Roja (1966-68) y Xanadú (1968-1971), todos ellos en la costa alicantina, inicia una manera muy atractiva de atender esta afluencia turística. En esta misma década, la más consecuente y brillante de su trayectoria profesional hasta el día de hoy, Bofill construye tres edificios de viviendas en Barcelona casi de forma simultánea: calle Johann Sebastián Bach, 28 (1962-63) el número 4 de la misma calle (1963-65) y en la calle Nicaragua, 99 (1963-65).
En 1964-68 construye el Barrio Gaudí de Reus, Tarragona, actualmente en un estado lamentable de conservación, pero que fue uno de los logros a nivel de vivienda experimental y prólogo del grup de viviendas que más éxito ha concedido a Bofill, el Walden

4. Muntaner, Josep Mª. "España", *capítulo escrito dentro del volumen de Leonardo Benévolo*, Historia de la arquitectura moderna, *Editorial Gustavo Gili, S.A., Barcelona, 1994.*
5. *La actividad de este arquitecto de Madrid, 1914-1995, vinculada a la creación del Museo Nacional de Arte Contemporáneo y la llevada a cabo, sobre todo en apoyo de las nuevas corrientes plásticas y el arte abstracto puede seguirse en el catálogo de la exposición José Luis Fernández del Amo. Ver proyecto de museo de arte contemporáneo celebrada en el MNCARS en el período octubre 1995 a enero de 1996.*

Propuesta de 10 residencias para artistas.
Proposal for 10 houses for artists.
Monte del Pardo. Madrid. 1960
Fernando Higueras Díaz

(1963-1965). In 1964-1968 he constructed the Barrio Gaudí development in Reus, Tarragona, now in a lamentable state of conservation, which was one of the notable achievements in the field of experimental housing and the forerunner of Bofill's most successful residential development, Walden 7 (1970-1975) in Sant Just Desvern, Barcelona.

Bofill was one of the Barcelona and Spanish architects who was to assume a discreet protagonism, from a position close to that of the metabolists and the Archigram group. His Taller de Arquitectura, founded in 1963 with Xavier Rubert de Ventós, Serena Vergano, Anna Bofill, José Antonio Coyticolo, Salvador Clotas, Peter Hodgkinson, Manolo Nuñez Yanowsky and Ramón Collado, was the only architectural force which, given its ability to steer a steady and unimpeded course through the realities of the political and economic situation, might have proved capable of marking out lines or channels more in keeping with the project of promoting tourism.

The two works which serve as references to this conjuncture in the guide are those by Sáenz de Oiza in Alculia (1961-1968) and by Javier Díaz Llanos and Vicente Saavedra on the Costa del Silencio (1963-1981). Both of these interventions exploit the stepping of the construction to establish a better relationship with the setting. Another project —the Torre Valentina development on the Costa Brava, designed by J. A. Coderch in 1959— provides the complement to this section concerned with tourism in Spain in the 60s.

THE DECADE OF THE 70s

If in the above commentary on the previous decade we made passing reference to previous decades, in this section I would like to begin by looking at two pieces of architecture that belong to a more urban context, more intrinsic to the big city. Lluís Doménech, in his anthology of the architecture of the sixties, devotes a chapter to the Singular Building: *"These new buildings, in addition to constituting an architectonic problem in their own right, also do so in terms of their visual relationships with the existing urban framework. This is something that can never be ignored, regardless of whether the new building is diffused in the depths of the urban structure or comes to form part of what in the city of the past we called a monument".*

Two buildings configure two decades, from 1961 to 1981: Torres Blancas (1961-1968) and the Banco Bilbao Vizcaya (1972-1981). A single architect, Sáenz de Oiza, and a single city, Madrid. The first building has profound Wrightian roots and an expressive charge linked to a technological structural emphasis. This is a point of reference of monumental singularity. The second, more sobre, elegant, compact and austere, is closer to another of the greats —Mies van der Rohe. If the context of the former is marked by the entry of the N-II motorway into Madrid, the Avenida de América, the latter is located in Azca, adjacent to the Paseo de la Castellana. Other buildings of greater height have since been constructed alongside it, but its presence continues to configure a landmark in this Castellana zone of Madrid. Sáenz de Oiza, eclectic by nature, and forceful in his discourse, has demonstrated his great talent in both buildings.

Referring to a wider context and a different figure, Juan Daniel Fullaondo described Coderch in a review of Spanish architecture published in Controspazio in 1979 in these terms: "homo-faber in the Madrid manner, independent, solitary, the attraction of Ignazio Gardella is a fundamental element for the understanding of certain episodes in the development of his work. Without doubt, in no other area of Spanish architecture has the aspiration towards realism been developed with greater coherence than in the Catalan ambit... the Catalan architects work in a more discreet, normal, minor tone, with an accepted scepticism and a constant relativity that inevitably sets them apart from the instinctive and arrogant tone of Madrid. Sáenz de Oiza Fisac or Higueras live their own personal adventure as a drama, while Bohigas or Doménech live theirs as a more rational experience with a cultural support that is, in contrast, absent from the Madrid group". [6]

In this light, we can intuit that during the late sixties and seventies there emerged a series of significant divergences between Madrid and Barcelona.

With respect to Barcelona, and more specifically to Lluís Doménech, it would seem that the

---

6. *Juan Daniel Fullaondo, "Unicorni, demoni, architetti" in Controspazio, July-August 1979.*

7 (1970-75) en Sant Just Desvern, Barcelona.

Será uno de los arquitectos de España y Barcelona que desde una posición próxima a los metabolistas y al grupo Archigram asumirá un discreto protagonismo. Su Taller de Arquitectura, creado en 1963 con Xavier Rubert de Ventós. Serena Vergano, Anna Bofill, Jose Antonio Goytisolo, Salvador Clotas, Peter Hodgkinson, Manolo Núñez Yanowsky y Ramón Collado, es el único motor que de poder hacer un recorrido sin intromisiones ni obstáculos por lo que a la realidad política y económica se refiere, hubiera conseguido marcar unas posibles pautas o cauces más acordes con el proyecto turístico.

Las dos obras que en este contexto han quedado referenciadas en la guía son la de Sáenz de Oíza en Alculia (1961-68) y la de Javier Díaz Llanos y Vicente Saavedra en la Costa del Silencio (1963-81). Son dos actuaciones que mediante el escalonamiento busca una mayor relación con el lugar. Otro proyecto, el de Torre Valentina, 1959, en este caso de J. A. Coderch, en la Costa Brava es el complemento a este apartado dedicado al turismo en España en la década de los 60.

LA DÉCADA DE LOS 70

Si el comentario general a la década anterior hemos hecho referencias vinculadas a décadas anteriores, en éste quisiera empezar con un repaso hacia dos ejemplos arquitectónicos que pertenece a un contexto más urbano, más de la gran ciudad. Lluís Domènech, en su antología dedicada a la década de los sesenta dedica un apartado al Edificio Singular. *"Estos nuevos edificios, además de constituir un problema arquitectónico en sí mismos, lo constituyen al plantearse sus relaciones visuales con el marco urbanístico preexistente. En ningún caso puede dejar de tenerse en cuenta, tanto si el nuevo edificio se difumina en el fondo de la estructura urbana como si pasa a formar parte de lo que en la ciudad antigua llamábamos momumento".*

Dos edificios configuran dos décadas: de 1961 a 1981. Torres Blancas (1961-1968) y el Banco Bilbao Vizcaya (1972-1981). Un único arquitecto, Sáenz de Oíza y una única ciudad, Madrid. El primero una profundas raíces wrightianas y una carga expresionista vinculada a un énfasis tecnológico estructural. Será punto de referencia de una singularidad monumental. El segundo, más sobrio, elegante, compacto y austero está más próximo a otro maestro: Mies ven der Rohe. Si el contexto del primero sigue marcado por la llegada de la Nacional II a Madrid, la Avenida de América, el segundo está ubicado en Azca, junto al Paseo de la Castellana. Con posterioridad a este edificio se han construido otros próximos y en algún caso de mayor altura. Su presencia sigue configurando un hito en esta zona de la castellana madrileña. Sáenz de Oíza, ecléctico por naturaleza, y arrollador en su discurso, ha demostrado un gran talento con ambos edificios.

Refiriéndose a un contexto más amplio y a otro personaje Juan Daniel Fullaondo en un balance de la arquitectura española publicado en *Controspazzio* en 1979 comenta acerca de Coderch: *"homo-faber a la madrileña, independiente, solitario, el reclamo hacia Ignazio Gardella es un elemento fundamental para comprender determinados episodios en el desarrollo de su obra. Sin duda en ningún otro campo de la arquitectura española, la aspiración al realismo ha sido desarrollada con mayor coherencia como en el ámbito catalán... los arquitectos catalanes trabajan en un tono menor más discreto, normal, con un escepticismo asumido y una constante relatividad que inevitablemente los destaca del tono instintivo y arrogante madrileño. Sáenz de Oíza, Fisac o Higueras viven su propia aventura personal como un drama, Bohigas o Domènech la viven como una experiencia más racional con un apoyo cultural que contra-riamente falta al grupo madrileño".* [6]

De este modo podemos intuir que durante la década de los setenta y finales de los sesenta se producen una serie de discrepancias importantes entre Madrid y Barcelona. Desde Barcelona y más concretamente Lluís Domènech cree que la situación a finales de los setenta viene dominada por tres deseos: libertad de expresión, libertad respecto al dogmatismo de la ortodoxia de la arquitectura moderna y también un sentido de libertad del sistema de vida. [7]

Desde Madrid se sigue pensando en la poca importancia que supone crear una colectividad y el único foro de opinión lo constituyen las revistas *Hogar y Arquitectura*, dirigida por Carlos Flores; *Revista Nacional de Arquitectura*, dirigida por Carlos de Miguel y *Nueva Forma* a cargo de Juan Daniel Fullaondo, desde su creación en 1966 hasta 1975. *Cuadernos de Arquitectura y Urbanismo* en Barcelona, la revista del Colegio de Arquitectos es la única que viene publicándose desde 1944. La primera etapa más comprometida es la correspondiente a los años 1970-73, dirigida por Emilio Donato. Los conflictos sociales, la reivindicaciones del GATCPAC como grupo autónomo del GATEPAC, así como el movimiento pop y la posible escuela de Barcelona con sus adeptos venturianos serán temas que vincularán la revista con la profesión.

2C Construcción de la Ciudad, desde 1972 a 1985 será el órgano difusor de toda la influencia italiana capitaneada por Aldo Rossi y Giorgio Grassi. No hay que olvidar la influencia que ejercerá en Galicia, el Pais Vasco, algunos estudios de Madrid, aparte de la ciudad de

---

6. Fullaondo, Juan Daniel. "Unicorni, demoni, architetti" en Controspazzio, julio-agosto, 1979.

7. Anals 3, 25 anys d'arquitectura catalana, Escuela Técnica Superior de Arquitectura, Barcelona, 1984.

situation at the end of the seventies was dominated by three desires: freedom of expression, freedom from the dogmatism of the orthodoxy of modern architecture, and also a sense of freedom in the way of life. [7]

With respect to Madrid, it seems there was as yet little importance attached to the creation of a collective, and the only forum for opinion was provided by the magazines: *Hogar y Arquitectura*, edited by Carlos Flores, *Revista Nacional de Arquitectura*, edited by Carlos de Miguel, and *Nueva Forma*, edited by Juan Daniel Fullaondo from its launch in 1966 until 1975. In Barcelona, *Cuadernos de Arquitectura y Urbanismo*, the journal of the official Colegio de Arquitectos, founded in 1944, was the only periodical title. The journal's first phase of real commitment was during the years 1970 to 1973, under the direction of Emilio Donato. Social conflicts, the claims of the G.A.T.C.P.A.C. as an autonomous group affiliated to the G.A.T.E.P.A.C., together with the Pop movement and the possibility of a Barcelona School, with its disciples of Venturi, were amongst the themes that linked this periodical to the architectural profession.

2C Construcción de la Ciudad was, from 1972 to 1985, the organ responsible for disseminating the considerable influence of the Italians, with Aldo Rossi and Giorgio Grassi at the forefront; an influence of considerable weight, we should note, in Galicia, the Basque Country and certain studios in Madrid, as well as the city of Barcelona. Antonio Armesto, J. Francisco Chico, Antonio Ferrer, Carlos Martí, Alejandro Marín, Juan Carlos Theilacker and Salvador Tarragó were the people in charge of editing the magazine. CAU, the journal of the Colegio de Aparejadores, the official body of the clerks of works, exercized an appreciable influence in concerning itself, from 1970 on, with the social and urban problems of Catalonia. In an editorial piece in issue 0 entitled "Ten years of solitude", Albert Viaplana observes that *"Catalan architectural life over the last ten years has been presided over in a continued and absolute fashion by Bohigas. His work in association with Martorell and Mackay has been that which has exercized the most profound influence on this country's architects. His opinions, following a short period as a tutor in the School of Architecture or by means of articles, books and lectures, have been those most discussed. Accepted or not, they have always been considered".*

Arquitectura Bis published its first issue in May of 1974. Rosa Regás published and directed the magazine, with the editorial team of Oriol Bohigas, Federico Correa, Lluís Doménech, Rafael Moneo, Helio Piñon, Manuel Solà-Morales, the philosopher Tomás Llorens and the graphic desiger Enric Satué being responsible until December 1978 for the content of the fifty issues published. *"If we think of the most painstaking —self reflective— operation of dissemination of this attitude during these years, the exquisite Arquitecturas Bis, we have a good demonstration of this combination of a universal curiosity for architectural themes of all kinds and a general tedency to suspend all judgment. In the privileging of the presentation and information of a highly tendentious editorial line we might find a clear symptom of the resolute and voracious eclecticism that dominates the major part of Catalan architecture today".* [8]

If we have so far referred to a number of the most representative architecture magazines, we must not overlook the extremely positive work carried out by publishers such as Aguilar, Blume, Herman Blume and —the only one to have survived, with the most significant presence— Editorial Gustavo Gili.

Another fundamental issue, closely related to the process of dissemination, is that of architecture teaching and the Architecture Schools. These years, marked by a renewal of interest in education and a concern to extend personal skills and knowledge, saw a clear majority of the academically qualified members of the profession taking posts of one kind or another in the country's various Architecture Schools. The seventies brought a major leap forward in the provision of architecturaol training, although the results were not to become fully apparent until the eighties. With the rationalization of their courses of study, and their greater diversification and specialization, the Architecture Schools emerged as the new critical forums, a role carved out by the departments themselves. Exchanges of one kind or another with schools abroad provided an additional impetus to the new dynamic in the teaching of architecture.

At the same time, as we noted in the first part of the present introduction, the situation in Spain underwent a great change as of 1976, reflected in the consequent transformation of the social, political and economic panorama of the 80s.

THE 80s

"The first condition, and the most difficult to satisfy, is of course that the people in general should comprehend the way that their work and their invention —conscious or not— is continually shaping and reshaping the patterns of life."

SIGFRIED GIEDION

If in the period before 1980 Spanish architecture can only be presented and explained by means of a few emblematic works, from the start of this new decade the city comes to assume the dominant role, although the individual work of architecture continues to be the element on which we must focus our attention. Architects simultaneously became multidisciplinary, and their activities diversified into other fields: administration, consultancy, management, feasibility studies, competitions, co-working with other professions and so on. These are all terms which were to find a place in the new "decalogue" of services provided by architects. Spain's entry into the Common Market facilitated new exchanges, and professional "nomadism" encouraged the creation of the "star system" in the Iberian peninsula, marking the end, in one way or another, of isolation and ushering in a new phase in which everything was waiting to be achieved.

Spain moved from having a capital, a "city of the counts" (Barcelona) and a Basque Country-

7. "Annals 3, 25 anys d'arquitectura catalana", Escola Tècnica Superior d'Arquitectura, Barcelona, 1984.
8. Ignasi de Solà-Morales Rubió, "Eclecticismo y vanguardia. El caso de la Arquitectura Moderna en Cataluña", in Vanguardia y eclecticismo (1970.1979), pp. 204-215, Editorial Gustavo Gili, S.A., Barcelona, 1980.

Barcelona. Antonio Armesto, J. Francisco Chico, Antonio Ferrer, Carlos Martí, Alejandro Marín, Juan Carlos Theilacker y Salvador Tarragó fueron los responsables de la redacción de la revista. *CAU* revista del Colegio de Aparejadores, tendrá una influencia relevante al ocuparse, desde 1970, de la problemática social y urbana de Cataluña. En una editorial del número O firmada por Albert Viaplana titulada "Diez años de soledad" afirma: *"La vida arquitectónica catalana de los últimos diez años ha sido presidida de modo continuado y absoluto por Bohigas. Su obra en colaboración con Martorell y Mackay, ha sido la que más profundamente ha influido en los arquitectos del país. Sus opiniones, a través de un corto magisterio en la Escuela de Arquitectura o por medio de artículos, libros y conferencias, han sido la más discutidas. Aceptadas o no, siempre han sido consideradas.*

Arquitecturas Bis, publica su primer número en mayo de 1974. Rosa Regás será la editora y directora, mientras que el Consejo de Redacción compuesto por Oriol Bohigas, Federico Correa, Lluís Domènech, Rafael Moneo, Helio Piñón, Manuel Solà-Morales, el filósofo Tomás Llorens, y el diseñador gráfico Enric Satué, serán los responsables hasta diciembre de 1978, de los cincuenta números que publicará la revista. *"Si pensamos en la operación más cuidada de difusión de esta actitud —autoreflexiva— en estos años, la exquisita Arquitecturas Bis, tendremos, una buena muestra de esta a la vez curiosidad universal por cualquier tipo de tema arquitectónico y una general tendencia a la suspensión de todo juicio. En el privilegio de la presentación y de la información sobre una línea editorial más tendenciosa, tendríamos un buen síntoma del ciudadoso y consumista eclecticismo que domina el grueso de la arquitectura catalana actual"*. **8**

Si hasta el momento, nos hemos referido a algunas revistas de arquitectura, las más representativas, no hay que olvidar la labor elogiosa realizada por editoriales como Aguilar, Blume, Herman Blume y la única que sigue hoy en día y que mayor presencia ha obtenido hasta el momento, la Editorial Gustavo Gili.

Otro aspecto fundamental, vinculado a la difusión, es el de la docencia y el aprendizaje en las Escuelas de arquitectura. A través de una clara potenciación del propio conocimiento y un renovado interés por la enseñanza, podemos afirmar que una amplia mayoría del colectivo profesional cualificado estará en alguna de las Escuelas de España. Los años setenta representará un salto importante en la implantación de la docencia, si bien en los ochenta se empezarán a obtener unos mejores resultados. Tras la racionalización de los planes de estudio y su mayor diversificación y especialización las escuelas de arquitectura llegarán a ser los nuevos foros críticos que los propios departamentos irán elaborando. El intercambio con el exterior, de alguna forma, será también un agente propulsor de una nueva dinámica en la docencia arquitectónica.

En la introducción a este texto ya hemos comentado el gran cambio que se produce en España a partir de 1976 y las consecuencias en el medio social, político y económico de los años 80.

AÑOS 80

"La primera condición y la de más difícil cumplimiento, es, desde luego, la de que la gente en general debería comprender cómo su trabajo y su invención —sea o no consciente de ello— están formando y reformando continuamente las normas de la vida".
SIGFRIED GIEDION

Si en el período anterior a 1980 la arquitectura española hay que mostrarla y explicarla únicamente con el respaldo de unas obras emblemáticas, a partir de la nueva década es la ciudad la que asume un protagonismo, si bien la obra de arquitectura seguirá siendo el elemento en el que tendremos que fijar nuestra atención. El arquitecto, al mismo tiempo se vuelve pluridisciplinar y su actividad se diversifica en nuevos campos de actuación: administración, asesorías, gestión, estudios previos, concursos, cohabitación con otros profesionales, etc. son términos que formarán parte de un nuevo "decálogo" de servicios de los arquitectos. La entrada en el Mercado Común, posibilitará nuevos intercambios y el nomadismo facilitará la presencia del "star system" en nuestro territorio. De alguna manera dejaremos de lado el aislamiento y entraremos en una nueva etapa en la que todo está por hacer.

Pasaremos de tener una capital, una ciudad condal y un País Vasco-Navarro a tener muchas otras capitales regionales. La nueva situación política diversificada por el nuevo estado de las autonomías, pedirá la creación de nuevas administraciones y ello precisa un sinfín de nuevos equipamientos, culturales, administrativos, sociales, sanitarios, etc. Todo ello configura una nueva lectura sobre la ciudad "moderna", entendida como aglutinadora de estos nuevos centros públicos a los que hacíamos alusión.

El valor de volver a encontrar una nueva monumentalidad, aislada o por adición, como valor absoluto y único, como un manifiesto que dará un nuevo prestigio a la ciudad. Esta arquitectura apoyada en las nuevas infraestructuras configurará la ciudad moderna en España. La convivencia de nuevas referencias así mismo serán el motor de estas nuevas ciudades.

8. Solà-Morales Rubió, Ignasi. "Eclecticismo y vanguardia. El caso de la Arquitectura Moderna en Catalunya", Vanguardia y eclecticismo (1970-1979) pp. 204 a 215, Editorial Gustavo Gili, S.A., Barcelona, 1980.

Arquitecturas Bis. Revista. Magazine

2c Construcción de la Ciudad. Revista. Magazine

Navarro, to having many other regional capitals. The new political situation, made diverse by the new status of the autonomous regions, called for the creation of new public authorities, and these in turn required an endless list of new facilities —cultural, administrative, social, medical, etc. All of this served as the basis for a new reading of the "modern" city, understood as the matrix of this series of new public centres.

The value of rediscovering a sense of monumentality, in isolation or through addition, established iself as absolute and unique, as a manifesto that was to give a new prestige to the city. This architecture, embodied in the new infrastructures, effectively gave shape to the modern city in Spain. The coexistence of a whole range of new references provided the motor force for these new cities.

In many towns and cities, the loss of meaning of the most recent architecture simply never happened. Only in the major metroplitan centres is it possible to read the process of urban transformation in terms of the influence of Aldo Rossi's Architecture and the city and Robert Venturi's Complexity and contradiction in architecture. These two texts, translated into Castilian in 1970 and 1972 respectively, had very disparate consequences. In certain cases, their interpretation overlapped with the advent of postmodernism and its tremendous impact in the indiscriminate revival of historical styles. All of this was to have incalculable repercussions; on all sides there emerged new symbolic repertoires quite alien to the site and its significance, its context and its surroundings, often neglecting even those basic referents that determine an acceptable response to climatic conditions. It is well known that Spain, given its landscape, latitude and territorial limits, is characterized by significant climatic differences. Nevertheless, this last factor is still today for some architects a matter to be resolved through the use of the right technology. "Architecture is too complex to be approached with a studiously cultivated ignorance." [9] It is this sense, the sense of knowing how to understand the tradition of the city and to respect the reality of this city, that has interested me. The evaluation of these concepts or modes may be very wide-ranging, but its being so does not make it any the less appreciable or quantifiable. There are always limits, and where certain references exist all of this becomes necessary at a point in time when an authentic avalanche of commissions served to bring about a new reality. This new reality had two important facets. The first is one we have already noted in passing —the conversion of innumerable towns into new urban centres. The second, and more remarkable, was determined by the special circumstances obtaining in Seville and Barcelona. From the outset the designation of Seville as the site for Expo 92 was looked on as the great opportunity —and perhaps the last— to recompose the city, to carry this through to its various conclusions and, in short, to transform Seville into the modern city the event called for. However, the city had its own specific rhythm and situation. After the great event was over, and despite considerable efforts, the people of Seville found themselves unable to assimilate an area of urban fabric that was perfectly equipped and communicated, but essentially alien to the city. Proposals for technology parks and theme parks have sought to salvage this great development in the middle of the Guadalquivir, with as yet uncertain success. Nevertheless, there remain a number of brilliant buildings, some of which are included in the present guide.

The case of Barcelona is paradigm, not only on account of the city's nomination in 1987 to host the 1992 Olympic Games, but for its having adopted a global approach to the process of urban rrestructuring, making the public space the main protagonist. And here once again we must refer to Oriol Bohigas. If we recall the texts from the 60s quoted earlier in this introduction, we are reminded of his insistence on the need to adopt an approach that would be individual, realistic, social and Catalan. Accordingly, some twenty-five years he was to apply many of the concepts expressed in his first "manifestos".

9. *Robert Venturi*, Complejidad y contradicción en la arquitectura, *Editorial Gustavo Gili, S.A., Barcelona, 1992.*

En muchas ciudades, la pérdida de significado de la arquitectura más reciente, no existe. Tan sólo en las grandes ciudades puede hacerse una lectura de la transformación urbana a partir de la influencia de Aldo Rossi y *La arquitectura de la ciudad* y de Robert Venturi y su *Complejidad y contradicción en la arquitectura*. Estos dos textos, traducidos al castellano en 1970 y 1972 respectivamente tendrán consecuencias muy variadas. En algunos casos su comprensión estará solapada con la llegada del Posmoderno y su gran influencia en la recuperación indiscriminada de los estilos históricos. Todo ello tendrá una repercusión inabarcable, y aparecerán por todas partes nuevas simbologías ajenas al lugar y a su significado, a su contexto y a su entorno, olvidando incluso aquellas referencias básicas que modulan el buen comportamiento climático. Es de sobras conocido que España debido a su paisaje y a sus límites territoriales tiene unas diferencias climáticas importantes. La comprensión de este principio aún es, hoy en día, para algunos arquitectos, un factor que puede solucionarse gracias a una tecnología apropiada. *"La arquitectura es demasiado compleja para que se aborde con una ignorancia mantenida cuidadosamente".* **9**

Es en este sentido, en el de saber entender la tradición de la ciudad y en el de respetar la realidad de esta ciudad, el que me ha interesado. La valoración de estos conceptos o maneras, puede ser muy amplia, pero por serlo, no es menos apreciable ni inabarcable. Siempre existen unos límites y cuando existan unas referencias, todo ello se hace necesario en un momento en que la avalancha de multitud de encargos ha propiciado una nueva realidad.

Esta nueva realidad tienen dos facetas importantes. La primera es la que de alguna manera hemos apuntado, la transformación de multitud de pequeñas ciudades en nuevos centros urbanos. La segunda, más excepcional, vendrá marcada por los especiales acontecimientos de Sevilla y Barcelona.

Desde un inicio la designación de Sevilla como sede de la Expo 92, pasa a ser considerada, como la gran esperanza, quien sabe si la última, de recomponer la ciudad, de poner fin a sus muchas consecuencias y, en definitiva, de transformar Sevilla en la urbe moderna que el evento reclamaba. Pero esta ciudad tiene un ritmo y una ubicación concretos. Al finalizar este acontecimiento y tras numerosos esfuerzos, los sevillanos no pueden asimilar un tejido urbano perfectamente equipado y comunicado pero ajeno a la ciudad. Parques tecnológicos y temáticos han intentado salvar del naufragio a esta gran nave en el Guadalquivir. No obstante, quedan en pie brillantes edificios, algunos de los cuales recoge esta guía.

El caso de Barcelona es no sólo paradigmático por la designación para celebrar los JJOO de 1992, ocurrida en 1987, si no por haber tomado una opción global de nueva ordenación urbana, siendo el espacio público el principal protagonista. Una vez más hemos de hacer referencia a O. Bohigas. Si recordamos los textos, citados en este prólogo, de los años 60, recordaremos su insistencia en encontrar una vía propia, realista, social y catalana. Pues bien, veinticinco años después aplicará muchos de los conceptos expresados en sus primeros "manifiestos".

Desde su responsabilidad como Delegado de Urbanismo del Ayuntamiento de Barcelona, Bohigas elabora y teje toda una estrategia, con una única finalidad, construir sobre lo construido y monumentalizar toda la periferia, es decir, llegar a todos los recovecos inaccesibles con la urbanización de calles y plazas.

Barcelona es un ejemplo de actuaciones que siempre ha tenido y tiene como referente el equilibrio entre modernidad y tradición, entendida como memoria de una cultura y de un lugar. La neutralidad que puede ser compatible con uno y otro concepto es uno de los grandes aciertos del ejemplo de Barcelona. El espacio urbano y como consecuencia el cómo se ha diseñado este espacio público, es la nueva red que comunica todo el tejido de la ciudad. Las pautas que en ella se dan sirven para todo tipo de soporte, sea el de un centro histórico o el de un área de nueva actuación. Un soporte diseñado y pisable que afronta todos los estilos arquitectónicos, gracias a su eficacia entendida como emblemática neutralidad, sin concesiones miméticas.

Según Peter Buchanan la diversidad de expresión que se puede encontrar hoy en día en Barcelona no debe ser confundida con la gama pluralista de estilos de moda usual en otros lugares, ya que bajo la variedad, están las raíces comunales. Las más importantes son la visión cívica y las conexiones evocadas con el contexto y con la cultura.

Mención aparte merece todas las infraestructuras viarias que a modo de anillos periféricos o rondas se construyen en ambas ciudades. Mientras que Sevilla mejora sus comunicaciones exteriores con el tren de alta velocidad, Barcelona consigue que sus rondas sean diseñadas conjuntamente entre ingenieros y arquitectos. Este hecho insólito, justificará el pluralismo disciplinario al que aludíamos anteriormente. **10**

Una vez más han sido las revistas de arquitectura las que ha prodigado estas aventuras. Si con anterioridad hemos citado algunas de duración limitada, otras en estos últimos quince años siguen estando presentes. Es el caso de *Arquitectura* y *Quaderns* pertenecientes a colectivos profesionales de diversos colegios del Estado español. Sin embargo, a partir de 1987-88 inician su andadura *Arquitectura y Vivienda* y

9. Venturi, Robert. Complejidad y contradicción en la arquitectura, *Editorial Gustavo Gili, S.A, Barcelona, 1992.*
10. *Llàtzer Moix ha sido la persona que con su libro La ciudad de los arquitectos, Editorial Anagrama, Barcelona, 1994, ha narrado mejor toda esta transición basada en la cohabitación interdisciplinar.*

From his position as Barcelona City Council's Delegate for Urbanism, Bohigas developed and put into practice a strategy with a single overall purpose, that of constructing on the already built and monumentalizing the entire periphery; in other words, bringing the urbanization of streets and squares to even the most inaccessible sectors.

Barcelona is an example of a series of actuations that take and have always taken as their reference the balancing of modernity and tradition, understood as the memory of a culture and a place. The neutrality that offers itself as compatible with these two concepts has been one of Barcelona's great successes. The urban space, and consequently the way this public space is designed, is the new network that ties together the whole fabric of the city. The guidelines thus laid down serve for every kind of physical context, whether it be a historic centre or an area of new intervention. A designed and transitable context that embraces all architectural styles, thanks to the effectiveness of its conception in terms of emblematic neutrality, with no concessions to the mimetic.

According to Peter Buchanan, the diversity of expression to be found in Barcelona today must not be confused with the pluralist spectrum of fashionable styles habitual in other places, given that beneath the variety lie communal roots. The most important of these are the civic vision and the connections evoked with the context and the culture.

Special mention deserves to be made of the complex of road infrastructures which, in the form of peripheral rings or "rondas", were constructed in both Seville and Barcelona. While Seville upgraded its communications with the exterior by means of the high-speed train, Barcelona saw to it that the new ring roads were designed jointly by engineers and architects. This exceptional circumstance clearly reflects the disciplinary pluralism referred to above.[10]

Once again the architecture magazines underwrote these ventures. If we have already considered a number of short-lived publications, there are others that have been a continuing presence during these last fifteen years. This is the case of *Arquitectura* and *Quaderns*, pertaining to different professional associations within the Spanish state. However, 1987-1988 saw the launch of Arquitectura y vivienda and Arquitectura viva, both under the direction of Luis Fernández Galiano. Although 1981 brought another new Madrid-based magazine, *Croquis*, run by Fernández Márquez and Richard Levene, with a particular emphasis on the Spanish situation and the outstanding figures, national and international, Fernández Galiano was the person who exercise the greatest influence on a wider diffusion of architecture. The interest of his achievement lies in his effective situating of Spanish architecture in relation to that of the rest of the planet, amply engaging both, thus evidencing the qualitative leap made by architecture in Spain.

While the magazine *Jano* achieved a considerable presence during the years 1971 to 1980, and *On* appeared in December 1978, under the editorship of Mª Carmen Ferrer, *Diseño Interior* assumed a significant role in the sector from January 1991. *Geometría* and *Periferia* were launched in 1986 and 1989, respectively, as the organs of two professional associations in Andalusia, while in Galicia *Obradoiro* had appeared in 1978.

Other figures, academics in the universities and architecture schools in different parts of the Spanish state, also made a significant contribution to architectural criticism; it is equally true that Spanish architecture received an important measure from recognition from critics in other parts of Europe, America and the Far East.

Josep Mª Montaner, Miguel Angel Baldellou, Mª Teresa Muñoz, Anton Capitel, Victor Pérez Escolano and Ignasi de Solà-Morales are the key figures who, from a variety of platforms (the media, public lectures, the universities), effectively catapulted recent Spanish architecture into an outstanding position in terms of its wider recognition and appreciation. Each of these personalities —and Josep Mª Montaner to a special degree thanks to his presence in the press— has come to occupy a specific individual place, on a continuum that ranges from the most descriptive and analytical to the most general critical styles, and all of them have gained considerable prestige in Spain and abroad.

THE 90s

"The explanation of architecture is not effected by understanding it as the branches of a tree that stem from a common trunk and are fed through its roots in a soil of its own. Architecture is not a tree but a phenomenon resulting from the crossing of forces capable of giving rise to an object, partially significant, contingent. Criticism is not the recognition or the manifestation of branches, trunk and roots, but is itself a construction, deliberately produced to illuminate that situation, to arrive at drawing the topography of that point at which a certain architecture has been produced."
IGNASI DE SOLÀ-MORALES

If prior to the great events of 1992 there were real fears in relation to how and what Spain's architects would produce in the final years of the 20th century, we should note that the "braking" has not had the significance expected of it. The dynamic promoted by the public authorities in recent years has been assumed in part by private initiatives, which have realized the importance of architectural quality, even if only as a product of corporate image, and have placed their confidence once again in the country's architects.

Quality and austerity are everyday parameters: a quality that can be equated with satisfaction; an austerity that can be equated with "simplicity". Vittorio Magnago Lampugnani exercized, in the years in which he was in charge of the magazine Domus, 1990-1995, a leading role in disseminating an architecture he dubbed "New Simplicity", understood as an austere, well constructed architecture, embracing movement and contrast, solids and voids, light and shade, relief and depth, without neglecting the function of geometry as the principle responsible for suggesting surface and volume.

10. Llàtzer Moix, in his book La ciudad de los arquitectos, *Editorial Anagrama, Barcelona, 1994, is the person who best documented this whole process of transition based on interdisciplinary collaboration.*

Arquitectura Viva, las dos bajo la dirección de Luís Fernández Galiano. Si bien en 1981 aparece también en Madrid *El Croquis*, bajo la dirección de Fernándo Marquez y Richard Levene, con una especial atención a la actualidad nacional y a las figuras de corte nacional e internacionall, es Fernández Galiano la persona que más ha influido en una amplia divulgación de la arquitectura. Su interés, ha sido el saber ubicar nuestra arquitectura con la del resto del planeta involucrando a ambas. Ello tan sólo pone en evidencia el salto cualitativo que ha sufrido la arquitectura española.

Si bien la revista *Jano* tuvo una importante presencia durante los años 1971-1980 y *On* inició su andadura en diciembre de 1978, bajo la dirección de Mª Carmen Ferrer, *Diseño interior* jugó asi mismo un papel relevante en el sector desde enero de 1991. *Geometría* y *Periferia* son desde 1986 y 1989 respectivamente las dos publicaciones adscritas a los dos colegios profesionales de Andalucía y *Obradoiro*, desde 1978, al de Galicia.

Otros personajes, profesores de universidad, de las diversas escuelas de arquitectura del estado español tienen asismismo un lugar en la crítica de este país. Y también es cierto que otro de los reconocimientos que ha recibido la arquitectura española ha sido recibir una valoración cualificada por parte de la crítica especializada de Europa, América y Extremo Oriente.

Josep Mª Montaner, Miguel Angel Baldellou, Mª Teresa Muñoz, Anton Capitel, Víctor Pérez Escolano e Ignasi Solá-Morales, son las personas que desde distintas plataformas: editoriales, conferencias y la propia universidad, han catapultado enormemente el conocimiento de lo más relevante en relación a la reciente arquitectura española.

Todos ellos, Josep Mª Montaner además de una forma especial a través de su presencia en la prensa, han adquirido parcelas distintas. Desde las más críticas descriptivas y analíticas, hasta las más generales. En cualquier caso todos ellos disponen de un amplio reconocimiento dentro y fuera de nuestro territorio.

AÑOS 90

"La explicación de la arquitectura no se hace entendiéndola como las ramas de un árbol que nacen de un tronco común y se alimentan a través de sus raíces en un suelo propio. La arquitectura no es un árbol sino un acontecimiento resultante del cruce de fuerzas capaces de dar lugar a un objeto, parcialmente significante, contingente. La crítica no es el reconocimiento o la manifestación de ramas, tronco y raíces sino que ella misma es también una construcción, producida deliberadamente para iluminar aquella situación, para llegar a dibujar la topografía de aquel punto en el que se ha producido alguna arquitectura"

IGNASI DE SOLÁ-MORALES

Si con anterioridad de celebrarse los Fasto del 92 existían reales temores al cómo y al qué iban a producir los arquitectos españoles en los años finales del siglo XX, sí que hay que reconocer que el "frenazo" no ha tenido la significación que se pensaba. La dinámica que protagonizó la administración, en estos últimos años, ha sido asumida, en parte, por la iniciativa privada, la cual ha constatado cuan importante es la calidad arquitectónica, aunque sólo sea como producto de imagen de empresa, y ha confiado de nuevo en los profesionales de este país.

Calidad y austeridad són parámetros cotidianos. Calidad que hay que asimiliar como satisfacción. Austeridad que hay que asimilar con "simplicidad". Vittorio Magnago. Lampugnani desde los años en que asumió la dirección de *Domus*, 1990-1995, tuvo un papel relevante en divulgar una arquitectura que él tildó de "Nueva Simplicidad", entendida como una arquitectura austera, bien construida, y que asumiera movimiento y contraste, llenos y vacíos, luz y sombra, relieve y profundidad, todo ello sin olvidar la geometría como principio de sugerir superficie y volumen.

El valor tectónico, término acuñado por otro gran divulgador de la arquitectura española, Kenneth Frampton; los nuevos materiales y las nuevas texturas; los grandes contenedores o cajas sin una función fija que las hace flexibles y polivalentes unido a las diferencias, la diversidad, y la aportación individual son cuestiones que de alguna manera están vehiculando la arquitectura del final de siglo.

Otro concepto geográfico es la topografía entendida como alteración del relieve y consecuentemente aportadora de nuevas posibilidades de ubicar grandes volúmenes sin apercibir su magnitud. La relación más íntima con la naturaleza y las soluciones constructivas respaldadas por las nuevas tecnologías, han dado como resultado cambios paisajísticos unidos a importantes movimientos de tierras, con la aparición de dunas y trincheras.

Todo ello ha procurado una nueva lectura del espacio arquitectónico debido a nuevas maneras de trabajar con el comportamiento de la luz. Esta ya no es la expresión del espacio a través de los huecos de las fachadas, es un factor que transforma y configura el volumen exterior e interior de la arquitectura.

Tectonic value, the term coined by that other great disseminator of Spanish architecture, Kenneth Frampton; new materials and new textures, and the great container or box with no predetermined function, and thus flexible and polyvalent, together with differences, diversity and the individual contribution: these are issues which in one way or another inform and characterize the architecture of the end of the century.

Another geographical concept is that of topography, understood as the alteration of the physical relief of the site and thus the possibility of accommodating very large volumes in such a way that their size is not apparent. The more intimate relationship with nature and construction solutions underpinned by the new technologies have given rise to changes in the landscape, combined with major earth movements and the creation of dunes and trenches.

All of this has prompted a new reading of the architectonic space, associated with new ways of working with the behaviour of light. This is no longer the expression of the space by means of openings in the facades, but a factor that transforms and configures the architecture's exterior and interior volume.

"The new communications centre, the Caja Postal in León, is a 'functional' building, produced using present-day means. Perhaps nothing more. The idea was to create a 'cube that works' and would allow the modification of its function over the course of time; contributing to this are the structural simplification and the interior clarirt. Clarity! Light+light!"

ALEJADRO DE LA SOTA, 1981

"For all its eclecticism, which is to say in spite of its knowing recourse to the syntax of the modern heritage, Spanish architecture affirms itself not only in relation to its literal anchoring in the terain but also by means of the expressiveness of its material... the Spanish architects impress the contours of the setting in such a way as to strengthen and augment the expressive attributes of the thyree-dimensional form. If the topographical must be recognized as the first great indicator of the practice of architecture in Spain, the second would be the tectonic; in other words, an evident poetics of construction that is manifested in a great quantity of typologies and built situations." [11]

CONCLUSION

if during the fifties and sixties the recourse to the masters was directly evident, following a void in the seventies, the eighties were to be more concerned with understanding the great developmnt of the cities. The nineties then turned once again to a polarization of thinking associated with various different philosophers, as the only viable resolution of the need for underpinning that architecture has always had. The discipline has never been fully autonomous, having at all times associated itself with other artistic and intellectual movements.

Rafael Moneo is the architect who is most wholly representative of Spanish architecture, if we take into account the series of factors and points of view identified above.

In his work, Moneo has demonstrated a great respect for the city, and has always been regarded as an architect closely involved in the correct interpretation of the setting and its history, with a high degree of individuality. He is a good interpreter of history and of the urban context; his understanding of the place has produced brilliant, if at times less than fully committed, results, no doubt as a consequence of his interest in the city.

Another significant factor is Moneo's triple engagement with teaching, by way of his profes- sional practice, his sojourns in various architecture schools in Spain, Europe and the United States, and his writings. Of the first of these, we need only note that some of the best of today's arhitecture, over several generations, has profited from the experience of working in his studio; the third aspect may be exemplified by the following text:

"Architecture, thanks to the setting, has allowed all of us, men and women, the pleasure of transferring onto an object our inalienable individuality. We must, accordingly, think of the place as the first stone on which to construct our external world. The place provides us with the required distance to see in it our ideas, our desires, our knowledge... and thus architecture —like many other human activities— reveals to us the possibility of the sought-for transcendence. The place, then, as origin of architecture. Architecture is engendered in it and, in consequence, the attributes of the place, all that is most profound in its being, are converted into something intimately linked to architecture. So much so, that it is impossible to think of architecture without the place. The place is therefore where architecture acquires its being. Architecture can not be wherever it might wish to be."

RAFAEL MONEO, "SUBSTANTIAL IMMOBILITY"

It seems certain that in the future, Spanish architecture wil have to be based on convictions with precisely this clarity if it hopes to continue to enjoy the presence and the importance of its recent past.

11. *Kenneth Frampton, "Homenaje a Iberia: una valoración" in España,* Arquitectura de hoy, MOPT, Madrid, 1992.

Alejandro de la Sota
1913-1996

"La nueva sede de comunicaciones, Caja Postal, en León es un edificio "funcional" y realizado con medios actuales. Posiblemente no más. Se trató de hacer un "cubo que funcione" y que permita cambiar este funcionamiento en el transcurso del tiempo; contribuirá a ello la simplificación estructural y la claridad interior. ¡la claridad! ¡luz+luz!".

ALEJANDRO DE LA SOTA, 1981

"Por todo su eclecticismo, que es como decir a pesar de su recurso conocedor de la sintaxis de la herencia moderna, la arquitectura española se afirma, no sólo en relación con su literal anclaje al terreno sino también mediante la expresividad de su materia... los arquitectos españoles imprimen los contornos de la situación de tal manera que refuerzan y aumentan los atributos expresivos de la forma tridimensional. Si lo topográfico ha der ser reconocido como el primer indicador de la práctica de la arquitectura en España, el segundo sería entonces lo tectónico, es decir, una evidente poética de la construcción que se pone de manifiesto en una gran cantidad de tipologías y situaciones edificatorias" [11].

CONCLUSIÓN

Si bien en los años cincuenta y sesenta el recurso hacia los maestros es directo, tras un vacío de los setenta, los ochenta estarán más preocupados por entender el gran desarrollo de las ciudades. En los noventa se recurrirá de nuevo al pensamiento polarizado en diversos filósofos, como única salida al necesario soporte que siempre ha debido tener la arquitectura. Esta disciplina nunca ha sido autónoma, siempre ha tambaleado en torno a otros movimientos artísticos y del pensamiento.

Rafael Moneo es el arquitecto que mejor representa la arquitectura española, si tenemos en cuenta todos los factores o puntos de vista que hemos comentado. Desde su obra ha demostrado una gran respeto por la ciudad y siempre se ha considerado un arquitecto próximo a una correcta interpretación del entorno y a la historia de éste, con un elevado nivel de singularidad. Moneo es un buen intérprete de la historia y del entorno urbano; su comprensión del lugar ha dado resultados brillantes, aunque poco comprometidos, seguramente por su interés por la ciudad. Otro factor relevante es su triple vocación docente: a través de su estudio profesional, a través de s u paso por distintas escuelas de arquitectura en España, Europa y EEUU, y a través de sus escritos. De la primera solamente decir que parte de la mejor arquitectura actual en Madrid es heredera del paso por su estudio y de la segunda hemos seleccionado el siguiente texto:

"La arquitectura, gracias al lugar, nos ha permitido a todos, hombres y mujeres, el placer de transferir a un objeto nuestra inalienable individualidad. Hay, por tanto, que pensar en el lugar como en la primera piedra sobre la que construir nuestro mundo exterior. El lugar nos proporciona la debida distancia para ver en él nuestras ideas, nuestros deseos, nuestros conocimientos ... y así la arquitectura —como muchas otras actividades humanas— nos muestra la posibilidad de la ansiada transcendencia. El lugar pues como origen de la arquitectura. Lugar por tanto, como soporte en el que la arquitectura reposa. La arquitectura se engendra en él y, como consecuencia, los atributos del lugar, lo más profundo de su ser, se convierten en algo íntimamente ligados a ella. Tanto que es imposible pensar en ella sin él. El lugar es pues, donde la arquitectura adquiere su ser. La arquitectura no puede estar donde quiera que sea"

RAFAEL MONEO, "INMOVILIDAD SUBSTANCIAL"

Seguramente en el futuro la arquitectura española tendrá que apoyarse en convicciones tan claras como éstas si quiere seguir teniendo la presencia y la importancia de su pasado reciente.

11. Frampton, Kenneth. "Homenaje a Iberia: una valoración" en España, Arquitectura de hoy, MOPT, Madrid, 1992.

AUTHORS' FOREWORD

In 1961, in the introductory note to my book Arquitectura Española Contemporánea, I included the following comment: "With respect to the task of selection necessary for the preparation of the second part of this book, I can not hope for absolute success. Every reader will find discrepancies between his own criteria and mine".
Thirty-five years later —and perhaps with even greater justification— it seems necessary to include some similar proviso; Xavier Güell coincides with me in sharing this concern. There can be no doubt that the revision in situ —without leaving out anything of genuine interest— of the whole body of Spanish architecture (peninsular and insular) corresponding to the period 1930-1996, as a basis for the subsequent compilation of the most representative works in a single volume, while seeking to limit the size of this to manageable dimensions, has been a difficult undertaking. In addition to the polemical aspect, always open to debate, inseparable from the compilation of any anthology, there is also the factor of risk inherent in attempting to arrive at the maximum degree of synthesis without this impoverishing the result.
Again, in another order of significance, it seems important to note that while relations between the two authors have been marked at all times by an admirably full spirit of collaboration and understanding, we each of us consider ourselves exclusively responsible —both in the selection of works and the authorship of the texts— for what corresponds to our own individual period: Carlos Flores for the years 1930 to 1960, and Xavier Güell for the years 1961 to 1996. We both felt this point should be made perfectly clear.

Carlos Flores

To the above comments by Carlos Flores, whom I wish to thank for his generous collaboration, together with the kind and much appreciated support provided by his wife Teresa; I would like to add on my own behalf a special thanks to the people who have assisted me in carrying out the selection of works from my period, 1961-1996. To Xavier Codina and Arola Balansó for their work in the preparation of the texts; to Jaime Allende, José Angel Sanz, Félix Solaguren, Elías Torres, José Manuel Gallego, José Luis Gago, Alicia Doreste, Javier Diaz Llanos, Federico García Barba, Adela García Herrera, Manuel de las Casas, David Cohn, Antonio González, María Melgarejo, María Gallén, Hermandad de Arquitectos, Duccio Malagamba, Javier Azumendi, Lluís Casals, Jorge Torres, Guillermo Vázquez Consuegra, Miguel Centellas and Ramón Mª Puig, for their advice, their patience and their help, without which this guide could not have been produced.
Finally and most especially, my thanks go to Marc Longaron, the person responsible for supervising from a modest yet indispensable position the preparation and production of this guide, and to the Foundation of the Caixa d'Arquitectos for having faith in us as authors of this guide to Spanish architecture.

Xavier Güell

AGRADECIMIENTOS DE LOS AUTORES

En 1961 y en la nota introductoria al texto de mi *Arquitectura española contemporánea* incluía el siguiente comentario: "Con respecto a la labor de selección necesaria para llevar a cabo la segunda parte de éste libro no puedo tener la esperanza de un acierto absoluto. Cualquier lector encontrará discrepancias entre su criterio y el mío".
Treinta y cinco años después –y quizá aún con más motivo– parece obligado repetir algo parecido; (Xavier Güell, comparte conmigo semejante inquietud). Revisar in situ –sin dejar fuera nada de verdadero interés– toda la arquitectura española (peninsular e insular) correspondiente al período 1930-1996 para después reunir lo más representativo de ella en un sólo volumen, procurando que éste no supere unas dimensiones que lo hagan manejable, supone sin lugar a dudas, una tarea difícil. Al aspecto polémico, siempre discutible, inseparable de cualquier trabajo antológico, habría que agregar ahora este factor de riesgo que entraña la necesidad de llegar a una síntesis máxima sin, por ello, empobrecer el resultado.
En otro orden de cosas, sería conveniente puntualizar que si bien un elevado y envidiable espíritu de colaboración y entendimiento presidió siempre la relación entre los autores, cada uno de ellos se siente únicamente responsable –tanto por lo que se refiere a la selección de obras como a los textos incluidos– de lo que corresponde a su propio y particular período; Carlos Flores de 1930-60; Xavier Güell del 1961-96. Y así desean dejarlo aclarado.
Finalmente, quisiera expresar mi gratitud a todos aquellos que me ayudaron a realizar este trabajo, y de forma especial a: Fernando Aguerri, Joaquín Aranda Iriarte, Gabriela Kacelnik, Javier Díaz-Llanos, Miguel Díaz Negrete, José Dodero, Rafael Fernández del Amo, Miguel Fisac, Carlos Flores Mir, José Luis Gago, Celestino García Braña, Emilio Giménez Julián, Luis González Rodríguez, Rafael de la Hoz, Alberto Humanes, Domingo Lastra, Mariano Marín Rodríguez-Rivas, Rafael Munoa, Antonio Tenreiro.

Carlos Flores

Al anterior comentario de Carlos Flores (a quien quiero agradecer su colaboración y también el soporte amable y cariñoso de su esposa Mª Teresa), quisiera añadir a título personal un agradecimiento especial a las personas que me han ayudado en la realización de la selección de mi período 1961-1996.
A Xavier Codina y Arola Balansó por su labor en la redacción de los textos de las obras. A Jaime Allende, Jose Ángel Sanz, Félix Solaguren, Elías Torres, Jose Manuel Gallego, Jose Luis Gago, Alicia Doreste, Javier Díaz-Llanos, Federico García Barba, Adela García Herrera, Manuel de las Casas, David Cohn, Antoni González, María Melgarejo, María Gallén, Hermandad de Arquitectos, Duccio Malagamba, Javier Azurmendi, Lluís Casals, Jorge Torres, Guillermo Vázquez Consuegra, Miguel Centellas y Ramon Mª Puig, por sus consejos, su paciencia y ayuda, sin la cual esta guía no hubiera sido posible.
Por último y de manera especial el reconocimiento de los autores a Marc Longaron, persona que ha vigilado desde una posición anónima pero imprescindible la realización y producción de esta obra y a la Fundación de la Caja de Arquitectos por confiar en nosotros como autores de esta guía de arquitectura española.

Xavier Güell

User's manual

The present guide brings together the most representative works of Spain's architectural production over the last seventy years. It makes no claim to being an exhaustive catalogue of the history of Spanish architecture, in the sense that not all of the significant works are included here; nor are the selected works related to the urban fabric in which they are situated. The *raison d'être* is based on the simple fact that the works considered all belong to the beginnings of the Modern Movement, and on the relationships these establish with one another.

The abstraction implicit in having adopted an engagement with the Modern Movement over and above any other criterion of evaluation, as the principal bond of connection between the examples selected, led us to adopt the concept of teritorial distribution as the clearest and most convenient method of orienting the reader in the locating of each building. In similarl fashion, the equally abstract chronological division was adopted as an effective system of organization.

The guide covers a total of 220 architectural works and complexes, in line with the criteria outlined above. The limitation of the number of works was an editorial decision, prompted by consideration of the size of the sample and its degree of efficacy. Inevitably, this decision has constituted an element of constraint for the authors, who have consequently had to limit themselves to a mere mention of certain works in favour of others that have been selected for fuller treatment.

The guide proposes to the user a gradual immersion in the architectonic information it presents. Beyond the selected works referred to in greater depth, the user is offered two further levels of information: other works by the same architect, considered to be of interest although situated at a distance from the main work described, and works in the immediate vicinity of the main work, constructed by other architects.

We consider that this mechanism offers a fuller and more differentiated body of information, adding a notable richness to the proposal to visit and become acquainted with Spanish contemporary architecture.

The criteria adopted by the authors in the selection are based on the following considerations:

—In the first place, in relation to the affiliation to the Modern Movement or its evolution, and within this to the typological value manifested, to the engagement with the implantation, to the capacity for innovation and above all to the architectonic interest it presents.

—In relation to the current state of the work, independent of the specific weight of the work in the history of architecture, given that the object is not to produce a history of modern architecture but to provide the user with sufficient information about its present state. A work which in its day exercised an indisputable influence on the development of architectural history, but has not withstood the passage of time, or has not gained the respect of its owners, who have mutilated it, added an ill-conceived extension or simply demolished it, does not merit the attention of the user of this guide. Those works which continue to leave a gap in the history of architecture have obviously not been included in this guide.

—We have excluded individual family houses from our selection, despite the fact that some of these have been highly influential in having promoted significant research and renovation in recent architecture. We felt it was difficult to guarantee a visit to the interior under satisfactory conditions. In certain cases, and on the basis of architectural interest, we have opted simply to make mention of such houses.

—Certain works whose proximity to one another effectively constitutes a coherent grouping have been treated as a complex, considering that the visitor will be better served by information that takes account of such a de facto group.

Each entry corresponds to a specific work or complex, identified in the following manner: first, a clear reference to the province as territorial unit to which the work pertains, and the town or city in which it is situated, followed by the name of the work, the date of construction, the architect or architects responsible for the work, and the address at which it is to be found.

Each featured work is presented by way of a drawing, a plan or a section which makes explicit some facet of the building as an aid to its comprehension. The accompanying photograph or photographs serve to facilitate identification, while the text evaluates the different points of interest.

The drawings published in this guide have been produced specifically for this occasion. The graphic criteria heve been unified with a view to ensuring that the work has a greater uniformity, and the drawings have been adapted to precise scales in order to enable a direct reading from the printed page. Thus, three graphic scales have been employed, according to the size of the works, so as to facilitate comparison between them.

At the bottom of each entry is a check list of other works close to the selected building which the authors consider worthy of attention, together with other works by the same architect which limitations of space have made it impossible to treat in full. At the same time, occasional passing references indicate the presence of other featured works in the vicinity of the main selection.

Manual de uso

La presente guía recoge las obras más representativas de la producción arquitectónica en los últimos setenta años. Se elude el compromiso global con la historia de la arquitectura española, en el sentido que no todas las obras importantes se encuentran aquí, así como la relación de cada una de las piezas seleccionadas con el tejido urbano que las acoge. Basa su razón de ser en la simple pertenencia de las obras mencionadas a los principios del movimiento moderno y a las relaciones que entre ellas mismas se establezcan.

La abstracción que significa haber adoptado la filiación al movimiento moderno por encima de cualquier otra valoración, como aglutinante principal de los ejemplos seleccionados, nos sugiere adoptar la división territorial provincial, como método más aséptico, si bien cómodo, para orientar al usuario en la labor para ubicar cada una de las obras escogidas. La también abstracta referencia cronológica ha sido escogida como sistemática ordenancista.

La guía comprende un total de 220 obras o conjuntos arquitectónicos ajustados a los criterios mencionados. La limitación numérica ha sido un criterio editorial en razón al tamaño de la muestra y a su grado de eficacia. No hay duda que este criterio ha sido un cierto corsé para sus autores que han debido de aceptar la mera citación o mención de algunas de las obras en beneficio de otras que han recibido el trato de selección.

La obra propone a sus usuarios una gradual profundidad en la información arquitectónica. Más allá de las obras seleccionadas que reciben la mayor referencia, se proponen a los usuarios dos niveles más de información. Las obras del mismo autor que se consideran de relieve aunque su ubicación se encuentre alejada de la ficha en la que se hace mención y las obras próximas a la seleccionada y cuya autoría nada tiene que ver con la obra principal.

Entendemos que este mecanismo ofrece una más amplia y diferenciada información, una notoria riqueza a la propuesta para visitar y seguir la arquitectura contemporánea española.

Los criterios que han seguido sus autores se ajustan a las siguientes razones:

—En primer lugar atendiendo su pertenencia al movimiento moderno o a su evolución. Dentro de él al valor tipológico que muestra, al interés por su implantación, a la capacidad innovadora que muestra y sobre todo al interés arquitectónico que presenta.

—Al estado actual de la obra, con independencia del peso específico que tenga en la historia de la arquitectura, ya que no se pretende hacer una historia de la arquitectura moderna, sino facilitar la suficiente información al usuario sobre su estado actual. Obras que en su momento tuvieron una incidencia incuestionable en el desarrollo de la historia de la arquitectura pero que no han soportado el paso del tiempo o no han merecido el respeto de sus propietarios que las han mutilado, mal ampliado o sencillamente destruido no merecen la atención del usuario. Estas obras que siguen teniendo un hueco en la historia de la arquitectura no han sido incluidas obviamente en esta guía.

—Hemos obviado la selección de cualquier vivienda unifamiliar, a pesar de que algunas de ellas tienen un protagonismo notable por haber propiciado la investigación y renovación arquitectónica reciente. Nos parece difícil asegurar una visita a su interior en correctas condiciones. En algunos casos y en razón a su interés hemos preferido la mención para aquellas personas interesadas por estas obras.

—Algunas obras que por su proximidad han constituyen una agrupación han sido mencionadas en su conjunto, entendiendo que al visitante se le prestara mayor servicio con una información que presta atención al conjunto.

Cada ficha coincide con una obra individual o con un conjunto, del que se especifican las siguientes notas: en primer lugar una clara referencia a la provincia como división territorial a la que pertenece, y a la ciudad que la acoge, seguida del nombre que la identifica, el año en que se construyó, y la referencia al arquitecto autor, y la dirección para su ubicación en la ciudad.

Acompañan a la citada ficha un dibujo, una planta o sección que ponen de relieve

B-1942/1943

F. MITJANS MIRÓ

EDIFICIO DE VIVIENDAS
APARTMENT BUILDING
C. Amigó, 76. Barcelona

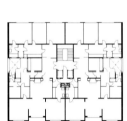

E 1/500

La obra de Mitjans ofrece, dentro del ámbito urbano barcelonés, un cierto paralelismo con la que Gutiérrez Soto (nueve años mayor que él) realizara en Madrid durante la misma época. En todo caso aún coincidiendo en la tipología –viviendas para una burguesía acomodada– y existiendo entre ellas un cierto "aire" de familia sería preciso subrayar importantes diferencias en cuanto al planteamiento de las soluciones en planta, sencillas, claras y ordenadas en Mitjans frente a las más complicadas y llenas de recovecos de Gutiérrez Soto. Esta casa de la calle Amigó, una de las primeras que construyera Mitjans ofrece entre sus rasgos definitorios la presencia de una serie de terrazas corridas a lo largo de toda su fachada, decisión claramente innovadora en la fecha en qué fue llevada a cabo. En la década siguiente, Mitjans continuó desarrollando, con algunas variaciones, esta muestra de vivienda urbana de calidad, como sucede en sus edificios de las calles Mandri, 2-6 (1950-52) y Vallmajor, 26-28 (1952-54), logrando siempre obras estimables y ejerciendo –a través de una siempre sobria y ponderada expresión formal– una influencia positiva sobre numerosos colegas. C.F.

Mitjans' architecture presents, within the context of urban Barcelona, a certain parallel with that produced by Gutierrez Soto (nine years his senior) in Madrid during the same period. Nevertheless, even within the same typology –apartments for wealthy bourgeois families– and allowing the presence of a certain "air" of family resemblance, we must underline a number of important differences in terms of the treatment of the plan: simple, clear and orderly in the case of Mitjans, more complicated and full of twists and turns, nooks and crannies, in the case of Gutierrez Soto.
This house in carrer Amigó, one of the first constructed by Mitjans, includes amongst its defining features a series of terraces running the entire length of the facade, a clearly innovative decision at the time the building was constructed. During the following decade, Mitjans continued to develop, with variations, this type of quality urban residential architecture, as exemplified by his buildings at Mandri, 2-6 (1950-52) and Vallmajor, 26-28 (1952-54), at all times producing admirable works and exercising –on the basis of a consistently sober and carefully considered formal expression– a positive influence on many of his colleagues. C.F.

OBRAS PRÓXIMAS
WORKS NEARBY

B-1950/1952
F. MITJANS MIRÓ
Edificio de viviendas
Mandri, 2-6
Barcelona

B-1952/1954
F. MITJANS MIRÓ
Edificio de viviendas
Vallmajor, 26-28
Barcelona

B-1930/1931–p.59
B-1957/1961–p.79
B-1968/1974–p.89

algún extremo de la obra para su mejor comprensión. Una o dos fotografías permiten dar la imagen de la obra para su identificación, acompañado de un escrito que valora el interés de la obra o conjunto.

Los dibujos que se publican en esta guía han sido realizados exprofeso para esta ocasión. Los criterios gráficos han sido unificados, tratando con ello de dar una mayor uniformidad a la obra. Los dibujos se han adaptado a escalas precisas con lo que se permite la lectura directa desde la guía. Se han adoptado tres escalas gráficas, en razón al tamaño de las obras lo que permite establecer analogías entre ellas.

A pie de pagina se citan otras obras próximas a la seleccionada que en opinión de los autores merecen tal mención para conocimiento del visitante. Así mismo se relacionan obras del mismo autor que por la dimensión de la guía no han sido expresamente seleccionadas. Por medio de pequeñas referencias se recuerda al usuario otras obras seleccionadas y que se encuentran en las proximidades.

1 Indicativo provincial
Provincial indicative

2 Años de proyecto y de realización del mismo
Years of the project and its execution

3 Arquitecto autor de la obra
Architect, author of the work

4 Denominación de la obra y emplazamiento
Denomination of the work and its location

5 Fotografía actual de la obra
Current photograph of the work

6 Dibujo y escala del mismo
Drawing and its scale

7 Texto en castellano firmado por el autor
Text in Spanish signed by the author

8 Texto en inglés firmado por el autor
Text in English signed by the author

9 Obra próxima
Work nearby

10 Obra próxima que aparece en la Guía
Work nearby appearing in the guide

11 Número de página
Page number

A-1934/1935   M. LÓPEZ GONZÁLVEZ

EDIFICIO DE VIVIENDAS
APARTMENTS BUILDING
C. Teniente Coronel Chápuli, 1. Alicante

Miguel López Gonzálvez, titulado en la Escuela de Arquitectura de Barcelona en 1931 –el mismo año que José González Esplugas y Francisco Perales Mascaró– y miembro él también del GATEPAC realizará en Alicante una arquitectura de vanguardia personal y elegante más afín al grupo valenciano encabezado por Albert que a los postulados del citado GATEPAC, presentes en todo caso en una obra hace tiempo desaparecida, el edificio de Pintor Agrassot esquina a Federico Soto realizada por Miguel López en 1935, en colaboración con Juan Vidal Ramos.
Los edificios que se citan en esta ficha denotan su correcta asimilación del lenguaje racionalista al tiempo que su capacidad para imprimirle su propio sello. La monumentalidad y fuerza expresiva de los situados en la calle del Teniente Coronel Chápuli dejarán paso a la austeridad más contenida de la casa Borja o, años más tarde, a la riqueza volumétrica y mayor libertad compositiva del pabellón antituberculoso del Sanatorio del Perpetuo Socorro.
Otro edificio representativo del buen hacer de López Gonzálvez es el situado en calle Juan Bautista Lafora, 1 (1934) –junto al antiguo Hotel Palace alicantino– con el que inicia un tipo de composición de fachadas a base de bandas horizontales de iluminación que representará uno de los motivos recurrentes dentro de su obra (en este caso, con la colaboración del arquitecto Albert Wespi Schneider).
No debería cerrarse este único comentario dedicado al racionalismo alicantino sin dejar constancia de una obra realizada en la capital por el arquitecto Luis Albert Ballesteros, una de las figuras esenciales del racionalismo valenciano, la situada en la Avenida de Federico Soto, 10 esquina a Colón (1934) y en cuya cancela de entrada utiliza, curiosamente, el mismo diseño que ya empleara en su magnífico edificio de la calle de la Universidad nº 13, construido por él mismo, en Valencia, tres años antes.   C.F.

Miguel López Gonzálvez, who graduated from the Escuela de Arquitectura de Barcelona in 1931 –the same year as José González Esplugas and Francisco Perales Mascaró, and also a member of the G.A.T.E.P.A.C.– produced in Alicante a personal and elegant avant-garde architecture closer in spirit to the Valencian group headed by Albert than to the postulates of the G.A.T.E.P.A.C., which were nevertheless in evidence in a long-since demolished work, the building on c. Pintor Agrassot and c. Federico Soto constructed in 1935 by Miguel López in conjunction with Juan Vidal Ramos.
The buildings featured here evidence his able assimilation of the language of rationalism, as well as his capacity to give it his own personal stamp. The monumentality and expressive power of the buildings situated in c. Teniente Colonel Chápuli gave way to the more contained austerity of the Borja house and, a few years later, to the volumetric richness and greater compositional freedom of the antituberculosis pavilion of the Perpetuo Socorro sanatorium.
Another building which embodies the professional skill of López Gonzálvez is the one situated at c. Juan Bautista Laforca, 1 of 1934, next to Alicante's old Hotel Palace, with which he initiated a type of composition of the facade on the basis of horizontal bands of windows that was to constitute one of the recurring motifs in his work (in this case, with the collaboration of the architect Alberto Wespi Schneider).
This review of rationalist architecture in Alicante would be incomplete without taking note of a work constructed in the city by Luis Albert Ballesteros, one of the essential figures of Valencian rationalism, at Av. de Federico Soto, 10 and c. Colón (1934); interestingly, the entrance gate features the same design that the architect had used in the magnificent building at c. Universidad, 13 which he constructed in Valencia three years earlier.   C.F.

OBRAS PRÓXIMAS
WORKS NEARBY

A-1934
M. LÓPEZ GONZÁLVEZ
Edificio de viviendas
Juan Bautista Lafora, 1
Alicante

A-1934/1935
M. LÓPEZ GONZÁLVEZ
Edificio de viviendas
Teniente Coronel
Chápuli 3
Alicante

A-1935/1939
M. LÓPEZ GONZÁLVEZ
Edificios de viviendas
Casa Borja
Pl. España, 5
Alicante

A-1940/1942
M. LÓPEZ GONZÁLVEZ
Sanatorio del Perpetuo
Socorro
Av. Gomez Ulla / Palacio
Valdés. Alicante

A-1934
L. ALBERT BALLESTEROS
Edificio de viviendas
Av. Federico Soto, 10
Alicante

A-1940/1941
G. PENALVA ASENSI
Edificio de viviendas
Rafael Altamira, 1
Alicante

A-1953/1956

PUEBLO DE SAN ISIDRO DE ALBATERA
SAN ISIDRO DE ALBATERA RESIDENTIAL DEVELOPMENT
San Isidro de Albatera

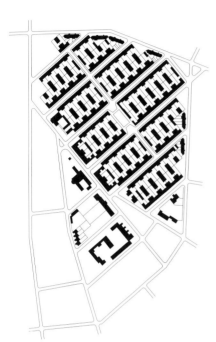

E 1/10.000

1955
J.L. FERNÁNDEZ DEL AMO
El Realengo

Perhaps it is in this residential development, construction of which commenced at the same time as Vegaviana and was completed a liitle earlier, that Fernández del Amo achieves the greatest quality in his use of vernacular forms, consistently managing to resist the temptation to indulge in mimetic or popularist rhetoric.

These 150 houses for farmers, together with agricultural annexes, 34 houses for workers' families, and the various representative buildings, are laid out according to a strict geometrical composition, with the introduction of interesting formal solutions both for housing and workplace as for the buildings of a more singular character.

Also in the province of Alicante, J.L.F. del Amo built 115 farmers' houses and 20 workers' houses in the small settlement of Realengo, where the geometrical plan is established within a rigorous scheme that closely reproduces a classical Roman layout, with the inclusion of two orthogonal axes in the tradition of the "cardo" and the "decumanus". C.F.

Tal vez sea este pueblo, iniciado de forma simultánea al de Vegaviana y terminado un poco antes, aquél en el que Fernández del Amo raya a una mayor altura en cuanto a la utilización de formas afines a lo popular superando siempre cualquier tentación mimética o retórico-popularista.

Sus 150 viviendas para colonos, junto con las correspondientes dependencias agrícolas y las 34 viviendas para obreros de la zona, más los edificios singulares, se ordenan en una estricta composición geométrica, introduciéndose interesantes soluciones formales tanto en los edificios para viviendas y trabajo como en los de carácter singular.

También en la provincia de Alicante, J.L.F. del Amo construiría en el reducido núcleo de El Realengo –115 viviendas para colonos más 20 para obreros– en donde la ordenación geométrica se plantea dentro de un riguroso esquema que la aproxima a los trazados romanos, con la presencia incluso de dos ejes principales ortogonales, en la tradición del "cardo" y el "decumanus". C.F.

OBRAS PRÓXIMAS
WORKS NEARBY

A-1974/1975	A-1984/1986	A-1992/1995
RICARDO BOFILL	V.M. VIDAL VIDAL	L.C. ALONSO DE
TALLER DE	Edificio escolar	ARMIÑO Y PÉREZ,
ARQUITECTURA	"El Arenal"	V.M.VIDAL VIDAL,
Edificio de	Alcoi	C. MERI CUCART
apartamentos		Centro comercial
"La muralla Roja"		València s/n / Cotes
Calpe		Baixes
		Alcoi

A–1990/1991

E. MIRALLES MOYA, J. MIÁS GIFRÉ y
C. PINÓS DESPLAT

CENTRO DE TECNIFICACIÓN Y ALTO RENDIMIENTO DE GIMNASIA RÍTMICA Y DEPORTIVA
CENTRE FOR TECHNICAL AND ADVANCED COMPETITION TRAINING IN RHYTHMIC AND ARTISTIC GYMNASTICS

C. Foguerer José Ramón Gilabert Dauo. Alicante

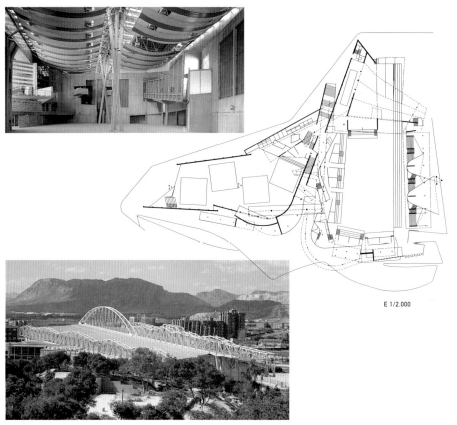

E 1/2.000

El programa es de gran especifidad y está conformado por grandes espacios para ser usados de modo exclusivo para la competición y entrenamiento de gimnasia rítmica y deportiva.

Los espacios interiores se generan entre los servicios y distintos espacios interiores y cerramientos existentes y esta es la misma imagen que ofrece al exterior, no existiendo fachada propiamente dicha sino una variada gama de fragmentos. El espacio está siempre en movimiento.

La estructura es mixta, con muros y forjados de hormigón armado y columnas y cerchas de acero laminado. Estas últimas resuelven la gigantesca cubierta única y están diseñadas particularmente según su situación y esfuerzos que recibe. El proceso constructivo es satisfactorio, teniendo en cuenta que se realizó en un período de diez meses.

Se trata de una forma escultórica percibida en la mente y que va tomando forma, como ya se ha dicho, a modo de maqueta construida a escala real. X.G.

The programme is extremely specific, and is composed of large spaces designed to be used exclusively for rhythmic and artistic gymnastics training and competition.

The interiors are generated between the services and the different spaces and partitions, and this same image is offered by the exterior, in the absence of any real facades as such, as a varied and potent sequence of fragments, with the result that the space is in continual movement.

The structure is mixed, with walls and beams of reinforced concrete, while the pillars, canopies and trusses are of laminated steel. These trusses resolve the gigantic single roof, and were designed specifically for their position and the force bearing on them. Taking account of the fact that the project was constructed in only ten months, with a complexity that is readily apparent, the final outcome is highly satisfactory.

In this gymnastics centre, as in other projects by the same architects, the topography and the intelligent choice of the siting are the outstanding characteristics. X.G.

52

POLÍGONO DE VIVIENDAS CIUDAD JARDÍN
GARDEN SUBURB
Almería

E 1/500

A first project for a garden suburb, to be situated in the Tagarete district, the area in which it was eventually to be constructed, was drawn up by the architect Joaquín González Edo of Almería, who also began the works of infrastructure around 1935. In 1939, at the end of the Spanish Civil War, the local authorities decided to reactivate this half-forgotten iniciative, took over control of the terrain and the buildings constructed up to that moment –six of them fully completed– from the "Sociedad de Casa Baratas y Economicas" ("Cheap and Economical Housing Society") and commissioned Guillermo Langle Rubio to complete the rest of the project. Between 1940 and 1947, Langle drew up a new scheme for the overall layout, incorporating 245 houses into the new neighbourhood. In their study of the architect Langle's work, Eduardo Mosquera and María Teresa Pérez record that he proposedhere four different types "with simple programmes within a slightly rationalist atmosphere", while in the "Romualdo de Toledo" school complex he employed a design that was"resolutely rationalism within a schematic but powerful T-shaped compostition."

Many of the original buildings are in a good state of conservation, the best examples being those situated around the intersections of calles Cabo de Gato, Castilla and Segovia. Returning to the old city, there is an interesting itinerary which terminates at the bus station –also designed and constructed by Langle– which affords a view from the elevated walkway of the remains of the important headquarters of the Compañía Andaluza de Minas and the picturesque facade of the railway station. C.F.

Un primer proyecto de Polígono de Viviendas, a situar en la zona del Tagarete, la misma sobre la que sería construida la definitiva, fue redactado por el arquitecto almeriense Joaquín González Edo quien iniciaría, también hacia 1935, los primeros trabajos de infrastuctura. En 1939, al término de la Guerra Civil, el Ayuntamiento decide acelerar esta semi-olvidada iniciativa, adquiere los terrenos y los edificios construidos hasta entonces –seis totalmente terminados– a la "Sociedad de Casas Baratas y Económicas" y encomienda su continuación a Guillermo Langle Rubio. Entre 1940 y 1947, Langle llevará a cabo un nuevo proyecto general de ordenación realizando también las 245 viviendas que integran el nuevo barrio.

Como afirman Eduardo Mosquera y María Teresa Pérez en su estudio sobre el arquitecto Langle, éste plantearía cuatro tipos diferentes "con programas simples dentro de una atmósfera suavemente racionalista" en cambio para el grupo escolar "Romualdo de Toledo" (1944) se decidirá por un diseño "resueltamente racionalista dentro de una esquemática pero contundente composición en T."

Conserva en buen estado gran parte de sus edificios originales de los que permanecen estimables muestras alrededor de los encuentros de las calles Cabo de Gata, Castilla y Segovia. De vuelta a la ciudad antigua puede seguirse un interesante itinerario con final en la Estación de Autobuses –obra proyectada y construida también por Langle– pudiéndose observar primero, desde la pasarela elevada, lo que resta de las importantes instalaciones de la Compañía Andaluza de Minas así como la pintoresca fachada de la Estación del ferrocarril. C.F.

OBRAS PRÓXIMAS
WORKS NEARBY

AL-1944
G. LANGLE RUBIO
Grupo Escolar
Romualdo de Toledo
Almería

AL-1945
G. LANGLE RUBIO
Estación de autobuses
Almería

AL-1973/1974

J. CANO LASSO, A. CAMPO BAEZA,
M. MARTÍN y A. MAS

UNIVERSIDAD LABORAL
TECHNICAL COLLEGE
Ctra. Almería a Níjar. km. 7. Almería

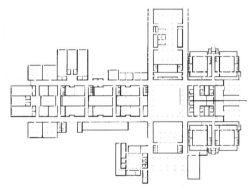

El proyecto para la realización de la Universidad Laboral en Almería se realizó con la voluntad clara de conseguir la conjunción entre la arquitectura tradicional autóctona de la Andalucía mediterránea y el racionalismo de la arquitectura contemporánea.

La aridez, propia del clima de la región llevó a la ejecución de un edificio cerrado hacia el entorno y abierto hacia múltiples patios interiores de diverso carácter y función, donde abundasen toldos y coberturas vegetales, para matizar la luz, y permitir así, dar clases al aire libre.

La estructura funcional del centro se monta sobre dos pares de ejes que se cruzan perpendicularmente, formando en su encuentro una gran plaza porticada en la que confluyen todas las circulaciones y es lugar natural de encuentro y relación. X.G

The project for the construction of this technical college in Almeria was approached with a clear commitment to achieve a fusion of the traditional vernacular architecture of Mediterranean Andalusia and contemporary rationalism.

The characteristic dryness of the region's climate prompted the design of a building closed to the exterior and opening up onto a series of interior courtyards with various forms and functions; in these, the many canopies of fabric or vegetation serve to filter the sunlight and facilitate the use of the open-air spaces for teaching.

The functional structure of the college rests on two pairs of axes which intersect at right angles to form a great porticoed plaza which is the nucleus of all the circulation routes and the natural focus for encounter and social contact. X.G.

OBRAS PRÓXIMAS
WORKS NEARBY

AL-1967/1970
A. VAZQUEZ DE CASTRO
SARMIENTO,
J.L. IÑÍGUEZ DE
ONZOÑO ANGULO,
M. SIERRA NAVA
Edificio de viviendas
Parque
C. Reina. Almería

AL-1992/1995
M. CENTELLES SOLER
Conjunto de viviendas
sociales
Los Albaricoques,
Níjar

ESCUELA DE DANZA Y CONSERVATORIO DE MÚSICA
DANCE SCHOOL AND MUSIC CONSERVATORY
Av. Padre Méndez. Almería

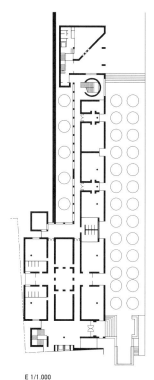

E 1/1.000

The project for construction of the conservatory was selected on the basis of the competition organized in 1985 by the Consejeria de Educación y Ciencia of Andalusia, and initially included a 350-seat auditorium that has not as yet been built. The plot, bounded by two recently completed residential neighbourhoods (between 5 and 10 years old), was lacking in organization, with no relationship between the existing buildings, while different regulatory criteria had been applied to each of the urban alignments. The resolution of these and other problems led the architects to propose a volumetry that –divided into the different functions of the programme yet pursuing a clarity of reading and unity of composition– would neutralize and order this dispersion.

The plan of the building reveals a clear linear distribution traversed by the courtyards cut into its skin, an optimum typological solution for a programme comparable in its origins to that of a university or higher education facility The scheme has also treated the public spaces on either side of the building, seeking connection with the city and the future auditorium. X.G.

El proyecto para la construcción del conservatorio se realizó con motivo del concurso convocado en 1985 por la Consejería de Educación y Ciencia de Andalucia, e inicialmente incluía un auditorio capaz para 350 personas, que hasta el momento no se ha construido.

El solar está enclavado entre dos barrios de reciente construcción (entre 5 y 10 años de antigüedad), carecía de orden y relación entre los edificios que existían en la parcela, y había normativas diferentes para cada alineación urbana. Solucionar estos problemas, entre otros, llevó a los arquitectos a proponer una volumetría que, fraccionada en las distintas funciones del programa pero buscando una clara lectura y unidad compositiva, neutralizara y ordenara tanta dispersión.

La planta del edificio tiene una clara distribución lineal atravesada por patios, solución tipológica idónea para un programa asimilado en su origen a un centro de enseñanza de nivel universitario. Se trataron también los espacios públicos a ambos lados del edificio, buscando conexión con la ciudad y el futuro auditorio. X.G.

SEDE DE LA FUNDACIÓN MIES VAN DER ROHE
(Antiguo Pabellón de Alemania. Exposición Internacional de Barcelona de 1929)
HOME OF THE MIES VAN DER ROHE FOUNDATION
(Former German Pavilion. International Exposition in Barcelona in 1929)
Av. Marqués de Comillas, s/n. Montjuïc. Barcelona

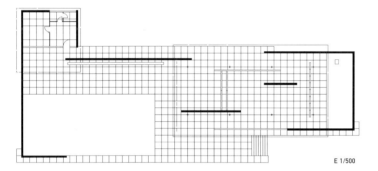

E 1/500

Reconstruido con el máximo respeto hacia la obra original por un equipo de arquitectos integrado por: Cristian Cirici Alomar, Fernando Ramos Galino e Ignasi de Solá-Morales Rubio; proyecto y realización: 1982-86.

Considerada como una de las obras máximas entre todas las llevadas a cabo por los maestros del Movimiento Moderno –también como una de las más estudiadas y divulgadas pese a su no-existencia durante el período 1930-1986– resultaría ocioso cualquier comentario crítico o descriptivo. Únicamente señalar su significado como paradigma de un nuevo modo de entender el espacio arquitectónico establecido por su autor quien, precisamente por aquellos años, definiría la arquitectura como "la expresión de una época en términos de espacio".

Resulta curioso observar cómo el hecho de su presencia dentro de un acontecimiento, sin duda ampliamente visitado por arquitectos llegaría a pasar inadvertido, y sin que el impacto que una obra de sus características debería producir desencadenara ningún tipo de eco o respuesta mimética, especialmente entre aquellos arquitectos españoles más compometidos con las vanguardias de los años treinta.

La escultura del interior del Pabellón es obra de G. Kolbe. C.F.

Reconstructed with the greatest respect for the original by a group of architects headed by Cristian Cirici Alomar, Fernando Ramos Galino and Ignasi de Solà-Morales Rubio; project and construction: 1982-86.

Rightly regarded as one of the supreme built achievements of the masters of the Modern Movement, as well as being one of those that have received the most extensive study and diffusion, despite its more than fifty years of non-existence from 1930 to 1986, any critical or descriptive commentary is clearly superfluous.

We need do no more here than highlight its significance as a paradigm of a new way of understanding architectural space on Mies van der Rohe's part; during this same period, Mies defined architecture as "the expression of an epoch in terms of space".

It is curious to observe that the pavilion's presence at a major international event, undoubtedly visited by numerous architects, in effect pass unnoticed and failed to create the impact that a work of such characteristics should have produced or to give rise to any kind of echo or mimetic response, as might have been expected in particular from those Spanish architects involved with the avant-garde of the Thirties. The sculpture in the interior of the Pavilion is by Georg Kolbe C.F.

OBRAS PRÓXIMAS
WORKS NEARBY

B-1926/1929
R. RAVENTÓS
FARRARONS
F. FOLGUERA GRASSI
Pueblo Español
Av. Marquès de
Comillas. Barcelona

B-1928/1932
R. RAVENTÓS
FARRARONS
Edificio de viviendas
Lleida, 7-11. Barcelona

B-1972/1975-p.93
B-1985/1990-p.102
B-1990/1992-p.123

FÁBRICA MYRURGIA
MYRURGIA FACTORY
C. Mallorca, 351. Barcelona

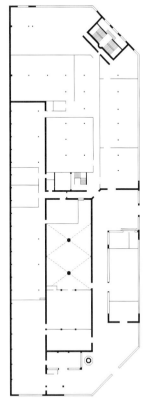

E 1/1.000

The planning regulations applying to the Barcelona Eixample allowed the construction of clean industrial buildings such as this one for the Myrurgia perfume company; an analogous case can be found in Madrid, with the Perfumería Gal, situated within the area governed by the Castro Plan.

Responding to a conception of modernity closer to that of Perret or the formalisms of Art Deco than to those of the real avant-gardes of the time, the most noteworthy part of this building is the main vestibule, developed over two levels, which has managed to conserve almost all of the original elements: furniture, carpentry detailing, lighting, signage, ironwork, etc. On the exterior, the composition as a whole is less attractive, while nevertheless possessing interest as an indisputable example of its period, both in the entrance zone situated on the chamfered corner of the block –the most monumental and Art Deco part– and in the lateral bays, which are closer to manifesting a somewhat "light" version of the Bauhaus. C.F.

Las ordenanzas del Ensanche barcelonés permitían la inclusión, dentro del mismo, de industrias limpias como ésta que representa la fábrica de perfumería Myrurgia; un caso análogo a lo que había sucedido en Madrid con la Perfumería Gal, situada dentro de los límites del Plan Castro.

Respondiendo a un concepto de modernidad más próxima a los planteamientos de un Perret o a los formalismos Art Déco que al de las auténticas vanguardias de su tiempo, este edificio ofrece como zona más destacada el vestíbulo principal, desarrollado en dos niveles, y en el que han sido conservados prácticamente todos los elementos originales: mobiliario, carpinterías, lámparas, rótulos, herrajes, etc. Exteriormente, el conjunto presenta menor atractivo si bien mantiene el interés de su indudable carácter de época, tanto en la zona de entrada, correspondiente al chaflán –la parte más monumental y Art Deco– como en las naves laterales, más próximas a un bauhausianismo un tanto "light". C.F.

B-1929/1931

F. FOLGUERA GRASSI

CONSEJERÍA DE JUSTICIA DE LA GENERALITAT DE CATALUNYA
Antiguo Casal de Sant Jordi
COURT COUNCIL OF THE GENERALITAT DE CATALUNYA
Former Casal de Sant Jordi
C. Casp, 24-26 / C. Pau Claris, 81. Barcelona

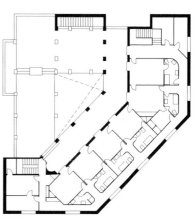

E 1/500

El recurso de la fachada ondulada, tema recurrente de un cierto barroco y, sin salir de Barcelona, presente en las casas Batlló y Milà gaudinianas, podría ser un tema a destacar en esta solución de Folguera donde las superficies curvas habrían sido sustituidas por planos buscando un parecido efecto de zig-zag. El Reümannhof de H. Gesner (1924-25) —uno de los numerosos "höffe" construidos en Viena en el período 1919-33— resuelve también de un modo semejante su fachada principal si bien en este Casal de Sant Jordi una más acusada diversidad compositiva se deriva directamente de la variación de usos: oficinas en las cinco primeras plantas; viviendas, en las restantes y, de ellas, las dos últimas, incluyendo la terraza de coronación, proyectadas especialmente para los propietarios. Los elementos escultóricos de fachada, aproximan también esta obra a la arquitectura alemana y austríaca de los años 20, mientras que los detalles de rejería, magníficos, resultarían más afines a un moderado Art Déco. Este edificio —uno de los más atractivos y tempranos de nuestro prerracionalismo— asume sin dificultad todas las posibles influencias y afinidades señaladas poniendo de manifiesto el talento y versatilidad de Francesc Folguera autor de obras tan emblemáticas y al propio tiempo dispares como su elegantísima loggia de la Senya Blanca en S'Agaró o el "pompier" Hotel Ritz barcelonés, situado no lejos de este mismo Casal Sant Jordi. C.F.

Recourse to the device of the undulating facade, a recurring theme in much baroque architecture and, even within Barcelona, a key attribute of Gaudi's Batlló and Milà houses, is perhaps one of the more noteworthy features of Folguera's design, although here the curving surfaces have been substituted by planes, creating a zig-zag effect.
The Reümannhof by H. Gesner (1924-25) —one of the numeroushöffe constructed in Vienna in the period 1919-33— presents a similar resolution of the main facade, even if there is a greater diversity of composition in the Casal de Sant Jordi, deriving directly from the variety of uses: offices on the first five floors and apartments on the remaining floors, of which the two uppermost, including the crowning terrace, were specially designed for their owners. The sculptural elements on the facades also situate this work in close proximity to the German and Austrian architecture of the twenties, while the magnificent detailing of the metalwork has more in common with a toned-down version of Art Deco. This building —one of the earliest and most attractive productions of the pre-rationalist period in Spain— absorbs without difficulty all of the possible influences and correspondences suggested above, and testifies to the talent and versatility of Francesc Folguera, architect of such emblematic and at the same time highly disparate works as the elegant loggia of the Senya Blanca in S'Agaró or the pompier magnificence of the Hotel Ritz in Barcelona, itself only a short distance from the Casal de Sant Jordi. C.F.

OBRAS PRÓXIMAS
WORKS NEARBY
B-1933/1934-p.64
B-1935/1942-p.66
B-1958/1959-p.81
B-1982/1989-p.98

EDIFICIO DE VIVIENDAS
APARTMENT BUILDING
C. Muntaner, 342-348. Barcelona

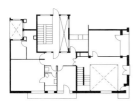

E 1/500

The fact of their continuing to manifest a full and enthustiastic adherence to the avant-garde tendencies of the 20s and 30s involved the suppression to a greater or lesser degree of their own particular accents on the part of those architects in possession of genuine personality and talent. This is certainly true of Josep Lluis Sert, who even in his earliest works patently manifested his own unique architectural vision. The Roca jewellers' shop and this apartment building in carrer Muntaner are two of the works which most strikingly reveal Sert's indisputable quality as a designer of architecture.
This building is composed of six duplex apartments and two studio apartments on the attic floor, elements exploited by the architect in order to give the whole a decidedly innovative character, radically distinct from any of the epoch's conventional solutions. We should note in particular here the relationships established between the projecting volumes of the balconies and the voids corresponding to the terraces off the bedrooms, and also the admirable and highly individual treatment of the corner of carrer Muntaner and carrer Rector Ubach. C.F.

El hecho de mantener una adhesión entusiasta y plena a las tendencias de vanguardia de los años 20 y 30 no suponía, en modo alguno, la anulación de sus propios acentos en aquellos arquitectos dotados de personalidad y talento auténticos. Este es el caso de Josep Lluís Sert, quien ya desde sus primeros trabajos iba a dejar patente su peculiar visión de la arquitectura. La joyería Roca, y este edificio de viviendas de la calle de Muntaner son dos de las obras en las que quedan de manifiesto, más acusadamente, sus indiscutibles condiciones como diseñador de arquitectura.
El edificio está compuesto por seis viviendas dúplex más dos apartamentos-estudio situados en plantas ático, integrantes todos en los que el arquitecto se apoya para dotar al conjunto de un carácter de acusada novedad, absolutamente al margen de cualquiera de las soluciones convencionales de la época. Habría que hacer notar las relaciones que se establecen entre los volúmenes de los balcones en voladizo y los vacíos correspondientes a las terrazas de los dormitorios; así mismo el admirable y singular tratamiento de la esquina a las calles de Muntaner y Rector Ubach. C.F.

OBRAS PRÓXIMAS
WORKS NEARBY

B-1929/1930
S. YLLESCAS MIROSA
Casa Vilaró
Av. Coll del Portell, 43
Barcelona

B-1933/1935
R.DURÁN REYNALS
Edificio de viviendas
Casa Jaume Espona
Camp d'en Vidal, 16
Barcelona

B-1934/1935
S. YLLESCAS MIROSA
Edificio de viviendas
Padua, 96
Barcelona

B-1934/1940
R. CHURRUCA DOTRES
Edificio de viviendas
Diagonal, 419-421
Barcelona

B-1942/1943-p.68
B-1957/1961-p.80
B-1959/1967-p.82
B-1964/1967-p.85
B-1968/1974-p.89
B-1972/1975-p.94

GRUPO ESCOLAR COLLASO I GIL
COLLASO I GIL SCHOOL COMPLEX
C. de S. Pablo, 101. Barcelona

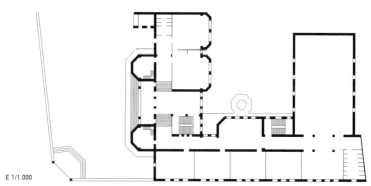

E 1/1.000

Como se ha señalado en repetidas ocasiones, se trata de una obra absolutamente excepcional e inesperada dentro de la producción total de su autor, arquitecto claramente situado en la órbita del noucentisme y cuya amplia labor en la construcción de grupos escolares se desarrolló siempre dentro de unas coordenadas barroco-popularistas sin otro nexo de unión con el presente edificio que el irreprimible monumentalismo que preside toda su labor.

El grupo Collaso i Gil ha sido desarrollado en un lenguaje que participa de los planteamientos de ciertas vanguardias del momento –de origen alemán y holandés especialmente– en donde el ladrillo a cara vista, utilizado masivamente al exterior, se pone al servicio de composiciones volumétricas de gran rotundidad a través de superficies de acusada austeridad formal. Los elementos escultóricos incorporados a la fachada principal, el respeto en ella a unos criterios de axialidad y la solución de planta abierta, confirman esta adscripción a unas tendencias rupturistas muy propias de finales de los años veinte. Su singular presencia dentro del panorama arquitectónico español y la calidad y dominio de su expresión formal suponen, en todo caso, un hecho merecedor de ser tenido en cuenta. C.F.

As has been pointed out on numerous occasions, this is an absolutely exceptional and unusual work within the oeuvre of Goday, an architect clearly situated within the orbit of Noucentisme, the remainder of whose considerable body of work in the construction of school buildings consistently employs a popularist-baroque language with no other point of contact with the present building than the irrepressible monumentalism which pervades his entire output.

The Collaso i Gil school was developed in terms of a language informed by the premises of certain avant-garde groups of the time –notably those of German or Dutch origin– in which the use of exposed brickwork for the entire facade contributes to the expressive force of the volumetric compositions through the pronounced formal austerity of the surfaces. The sculptural elements incorporated into the main facade, the respect this accords to criteria of axial orientation and the solution of the open plan, all confirm an adherence to certain radically innovative tendencies specific to the final years of the twenties. Its singular presence within the panorama of Spanish architecture, and the quality and control of its formal expression, make this a building worthy of note. C.F.

OBRAS PRÓXIMAS
WORKS NEARBY
B–1933/1938–p.65
B–1990/1993–p.126
B–1992/1995–p.132

B-1931/1932

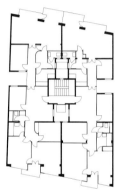

E 1/500

Rodríguez Arias, who was perhaps the closest to Gropius of all the Spanish rationalist architects, shows his capacity for overcoming any dogmatism in his modification, perhaps at the request of the future residents, of the rigid composition of the facade, introducing variations in the plans of the first and upper floors. The architect himself altered the two uppermost floors of the building during the sixties, maintaining the initial setback but introducing a superimposed order with slender metal uprights flush with the facade which embodies a new concept of composition on these two floors.

By the same architect, and also marked by the same stylistic influences, is the Astoria cinema (1933-1934), in c. Paris. The most strikingly original element here is undoubtedly the interior stairway, with its abundance of metal mesh, although this is now somewhat difficult of access. C.F.

Rodríguez Arias, tal vez el más "gropiusiano" de todos los arquitectos racionalistas españoles, da muestras de su capacidad para superar cualquier dogmatismo al modificar, tal vez por indicación de los futuros usuarios, la rígida composición de la fachada introduciendo sendas variaciones en las plantas primera y última. El propio arquitecto alteró, durante la década de los 60, las dos últimas plantas del edificio, manteniendo el retranqueo inicial pero situando a ras de fachada dos órdenes superpuestos de delgadísimos pies derechos metálicos que introducen un nuevo concepto de composición en las dos plantas de coronación citadas. Del mismo arquitecto, y manteniéndose dentro de la influencia señalada, es el edificio del Cine Astoria, en la calle París, (1933-1934), cuyo elemento sin duda más rupturista viene dado por la escalera interior —con un uso masivo de la malla metálica— hoy difícilmente accesible al visitante. C.F.

OBRAS PRÓXIMAS
WORKS NEARBY

B-1933/1934
G. RODRÍGUEZ ARIAS
Edificio de viviendas
Astoria
París, 193-197
Barcelona

B-1959/1967-p.82
B-1964/1967-p.85
B-1972/1975-p.94

GRUPO DE VIVIENDAS "CASA BLOC"
HOUSING COMPLEX "CASA BLOC"
P. de Torras i Bages, 91-105. Barcelona

Entre los postulados esenciales propugnados por el Movimiento Moderno se hallaba la necesidad de adecuar la actividad arquitectónica a las exigencias de una sociedad que estaba comenzando a experimentar transformaciones irreversibles. En tal sentido se pronunciaron, de manera insistente, sus más incisivos teóricos y entre ellos Le Corbusier y Gropius, reivindicando el derecho irrenunciable de las clases trabajadoras a disponer de una vivienda digna. El paso de las teorías a los hechos reales representaba, en todo caso, una árdua tarea y es lo cierto que, por lo que a España se refiere, sólo el GATEPAC, Grupo Este –o lo que es lo mismo el grupo catalán del GATEPAC– sería capaz de llevar a cabo al menos un primer intento en este sentido.
"Un concepto mezquino y miserable de la vida ha presidido la construcción de las viviendas obreras en nuestro país, dando como resultado un mínimo inaceptable. La vivienda económica puede tener pocos metros cuadrados de superficie, pero de ella no deben excluirse el aire puro, el sol y un amplio horizonte; elementos que necesita todo hombre y de los que la sociedad no tiene derecho a privarle". Tal era la declaración que, en llamativa tipografía, figuraba en la cubierta del nº 11 de "A.C.", la revista del GATEPAC, sobre una fotografía de la maqueta de la casa Bloc cuya construcción parece que había sido ya iniciada (tercer trimestre de 1933) en el barrio periférico de S. Andreu del Palomar. Junto con el gran "Bloc" en forma de U se había levantado, entre 1932-33, un prototipo de viviendas dúplex en hilera, hoy desaparecidas.
La Casa Bloc, conjunto integrado por 107 viviendas promovidas por el Comisariado de la casa obrera de la Generalitat de Cataluña, ha ido soportando hasta el día de hoy diversos avatares que hicieron temer, en momentos concretos, por su desaparición.

One of the essential postulates of the Modern Movement was the need to adapt the activity of architecture to the demands of a society that was beginning to undergo irreversible transformations. This was insistently affirmed by the movement's most influential theorists, including Le Corbusier and Gropius, in declaring the inalienable right of the working classes to decent housing. The move from theory to real action was nevertheless a daunting task, and the fact is that, in Spain, only the Eastern Group of the GATEPAC –that is to say, the Catalan grouping of the GATEPAC– was to prove capable of carrying out in practice at least a first approximation to this undertaking.
"A mean and miserable concept of life has presided over the construction of workers' housing in this country, the result of which is an unacceptable minimum. A low-cost house may have a small surface area, but it should not be deprived of fresh air, sunlight and ample horizons; elements that all human beings need and which society has no right to deprive them of." This was the declaration printed in striking type on the cover of issue number 11 of A.C., the official magazine of the GATEPAC, above a photograph of the model of the Bloc House, the construction of which seems to have already been started (third quarter of 1933) in the outlying district of Sant Andreu del Palomar. Together with the great U-shaped "Block", a prototype row of duplex houses, which have since been demolished, had also by then been constructed.
The Bloc House, a complex made up of 107 apartments constructed for the workers' housing commissariat of the Generalitat de Catalunya, has over the years passed through various avatars, at times raising doubts as to its very survival.

OBRAS PRÓXIMAS
WORKS NEARBY
B–1987/1992–p.112
B–1990/1992–p.124

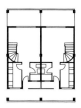

E 1/500

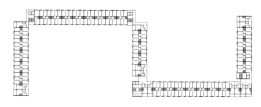

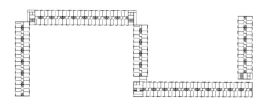

E 1/3.000

The organization of the apartments is based on a duplex scheme, with open access corridors similar to those introduced by Le Corbusier in his "Immeubles-Villas". The corridors connect with four vertical communications pillars –stairs/lift– and are in every case opened onto by the lower floors of the duplex apartments, as well as the light wells and ventilation shafts serving the toilets, laundries and kitchens, situated at a height capable of affording privacy. The lower floor also contains the living and dining room, with views of the facade opposite the open corridor, while the three bedrooms on the upper floor are laid out in an alternating sequence by which, for each two adjoining flats, two and one of these are situated on the main facade, with either one or two, respectively, on the secondary facade. The project was to be completed with various communal facilities, such as cooperatives, bath houses, kindergartens, social clubs, gardens and even a small swimming pool for children; services which for the most part were never constructed, as a consequence of the Civil War. C.F.

La organización de las viviendas sigue el esquema de viviendas dúplex con corredores de acceso abiertos, semejantes a los introducidos por Le Corbusier en su "inmuebles villas". Los corredores se conectan con cuatro columnas de comunicaciones verticales –escalera/ascensor– y a ellos se abren siempre las plantas bajas de las viviendas así como los huecos de iluminación y ventilación de aseos, lavaderos y cocinas, situados a una altura que posibilitan la privacidad. La planta baja se completa con un comedor-cuarto de estar con vistas a la fachada opuesta al corredor, mientras que en la superior se sitúan tres dormitorios según una disposición que establece la presencia alternativa de uno o dos de ellos en la fachada principal, y lo mismo respecto a la secundaria. El proyecto se completaba con instalaciones comunes como cooperativas, casa de baños, guarderías, clubs vecinales, jardines e incluso una pequeña piscina infantil, servicios que en su mayoría, y como consecuencia de la Guerra Civil, no llegarían a construirse. C.F.

J.L. SERT LÓPEZ

JOYERÍA ROCA
ROCA JEWELLERS
P. de Gràcia, 18. Barcelona

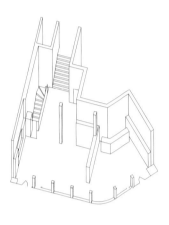

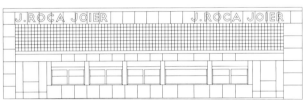

E 1/250

Diseñada por encargo de Rogelio Roca Plans, hijo del fundador de la firma, el arquitecto fue capaz de conseguir el elegante ambiente interior que se le requería así como aquel tipo de luminosidad que hiciera posible que "los brillantes resplande-cieran como estrellas". El amplio friso de pavés translúcido que recorre la fachada a lo largo de su zona alta, se completa con un aplacado de granito rosa, pulimentado, dando como resultado una solución de escueta y perfecta belleza en donde, incluso el sistema de fijación de los toldos –que desaparecen sin dejar huella cuando el tiempo no los hace precisos– se encuentra perfectamente resuelto bajo el doble punto de vista funcional y formal.

En lo que refiere a la instalación interior, Sert supo también crear un escenario atractivamente sencillo alejado de ese "horterismo" y vulgaridad tantas veces consustanciales con esta clase de instalaciones. La calidad de los materiales, el diseño de vitrinas, mobiliario, lámparas, etc; su perfecta realización y adecuación, hacen de esta joyería una instalación comercial que sería justo considerar como modelo. C.F.

In this project, commissioned by Rogelio Roca Plans, son of the founder of the firm, the architect managed to achieve the elegant interior atmosphere the brief required, together with that special luminosity intended to ensure that "the jewels would shine like stars". The deep frieze of translucent glass block which runs around the upper part of the facade is complemented by a facing of polished pink granite, giving the exterior a simple and perfect beauty in which even the fixings of the awnings –which fold back out of sight when not required– are perfectly resolved in terms of both form and function. With regard to the interior, Sert also managed to create a simple and attractive setting far removed from the ostentation and vulgarity so often associated with premises of this type. The quality of the materials employed, the design of the glass display cases, furniture and lamps, and the perfect execution and fitting out of the interior make the Roca jewellers' shop a model of its kind. C.F.

OBRAS PRÓXIMAS
WORKS NEARBY
B—1929/1931–p.58
B—1965/1968–p.86

B-1933/1938

DISPENSARIO ANTITUBERCULOSO
ANTITUBERCULOSIS DISPENSARY
Pje. de Sant Bernat, 10 / C. Torres Amat, s/n. Barcelona

E 1/1.000

This is one of the most important works of Spanish rationalism, and also one of those which most clearly manifest the relations between the Eastern Group of the GATEPAC and Le Corbusier's theories and principles. The structure, independent of the outer skin, thus allowing the possibility of free facades and floor plans, the "fenêtre en longeur", the functional and accessible flat roof; these elements are all present here in a building which at the same time possesses its own accents, amongst which are the cladding of the end wall of the block with fibre-cement panels, an industrial version of the tile or slate claddings occasionally used in popular architecture, to reinforce the surfaces most exposed to the action of the weather.
The whole is ordered in terms of a main block with an L-shaped plan —one wing of which is crossed at right angles by the volume of the auditorium on the upper floor— together with a small pavilion by the entrance for the caretaker. Between the two constructions is an area laid out as a dry courtyard, planted with trees.
As is so often the case with the best architecture, the content of this Dispensary might be said to exceed the capacity of the container, producing an effect of "multiplication" of the available interior space, which here accommodates the vestibule-reception, consulting and observation rooms, laboratories for analyses, archives, spacious glazed galleries on each floor, a library and auditorium-lecture hall —both double height— and, crowning the whole, the solarium terrace, no longer in use, which occupies the entire surface area of the roof, originally employed for therapeutic treatments related to the primary function of the building. From the medical as well as the architectural viewpoint, the dispensary offered optimum conditions, with its extensively glazed corridors, perfectly ventilated and illuminated, its easily washable tile finishes, and even the use of colour on the walls, structural elements, glaxed ceramic tiles, etc., as essential contributions to the creation of a welcoming and undramatic environment. C.F.

Se trata de una de las obras más importanes del racionalismo español y también de las que ponen de manifiesto con mayor claridad la relación del Grupo Este del GATEPAC con las teorías y directrices de Le Corbusier. La estructura, independiente del cerramiento, con la posibilidad de fachadas y plantas libres, la "fenêtre en longueur", la cubierta plana utilizable, son condiciones que se cumplen en esta obra que, por otra parte, posee también sus propios acentos, entre ellos el que puede representar el revestimiento del costado del bloque con placas de fibrocemento, versión industrial de los aplacados con tejas o pizarras verticales de los que en ocasiones hace uso la arquitectura popular reforzando aquellos paramentos sometidos a una acción más energética de los agentes atmosféricos.
El conjunto se ordena según un bloque principal de planta en L —uno de cuyos brazos se ve cruzado ortogonalmente por el volumen correspondiente al auditorio situado en la planta superior— más un pequeño pabellón de portería colocado a la entrada. Entre ambas construcciones queda libre una parte del terreno que se organiza como patio seco, arbolado.
Como tantas veces sucede en la mejor arquitectura, el contenido de este dispensario se diría que supera a la capacidad del continente, produciéndose ante el visitante una especie de "multiplicación" del espacio interior disponble que, en este caso, alberga vestíbulo-recepción, salas de consulta y observación, laboratorios de análisis, archivos, amplias galerías acristaladas en cada planta, biblioteca y auditorio-sala de conferencias —ambos con doble altura— y como remate la terraza solarium, hoy fuera de uso, ocupando toda la superficie en planta, utilizada en su primera época para los fines terapéuticos relacionados con el carácter del edificio.
Desde el punto de vista médico, el dispensario ofrecía también condiciones óptimas, con sus corredores de amplias cristaleras recintos perfectamente ventilados e iluminados, revestimientos de azulejos fácilmente lavables, e incluso el color en paramentos, estructura, cerámicas vidriadas, etc. como contribución esencial a la creación de un clima acogedor y desdramatizado. C.F.

OBRAS PRÓXIMAS
WORKS NEARBY
B-1931/1932-p.60
B-1990/1993-p.127

B-1935/1942

L. GUTIERREZ SOTO y
C. MARTÍNEZ SÁNCHEZ (arq. col.)

EDIFICIO DE VIVIENDAS "CASA FÀBREGAS"
"CASA FÀBREGAS" APARTMENT BUILDING

C. Jonqueras, 16-18 / C. Trafalgar / Pza. de Urquinaona. Barcelona

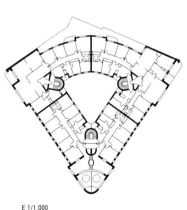

E 1/1.000

Se trata, sin duda, del primer edificio importante que Gutiérrez Soto lleva a cabo fuera de Madrid y que, con sus quince pisos, superaba ampliamente la altura permitida hasta el momento en la edificación del Ensanche barcelonés.

Aquí radica el rasgo más destacado de este volumen un tanto desaforado y excesivo que el arquitecto, pese a todo, fue capaz de resolver con su habilidad y oficio habituales y cuyas quince plantas le reportaron en su momento la denominación de "rascacielos Urquinaona". Distributivamente se encuentra repartido en plantas para oficinas (las cinco primeras) y de viviendas, mientras que respecto a su lenguaje se sitúa, como otras obras de G.S., dentro de aquel estilo moderadamente moderno ("modernidad con dignidad") tan característico de su labor de anteguerra.

Por lo que se refiere a la composición en planta de cada una de las viviendas, no aparecen aspectos dignos de ser señalados aunque sí sería oportuno destacar la inusual pero bien planteada situación de las comunicaciones verticales, coincidentes con cada uno de los vértices del triángulo curvilíneo que define el amplio patio interior. Justo enfrente de la casa Fàbregas hará su aparición, muchos años después (1971-1972) un "verdadero" rascacielos obra importante del arquitecto Antonio Bonet Castellana (1913-1989) –la Torre Urquinaona– en donde dejando a un lado su inoportunidad en zona tan densificada pueden reconocerse una calidad de construcción y una originalidad de diseño propias de la singular personalidad de su autor, miembro del GATEPAC desde sus años de estudiante y cuya labor más destacada fue realizada en Argentina y Uruguay entre 1938 y 1963. C.F.

This is without doubt the first important building which Gutierrez Soto constructed outside Madrid; a building which, with its fifteen stories, far exceeded the height previously permitted by the planning regulations for the Barcelona Eixample. This is in fact the most striking feature of this somewhat overscaled and excessive volume which, in spite of everything, the architect managed to resolve with his usual skill and expertise, and whose fifteen storeys earned it the name of the "Urquinaona skyscraper". With regard to functions, the tower is divided between offices (the first five floors) and apartments (the remainder), while in terms of language it belongs, together with a number of other works by Gutierrez Soto, to that restrainedly modern style ("modernity with dignity") so characteristic of his architecture of the pre-war period.

As regards the composition in plan of the apartments themselves, this is unremarkable, although it is worth noting here the somewhat unusual –yet well thought-out– positioning of the vertical communications, coinciding with the vertices of the curving-sided triangle of the spacious interior courtyard. Directly opposite the Casa Fábregas, a "real" skyscraper was to appear some forty years later; the Torre Urquinaona, a significant work by the architect Antonio Bonet Castellana (1913-1989) which, if we overlook its doubtful appropriateness to a densely built urban context, reveals a quality of construction and an originality of design typical of this exceptional architect. Bonet, who was a member of the GATEPAC while still a student, constructed his most important work in Argentina and Uruguay during the period from 1938 to 1963. C.F.

OBRAS PRÓXIMAS
WORKS NEARBY

B-1971/1972
A. BONET CASTELLANA
B. MIRÓ LLORT
Edificio de Oficinas
Pl. Urquinaona, 6
Barcelona

B-1995
O. BOHIGAS GUARDIOLA,
J.M. MARTORELL
CODINA, D. MACKAY
GOODCHILD
Ampliación del centro
comercial El Corte
Inglés
Pl. Catalunya /
C. Fontanella
Barcelona

B-1995
J.A. MARTÍNEZ LAPEÑA,
E. TORRES TUR
Fachada de El Corte Inglés
Pl. Catalunya / Rda. St. Pere
Barcelona

B-1929/1931–p.58
B-1958/1959–p.81
B-1982/1989–p.98

L. LACASA NAVARRO, J.L. SERT LÓPEZ
y A. BONET CASTELLANA (arq. col.)

B-1937

PABELLÓN DE LA REPÚBLICA ESPAÑOLA
EN LA EXPOSICIÓN INTERNACIONAL DE PARÍS DE 1937
PAVILION OF THE SPANISH REPUBLIC
AT THE 1937 INTERNATIONAL EXHIBITION IN PARIS

C. Jorge Manrique. Barcelona

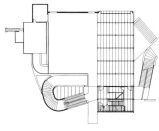

E 1/1.000

Demolished after the Exhibition and reconstructed in 1992 by Miquel Espinet Mestre, Antoni Ubach Nuet and Juan Miguel Hernández de León.

Coinciding in time with the construction of the Antituberculosis Dispensary, this work inevitably shares with it both a formal language and a series of criteria relating to the structural solution, the composition, the open layout of the block, the use of similar materials, etc. This is an emblematic work in its political as well as its architectural significance, which at the same time set out to constitute a medium of diffusion and support for the most genuine artistic avant-garde of the period. The recent reconstruction work was carried out with the greatest attention to and respect for the original, so that the new-built elements –included in response to the need to update the functional values of the pavilion– would not come into conflict with the authentic historical solution. C.F.

Demolido al término de la exhibición y reconstruido en 1992 por Miguel Espinet Mestre, Antoni Ubach Nuet y Juan Miguel Hernández de León.

Coincidente en el tiempo con la construcción del Dispensario Antituberculoso de Barcelona, esta obra comparte, lógicamente, su lenguaje formal así como criterios semejantes en cuanto a solución estructural, composición, disposición abierta del bloque, uso de materiales, etc. Un trabajo emblemático de tanta significación política como arquitectónica, que pretendió constituirse también en medio de difusión y apoyo de la más auténtica vanguardia artística del momento. Su reciente reconstrucción ha sido llevada a cabo con los máximos cuidados y respeto por el original, procurándose que la obra nueva –añadida por necesidades de actualización del uso– no entrara en conflicto con la solución primitiva. C.F.

OBRAS PRÓXIMAS
WORKS NEARBY
B-1983/1984-p.99
B-1988/1992-p.113
B-1989/1992-p.117

F. MITJANS MIRÓ

EDIFICIO DE VIVIENDAS
APARTMENT BUILDING
C. Amigó, 76. Barcelona

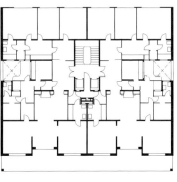

E 1/500

La obra de Mitjans ofrece, dentro del ámbito urbano barcelonés, un cierto paralelismo con la que Gutiérrez Soto (nueve años mayor que él) realizara en Madrid durante la misma época. En todo caso aún coincidiendo en la tipología –viviendas para una burguesía acomodada– y existiendo entre ellas un cierto "aire" de familia sería preciso subrayar importantes diferencias en cuanto al planteamiento de las soluciones en planta, sencillas, claras y ordenadas en Mitjans frente a las más complicadas y llenas de recovecos de Gutiérrez Soto. Esta casa de la calle Amigó, una de las primeras que construyera Mitjans ofrece entre sus rasgos definitorios la presencia de una serie de terrazas corridas a lo largo de toda su fachada, decisión claramente innovadora en la fecha en qué fue llevada a cabo. En la década siguiente, Mitjans continuó desarrollando, con algunas variaciones, esta muestra de vivienda urbana de calidad, como sucede en sus edificios de las calles Mandri, 2-6 (1950-52) y Vallmajor, 26-28 (1952-54), logrando siempre obras estimables y ejerciendo –a través de una siempre sobria y ponderada expresión formal– una influencia positiva sobre numerosos colegas. C.F.

Mitjans' architecture presents, within the context of urban Barcelona, a certain parallel with that produced by Gutierrez Soto (nine years his senior) in Madrid during the same period. Nevertheless, even within the same typology –apartments for wealthy bourgeois families– and allowing the presence of a certain "air" of family resemblance, we must underline a number of important differences in terms of the treatment of the plan: simple, clear and orderly in the case of Mitjans; more complicated and full of twists and turns, nooks and crannies, in the case of Gutierrez Soto.
This house in carrer Amigó, one of the first constructed by Mitjans, includes amongst its defining features a series of terraces running the entire length of the facade, a clearly innovative decision at the time the building was constructed. During the following decade, Mitjans continued to develop, with variations, this type of quality urban residential architecture, as exemplified by his buildings at Mandri, 2-6 (1950-52) and Vallmajor, 26-28 (1952-54), at all times producing admirable works and exercising –on the basis of a consistently sober and carefully considered formal expression– a positive influence on many of his colleagues. C.F.

OBRAS PRÓXIMAS
WORKS NEARBY

B-1950/1952
F.MITJANS MIRÓ
Edificio de viviendas
Mandri, 2-6
Barcelona

B-1952/1954
F.MITJANS MIRÓ
Edificio de viviendas
Vallmajor, 26-28
Barcelona

B-1930/1931–p.59
B-1957/1961–p.79
B-1968/1974–p.89

HOTEL PARK
PARK HOTEL
Av. Marquès de l'Argentera, 11. Barcelona

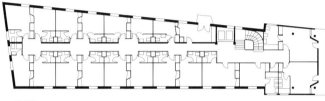

E 1/500

Recently restored by the architects Antoni Moragas Spá and Irene Sánchez.

According to information provided by the study of the architect Moragas Gallissá undertaken by C. Rodríguez and J. Torres, this construction corresponds to the third version of a project which from its first inception in 1949 had aimed to overcome the historicist and eclectic language of the postwar period. In the definitive version of 1950, there is a clear approximation to those European movements which were to serve as models for the activity of Grup R, founded soon after and of which Moragas was one of the most active and essential forces.

The irregular plot with its extremely elongated proportions presented problems which the architect has overcome with skill and effect. His early concern with industrial design is extensively reflected in this work in the meticulousness and care with which many of the details were approached. Following its recent restoration, the Hotel Park –which indeed has always possessed a balanced and innovative language– stands out as a singular landmark, not only within the production of its architect, but also within the wider panorama of the Barcelona of the time. C.F.

Restaurado recientemente por los arquitectos Antonio de Moragas Spá e Irene Sánchez.

Según datos proporcionados por el estudio realizado por C. Rodríguez y J. Torres sobre el arquitecto Morales Gallisá, esta obra se corresponde con la tercera versión de un proyecto que desde su primera redacción, de 1949, encerraba ya un intento de superación del lenguaje historicista o ecléctico de la postguerra. En la versión definitiva de 1950 se advierte una decidida aproximación a las corrientes europeas que servirían como guía a la actividad del Grupo R, fundado poco después y del de Moragas representaría uno de sus más esenciales y activos impulsores.

La parcela irregular y de proporciones acusadamente alargadas, ofrecía dificultades que el arquitecto sabría superar con habilidad y eficacia. Su temprana preocupación por el diseño industrial queda ampliamente reflejada en esta obra a través de la minuciosidad y cuidado con que serían abordadas diversas soluciones de detalle. Tras su reciente restauración, el Hotel Park –con su lenguaje a un tiempo rupturista y ponderado– permanece como un hito singular dentro no sólo de la producción de su autor sino de todo el panorama barcelonés de aquellos años. C.F.

OBRAS PRÓXIMAS
WORKS NEARBY

B-1988/1989
C. FILLOL COSTA
Fossar de les Moreres
Santa Maria s/n
Barcelona

B-1951/1954-p.70
B-1992/1995-p.134

B-1951/1954

J.A. CODERCH DE SENTMENAT
y M. VALLS VERGÉS

EDIFICIO DE VIVIENDAS "CASA DE LA MARINA"
"CASA DE LA MARINA" APARTMENT BUILDING

P. de Joan de Borbó, 43. Barcelona

Este edificio, realizado dos años después de su famosa casa Ugalde, situada en Caldes d'Estrac, Barcelona, constituye el primer trabajo llevado a cabo íntegramente por los arquitectos en el tema del bloque urbano de viviendas. La obra se inscribe en un contexto que los autores consideraron en su momento como poco atractivo por lo que plantearán el edificio como un organismo introvertido, y en cierto modo hermético, vuelto de espaldas al entorno. Así, pese a la existencia de huecos de gran amplitud, la visión desde el interior se verá siempre condicionada por la presencia de persianas de librillo, de carácter fijo, cubriendo toda la superficie de los huecos, susceptibles de ser orientadas con lo que se hace posible graduar la entrada de la luz pero, en ningún caso, liberar totalmente al hueco de ellas lo que podría considerarse como una decisión un tanto radical y discutible.

La planta, muy aquilatada y torturada –por la necesidad de cumplir un amplio programa dentro de una superficie apenas suficiente, según los arquitectos– guarda una evidente afinidad con otros trabajos de C. y V. como la casa para vacaciones (inconclusa) del propio Coderch, o la casa Balanzó en Sant Feliu de Codines, veinte años posterior, si bien tal tipo de planteamientos representan más bien casos excepcionales dentro de la labor global de ambos.

Respecto al lenguaje, pueden señalarse en esta obra ciertas

This building, completed two years after Coderch's famous Ugalde house in Caldes d'Estrac, Barcelona, constitutes the first work carried out from start to finish by these architects within the typology of the urban apartment block. The building is situated in a context which was not considered by the architects to possess many positive values, and they accordingly designed the housing as an introverted and in some ways hermetic organism, with its back turned to its surroundings. So, despite the existence of ample openings, the views from the interior are always conditioned by the presence of fixed venetian-type blinds, covering the whole surface of openings, adjustable to control the entrance of light, but never completely freeing the opening –a radical and perhaps questionable design decision.

The plan, highly elaborated and tortured –in view of the necessity to accommodate an extensive brief within what the architects evidently considered a barely sufficient area– has a clear affinity with other works by Coderch and Valls, such as Coderch's own (unfinished) holiday home, or the Balanzó house in Sant Feliu de Codines, from twenty years earlier, even if this type of proposal is quite exceptional within their work as a whole.

With respect to its language, other affinities with the

OBRAS PRÓXIMAS
WORKS NEARBY

B-1951/1953
J.A. CODERCH DE
SENTMENAT
Grupo de viviendas
La Maquinista
Marqués de la Mina /
Maquinista
Barcelona

B-1992/1995
J.A. MARTÍNEZ LAPEÑA.
E. TORRES TUR
Piscinas Banys de
Sant Sebastià
Barcelona

B-1993/1995
J. PASCUAL ARGENTE
Viviendas de
Promoción Pública
P. Joan de Borbó /
c. Balboa
Barcelona

B-1950/1953-p.69
B-1992/1995-p.134

70

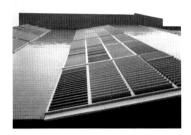

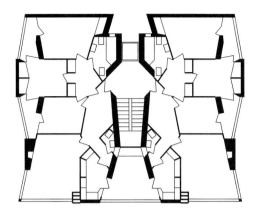

E 1/250

Italian avant-garde of the time can be discerned, and even a certain refined "Gardellian" quality which does not undermine in the least the unquestionable creative and inventive potential which the solution represents, and which came to constitute an important milestone in Spanish arquiteture, as well as receiving extensive international acclaim.

The use of such varied materials as glazed ceramic tiles, small-scale masonry, wooden boarding in the eaves, as well as the design and colour treatment of the entrance hall and staircase, and the inclusion of the inevitable mural within this entrance area, unequivocally date this work to a particular period; it is nevertheless the case that four decades later it continues to afford an example of architectural excellence. The efficient and unconventional structural solution presents a longitudinal central nucleus with thick load-bearing walls of reinforced concrete, built up from the foundations, the basic nucleus being complemented with secondary structures laid out around the perimeter.

Not far from this building —and also promoted by the Instituto Social de la Marina— is the group of "fishermens' houses" on carrers Maquinista and Sant Josep (1951-1954) designed by Coderch and Valls, but constructed under the supervision of a different body. This project occupies and lays out a whole street block, for which Coderch and Valls developed a highly original solution for the block layout, creating a series of small open spaces, aligned on both sides along a longitudinal space, itself connected to the main street and closed along the opposite side of the block. This urban design solution represents a very superior alternative to the conditions of the traditional closed block, a typology which dominated the 19th-century layout of this new neighbourhood of the Barceloneta. C.F.

afinidades respecto a la vanguardia italiana del momento e incluso, y en concreto, un cierto y refinado "gardellismo" que en absoluto disminuye la indiscutible potencia creativa e inventiva que la solución representa y que supuso un verdadero acontecimiento dentro de la arquitectura española, al tiempo que motivo de un amplio reconocimiento internacional.

El uso de materiales tan diversos como cerámica vidriada, pequeña mampostería, entarimado en aleros, así como el tratamiento cromático y diseño de vestíbulo y arranque de la escalera y la inclusión en esta zona de entrada de la inevitable, por entonces, pintura mural sitúan esta obra, de forma inequívoca, en un tiempo determinado lo que no impide que cuatro décadas después siga siendo una buena muestra de la mejor arquitectura. Eficaz y poco convencional, la solución estructural ofrece un núcleo longitudinal central de gruesos muros de carga, en hormigón armado, levantados desde los cimientos al remate, núcleo básico complementado con estructuras secundarias situadas más próximas a las zonas perimetrales.

No lejos de este edificio —y promovido como él mismo por el Instituto Social de la Marina— se encuentra el grupo de "viviendas para pescadores" de las calles Maquinista-Sant Josep (1951-54) proyectado por Coderch y Valls, pero construido bajo dirección facultativa distinta. Se trata de la ocupación y ordenación de una manzana completa, solución que C. y V. desarrollan según una original disposición de los bloques, creando entre ellos toda una serie de pequeñas plazas abiertas, alineadas a ambos lados de un espacio longitudinal conectado a su vez con la calle principal y cerrado por el costado opuesto a la manzana. Esta solución urbanística representa una alternativa de condiciones muy superiores a las del bloque cerrado tradicional, tipología que dominó la ordenación llevada a cabo durante el siglo XIX en este nuevo barrio de la Barceloneta. C.F.

71

B-1954/1955

R. TERRADAS VIA,
J.A. CODERCH DE SENTMENAT
y M. VALLS VERGÉS

CLUB DE GOLF
GOLF CLUB
El Prat de Llobregat

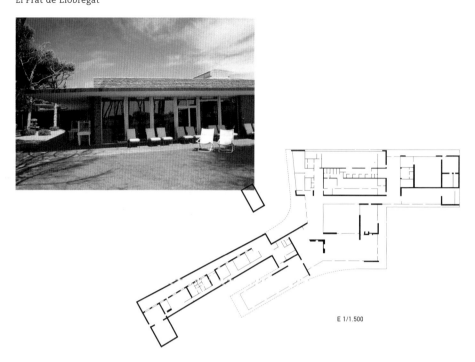

E 1/1.500

Aunque esta obra no figura en las monografías sobre la arquitectura de Coderch publicadas en 1980 y 1989 es evidente que tanto desde el punto de vista plástico como de su solución funcional parece reconocible la intervención de Coderch y Valls en este trabajo y así consta en publicaciones anteriores.

De planta abierta y casi lineal, las zonas principales y las de servicio se articulan en una composición "en arco" desarrollada según pabellones independientes, todos ellos de baja altura, ampliamente acristalados, siguiendo criterios de plena integración dentro del amable entorno en el que se inscribe. Esta comunicación con el medio no sólo se logra plenamente a través de las amplias superficies acristaladas extendidas de suelo a techo sino que se acentúa mediante la inclusión de un patio interior que contribuye a la total desmaterialización del cerramiento en las zonas sociales. Las líneas verticales de estructura y carpinterías se entremezclan, en una percepción desde el interior, con los fustes de los árboles de la pineda mientras que al exterior la línea horizontal continua que forma la placa de cubierta se ve punteada una y otra vez por los repetidos trazos verticales a que dan lugar las numerosas salidas de humos.

Próxima al Club de Golf del Prat se encuentra una importante obra del arquitecto Antonio Bonet Castellana, la villa "La Ricarda", de composición ordenada rigurosamente según un módulo de 9 x 9 m. con su propia cubierta en bóveda atirantada elemento utilizado tanto para la construcción de los espacios interiores como en cualquiera de los espacios cubiertos al exterior: porches, marquesinas, etc. C.F.

Although this work is not included in the monograph studies of Coderch published in 1980 and 1989, both the formal aspect and the functional solution visibly evidence the intervention of Coderch and Valls, as subsequent studies have recognized.

Open and almost linear in plan, the principal areas and the service zones are articulated in an "arc-shaped" composition developed as a series of independent pavilions, all of them low in height with an abundance of glazed surfaces, following criteria of full integration into the attractive setting in which it stands. This communication with the environment is achieved not only through the presence of the extensive full-height glazing, but is further accentuated by the inclusion of an interior courtyard which contributes to the total dematerialization of the skin in the social zones. The vertical lines of the structure and carpentry detailing appear to merge, when viewed from the interior, with the tree trunks of the pine grove, while on the exterior the continuous horizontal line of the roof slab is repeatedly punctuated by the sequence of vertical lines constituted by the numerous chimneys.

Not far from the El Prat Golf Club is an important work by the architect Antonio Bonet Castellana, the "La Ricarda" villa, the composition of which is rigorously ordered on the basis of a 9 x 9 m module, with its anchored vaulted roof providing the element utilized both for the construction of the interior spaces and for the various external covered spaces —porches, canopies. etc. C.F.

ESTADIO DEL FÚTBOL CLUB BARCELONA
FUTBOL CLUB BARCELONA STADIUM
Travessera de Les Corts s/n / Avda. de Joan XXIII. Barcelona

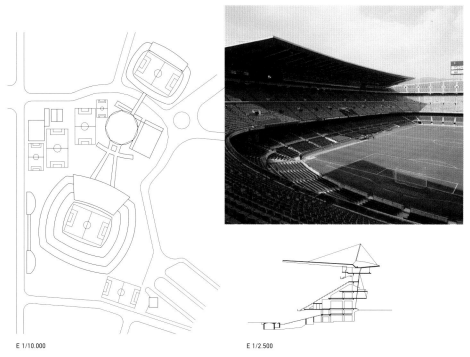

E 1/10.000

E 1/2.500

The continually increasing number of the club's members prompted the board of F.C. Barcelona to decide to leave the old Les Corts ground (designed by J. Sagnier, with collaboration on structures from Eduardo Torroja) and undertake the always risky venture of constructing a new stadium. The project envisaged development over several phases, ultimately arriving at a completed complex with a maximum height of forty metres, with capacity for 150,000 spectators. The first phase (1954-1957) of this new ground –"Camp Nou" in catalan– was to occupy an area of 28,000 m², accommodating some 90,000 spectators, 43,000 of them seated; the second phase (1981-1982), carried out with a view to the 1982 World Cup, increased the stadium's capacity to around 120,000.

The new F.C. Barcelona stadium is today one of the most important in Europe, embodying effective solutions to problems of access and evacuation, assisted by ramps which position spectators at an intermediate level and thus diminish vertical movement within the stadium and, in the case of the covered stands, allow pedestrian and vehicular traffic to cross at different levels.

Standing out above the whole is the elegant 40 m projection of the canopy, a worthy successor to the superb roof structure designed by Torroja for the old Les Corts stadium. In addition to the original architects, the second extension to the Stadium also involved Joan Pau Mitjans Perelló, Francesc Caballer Soteras and Antoni Bergués de las Casas. C.F.

El incremento, incesante, en el número de sus socios condujo a la directiva del F.C. Barcelona hace más de cuatro décadas a tomar la decisión de abandonar el antiguo campo de Les Corts (de J.Sagnier, con la colaboración en los temas estructurales de Eduardo Torroja) para acometer la empresa siempre arriesgada de edificar un nuevo recinto. El proyecto preveía un desarrollo en varias fases, conduciendo a una construcción final capaz para ciento cincuenta mil espectadores y una altura máxima de cuarenta metros. La primera fase (1954-57) de este nuevo estadio –Camp Nou– supondrá la ocupación de 28.000 m² llegándose a una capacidad aproximada de 90.000 espectadores –43.000 de los cuales, sentados–; la segunda (1981-82) realizada con motivo de los Campeonatos Mundiales de Fútbol elevó su capacidad hasta alrededor de los 120.000.

El nuevo estadio del Barcelona representa hoy uno de los más importantes campos de fútbol de Europa, con eficaces soluciones de acceso y evacuación de localidades, ayudadas por rampas que sitúan a los espectadores a un nivel intermedio, lo que disminuye los recorridos verticales y que, en el caso de las tribunas cubiertas, hace posible el cruce de peatones y automóviles a distintas alturas.

Sobre todo el conjunto destaca la elegante marquesina con 40 metros de voladizo que, en todo caso, no puede hacer olvidar aquella que diseñara Torroja para el viejo campo de Les Corts. En la segunda ampliación del Estadio intervinieron, además de los anteriores, los arquitectos Joan Pau Mitjans Perelló, Francesc Caballer Soteras y Antoni Bergués de las Casas. C.F.

OBRAS PRÓXIMAS
WORKS NEARBY

TORRE DE OFICINAS Y DEPÓSITO DE AUTOMÓVILES
OFFICE BLOCK AND VEHICLE DEPOT
Gran Vía de les Corts Catalanes, 140 / Pza. de Ildefons Cerdà. Zona Franca. Barcelona

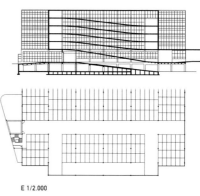

E 1/2.000

La "manera americana" de Mies van der Rohe encontraría innumerables seguidores en diferentes países, comenzando por los propios Estados Unidos, donde aparecerían enseguida multitud de edificios recreando dicho lenguaje, algunos de calidad notable como los de Saarinen para la General Motors o los de Gordon Bunshaft para S.O.M. En España, la realización sin duda más importante dentro de esta tendencia vendría dada por el conjunto que, para la SEAT, llevaron a cabo C. Ortiz-Echagüe y R. Echaide, dos de los integrantes del equipo que años antes había construido los pabellones para comedores con destino a la misma entidad. En esta ocasión se añadirían edificios destinados a laboratorios, escuelas de aprendices y, sobre todo, el conjunto integrado por la torre de oficinas y servicios sociales, de 54 metros de altura, el dedicado a depósito de automóviles –de seis plantas con estación de servicio en la baja– y el más literalmente "miesiano" de todos ellos, el de exposición y venta, con las vigas de los pórticos metálicos sobresaliendo por encima de la cubierta como sucede en el Crown Hall (ITT) de Mies de 1952-56.
Desarrollado según niveles de calidad poco frecuentes y estableciéndose entre los tres edificios interesantes relaciones volumétrico-espaciales, este conjunto supera sin problemas el peligro cierto –en el que suele caerse con demasiada frecuencia– de no ir más allá de una mera caricatura respecto de la obra como modelo. C.F.

Mies van der Rohe's "American style" found numerous followers in many different countries, starting with the United States themselves, where a multitude of buildings attempted to emulate its language, some of these of notable quality such as Saarinen's buildings for General Motors or those by Gordon Bunshaft for S.O.M. In Spain, the most important example within this tendency was the complex produced for the SEAT vehicle manufacturer by C. Ortiz-Echagüe and R. Echaide, two members of the team which a couple of years previously had constructed the staff dining rooms for the same firm. The present scheme involved the addition of buildings for laboratories, apprentice training and, primarily, the complex formed by the office block and social facilities, 54 metres in height, with the vehicle depot building –six floors high with a petrol station on the ground floor– and the most literally "Miesian" of all, the showroom, whose portal frame structure juts out above the roof in the same way as in Mies's Crown Hall of 1952-1956.
Developed on the basis of exceptional criteria of quality, and establishing interesting spatial-volumetric relationships between the three buildings, this complex ably overcomes the real danger –to which many have fallen victim– of producing a mere caricature of the building which served as a model. C.F.

OBRAS PRÓXIMAS
WORKS NEARBY

B-1965/1968
V. BONET FERRER
LL.NADAL OLLER
PUIGDEFÀBRE
Grupo de Viviendas
La Viña
Alts Forns/
Ferrocarrils Catalans
Barcelona

B-1985/1990-p.102
B-1990/1992-p.123

EDITORIAL GUSTAVO GILI
GUSTAVO GILI PUBLISHING HOUSE
C. Rosselló, 87-89. Barcelona

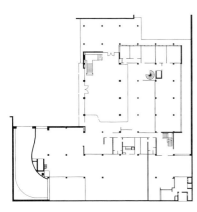

E 1/1.000

This is the key work by these two architects who worked together from 1953 until the early 70s.

A brilliant work, careful in its conception and formal resolution, it presents itself as decidedly committed to the tradition of the Modern Movement, understood as a methodological posture, having first drastically reduced the organicist reminiscences of the preliminary projects to mantain a careful geometry of plane and arrissed volumes. The subtlety and fluidity of the curving forms of the interior constitute the counterpoint to the definitively adopted rationalist option.

The programme is resolved by means of the laying out of three articulated volumes in the interior of a city block of the Barcelona Eixample, leaving free a central courtyard which communicates directly with the street.

Of particular interest is the section of the central building, in which the daring structural solution gives a continuous band of glazing whose overhead illumination reinforces the lightness and transparency of the building. X.G.

Es la pieza clave de estos dos arquitectos que trabajaron conjuntamente desde 1953 hasta los primeros años 70.

Obra brillante, cuidada en su planteamiento y resolución formal, se presenta decididamente comprometida con la tradición del Movimiento Moderno entendido como postura metodológica, una vez reducidas drásticamente las reminiscencias de los proyectos preliminares para mantener una cuidada geometría de volúmenes rectos y aristados. La sutilidad y fluidez de las formas curvas de su interior constituyen el contrapunto a la ya definitiva opción racionalista.

El programa se resolvió mediante la disposición de tres cuerpos articulados en el interior de una manzana del Ensanche barcelonés, dejando un patio central libre, comunicado directamente con la calle.

Especial interés ofrece el estudio de la sección del edificio central, cuya arriesgada solución estructural permite una banda continua de iluminación cenital que refuerza la ligereza y transparencia de este edificio. X.G.

OBRAS PRÓXIMAS
WORKS NEARBY
B-1995/1997   B-1962/1964-p.83
G. GILI GALFETTI   B-1981/1983-p.95
C. BASSÓ VIDAL
Edificio de viviendas
Rosselló 87-89
Barcelona

B-1954/1961

J. CARVAJAL FERRER,
R. GARCÍA DE CASTRO y
F. BASSÓ BIRULÉS (arq. col.)

ESCUELA UNIVERSITARIA DE ESTUDIOS EMPRESARIALES
Antigua Escuela de Altos Estudios Mercantiles
UNIVERSITY COLLEGE OF MANAGEMENT STUDIES
Former Higher College of Commerce
Av. Diagonal, 694-696. Barcelona

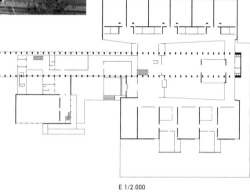

E 1/2.000

La "estética del hormigón" que, desde 1905, intentó establecer y definir A. Perret no llegaría a convertirse en una forma de expresión ampliamente aceptada hasta la terminación, en 1952, de la Unidad de Habitación de Marsella de Le Corbusier. Como una alternativa al tratamiento rudo ("brutalista") del material presente en esta obra, surgiría pocos años después todo un grupo de arquitectos japoneses encabezado por tres ex-discípulos del maestro –Tange, Maekawa y Sakakura– en cuyos trabajos el hormigón mantenía su importancia esencial como vehículo expresivo si bien tratado, por lo general, de un modo que llegaba a convertirse en algo más próximo a un trabajo de ebanistería. Dentro de una posición afín a esta última manera en el tratamiento del hormigón, habría que situar el edificio de Carvajal, García de Castro y Bassó, organizado volumétricamente a partir de un bloque-pastilla lineal –con predominio de la longitud sobre la altura– situado sobre el terreno de forma sensiblemente paralela a la avenida Diagonal.
Este bloque longitudinal –en el que predomina el vano sobre el macizo– se halla conectado con dos series de pequeños volúmenes –anteriores y posteriores a él– de acusado hermetismo, destinados a aulas-dormitorio, más otro con funciones de biblioteca. Lo más interesante del conjunto lo constituye la zona en que las aulas-auditorio se articulan con patios interiores ajardinados así como la calidad del espacio que contribuyen a crear los lucernarios de las aulas-auditorio. C.F.

The "concrete aesthetic" which A. Perret attempted to establish and define from 1905 on was not to become widely accepted as a form of expression until the completion, in 1952, of the Unités d'Habitation in Marseilles by Le Corbusier. As an alternative to the rough ("brutalist") treatment of the material present in this work, there emerged a few years later a group of Japanese architects headed by three former disciples of the master –Tange, Maekawa and Sakakura– in whose works concrete maintained its essential importance as an expressive vehicle even if generally treated in a manner closer to that of the cabinet-maker.
The building by Caravajal, García de Castro and Bassó utilizes a similar treatment of concrete, with the volumes organized as a linear block –longer than it is tall– positioned on the site almost parallel to Avda. Diagonal. This longitudinal block –in which void predominates over solid– is connected to two groups of notably hermetic small volumes anterior and posterior to it which serve as lecture halls, auditoria and a library. The most interesting feature of the complex is the area where the lecture halls are laid out around interior landscaped courtyards, and the sense of spatial quality, to which the skylights over the lecture halls make a significant contribution. C.F.

OBRAS PRÓXIMAS
WORKS NEARBY

B-1962
E. BONA PUIG
M. PELAGI
M. SEGARRA
Escuela Técnica
Superior de
Arquitectura
Av. Diagonal, 649
Barcelona

B-1978/1986
J.A. CODERCH DE
SENTMENAT
Ampliación de la
Escuela Técnica
Superior de
Arquitectura
Av. Diagonal, 649
Barcelona

B-1954/1957-p.73
B-1957/1958-p.78
B-1970/1975-p.90
B-1986/1997-p.110

J. ALEMANY JUVÉ, O. BOHIGAS GUARDIOLA,
J.Mª MARTORELL CODINA, F. MITJANS
MIRÓ, J.Mª RIBAS CASAS y M. RIBAS PIERA

B-1955/1962

GRUPO DE VIVIENDAS "ESCORIAL"
"ESCORIAL" APARTMENT BLOCK
C. Escorial / C. Legalitat / C. Alegre de Dalt / C. Encarnació. Barcelona

E 1/500

This scheme constitutes an alternative proposal to the closed block of the Barcelona Eixample, attempting at the same time to incorporate communal open spaces and a higher density than in conventional solutions. The complex includes a small volume housing various commercial premises for daily shopping, in addition to the apartment blocks. The open spaces have been laid out so as to give rise to different areas of independent character, ably resolving the problematic difference in level –12 metres– between the two streets, Escorial and Alegre de Dalt. The large block is considerably set back from the street alignment of c. Escorial, a mechanism intended to reduce the impact which the building's height would have had on the street if the existing alignment had been retained.
The choice of buildings with a linear plan led to the elimination of interior courtyards. The tallest block has been structured in the form of "duplex" apartments with access corridors grouped in pairs. The vertical circulation routes are separated from the block, in this way cutting out one of the main sources of inconvenience, mostly of an acoustic nature. This independence of the main construction with respect to the nucleus of vertical communications has been used to effect as an expressive resource, as is also the case with the refuse collection tower; both are constructed of exposed concrete, the material used on the sides of the blocks.
In addition to a language very much in line with that of certain contemporary avant-garde groups, the complex includes treatments such as screens of ceramic blocks, tiles in vestibules and for external facings, timber entrance doors, etc., in all of which a concern to recall traditional solutions is evident. C.F.

Un planteamiento alternativo a la manzana cerrada del Ensanche barcelonés buscando, a un tiempo, la creación de espacios libres de uso comunitario y una densificación poblacional respecto de las soluciones convencionales. El conjunto incluye, además de los bloques de vivienda, una pequeña construcción que reúne diversos locales comerciales destinados a la compra diaria.
Los espacios libres se han ordenado dando lugar a zonas dotadas de entidad propia, superándose hábilmente los problemas derivados de las diferencias de cota existentes –doce metros– entre las calles Escorial y Alegre de Dalt. El gran bloque-pastilla se encuentra sensiblemente retranqueado respecto de las alineaciones de la calle Escorial, recurso que contribuye a paliar el impacto que su altura ocasionaría sobre la calle en el caso de haberse mantenido tales alineaciones
La elección de edificios de planta lineal conduce a la eliminación de los patios interiores.
El gran bloque en altura se halla resuelto mediante viviendas "dúplex" con corredores de acceso que se agrupan de dos en dos. Las circulaciones verticales aparecen separadas del bloque con lo que se suprime un foco potencial de molestias, de índole acústica principalmente. Esta independencia, respecto de la construcción principal, del núcleo de comunicaciones verticales ha sido utilizada como eficaz recurso expresivo lo que sucede también respecto de la columna de eliminación de basuras, resueltas en ambos casos en hormigón visto, el mismo material de los costados del bloque. Junto con un lenguaje muy en la línea de alguna de las vanguardias del momento, el conjunto incluye soluciones como celosías cerámicas, azulejos en vestíbulos y revestimientos exteriores, carpinterías de puertas de entrada, etc., en las que se advierte una voluntad de enlace respecto de tradicionales de permanente vigencia. C.F.

OBRAS PRÓXIMAS
WORKS NEARBY

B-1963/1967
LL. CANTALLOPS
VALERI
J. RODRIGO DALMAU
Residencia de
estudiantes Mare
Güell
Esperança 5-7
Barcelona

B-1967/1971
O. TUSQUETS GUILLÉN,
LL. CLOTET BALLÚS
Casa Fullà
Gènova, 27
Barcelona

B-1971/1976
F. RIUS CAMPS
Edificio de viviendas
Av. Coll del Portell, 52
Barcelona

G. GIRÁLDEZ DÁVILA, P. LÓPEZ IÑIGO y
X. SUBÍAS FAGÉS

FACULTAD DE DERECHO
LAW FACULTY

Av. de la Diagonal, 684. Barcelona

E 1/1.500

La composición modular del proyecto y la utilización de elementos prefabricados que llegaban a la obra listos para ser colocados, aparte de su adscripción a un lenguaje de vanguardia de acusadas austeridad y lógica constructivas, facilitarían el cumplimiento del reducido plazo prefijado para su construcción. Si se compara ésta Facultad de Derecho con otra obra barcelonesa, estrictamente coincidente con ella en el tiempo, como son los edificios para oficinas, exposición y almacén de SEAT, podrá advertirse la gran diferencia existente entre sus respectivos lenguajes, aún compartiendo aspectos comunes como la sobriedad en el diseño, modulación, etc. Mientras que en SEAT, los arquitectos se inclinarán claramente hacia soluciones "miesianas", Giráldez, L. Iñigo y Subías adoptarán una línea más "gropiusiana", persiguiendo al propio tiempo una aproximación a obra tan emblemática, dentro del panorama arquitectónico barcelonés, como pueda serlo el Dispensario Antituberculoso de Sert, Torres y Subirana. En ambos casos, Facultad y Dispensario, amplias superficies acristaladas se combinan con paramentos ciegos, revocados en blanco o en tonos suaves, mientras que una estructura metálica claramente definida comparte protagonismo con la solución de cerramiento. Por lo que respecta a las plantas, la Facultad de Derecho obedece también a una composición abierta, como ocurre en el Dispensario, mientras que los edificios de SEAT, señalados antes, adoptan el tipo cerrado y compacto habitual en el Mies americano.

La Facultad de Derecho, conserva hoy todo su atractivo de hace cuatro décadas, con la complejidad y fluidez de sus espacios comunes, la interrelación visual del interior respecto de las zonas ajardinadas exteriores o semiexteriores, etc. También, bajo el punto de vista de la "firmitas" vitruviana, el comportamiento de éste edificio, sometido a unas condiciones de uso que podrían considerarse cualquier cosa menos fáciles, ha respondido de forma convincente pese a su posible imagen de aparente fragilidad. C.F.

The modular composition and the utilization of prefabricated elements which arrived on site ready to be put into position, quite apart from the project's adherence to an avant-garde language of considerable austerity and constructional logic, aided in the implementation of the reduced programme for construction.

If we compare this Law Faculty building with other works constructed in Barcelona during the same period, such as the offices, showroom and depot for SEAT, we can see the enormous difference between the two languages, despite the fact that they have in common aspects such as the sobriety of the design, the modular composition, etc. While in the SEAT buildings the architects opted for clearly "Miesian" solutions, Giráldez, López Iñigo and Subías here pursued a line more directly influenced by Gropius, seeking at the same time an approximation to work of special emblematic significance within Barcelona's architectonic panorama, the Antituberculosis Dispensary by Sert, Torres and Subirana. In both Faculty and Dispensary, large glazed surfaces are combined with blind walls, rendered in white or pale tones, while a clearly defined metal structure shares protagonism with the treatment of the enclosing skin. With regard to the floor plans, the Law Faculty also features an open plan, as in the Dispensary, while the SEAT buildings referred to adopt the closed compact type habitual in Mies's American works.

The Law Faculty still conserves its appeal after four decades, thanks to the complexity and fluidity of its communal spaces, the interrelation of interior to exterior or semi-exterior landscaped areas, etc. At the same time, from the point of view of Vitruvian "firmitas", the functional behaviour of this building, subject to difficult conditions of use, has proved eminently satisfactory despite its apparent fragility. C.F.

OBRAS PRÓXIMAS
WORKS NEARBY
B-1954/1957-p.73   B-1972/1974-p.92
B-1954/1961-p.76   B-1982/1986-p.97
B-1966/1969-p.87   B-1986/1997-p.110

B-1957/1961

EDIFICIO DE VIVIENDAS
APARTMENT BUILDING
C. Johann Sebastian Bach, 7-7 bis. Barcelona

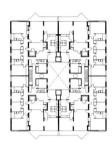

E 1/1.000

The architecture of Coderch and Valls seemed, at a certain moment in its early development to reach a high point, clearly revealed by a comparison of the floor plans of this block and the Catasús house in Sitges (1955-1956) with those of the apartments in the Barceloneta (1951-1954) or his own (unfinished) house in Caldes d'Estrac (1952-1954). It would be simplistic to attempt to explain this by the fact that the plot on J.S. Bach street did not pose the complicated problems in relating the available space to the terms of the brief which conditioned the solution of the plan in the Barceloneta block, but instead represents a premeditated decision to turn away from tortuous and excessively sophisticated solutions in favour of simpler and calmer layouts.

In this case, the plans are structured around a service nucleus, which as well as the kitchen and washroom includes a bedroom and adjoining bathroom all opening onto a large interior courtyard. An effective layout enables the service area to connect without interference with the other two areas which constitute the house, the day and night zones. At the same time, the location of the rectangular area occupied by the bedrooms and main bathrooms was ably chosen, clearly differentiated and isolated from the rest of the house, away from the noise.

In structural terms, the building adopts a simple layout based on load-bearing walls, set at right angles to the main facades, which –together with the fact of this angled block's proximity to its neighbours– leads to a predominance of solid over void on the lateral facades and, in contrast, a generous diaphanousness on the main facades, with the rear opening onto a large landscaped courtyard with a swimming pool. As in other works by Coderch and Valls the openings, both large and small, are protected by wooden blinds –some fixed, some ajustable– which provide privacy in the interior while on the exterior they give rise to one of the most habitual and attractive plastic solutions of Coderch and Valls' work. C.F.

La arquitectura de Coderch y Valls pareció alcanzar, en un momento dado de su primera época, un punto de inflexión que queda de manifiesto si se comparan las plantas de este bloque de viviendas (1957-61) o la de casa Catasús en Sitges (1955-56) con las establecidas en la casa de la Barceloneta (1951-54) o en la del propio arquitecto Coderch (no finalizada) en Caldes d'Estrach (1952-54). La explicación del hecho no puede reducirse de modo simplista a que el edificio de la calle de J.S. Bach no plantee ya los árduos problemas de espacio, en relación con el programa, que condicionaba la solución en planta de la Barceloneta sino, más bien, a la presencia de una decisión premeditada de abandonar soluciones torturadas y excesivamente sofisticadas para acceder a ordenaciones más sencillas y, por decirlo así, sosegadas.

En este caso, las plantas se estructuran alrededor de un núcleo de servicio que además de cocina y lavadero incluye dormitorio con el aseo correspondiente abriéndose todos sus huecos a un amplio patio interior. Una eficaz disposición permite que la zona de servicio se conecte, sin interferencias, con las otras dos –de día y de noche– que integran el resto de la casa. Muy acertada también la situación del área rectangular ocupada por los dormitorios y baños principales, claramente diferenciada y aislada del resto de la vivienda en lo que se refiere a ruidos. Desde el punto de vista estructural y constructivo obedece a un planteamiento simple a base de muros de carga de ladrillo, transversales respecto de las fachadas principales, lo que conduce –junto con el dato de la proximidad de este bloque exento a los inmediatos– a un predominio del macizo sobre el vano en las fachadas laterales y, por el contrario, de un tratamiento de generosa diafanidad en las principales; la posterior, abierta a un amplio patio ajardinado con piscina. Como en otras obras de C. y V. los huecos, tanto los grandes como los más reducidos, se protegen mediante las correspondientes persianas de librillo –unas correderas, otras fijas– que otorgan privacidad mientras que exteriormente dan lugar a una de las soluciones plásticas mientras más habituales y siempre atractivas dentro de la obra de Coderch y Valls. C.F.

OBRAS PRÓXIMAS
WORKS NEARBY

GRUPO DE 130 VIVIENDAS PARA OBREROS DE UNA EMPRESA METALÚRGICA
GROUP OF 130 APARTMENTS FOR EMPLOYEES OF A METALLURGICAL COMPANY
C. Pallars, 299-319. Barcelona

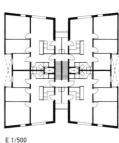

E 1/500

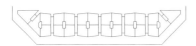

El problema de edificar un conjunto de viviendas ocupando –de chaflán a chaflán– todo el frente de una manzana del Ensanche se resolvió mediante la yuxtaposición de cuatro pequeños bloques casi independientes, iguales entre sí, más la adición de otros dos, correspondientes a los extremos, cuyas plantas habrían de ser necesiariamente distintas de las anteriores.

Como conexión entre cada dos bloques se sitúan los elementos de comunicación vertical y tendederos, retranqueados respecto a la fachada que queda, así, dramáticamente rota por una serie de hendiduras rítmicamente repetidas, acentuando el efecto de zig-zag de los planos de fachada y la disposición "en proa" de los bloques.

Cada uno de los bloques-tipo incluye cuatro viviendas de planta muy compacta con tres dormitorios y una superficie de 60 m².

Es de lamentar que esta solución de la calle Pallars no fuera posible extenderla a toda la manzana, ampliación que hubiera potenciado su significación expresionista, reforzándose también el papel del ladrillo a cara vista como eficaz vehículo de la expresión plástica. La utilización de piezas cerámicas vidriadas en la bajantes y de azulejos como revestimiento en vestíbulos y arranques de escaleras, la presencia de las celosías de ladrillo, de los tendederos retranqueados, y en otro orden de cosa, la inclusión de un comercio diversificado en planta baja, separa este grupo de viviendas para obreros de cualquier referencia a –o coincidencia con– un "arte povera" a la que son proclives algunos arquitectos, precisamente en aquellos casos en los que los usuarios no captarán tales sutilezas y que por otro lado en modo alguno desean para sus viviendas. C.F.

The difficulty of constructing a housing complex occupying –from chamfered corner to chamfered corner– the entire frontage of an Eixample city block was resolved by means of the juxtaposition of four small, virtually independent identical blocks, plus the addition of a further two, one at either end, with a necessarily different plan.

As a connection between each pair of blocks are the elements housing the vertical communications and drying areas, set back from the line of the facade, which is thus dramatically interrupted by a series of rhythmically repeated fissures accentuating the zig-zag effect of the planes of the facade and the prow-like disposition of blocks. Each of the regular blocks accommodates four apartments, extremely compact in plan, with three bedrooms and a surface area of 60 m².

It is regrettable that this solution applied to carrer Pallars could not be extended to the whole of the block, an extension that would have reinforced its expressionist signification and the role of the exposed brickwork as an effective medium of plastic expression.

The use of glazed ceramic panels on the downpipes, and tiles as cladding in the vestibules and stairwells, the presence of the brick blinds fronting the stepped-back drying areas and, in a different order of things, the inclusion of a varied range of shops on the ground floor: all of these separate this group of houses for workers from any reference to –or coincidence with– that "arte povera" to which certain architects are inclined, precisely in those cases where the users are unlikely to appreciate such subtleties or to desire to live in a building designed in such terms. C.F.

OBRAS PRÓXIMAS
WORKS NEARBY

B-1984/1989
J.L. MATEO MARTÍNEZ
Piscina y Centro
Deportivo
Pallars 275. Barcelona

B-1986/1988
J.L. MATEO MARTÍNEZ
Edificio de viviendas
Bilbao/Pallars/Camí
antic de València
Barcelona

B-1986/1992–p.106
B-1989/1992–p.118

SEDE DEL COLEGIO DE ARQUITECTOS DE CATALUÑA
HEADQUARTERS OF THE COLLEGE OF ARCHITECTS OF CATALONIA

Pza. Nova, 5. Barcelona

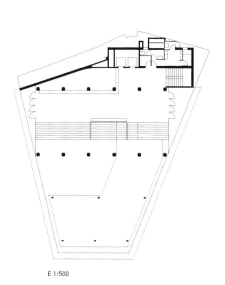

E 1/500

The project for the headquarters of the Catalan architects' professional body was selected in the design competition held in 1958. The building stands in a unique setting in the historic heart of the city, opposite to the most emblematic of the adjacent points of entry to the Roman city, and only a few metres from the cathedral.

The building presents two clearly diferentiated parts: a low, trapezoidal base volume with two basement levels and three floors above ground, the uppermost containing the functions hall, and an eight-storey tower that abutts on the part walls of the buildings with facades on c. Arcs and c. Capellans.

The building rests on in situ piles driven to depth of 15 m, given that the water table is only 8.5 m below the surface. The metal structure and the system of construction are traditional, employing H-beams and brickwork vaults with a concrete rendering.

Particular attention was devoted to the claddings and finishes throughout the building, in view of the city's damp, saline atmospheres and level of industrial pollution; the same care was given to the concrete panels on the upper part of the base of the tower, with their sgraffito designed by Picasso. C.F.

El proyecto para el edificio del Colegio de Arquitectos nació del concurso celebrado en 1958 con este motivo. Está situado en un punto singular del casco antiguo de la ciudad, frente a una de las contiguas entradas a la ciudad romana, la más representativa actualmente y a pocos metros de la catedral de la ciudad.

Muestra dos partes bien diferenciadas: un cuerpo bajo, de forma trapezoidal, con dos plantas sótano y tres plantas. La última, es la que alberga el salón de actos. La torre de ocho pisos de altura queda adosado a las medianeras de los edificios que conforman las fachadas de la calle Arcs y Capellans.

El edificio se cimentó sobre pilotis hincados "in situ" que llegan hasta 15 m, pues el nivel friático está a tan sólo 8,5 m. La estructura metálica y su sistema constructivo es tradicional, viguetas IPN y bovedillas de rasilla con capa de hormigón. Se tuvo especial cuidado en los revestimientos y acabados de todo el edificio y su estructura debido a la húmeda, salina e industrial atmósfera de la ciudad. Igualmente se hizo con los paneles (zócalo de la torre) con los esgrafiados según los dibujos de Picasso. C.F.

OBRAS PRÓXIMAS
WORKS NEARBY

B-1985/1989
H.PIÑÓN I PALLARÉS
A. VIAPLANA I VEÁ
Centre d'Art
Santa Mònica
Rbla. Sta. Mònica, 7
Barcelona

B-1991/1994
E. BONELL COSTA
J.Mª GIL GUITART
Aparthotel
Citadines
Rambla 122
Barcelona

B-1985/1988
R. ARTIGUES CODÓ
R. SANABRIA BOIX
Cuartel de la Guardia
Urbana
Rambla Caputxins, 43
Barcelona

B-1986/1992
J. ROSELLÓ TIL
M. MIR, J.M. FELIU
D. FERRER. P. RIUS
Ampliación COAC y
Sede de la Caja de
Arquitectos
C. Arcs, 1. Barcelona

B-1929/1931-p.58
B-1935/1942-p.66
B-1982/1989-p.98

B-1959/1962

J.A. BALLESTEROS FIGUERAS, P. LLIMONA TORRAS, J.C. CARDENAL GONZÁLEZ, F. DE LA GUARDIA CONTE y X. RUIZ VALLÈS

ACADEMIA DE CORTE Y CONFECCIÓN "FELI". Antigua Joyería Monés
DRESSMAKING ACADEMY "FELI". Former Joyería Monés
C. Guillem Tell, 47 / C. Lincoln, 36-38. Barcelona

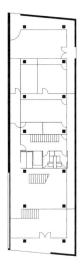

E 1/500

Este edificio fue proyectado como fábrica de joyería y oficinas y resuelto en un lenguaje de acentuado carácter urbano con lo que quedaba perfectamente integrado en una zona típicamente residencial de la ciudad. De una volumetría rotunda y hermética provista de huecos protegidos en su mayor parte con persianas, solución que contribuye a acentuar dicho hermetismo.

Otra obra de carácter industrial casi coincidente cronológicamente con la anterior (1958-1961) pero en una situación mucho más alejada del centro, viene dada por el conjunto de edificios de Laboratorios Uriach del arquitecto Manuel Ribas Piera, integrado por diversos bloques de distintas alturas, funciones y tratamiento exterior, según sus distintas finalidades si bien articulados de forma coherente y adecuada. En calle Degà Bahí, 59-67; la manzana se sitúa además entre las calles de Nación, Ripollès y Montaña. C.F.

This building was designed as a jewelry workshop and offices, and resolved in a language with a pronounced urban accent, thus integrating perfectly into this typically residential area of the city. The volumetry is unambiguous and hermetic, a quality accentuated by the fact that most of the window openings screened by slatted blinds.

Another work of an industrial character, virtually contemporary with the Joyería Monés (1958-1961) but situated considerably further from the centre of the city, is the group of buildings for Laboratorios Uriach by the architect Manuel Ribas Pierá, at c. Degà Bahí, 59-67, bounded by carrers Nació, Ripollès and Muntanya. The complex is constituted of a series of blocks accommodating different functions, with the different heights and exterior treatments of these reflecting their distinct uses, skilfully articulated to form a coherent and highly effective whole. C.F.

OBRAS PRÓXIMAS
WORKS NEARBY

B-1958/1959		B-1971		B-1960/1963	B-1981/1983

B-1958/1959
F. MITJANS MIRÓ
Edificio de Oficinas
CYT
Via Augusta, 24-30
Barcelona

B-1971
F. MITJANS MIRÓ
Edificio de oficinas
Teléfonica
Via Augusta
Barcelona

B-1960/1963
J.A. CODERCH DE SENTMENAT
Casa-Taller Tàpies
Vivienda unifamiliar
Saragossa, 57.
Barcelona

B-1981/1983
E. BONELL COSTA
Edificio de viviendas
Frégoli II
Brusi 19. Barcelona

B-1930/1931-p.59
B-1931/1932-p.61
B-1972/1975-p.94

B-1962/1964

EDIFICIO DE VIVIENDAS
APARTMENT BUILDING
C. Nicaragua, 99. Barcelona

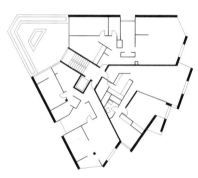

E 1/500

This is a building totally adapted to the characteristics of the plot which is small, on a corner, facing north yet closed in that direction, in a semi-urban neighbourhood that has experienced morphological changes in recent years.
The facade, of natural-finish brickwork, opens to east and west. A courtyard to the rear provides the stairwell and the bedrooms of the lateral apartments with light and ventilation. The almost fortress-like closed aspect of the facade is not apparent when the building is viewed from carrer Nicaragua or carrer Marquès de Sentmenat. The very limited budget and the absence of industrial construction processes have not prevented the scheme from discovering original solutions for the facades and for the interiors of the apartments. X.G.

Se trata de un edificio totalmente adaptado a las características del solar, de escasa superficie, en una esquina y orientado aunque cerrado, al norte, en un barrio de configuración semiurbana que ha modificado su morfología en los últimos años.
La fachada, construida con ladrillo de factura natural, se abre a este y oeste. Un patio posterior proporciona luz y ventilación a la escalera y a los dormitorios de las viviendas laterales.
El aspecto cerrado, casi de fortaleza, de la fachada desaparece cuando se observa el edificio desde la calle Nicaragua o Marqués de Santmenat. El escaso presupuesto y nulos recursos de construcción industrializada, no impidieron el hallazgo de soluciones originales tanto para las fachadas como para los inferiores de las viviendas. X.G.

OBRAS PRÓXIMAS
WORKS NEARBY

B-1959/1963
F.MITJANS MIRÓ
Edificio de viviendas
HarryWalker
Av. Josep Tarradellas
Barcelona

B-1954/1961-p.75
B-1966/1971-p.88
B-1981/1983-p.95
B-1990/1992-p.122

A. BONET CASTELLANA y
J. PUIG TORNER

CANÓDROMO MERIDIANA
MERIDIANA DOG TRACK
C. Concepció Arenal, 165. Barcelona

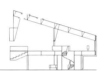

E 1/1.000

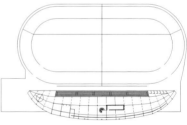

E 1/5.000

El Canódromo Meridiana está situado en un barrio cuyo crecimiento, rápido y relativamente reciente, dio como resultado una estructura urbana amorfa, dividida por la avenida Meridiana, vía rápida dentro de la ciudad.
En una de las manzanas del barrio, se asienta este edificio singular, de programa muy sencillo, hecho con un plantemiento estructural de los materiales muy claro y expresivo a la vez que contenido, aprovechando las posibilidades plásticas de los elementos funcionales como es el caso del "brise solei".
El tratamiento de la estructura metálica atirantada da un aspecto provisional a la instalación. El volumen principal que va unido a una valla, que rodea la manzana, ayudan a integrar el conjunto con su entorno urbano. X.G.

The dog track is situated in a district whose rapid and relatively recent growth has resulted in an amorphous urban structure, cut through by the Avda. Meridiana, the major expressway carrying traffic from the north into the city. One of the blocks of this district is occupied by this remarkable building, with its simple programme, which is based on a structural concept that is not only exceptionally clear and expressive but contained, taking full advantage of the plastic potential of functional elements such as the brise-soleil sunscreens. At the same time, the treatment of the anchored metal structure gives the building a somewhat provisional appearance. The main volume is continuous with the perimeter fence which runs around the whole of the block, effectively contributing to the integratin of the complex with its urban context. X.G.

OBRAS PRÓXIMAS
WORKS NEARBY

B-1959/1960   B-1985/1990-p.105
J.M.MARTORELL CODINA B-1987/1992-p.112
O. BOHIGAS GUARDIOLA
D. MACKAY GOODCHILD
Edificio de viviendas
Av. Meridiana, 312 bis-318. Barcelona

B-1964/1967

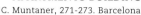

EDIFICIO DE VIVIENDAS
APARTMENTS BUILDING
C. Muntaner, 271-273. Barcelona

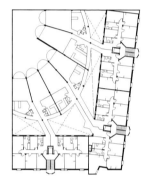

E 1/1.000

The building is situated on a site with a diagonal dimension of 200 m. with its northwest and northeast facades looking onto the street. This orientation gave rise to a fan-shaped distribution of the apartments.

The corridor that conects the sleeping and living areas reveals a clear concern with dividing the apartment into two parts, situating the bedrooms by the main entrance to the apartment. This corridor crosses the internal courtyards, which are larger than required by building regulations, to constitute an element of environmental richness that acts as a virtual extension of the living area.

The bedroom block on the external perimeter overlooking the streets generates a flat, ordered window layout on the two facades, broken only by the three stair blocks. Meanwhile, in the interior, on the other side of the internal courtyards, the kitchen-dining-living areas tend to merge together, taking advantage of the sunlight from the south, to compose an internal facade in two concave planes, again regular in composition, marked by small, highly transparent semicircular balconies. X.G.

Está situado en un solar de 200 m de diagonal, con sus dos fachadas, noroeste y noreste, dando a la calle.

Esta orientación condicionó la disposición de las viviendas en abanico.

El pasillo que une la zona de dormitorios con la de estar muestra la clara intención por independizar la vivienda en dos partes, dejando la de dormitorios más cerca del acceso de la vivienda. Este pasillo atraviesa los patios interiores, de superficie mayor a la exigida por las ordenanzas, convirtiéndose en un elemento de riqueza ambiental, y destacándose como zona de expansión de la vivienda.

La franja de dormitorios en el perímetro exterior con las calles provoca una composición de ventanas, plana y ordenada sobre las dos fachadas en las que sólo tres núcleos de escalera rompen esta regularidad. Mientras que en el interior, al otro lado de los patios interiores, las piezas de cocina-comedor-estar tienden a juntarse, en busca de la luz de sur, conformando una fachada interior de manzana, en dos planos cóncavos, de composición también regular, con pequeños balcones semicirculares y muy transparentes. X.G.

OBRAS PRÓXIMAS
WORKS NEARBY

EDIFICIO DE OFICINAS "BANCA CATALANA"
"BANCA CATALANA" OFFICE BUILDING

Passeig de Gràcia, 236-238. Barcelona

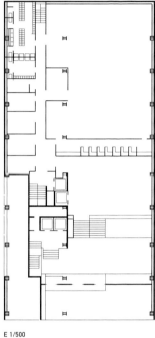

E 1/500

Está situado en una manzana del Paseo de Gracia, cerca de la Casa Milà y de "La Pedrera", ambas de Gaudí.

La fachada, compuesta por un sistema modular de paneles aislantes prefabricados, de forma paraboloide y de cristales atérmicos con un tratamiento especial para la luz; la estructura que apea la parte superior del edificio; y el rigor en el proyecto y ejecución de las instalaciones, reflejan la preocupación tecnológica de los arquitectos.

El patio de servicio sobre las rampas de los garajes, y los interiores de las camaras acorazadas muestran un diseño ágil y unitario.

El sistema estructural, permite suprimir buena parte de los elementos verticales portantes, consiguiendo unas plantas con gran libertad distributiva.

En los pisos superiores, retranqueados, se sitúan los servicios para los empleados y la maquinaria. X.G.

The bank building is situated on the Passeig de Gràcia, close to two significant works by Gaudí: the Casa Milà ("La Pedrera") and the Casa Batlló.

The facade is composed of a modular system of industrially manufactured insulation panels, paraboloid in form, and thermal windows of specially treated glass. This, together with the structure which supports the upper part of the building and the evident rigour of the project all reflect the technological concerns of the architects. The service courtyard, set on top of the ramps going down to the car park, and the interiors of bank strong-rooms reveal a skilful and unitary design.

The structural system employed made it possible to dispense with many of the traditional load-bearing elements, giving the floor plan a great freedom of distribution.

On the stepped-back upper floors are the various staff service areas and the machinery rooms. X.G.

OBRAS PRÓXIMAS
WORKS NEARBY

B-1970
J.Mª FARGAS FALP
E. TOUS CARBÓ
Edificio de Oficinas
Balmes / Marià Cubí
Barcelona

B-1990/1991
R. AMADÓ CERCÓS.
L. DOMÉNECH GIRBAU
Fundació Tàpies
Aragó. 255
Barcelona

B-1933/1934-p.64

TORRE DE OFICINAS "TRADE"
"TRADE" OFFICE TOWER
Gran Via de Carles III, 86-94. Barcelona

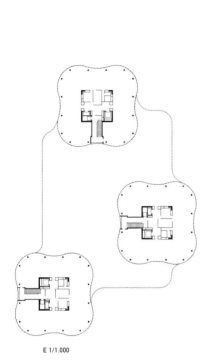

E 1/1.000

The building is situated in a zone lacking any clear urban morphology.
The organization established by municipal planning regulations and the programme of offices in the brief embodied a highly conventional approach which the architect exploited as an opportunity to experiment and propose new forms as an alternative to the cuboid block of the Modern Movement, habitually resolved with a curtain wall.
Here the curtain wall is reconsidered and treated as a uniform skin wrapped around the volumes, adapting to their form and following their sinuous outline around the curving plans in pursuit of the maximum formal purity.
On the ground floor, the building is divided on the basis of two independent plans: an undulated tower and a base volume with a much larger surface area, from which a further three similar towers duly emerge.
The result is a complex of great expressive and plastic quality, with a highly imposing formal presence. X.G.

El edificio está situado en una zona sin morfología urbana.
La ordenación prefijada por el plan urbanístico y el programa de oficinas respondían a un planteamiento muy convencional que el arquitecto aprovechó para experimentar y proponer nuevas formas alternativas a los bloques prismáticos del Movimiento Moderno, habitualmente resueltos con muros cortina.
Aquí, el muro cortina es reconsiderado y tratado como una piel uniforme que se extiende sobre los volúmenes, a los que se va adaptando, siguiendo su trazado sinuoso, recorriendo las formas curvas de las plantas, en busca de su máxima pureza formal.
En planta baja, el edificio se divide en dos plantas independientes: una torre y un cuerpo mucho mayor en superficie del cual, en plantas superiores, ermergen otras tres iguales a la anterior.
El resultado, es un conjunto de gran expresividad y plasticidad a la vez que consigue una gran rotundidad formal. X.G.

OBRAS PRÓXIMAS
WORKS NEARBY

B-1968/1973
J.A. CODERCH DE SENTMENAT
Grupo de Viviendas
Les Cocheres de Sarrià
P. Manuel Girona, 71-75
Barcelona

B-1989/1993
J.L. MATEO MARTÍNEZ
J. ARDERIU
J.M. CRESPO
V. GUALLART
Complejo de viviendas
Aparthotel y Oficinas
c. Joan Güell, 218
Barcelona

B-1954/1957-p.73
B-1990/1992-p.122

EDIFICIO DE VIVIENDAS "ATALAYA"
"ATALAYA" APARTMENT BUILDING
Av. Sarrià, 71 / Av. de la Diagonal. Barcelona

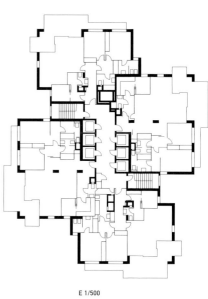

E 1/500

El edificio Atalaya, situado en una nueva zona residencial y terciaria de la ciudad, puntualiza la linealidad de la avenida de la Diagonal a su paso por la avenida de Sarrià. Se desarrolla en altura, y su planta tipo se organiza en cuatro unidades, que en las primeras plantas distribuyen ocho apartamentos y en las superiores, cuatro viviendas; todas ellas distintas según su orientación y superficie. En el centro se organizan las comunicaciones verticales que desembocan, en cada planta, a un recorrido de distribución que lleva a los apartamentos o viviendas generando en la planta global una forma esvástica. La fachada se modula y matiza con piezas prefabricadas de piedra blanca artificial, y muestra su distinto programa según crece, rematándose la última planta con restaurante-mirador; no en vano es uno de los edificios más altos de la ciudad. X.G.

The Atalaya apartment building, constructed in what was at the time a new residential and tertiary services area of the city, punctuates the linearity of the great Diagonal avenue where this crosses the Avinguda de Sarrià.
The building is developed vertically, with the typical floor plan organized in four units; on the lower floors, these are distributed in eight apartments, and on the upper floors in four, each ordered differently on the basis of its orientation and surface area. The vertical communications are concentrated in the centre; on each floor these open onto a distribution route serving the different apartments, with the plan as a whole presenting a swastika configuration. The facade is modulated and nuanced by the use of a cladding of white artificial stone, and reveals the changes in the interior programme in its ascent, concluding with panoramic restaurant on the top floor. This is still one of the tallest buildings in the city. X.G.

OBRAS PRÓXIMAS
WORKS NEARBY

B-1958
F. MITJANS MIRÓ
Edificio de viviendas
Seida
Av. Sarrià, 130-152
Barcelona

B-1959/1963
F.J. BARBA CORSINI
Edificio de viviendas
Rda. General Mitre1-13
Barcelona

B-1963/1966
X. SUBIAS FAGÉS
P. LÓPEZ IÑIGO
Conjunto de viviendas
Av. Sarrià/Ganduxer
Barcelona

B-1968/1970
F. CORREA RUIZ,
A. MILÀ SAGNIER
Edificio de viviendas
Monitor
Av. Diagonal, 500
Barcelona

B-1957/1961-p.80
B-1962/1964-p.83
B-1990/1992-p.122

B-1968/1974

CONJUNTO DE VIVIENDAS PARA EL BANCO URQUIJO
GROUP OF APARTMENTS FOR THE BANCO URQUIJO
C. Raset / C. Modolell / C. Vico / C. Freixa. Barcelona

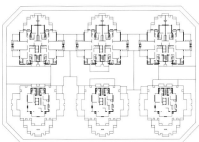

E 1/2.000

The general ordering of this block in the wealthy upper part of the city reflects a clear concern with offering an alternative to the conventional expectations of the time, which tended to opt for a single high-rise block.

The complex of apartments is organized in the form of six independent nuclei, with two apartments per floor. These six volumes effectively relate the proportions of the surrounding streets with the human scale of the free spaces between the blocks.

The blinds filter the transition between exterior and interior, while the living rooms are situated away from the street, opening instead onto the two interior terraces to create a more secluded environment

The facade is resolved in a sequence of stepped-back planes, with the vertical composition of the openings and the cladding brick rising sheer from the ground to the crown of vegetation on the landscaped terrace, emphasizing the geometry of the plan. The architect had previously employed this same formal code in various private houses.

The scale, the relationship with the surroundings, the landscaping and the attention to detail together establish a cordial dialogue with the older neighbouring houses, searching for a mutual system of references. X.G.

La ordenación general de esta manzana en la zona alta de la ciudad responde a una voluntad clara de dar una alternativa a las previsiones municipales del momento, orientadas hacia un edificio singular en altura.

El conjunto de viviendas se organiza en 6 núcleos independientes, de dos viviendas por planta. Estos 6 volúmenes consiguen relacionar las proporciones de las calles del entorno con la escala humana de los espacios libres entre bloques.

Las celosías matizan la relación con el exterior de las dependencias, mientras los estares se colocan alejados de la calle y abiertos a las dos terrazas que los rodean, definiendo un ámbito propio.

La composición vertical de los huecos y el aplacado de rasilla resuelven la fachada en planos retranqueados llevados hasta el suelo y coronados por la vegetación, enfatizando la geometría de la planta. Este código formal ya había sido ensayado anteriormente por el arquitecto en sus diversas viviendas unifamiliares.

La escala, la relación con el entorno, la jardinería y el cuidado en el detalle, establecen un cordial diálogo con las antiguas casas vecinas, buscando un sistema mutuo de referencias. X.G.

OBRAS PRÓXIMAS
WORKS NEARBY

B-1960/1961
F.J. BARBA CORSINI
Edificio de viviendas
Escoles Pies, 16
Barcelona

B-1964/1968
P. LLIMONA TORRAS.
X. RUIZ VALLÉS
Edificio de viviendas
Calatrava
Calatrava, 2-6
Barcelona

B-1964/1968
P. LLIMONA TORRAS. X. RUIZ VALLÉS
Edificio de viviendas
Via Augusta, 242
Barcelona

B-1987/1990
F. GARCÍA NIETO. F.L. INFIESTA
Convento de Santo Domingo
Los Vergós, 33
Barcelona

B-1930/1931-p.59
B-1942/1943-p.68
B-1957/1961-p.79

O. BOHIGAS GUARDIOLA,
J.Mª MARTORELL CODINA y
D. MACKAY GOODCHILD

CENTRO ESCOLAR DE ENSEÑANZA PRIMARIA Y SECUNDARIA THAU
THAU SCHOOL COMPLEX
Carretera d'Esplugues, 49-53. Barcelona

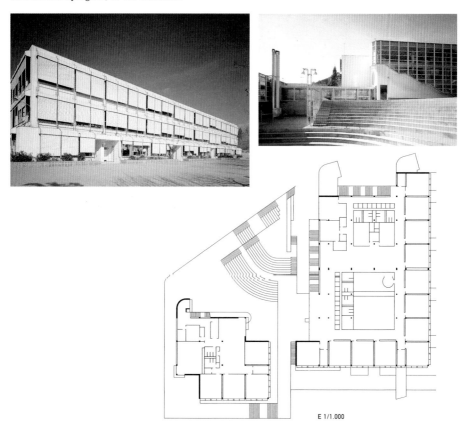

E 1/1.000

El proyecto se realizó a partir de un concurso de arquitectura y siguiendo a los criterios del Ministerio de Educación y con el fin de obtener una subvención pública resultó más compacto de lo que podía haber sido.
La Escuela incluye guardería y escuela primaria y secundaria, para un total de 1.440 alumnos. Por razones pedagógicas y psicológicas se decidió aislar la escuela secundaria de la primaria, en otro edificio más pequeño y más elevado en la ladera de la montaña. Entre los dos edificios se colocó un anfiteatro, que sirve a la vez de frontera y área de encuentro común. Cada edificio posee una área plurifuncional abierta rodeada de aulas dispuestas a lo largo de las fachadas suroeste y sureste, orientadas al sol. Suspendidas de la cubierta y a lo largo de las fachadas acristaladas noroeste y noreste, las escaleras conectan las plantas con la entrada tanto visual como físicamente. En el interior, se utilizaron bloques de hormigón vistos, por su cualidad acústica al ser un material poroso y bajo coste de mantenimiento. X.G.

The project was drawn up for a design competition on the basis of the criteria established by the Education Ministry, and in order to be eligible for a public grant was made more compact than it might have been.
The complex consists of a nursery school, primary school and secondary school for a total of 1,440 pupils. For pedagogocal and psychological reasons, it was decided to separate the secondary school from the primary school, which thus occupies another, smaller building higher up the side of the hill. Between the two buildings is an amphitheatre which acts as both boundary and point of encounter. Each of the buildings has an open-plan multifunctional area surrounded by classrooms, which are set along the south-east and south-west facades to enjoy maximum sunlight. Suspended from the roof and running the length of the glazed north-west and north-east facades, the stairs connect the various upper levels with the entrance, both visually and physically. The use of exposed concrete blocks for the interior walls was determined on account of the acoustic insulation afforded by their porosity, and because they are inexpensive and easy to maintain. X.G.

OBRAS PRÓXIMAS
WORKS NEARBY
B-1954/1961-p.75
B-1986/1996-p.110

EDIFICIO DE VIVIENDAS "WALDEN 7"
"WALDEN 7" HOUSIGN BUILDING
Av. de la Indústria s/n. Sant Just Desvern

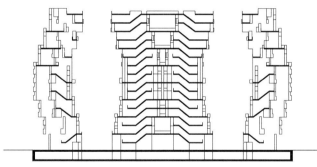

E 1/1.500

The monumental volume of the Walden 7 building stands on a suburban site formerly occupied by a cement factory.
The scheme asks to be read as a complete city, with its own communal areas: streets, dwellings and landscaped swimming pools on the roof. The 18 towers which make up the complex are displaced in a stepped sequence from their base, allowing each tower to make contact with its neighbours. The result is a vertical labyrinth with 7 connecting interior courtyards which distances itself to the maximum from the model of uniform, repetitive block. The apartments are composed on the basis of square modules of 30 m². The built volume which serves to emphasize the single entrance to the complex is the one exception to the overall symmetry of the design. X.G.

El edificio Walden 7 se levanta como un monumento en unos terrenos suburbanos anteriormente ocupados por una fábrica de cemento.
Se puede entender como una ciudad en el espacio que incluye áreas comunes: calles, viviendas y piscinas ajardinadas en la cubierta. Está formado por 18 torres que se desplazan escalonadamente de su base, tomando contacto con las torres contiguas. El resultado es un laberinto vertical con 7 patios interiores comunicados, alejándose al máximo del modelo de bloque uniforme y repetitivo. Las viviendas se forman a base de unir módulos cuadrados de 30 m². El cuerpo de edificación que enfatiza la única entrada al conjunto fue la excepción a la total simetría de la obra. X.G.

OBRAS PRÓXIMAS
WORKS NEARBY

B-1979/1986
E. DONATO FOLCH.
R. MARTÍ PUZO
Instituto de
Formación Profesional
Mare de Deu de
Montserrat, s/n
Cornellà de Llobregat

B-1981
A. NOGUEROL DEL RÍO
Viviendas adosadas
Severo Ochoa, 2
Sant Just Desvern
B-1985
E. BATLLE DURANY.
J. ROIG DURAN
Cementerio de Roques
Blanques
Ctra. C-1413
El Papiol

B-1987/1990
E. DONATO FOLCH
M. GIMÉNEZ
Escuela Politécnica del
Baix Llobregat
C. Generalitat de
Catalunya, s/n
Sant Just Desvern

B-1988/1992
E. DONATO FOLCH
R. MARTÍ
Centro de Asistencia
Primaria
C. Rep. Argentina s/n
Cornellà de Llobregat

EDIFICIO DE VIVIENDAS
APARTMENT BUILDING
C. Tokio, 2. Barcelona

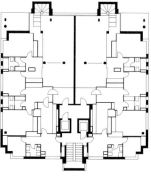

E 1/500

Este edificio es quizás una de las propuestas más atrevidas por su carácter novedoso y experimental en un barrio tradicionalmente conservador.

Se trata de un volumen predeterminado de 19 x 19 x 18 m en una posición de 3/4 respecto a la Avenida Pedralbes, con una proximidad comprometida a los demás bloques vecinos y con planta baja libre. Se caracteriza por su tratamiento volumétrico exterior, consecuencia del programa interno correspondiente a las diez viviendas que componen el bloque, de las cuales seis son a un sólo nivel y cuatro dúplex.

Su carácter atípico y experimental corresponden sin embargo a viviendas de lujo.

El aplacado y despiece de piedra blanca da horizontalidad a sus fachadas, interrumpiéndose las bandas cuando se producen las aberturas de distintos tamaños según el programa. Las dos torres que formalizan la fachada a la avenida, contienen las escaleras internas de las viviendas dúplex. X.G.

This building is perhaps one of the most daring in its innovative and experimental character to be found anywhere in this traditionally conservative district.

The building has a predetermined volume of 19 x 19 x 18 m. with a 3/4 orientation towards the Avinguda de Pedralbes, and a necessarily close engagement with the neighbouring blocks; the ground floor is free. The scheme is characterized by its treatment of the external volumetry as explicit consequence of the internal programme of the ten apartments that make up the block —six single-level and four duplex. For all the atypical and experimental nature of the design, this is a block of prestige apartments.

The jointing of the white stone cladding gives a horizontal emphasis to the facades; these horizontal bands are interrupted by the openings of different sizes made necessary by the internal programme. The Avinguda de Pedralbes is characterized by the two towers of glass block containing the internal stairs of the duplex apartments. X.G.

OBRAS PRÓXIMAS
WORKS NEARBY

B-1948/1950
R. DURÁN REYNALS
Edificio de viviendas
Av. Pedralbes, 63
Barcelona

B-1957/1959
F. MITJANS MIRÓ
Edificio de viviendas
Av. Pedralbes, 59-61
Barcelona

B-1965/1967
J.L. CIA CAYETANO.
F. RIBAS BARANGÉ
Edificios de viviendas
Av. Pedralbes /
Marqués de Mulhacén
Barcelona

B-1967/1973
J.L. SERT LÓPEZ.
JACKSON & ASS.,
F. FREIXA JANARI
Conjunto Residencial
Les Escales Park
Sor Eulàlia de Anzizu,
24-46. Barcelona

B-1957/1958-p.58
B-1982/1986-p.97
B-1986/1996-p.110

FUNDACIÓN JOAN MIRÓ
JOAN MIRÓ FOUNDATION

Pl. Neptú. Barcelona

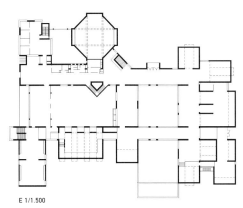

E 1/1.500

Sert's initial project was based on the articulation of a route laid out predominantly around a courtyard. Using a series of components and elements of the museum building, with clearly Mediterranean references, Sert went on to emphasize an axis oriented towards the city, strengthened by the location of the entrance and continuing through the central courtyard. The exterior reveals the outcome of this mechanism, the collection of white volumes of the exhibition spaces and their roof lights, freely tacked on to the interior route.
The building was subsequently expanded in 1988, with an extension by the architect Jaume Freixa, using the only two possible points: those of the exhibition spaces and the end of the itinerary. The museum is now divided into two parts (permanent collection and temporary exhibitions) with a double itinerary and with two strong axes parallel to the access road, thus changing the initial orientation of the project. X.G.

El proyecto inicial de Sert se basaba en la articulación de un recorrido predominante alrededor de un patio. De toda una serie de partes y elementos del edificio el museo elaborado por Sert, con claras referencias mediterráneas, a la vez enfatizaba un eje hacia la ciudad potenciado desde el punto de la entrada y a través del patio central. El exterior ofrecía el resultado de este mecanismo y una agregación de los volúmenes blancos de las salas y sus lucernarios libremente adosados al itinerario interior.
El edificio creció posteriormente en 1988, con una ampliación obra del arquitecto Jaume Freixa, por los dos únicos puntos donde era posible: las zonas de la salas de exposición y en el final del itinerario. El museo queda ahora dividido en dos partes (obra permanente y exposiciones itinerantes) con un recorrido duplicado y con dos ejes potentes paralelos a la avenida de acceso, que cambia por tanto la orientación inicial del proyecto. X.G.

OBRAS PRÓXIMAS
WORKS NEARBY
B-1928/1929-p.56
B-1985/1990-p.102
B-1990/1992-p.123

EDIFICIO DE VIVIENDAS "FRÈGOLI"
"FRÈGOLI" HOUSING BUILDING
C. Madrazo, 54-56. Barcelona

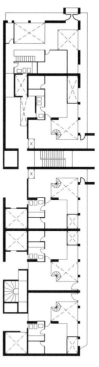

E 1/500

Edificio de 20 viviendas –de 86 m²– realizado para una comunidad de propietarios en una parcela estrecha y larga –9 x 40 m– en el barrio de Sant Gervasi.
Se trató de conseguir un espacio doméstico no convencional, ensayando posibilidades espaciales y ambientales para viviendas de superficie reducida.
El proyecto se basa en la creación de un espacio central que organiza espacialmente cada vivienda mediante las dobles alturas y la conexión visual de las distintas partes. Se aumentó la superficie al reducir los servicios y acortar los pasos (excepto los de acceso a la fachada) integrándolo en otros espacios, y se dimensionó al mínimo la altura de las piezas de servicio.
La fachada refleja esta organización interna y la aprovecha como recurso plástico. Las dos últimas plantas canvian su cerramiento como respuesta a la superior altura del edificio respecto a los de la calle de su fachada menor. X.G.

This block of 20 apartments of 86 m² was constructed for a residents' association on a narrow, elongated plot –9 x 40 m– in the district of Sant Gervasi.
The object was to achieve an unconventional domestic space, experimenting with alternative spatial and ambient treatments for small apartments.
The project is based on the creation of a central space which organizes the spatial layout of each apartment by means of the double heights and the visual connection between the different parts. The usable area was increased by minimizing the services and the corridors (except those giving access to the facade), incorporating the space thus gained into other functions, and giving the service rooms the minimum permitted height.
The facade reflects this internal organization and exploits it as a visual resource in the design. On the two upper floors, the different treatment of the outer skin is a response to the greater height of the building with respect to its neighbours on the secondary street. X.G.

OBRAS PRÓXIMAS
WORKS NEARBY

B-1981/1983
E. BONELL COSTA
Edificio de viviendas
Frégoli II
Brussi, 19
Barcelona

B-1930/1931–p.51
B-1931/1932–p.61
B-1942/1943–p.68
B-1959/1962–p.82
B-1964/1967–p.85

PLAZA DELS PAÏSOS CATALANS
PAÏSOS CATALANS SQUARE
Pl. de la Estació de Sants. *By Sants railway station.* Barcelona

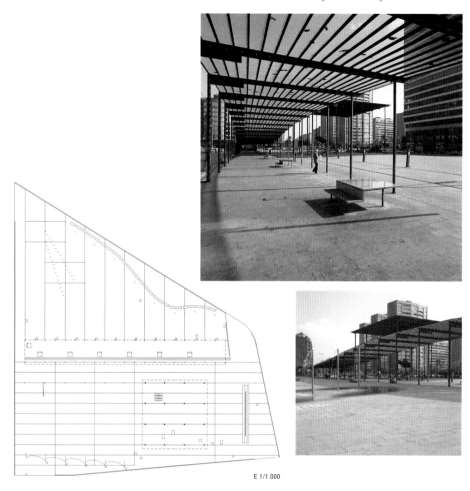

E 1/1.000

The area around the Plaça de ls Països Catalans was amorphous and chaotic, bounded by busy major traffic routes; as a response to these conditions, the scheme decided to give the square an expressive force and monumental character, capable of playing down the context and introducing a note of the poetic into this urban sector. The railway tracks have been routed beneath the square, a consequence of this being that the resulting structural slab was unsuitable for either great loads or the planting of trees.

A series of metal elements was introduced, in the form of a pergola with an undulating roof, a wide screen 15 m in height, a double row of inclined fountains, fencing, lighting, all of these laid out over a pavement of pink granite in a space that is effectively delimited by these objects and the users themselves and not by the actual boundaries of the site. X.G.

El entorno de la Plaza dels Països Catalans era una zona urbana amorfa y caótica, delimitada por amplias vias de circulación por lo que se decidió dotar al espacio de la plaza de fuerza expresiva y carácter monumental, capaces de minimizar el entorno y aportar una nota poética a ese sector urbano. Bajo la plaza discurren las vias del tren por lo que el forjado construido no permitía una intervención pesada ni vegetal.

Se colocaron una serie de objetos metálicos: la pérgola de cubierta ondulada, el amplio palio de 15 m de altura, la doble hilera de surtidores inclinados, las vallas, la iluminación... todos ellos dispersos sobre un pavimento de granito rosa, quedando el espacio delimitado por estos objetos y sus mismos usuarios y no por los límites reales del solar. X.G.

OBRAS PRÓXIMAS
WORKS NEARBY
B-1954/1961-p.75
B-1962/1964-p.83
B-1990/1992-p.123

O. BOHIGAS GUARDIOLA,
J.Mª MARTORELL CODINA
y D. MACKAY GOODCHILD

PARQUE DE LA CREUETA DEL COLL
CREUETA DEL COLL PARK
Av. Mare de Déu del Coll. Barcelona

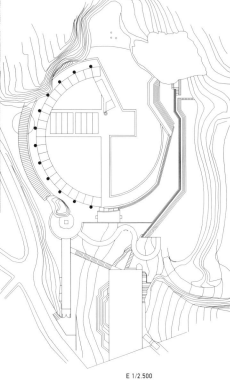

E 1/2.500

En 1981 se acordó el nuevo uso social como parque que iba a tener la vieja cantera que existió en el lugar. El proyecto se sitúa a lo largo de 16 hectáreas de parque dividido en 2 sectores, cada uno con su propio carácter.
La ladera norte, hacia el Tibidabo, fue tratado como solar de repoblación forestal con áreas para juego y picnic. La ladera sur, mirando al mar, con el cráter de la antigua cantera proporcionaba un anfiteatro natural al que se le pudo dar una serie de usos más urbanos, que servirían como fuente de identidad para el barrio.
El llano es usado como lago y piscina en verano, con una capacidad de acoger a 1.000 personas. Suspendido por encima de la superficie del estanque, situado en el centro del cráter de la cantera hay una enorme pieza de hormigón del escultor vasco Eduardo Chillida. Una segunda escultura del artista americano Ellsworth Kelly se sitúa al final del recorrido en suave pendiente de la entrada. X.G.

In 1981 it was decided to allot a new use to a former stone quarry as a park for the local area. The present project was drawn up for 16 hectares of park divided into two sectors, each with its own distinct character.
The northern slope of the site, rising in the direction of Tibidabo, was planted with stands of trees and laid out as a sequence of play and picnic areas. On the southern side, looking down towards the sea, the crater of the old quarry pit provided a ready-made amphitheatre which lent itself to a series of more urban uses that were to constitute a nucleus of identity for the local neighbourhood.
The level ground has served to accommodate the lake, used as a swimming pool in summer with capacity for 1,000 bathers. Directly above the surface of the lake, which is situated in the centre of the quarry, is suspended a large-scale sculpture in concrete by the Basque artist Eduardo Chillida. A second sculpture, this one a vertical piece by the American Ellsworth Kelly, is positioned at the crest of the gently ascending slope of the entrance pathway. X.G.

OBRAS PRÓXIMAS
WORKS NEARBY

B-1980/1982
C. FERRATER LAMBARRI
Edificio de viviendas
Bertrán, 67
Barcelona

B-1986/1987
C. FERRATER LAMBARRI
Edificio de viviendas
Bertràn, 113
Barcelona

B-1988/1992-p.113
B-1989/1992-p.117

JARDÍN DE VIL·LA CECILIA
VIL·LA CECILIA GARDEN
C. Sta Amèlia / C. Eduardo Conde. Barcelona

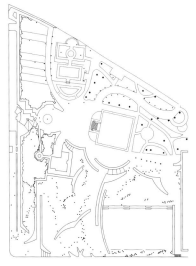

E 1/1.500

The unitary aspect presented by the Vil·la Cecilia garden was achieved by annexing and landscaping the plot occupied by the Quinta Amèlia estate and restoring the garden of the villa.
For the extension of the garden, the project adopted a layout similar to that of the existing garden, and similar plant species. The pathways with their white stone borders mark out the cypress hedges and organize a series of itineraries that make the garden seem larger than it is. The extensive repertoire of architectural elements in the gardens allows the space to be read as a ludic fragment of nature. X.G.

El aspecto unitario que se consiguió en el jardín de Villa Cecilia fue el resultado de la anexión y ajardinamiento del solar que ocupaba la Quinta Amèlia y de la restauración del jardín de la Villa.
Para su ampliación se recurrió a un trazado similar al del jardín existente y al uso de especies vegetales también similares. El trazado del jardín con bordillos blancos de piedra, enmarcan los setos de cipreses y organizan un sistema de recorridos que dan la sensación de aumentar sus dimensiones. El amplio repertorio de elementos arquitectónicos de los jardines permiten entender el espacio como un fragmento lúdico de naturaleza. X.G.

OBRAS PRÓXIMAS
WORKS NEARBY
B-1975/1979   B-1957/1958-p.78
J.M. MARTORELL CODINA.   B-1972/1974-p.92
O. BOHIGAS GUARDIOLA.
D. MACKAY GOODCHILD
Edificio de viviendas
Eduardo Conde, 50
Barcelona

REHABILITACIÓN Y AMPLIACIÓN DEL PALAU DE LA MÚSICA CATALANA
EXTENSION AND REHABILITATION OF THE PALAU DE LA MÚSICA CATALANA

C. Sant Francesc de Paula, s/n. Barcelona

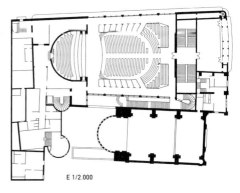

E 1/2.000

El proyecto de reforma del Palau, testimonio del Modernisme catalán, proyectado por Lluís Domènech i Muntaner en los años 1905-1908, se basó fundamentalmente en la terminación de la iglesia contigua, construida sólo parcialmente según un proyecto neoclásico de los años 40. Para resolver todas las diferencias de servicios del actual edificio y liberar al Palau de las sucesivas modificaciones que enmascaraban la obra original, se redujo la longitud de la nave, permitiendo así liberar un espacio tras el ábside en el que se situó la planta de acceso además de una torre a modo de ampliación. Apareció de esta manera una nueva fachada del auditorio tratada también por Domènech i Muntaner con el mismo carácter que la fachada longitudinal. Los cambios más importantes en el interior se presentan en la planta baja, con la creación del gran "foyer" con 2 entradas conectadas y la nueva escalera, situada entre la iglesia y la fachada acristalada que enlaza con otra ya existente en el edificio original. La visión del torreón desde la Via Laietana, explica su posición respecto al eje de la calle Ramon Mas. X.G.

The project for the remodelling of the Palau, a fine example of Catalan Modernisme designed by Lluís Domènech i Muntaner during the years 1905-1908, was centred fundamentally on the completion of the adjoining church, only partially built to a neoclassical scheme of the forties. In order to resolve all of the differences in services with respect to the existing building and to free the Palau from the successive modifications that were concealing the original fabric, the length of the nave was reduced, liberating an area behind the apse in which an extension was located in the form of an entrance area surmounted by a tower. Domènech i Montaner's auditorium was thus provided with a new facade with a similar character to the longitudinal facade. The most important changes in the interior are found on the ground floor, embodied in the creation of the great foyer with its two connecting entrances and the new stairway, situated between the church and the new glazed facade that connects with another existing facade in the original building. The view of the tower from Via Laietana explains its position in relation to c. Ramon Mas. X.G.

OBRAS PRÓXIMAS
WORKS NEARBY
B-1935/1942-p.66
B-1958/1959-p.81

VELÓDROMO
CYCLE TRACK
P. Vall d'Hebron/ P. Castanyers / C. Germans Desvalls. Barcelona

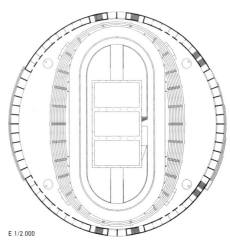

E 1/2.000

The resolution of this large-scale construction is admirably clear, simple and imposing, while at the same time it avoids any aggression in its interaction with its setting.

The round plan of the building makes it possible to present a continuous facade which engages uniformly with the various different exterior zones. The circularity of the skin orders the geometries while leaving open the possibility of adding a roof in the form of a cupola.

The cycle track stands on a gently sloping site, which it exploits in the development of its two levels. The upper level accommodates the track itself and the tiered seating.

The outer wall, 4 m thick, contains the public services.

The services for the athletes, press facilities and storerooms are located on the lower level.

The treatment of the remainder of the plot is resolved with great simplicity, with landscaped banks which contribute to the conceptualization of the building and its individualization in its setting. X.G.

El edificio, de grandes dimensiones, está resuelto de una manera muy clara, sencilla y rotunda, pero con voluntad de no resultar excesivamente agresivo con su entorno.

La idea de edificio redondo permite tener una fachada continua que entrega uniformemente con las diferentes zonas exteriores. El cerramiento circular ordena las geometrías y deja abierta la posibilidad de construir una cúpula para su cubrición.

Está situado sobre un terreno con un suave desnivel, que aprovecha para su desarrollo en dos plantas. En la planta superior están la pista y las gradas. El muro de cerramiento, de 4 m de ancho, contiene los servicios para el público. Los servicios para deportistas, las salas de prensa y los almacenes se sitúan en la planta inferior.

El resto del solar se ha resuelto de manera muy sencilla, con taludes ajardinados que ayudan a concebir el edificio y a individualizarlo en el paisaje. X.G.

OBRAS PRÓXIMAS
WORKS NEARBY

B-1994
F. RIUS CAMPS
Capilla y Auditorio
Cementerio de
Collserola
Barcelona

B-1937-p.67
B-1989/1992-p.117

ESCUELA PÚBLICA CAMÍ DEL CROS
CAMÍ DEL CROS PUBLIC SCHOOL
Ronda Cros / Camí del Mig. Mataró

E 1/1.500

Desde un principio hubo la voluntad de que un solo trazo resolviera la implantación de los centros y actuara, el conjunto, como elemento estructurante del territorio suburbano de Mataró.

El cerramiento-edificio recoge los espacios comunes y perpendicularmente a él se desarrollan la vivienda del conserje, el parvulario y los dos edificios escolares junto con sus correspondientes espacios exteriores: paseos, aulas-jardín, plaza, huertas y patios.

El tipo edificatorio en "tapiz" dota al conjunto de gran flexibilidad al permitir muchos tipos de funcionamiento pedagógico, y permite a la vez la individualización de los distintos espacios interiores-exteriores dependiendo de sus dimensiones y carácter específico.

La estructura, materiales y elementos decorativos son producto de la reflexión sobre su proceso constructivo. X.G.

From its inception the project determined to resolve the implantation of the different units within a single layout, the complex as a whole serving as a structural element ordering the suburban fabric of Mataró.

The building-envelope gathers together the communal spaces; set perpendicular to it are the caretaker's residence, the nursery school and the two school buildings with their corresponding exterior spaces: walkways, open-air teaching areas, plaza, vegetable gardens and playgrounds.

The building type, as a "carpet" of low-rise constructions, gives the complex great flexibility in permitting many different kinds of educational function, together with the individualization of the various interior-exterior spaces in terms of their dimensions and specific character. The structure, materials and decorative elements were all determined on the basis of analysis of the construction process. X.G.

OBRAS PRÓXIMAS
WORKS NEARBY

B-1951
J.A.CODERCH DE SENTMENAT
Casa Ugalde
Vivienda unifamiliar
Caldes d'Estrach

B-1980/1983
L. DOMÉNECH GIRBAU,
R. AMADÓ CERCÓS
Sede Bancaria en la
Casa Doménech
Canet de Mar

B-1991/1993
M.R. CLOTET JUAN,
J. LLONGUERAS
MESTRES
Parvulario T. Viñas
Mataró

B-1991/1994
M. BRULLET TENAS,
A. DE LUNA
Complejo Docente
Av. Ferrés Puig
Vilasar de Mar

B-1992
M. BRULLET TENAS
Centro de Asistencia
Primaria Cirera Molins
Rda. Frederic Mistral
Mataró

B-1985/1990

PUENTE BAC DE RODA
BAC DE RODA BRIDGE
C. Felip II / C. Bach de Roda. Barcelona

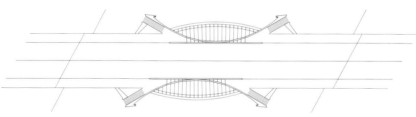

E 1/2.000

The bridge was conceived as an integral part of the project for the remodelling of an extensive area of Barcelona abutting on the grid of the Cerdà Eixample. Its span crosses the railway line which enters the city from the north. The remodelling project was centred on two key aspects: the creation of a large park laid out on both sides of the railway line, and the connecting of carrer Felip II and carrer Bac de Roda, in order to provide direct access to the sea. In its central stretch, the bridge takes on a monumental character. Here the footpaths for pedestrians widen as they pass beneath the great arches that give the bridge its dynamism and make it an inescapable landmark. At this same point, four sets of stairs (two per side) follow the curves of the arches to communicate with the park and the station on either side of the railway line. X.G.

El puente esta concebido como parte integrante del proyecto de remodelación de una extensa área de Barcelona localizada en una zona colindante con el Ensanche Cerdà. En su trazado pasa por encima de la línea férrea que conduce al norte de la ciudad. El proyecto de la remodelación se centró en dos aspectos: la creación de un gran parque a ambos lados de la línea ferroviaria y la comunicación de las calles Felipe II y Bac de Roda con la finalidad de dar acceso directo al mar. El puente adquiere carácter monumental en su zona central, donde se produce un ensanchamiento de las circulaciones peatonales, coincidiendo con la elevación de los grandes arcos que dotan al puente de gran dinamismo y lo convierten en referencia inevitable. Es en este mismo punto donde cuatro escaleras (dos por costado) descienden, acompañando al arco, hasta el parque y la estación situados a ambos lados de la vía. XG

OBRAS PRÓXIMAS
WORKS NEARBY

B-1958/1961
M. RIBAS PIERA
Laboratorios Uriach
Degà Bahí, 59-67
Barcelona

B-1971/1974
J.A. MARTÍNEZ LAPEÑA,
E. TORRES TUR
Edificio de viviendas
Treball, 197
Barcelona

B-1963-p.84

PABELLÓN DE DEPORTES "PALAU SANT JORDI"
"PALAU SANT JORDI" SPORTS PAVILION
P. de Minici Natal. Anella Olímpica. Barcelona

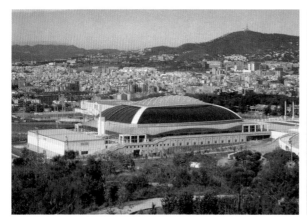

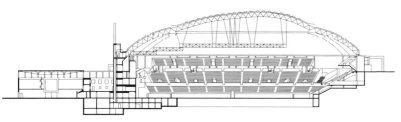

E 1/2.000

El Palau Sant Jordi está situado en una de las plazas que conforman el Anillo Olímpico de Montjuïc, perpendicular al eje principal que organiza el conjunto de instalaciones olímpicas. El edificio, del cual destaca su cubierta en forma de caparazón, parece ascender la montaña hasta llegar a la plaza desde donde se accede al palacio principal de deportes.

La concepción estructural y funcional del Palau, se basa en dos espacios fundamentales: el Palacio principal cubierto por una cúpula resuelta mediante una estructura espacial que reposa sobre su perímetro y el Pabellón Polivalente de planta rectangular subdividible en cuatro áreas cubiertas por una estructura metálica plana. Ambos están unidos por un cuerpo de servicios y funcionan de modo independiente.

La concepción de la cubierta principal y su proceso constructivo es el elemento más interesante del Palau, que además permitió una gran economía de medios constructivos y acortan el tiempo de realización.

El control de las instalaciones y funcionamiento de los edificios que conforman el Palau es posible gracias al ordenador central capaz de detectar las averías, economizar medios, organizar consumos y rendimientos, etc. además de estar dotado de un archivo histórico y cronológico de datos. X.G.

The Palau Sant Jordi is set along one side of one of the squares that make up the Olympic Ring on Montjuïc, perpendicular to the main axis that serves to order the entire complex of Olympic facilities. The building, with its outstanding roof in the form of a carapace, is situated alongside the remodelled Olympic Stadium, looking onto the square, with its sculpture by Aiko Miyawaki.

The structural and functional conception of the Palau is based on two fundamental spaces: the Palau Principal or main pavilion with its cupola roof resting on a spatial grid supported by the perimeter wall, and the Palau Polivalent or multipurpose pavilion, with its rectangular plan subdivisible into four areas, roofed by a flat metal structure. The two pavilions, while functionally independent of one another, are connected by a service volume.

The conception and construction of the roof of the main pavilion, the work of the engineer Kabaguchi, may be regarded as the most interesting element of the Palau; the innovative construction process utilized produced considerable savings in time and resources.

Control of the technical services and the functioning of the two buildings that constitute the Palau Sant Jordi is handled by a central computer. The system is designed to detect faults and breakdowns, economize on resources, minimize energy consumption and optimize performance, and also holds a historical and chronological data base. X.G.

OBRAS PRÓXIMAS
WORKS NEARBY

EL ANILLO OLIMPICO
THE OLYMPIC RING
Barcelona

Situated on the highest part of the Montjuïc promontory in a visually privileged position, the Olympic Ring is surrounded by parks and laid out on a plateau overlooking the Mediterranean. The completed Ring is the outcome of the limited competition held in 1983, which called for the integration of the historic presence of earlier schemes constructed on the Montjuïc hill. The urban development of Montjuïc carried out in 1929 to a project by J. Puig i Cadafalch on the occasion of the International Exhibition of that year, a Noucentista intervention distinguished by its concern with a return to a classical order with a Mediterranean vocation. Amongst the noteworthy characteristics of the 1929 project is the axis constituted by the Avinguda de Maria Cristina that runs from the monumental fountain by J. Mª Jujol in the Plaça d'Espanya, passing on its way a series of monuments and representative buildings, to the Palau Nacional, which dramatically concludes the perspective along the avenue. From this point a network of small, delicate gardens by the landscape architect N. Forestier ascends to the stadium constructed in 1929.

A second axis represents the the different ridges of the hill, culminating at the same focal point, the Stadium, which presides over the zone now occupied by the Olympic Ring. The area tangential to the Avinguda de Montjuïc, the second of these two axes, is some 600 m in length, with a difference in level of 20 m between its north and south ends, and is thus not symmetrical with respect to the axis which determines the facade of the Stadium. The northern side is densely planted with trees while the southern side opens out to the Mediterranean on the horizon.

An axial layout organizes the Ring, whose outstanding elements are the Estadi Olímpic stadium and the Palau d'Esports, by virtue of their size and capacity; these are manifestly the principal pieces in the laying out of the area, which also includes the Olympic swimming pool and the Hockey field and pavilion.

In the interior, the Olympic esplanade is situated on the longitudinal axis of the Stadium's facade, the focal reference here; descending in a series of terraces on three main levels, his determines the access to the various buildings in the Ring, which abut on the esplanade, opening to the surrounding vegetation.

The original facade of the Stadium was conserved in its entirety, on account of its historical importance for the city, while the interior was totally remodelled to adapt it to present-day requirements and increase its capacity.

The three main terraces of the esplanade each generates its corresponding plaza, bounded above and below by the transverse penetration of the accesses. These terraces are connected with one another by way of waterfalls and monumental stairs.

The first terrace is that of the Palau d'Esports Sant Jordi; the second was designed to accommodate a monument recording the Olympic Games, and the third level, circular in plan functions as the main pedestrian access.

The Olympic esplanade was designed in the understanding that in the future the space would provide a setting for popular celebrations and events; all in all, the Ring presents itself as one of the series of areas that constitute the Montjuïc hill park, a visual commemoration of the 1992 Olympic Games. X.G.

Situado en la parte alta de la montaña de Montjuïc, en una posición de privilegio visual, el anillo se halla rodeado de parques y emplazado sobre un altiplano abierto hacia el Mediterráneo.

El actual anillo es producto de un concurso restringido realizado en 1983 que debía recoger las directrices históricas de los anteriores proyectos realizados en Montjuïc. La urbanización de la Montaña realizada en 1929 a partir del proyecto de J. Puig i Cadafalch con motivo de la celebración de la Exposición Internacional ese año, era un proyecto noucentista que se distinguía por un intento de vuelta al orden clasificante de aspiración mediterránea. De él cabría destacar de un lado el eje de la avenida de María Cristina que desde la monumental fuente de J. Mª Jujol en la plaza de España se adentra a través de monumentos y relevantes edificios hasta el Palacio Nacional que cierra de modo escenográfico la perspectiva de la avenida. De allí una red de pequeños y delicados jardines del arquitecto paisajista N. Forestier asciende hasta el estadio construido en 1929.

Un segundo eje representa las distintas lomas de la montaña culminando en el mismo punto focal, el estadio, que preside la zona donde se desarrolló el Anillo Olímpico.

El área tangente a la Avenida de Montjuïc, segundo eje mencionado, es de unos 600 m de longitud con unos 20 de desnivel hacia el sur, lo que le hace no ser simétrico según el eje que determina la fachada del estadio. La vertiente norte está cubierta de tupidos árboles mientras que la sur abre una perspectiva al horizonte del mar Mediterráneo.

Un planteamiento axial organiza el anillo del que destacan el Estadio Olímpico y el Palacio de los Deportes por sus dimensiones y aforo, emergiendo como piezas principales en el conjunto. La piscina Olímpica y el campo y el Pabellón de Hockey son otros equipamientos que comparten con ellos el área.

En el interior se sitúa la explanada Olímpica sobre el eje longitudinal de la fachada del estadio, referencia focal, y aterrazándose en sentido descendente según tres niveles principales, determina el acceso a los edificios del anillo, adosados a la explanada y abiertos a la vegetación que los envuelve.

La fachada del Estadio se mantuvo íntegramente, por su peso en la memoria histórica de la ciudad, mientras que se remodeló totalmente su parte interior para adaptarlo a las necesidades actuales y aumentar su aforo.

Los tres aterrazamientos principales de la explanada forman sus correspondientes plazas, limitadas cada una superior e inferiormente por las penetraciones transversales de acceso. Todos ellos quedan conectados entre sí mediante cascadas y escalinatas monumentales.

El primer aterrazamiento corresponde al Palau Sant Jordi, en el segundo se proyectó un monolito celebrativo de los Juegos Olímpicos; el tercer nivel, de planta circular funciona como acceso principal peatonal.

La explanada Olímpica se proyectó entendiendo que en un futuro el espacio debía actuar como lugar de celebraciones y manifestaciones ciudadanas; y en definitiva el anillo se planteó como otro ámbito más del parque-montaña de Montjuïc bajo el signo conmemorativo de los Juegos Olímpicos de 1992. X.G.

OBRAS PRÓXIMAS
WORKS NEARBY
B-1928/1929-p.56
B-1972/1975-p.93
B-1985/1990-p.102
B-1990/1992-p.123

J. BACH NÚÑEZ y G. MORA GRAMUNT

CAVAS DE JOSEP M. RAVENTÓS I BLANC, S.A.
CAVAS JOSEP M. RAVENTÓS I BLANC, S.A.
Sant Sadurní d'Anoia

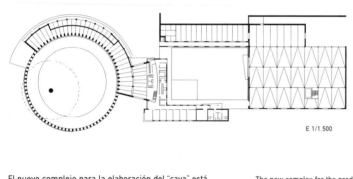

E 1/1.500

El nuevo complejo para la elaboración del "cava" está emplazado en una finca del Penedès, frente a unos edificios modernistas del arquitecto Josep Puig i Calafalch.
Está situado en el punto de encuentro de las colinas entre Sant Sadurní y la suave planicie de viñas que desciende hacia la montaña de Montserrat.
La disposición de los distintos edificios permiten un crecimiento lineal del conjunto, que al alargarse consigue más presencia. El patio circular rodea y valora el centenario roble de Can Codorniu. Otro patio rectangular, más funcional, relaciona los edificios, de diferentes tipologías adoptando la función de trabajo agrícola. Una torre mirador, a la que se accede desde distintos niveles contiene los elementos técnicos, e indica la entrada, que se efectúa en el punto de encuentro de las dos geometrías, provocadas por los patios. Predomina el ladrillo rojo en los muros portantes.
Los espacios más representativos se cubren con jácenas prefabricadas "in situ" de hormigón y se usan técnicas mixtas, de hormigón y bóvedas fabricadas de ladrillo, propias de la zona. X.G.

The new complex for the production of cava, the Catalan sparkling wine, is located on an estate in the Penedés region, opposite some fine Modernista buildings by the architect Josep Puig i Cadafalch, at the point where the hills outside Sant Sadurní meet the vineyards which slope gently towards the foot of the mountain of Montserrat.
The layout of the various buildings gives the complex a linear expansion, gaining in presence as it extends. The circular courtyard embraces and draws attention to the hundred-year-old oak of Can Codorniu. Another, more functional, rectangular courtyard serves to relate the buildings with their different typologies reflecting their role in the winemaking process. A belvedere tower, with accesses on variouis levels, houses the technical plant and signposts the entrance to the complex at the point of encounter of the different geometries embodied in the two courtyards.
The load-bearing walls are predominantly of red brick.
The most representative spaces are roofed with in situ concrete beams and mixed techniques of concrete and brickwork vaults characteristic of the region. X.G.

PARQUE CEMENTERIO
PARK AND CEMETERY
Igualada

E 1/3.000

The project asks to be understood in terms of the landscape itself, merging with it, adapting to the terrain, continuing and strengthening the character of the place, timeless. It is not the bounds of the place but the intervention itself that delimits the space.

The cemetery is developed along the line of a gradient defined by the stratified rows of niches in the lateral concrete embankments with their variable slope, descending to the lowest level on which an elliptical space is opened up, the gravitational centre of the surrounding terrain, where the family vaults are situated.

The paving of railway sleepers flows towards this circus-space, where it concludes, the wooden sleepers drawing closer together and coming to an end.

Close to the entrance to the cemetery are the mortuary, the sacristy and the services, behind an opaque facade whose resemblance to a retaining wall recalls the concrete embankments containing the niches. Here, however, on passing the wall the visitor finds the various cemetery services, illuminated from above.

At the time of going to print, the cemetery chapel was in construction on the highest part of the site, on the left with respect to the entrance. X.G.

El proyecto se entiende a partir del mismo paisaje, se confunde con él, se adapta al terreno continuando y reforzando el carácter del lugar, atemporal. No son los límites del lugar, sino la propia actuación quien limita el ámbito.

El cementerio se desarrolla a lo largo de un desnivel definido por los nichos estratificados en los taludes laterales de hormigón de pendiente variable, llegando al nivel inferior donde se abre un espacio de forma elíptica, punto gravitatorio del terreno circundante, donde se hallan los panteones.

El pavimento con traviesas de vías de tren fluye hasta este espacio-circo donde cesa; las piezas de madera se reúnen y detienen.

Próximos a la entrada del cementerio se sitúan el depósito, la sacristía y los servicios, tras una fachada opaca que a modo de muro de contención recuerda los taludes de hormigón que contienen los nichos. Pero, en este caso, el visitante, al traspasar el muro, hallará iluminados cenitalmente todos los servicios correspondientes al cementerio.

En el momento de cerrar de la edición de esta guía, la capilla, situada en la parte alta del cementerio a la izquierda de la entrada, estaba todavía en construcción. X.G.

VILLA OLÍMPICA DE BARCELONA
BARCELONA OLYMPIC VILLAGE
Poble Nou. Barcelona

O. BOHIGAS GUARDIOLA, J.M. MARTORELL
CODINA, D. MACKAY GOODCHILD,
A. PUIGDOMÈNEC ALONSO,
E. BONELL COSTA, F. RIUS GIL,
A. VIAPLANA VEÁ, H. PIÑÓN PALLARÉS,
J.A. MARTÍNEZ LAPEÑA, E. TORRES TUR,
F. FERNÁNDEZ EDUARDO,
F. GALLEGO OLMOS, X. VENDRELL SALA,

La recuperación y urbanización de los terrenos que ocupa la actual Villa Olímpica, representa el proyecto de mayor embergadura de cuantos se llevaron a término a raíz de los Juegos Olímpicos de 1992.

En realidad la operación entra dentro de una política urbanística de transformación de la ciudad que empezó en 1980 para actuar en lugares estratégicamente escogidos de modo que ayudaran a transformar su entorno más inmediato. El área donde se decidió implantar la Villa Olímpica era una zona industrial con instalaciones y usos obsoletos. Estaba separada de la ciudad y del mar por dos vías férreas, barreras infranqueables que a la vez generaban la degradación física del entorno.

En diciembre de 1985, el Ayuntamiento formó un equipo multidisciplinar de gestión, previo a la aprovación del Plan Especial, para evitar que su tramitación sufriese ninguna clase de obstáculos. El proyecto de urbanización del territorio se encargó al equipo Bohigas, Mackay, Martorell y Puigdomènech y la estructura urbana del territorio quedó formalizada en tres grandes paquetes homogéneos.

A- Recuperación de la fachada marítima con la construcción de cinco grandes playas, un puerto deportivo con extensos espacios urbanos de uso público y equipamientos, y el Paseo Marítimo de casi 4 km de longitud.

B- La continuidad del Cinturón del Litoral que forma parte del nuevo anillo viario de la ciudad y que facilita las comunicaciones con el resto de la ciudad sin constituir una barrera a su paso subterráneo por la Villa Olímpica, además de la construcción de más de 50 Ha. de distintos parques urbanos e instalaciones y equipamientos deportivos.

The recuperation and urbanization of the terrain now occupied by the Vila Olímpica constituted the most ambitious of the many important projects carried out in preparation for the 1992 Olympic Games.

In fact the operation was itself one strand of an urban design policy for the transformation of the city; this had been initiated in 1980 with actuations in strategic sites chosen for their capacity to catalyse their immediate surroundings.

It was decided to locate the Olympic Village in what was at that time a predominantly obsolete industrial sector, separated from both the city and the sea by two railway lines, uncrossable barriers that themselves contributed to the physical degradation of the zone.

In December 1985, even before the Special Plan could be approved, Barcelona City Council set up a multi-disciplinary executive team in order to tackle the potential obstacles in advance. The architects Bohigas, Mackay, Martorell and Puigdomènech were commissioned to draw up the urbanization project, and the urban structuring of the territory was approached on the basis of three distinct, functionally homogenous sectors.

A- Recuperation of the seafront through the creation of five large beaches, a pleasure port with extensive urban spaces and facilities for public use, and the Passeig Marítim seafront esplanade with a length of almost 4 km.

B- The continuation of the Cinturó del Litoral, part of Barcelona's new ring road system, providing communication with the rest of the city and routed below ground in its passage through the Vila Olímpica area to avoid

M. RUISÁNCHEZ CAPELASTEGUI, E. MIRALLES MOYA, C. PINÓS DESPLAT, A. SIZA VIEIRA

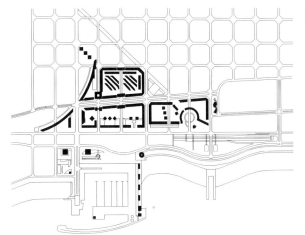

E 1/20.000

HOTEL ARTS
SKIDMORE/OWINGS/MERRILL

TORRE DE OFICINAS MAPFRE
E. LEÓN, I. ORTIZ

BIBLIOTECA PÚBLICA Y PABELLÓN MUNICIPAL NOVA ICÀRIA
F. FERNÁNDEZ EDUARDO/ M. GALLEGO OLMOS

constituting a new physical barrier, and the laying out of more than 50 ha. of urban parks and recreational and sports facilities.

C- Added to the above was the construction of a new residential neighbourhood of 2.000 apartments, shopping precincts, a major new hotel, offices and various amenities. The general structure of the residential district was determined on the basis of three basic criteria: continuity with the street grid of the Cerdà Eixample; constructions aligned to give continuous facades along the main streets of the area, while allowing the architecture complete compositional freedom in all other respects; and finally the division of the total operation of constructing the district into different projects entrusted to different architects.

Although compositional unity between the different projects was laid down as a basic condition, this did not restrict originality in the individual design work.

For a plot of 10.502 m² the team of Urgell/Gòdia/de la Villa designed a facade in which all of the openings are in the form of perforations in the continuous wall, thus avoiding the more fragmentary rhythms of domestic occupation intrinsic to residential blocks; rhythms that would have reduced the sense of scale of the whole and the radical continuity of the curving course of the underground railway. Behind this facade, an existing building was converted for use as offices and a Health Centre.

The architects Bonell/Rius/Gil adopted for their intervention in the facade along the Avinguda del Litoral a scheme based on the division of the block into three parallel strips of different heights and uses, an approach well adapted to the commercial and residential uses envisaged for the sector. They introduced a slight rotation of the block to situate it parallel to the Avinguda del Litoral, to the benefit of the landscaped space in the interior; in the same block and in similar fashion the team of Viaplana/Piñón created one of the most interesting chamfered corners constructed in the city in recent years. At the same time the facade onto Avinguda Icària resolves by means of the two orientations, terraces and bedrooms, the changes of alignment resulting from the conservation of the existing street layout of this sector of Barcelona's Poblenou district.

C- A todo ello se añade la construcción de un nuevo barrio con 2.000 viviendas, nuevas superficies comerciales, un gran hotel, espacios para oficinas y diversos equipamientos.

La estructura general de la zona residencial se formalizó según tres criterios básicos: la continuidad de la trama viaria del Ensanche Cerdà; construcciones con alineación de fachadas en las calles principales dejando libertad de composición en el resto; y por último la subdivisión de los volúmenes a edificar en diferentes proyectos y obras.

A pesar de que la unidad compositiva entre todos los proyectos era un requisito básico, ello no quitó originalidad en el diseño individualizado.

El equipo Urgell/Gòdia/Villa, sobre un solar de 10.502 m², proyectaron una fachada en la que los vanos toman el carácter de unas perforaciones en el muro continuo, evitando los ritmos de la pequeña funcionalidad de las piezas residenciales que hubieran reducido la escala del conjunto y la continuidad radical de la curva trazada por el ferrocarril subterráneo. Detrás de esta fachada se reutilizó un edificio ya existente, para el uso de oficinas y un Centro de Asistencia Primaria.

El equipo Bonell/Rius/Gil, utiliza para su intervención en la fachada a la Avenida del Litoral un esquema que consiste en dividir el bloque en tres fajas paralelas de distintas alturas y usos, muy adaptable a las previsiones de uso comercial y de vivienda del sector. Propusieron girar levemente el bloque para

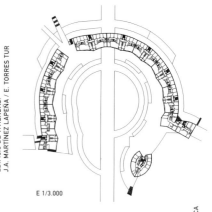

EDIFICIO DE VIVIENDAS.
J.A. MARTÍNEZ LAPEÑA / E. TORRES TUR

E 1/3.000

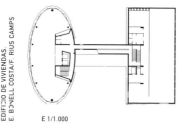

EDIFICIO DE VIVIENDAS.
E. BONELL COSTA/F. RIUS CAMPS

E 1/1.000

EDIFICIO DE OFICINAS PARA TELEFÓNICA
J. BACH NÚÑEZ/ G. MORA GRAMUNT

situarlo paralelo a la Avenida del Litoral, favoreciendo así el espacio verde interior al igual que el equipo Viaplana/Piñón en la misma manzana.

Aún en la misma situación encontramos el proyecto del equipo Martinez Lapeña/Torres que da con su forma, final al paseo peatonal del Bogatell.

También en el capítulo de viviendas cabríia destacar la intervención de Joan Pascual, aunque fuera del área de la Villa Olímpica, que mediante cuatro bloques consigue dar una estupenda solución al final del barrio de la Barceloneta para enlazar con la nueva zona urbanizada.

En cuanto a equipamientos, son destacables los edificios puerta dedicados a oficinas Eurocity de Viaplana/Piñón y Telefónica S.A. de Bach/Mora; el Puerto Olímpico, auténtica plaza pública ganada al mar, de Clascà, ingeniero CCyP, Martorell, Bohigas, Mackay y Puigdomènech; el pabellón polideportivo de Fernández/Gallego que da una solución óptima al chaflán tipológico del ensanche; el Pabellón de la Mar Bella de Vendrell y Ruisanchez; el singular edificio para el Servicio Metereológico de Siza; resuelto como un volumen cilíndrico y hermético de marmol blanco sobre una base de hormigón; y ya fuera del ámbito de la Villa, el Hospital del Mar, obra de Brullet y de Pineda, frente a la playa de la Barceloneta y que es la rehabilitación del antiguo Hospital de Infecciosos de Barcelona del año 1925.

Por último, mencionar también, la intervención de Miralles/Pinós en el sector central de la Avenida Icària, donde el subsuelo afectado por el paso de un colector impide la continuación de las dos líneas de arbolado. Los arquitectos proyectaron una pérgola hecha con la yuxtaposición de elementos que a partir de una matriz conceptual muy precisa van adquiriendo formas evolutivas que darán referencia al largo ámbito de la Avenida Icària. X.G.

Immediately adjacent to this is the scheme by the architects Martínez Lapeña/Torres that gives formal resolution to the end of the Bogatell pedestrian precinct.

Also of note amongst the housing projects is the one designed by Joan Pascual, although this lies outside the Vila Olímpica proper, as this lies outside the conclusion of the Barceloneta district and its meeting with the area of new urban development.

The Vila Olímpica also includes a number of outstanding service buildings. Amongst these are the gateway buildings –the Eurocity offices by Viaplana/Piñón and the exchange for Telefónica S.A. by Bach/Mora; the Olympic Port, an authentic public plaza reclaimed from the sea, by the civil engineer Clascà and the architects Martorell. Bohigas, Mackay and Puigdomènech; the sports centre by Fernández/Gallego that confers an optimum solution on the Eixample typology of the chamfered corner; the Mar Bella sports pavilion by Vendrell and Ruisanchez; the exceptional building for the National Meteorological Service by Siza Vieira, in the form of a hermetic, free-standing cylindrical volume of white marble on a concrete tambour, and, just outside the Olympic Village, overlooking the Barceloneta beach, the Hospital del Mar by Brullet and Pineda, essentially a rehabilitation of the Hospital de Infecciosos de Barcelona, built in 1925.

In concluding we should also mention the intervention by Miralles/Pinós in the central sector of the Avinguda Icària, where the passage below ground of a main sewer made it necessary tointerrupt the double line of trees. The architects designed a pergola on the basis of the juxtaposition of different elements, with an extremely precise conceptional matrix. whose evolving forms provide a frame of reference for the entire length of Avinguda Icària. X.G.

B-1987/1991

PALACIO DE DEPORTES
SPORTS PAVILION
Badalona

E 1/2.000

The pavilion occupies a site in the upper part of Badalona, delimited by the motorway and by other developed plots of no architectural interest. It stands with its great entrance oriented towards the town, assuming the role of culmination of an urban itinerary.

This is a symbolic and representative building, one to which the idea of a Cathedral of Sport might be applied. The spectator arrives, by way of a succession of routes, at a place in which the scale, proportions and light produce a powerful emotional response. This idea of a great roofed space is reinforced by the regular geometric form, an ellipse, which in addition contributes to ensuring a fluid distribution and an uninterrupted field of vision from the stands. The intermediate area between the exterior and the great central space acts as entrance vestibule and public gallery as well as accommodating the various services for spectators' use. Beneath the structure supporting the tiered seating are the services for athletes storerooms, press facilities and technical services. The great entrance, with its grand flight of steps, is the only point at which the building abandons its geometrical autonomy and assumes its own specific identity in its connection with the exterior.

In addition to facility of construction, the mono-directional skeleton of 6 composite steel beams braced by a longitudinal strut which supports the roof also provides a rational solution to drainage and the entrance of light. X.G.

Está ubicado en un solar de la zona alta de Badalona, delimitado por la autopista y por otros solares edificados sin interés. Se dispone orientando su gran entrada hacia la ciudad, entendiéndolo como el final de un recorrido urbano.

Se trata de un edificio simbólico y representativo, al que podría ajustarse la idea de Catedral del deporte. El espectador, a través de la sucesión de recorridos, llega a un lugar donde la emoción viene provocada por la dimensión, la proporción y la luz. Esta idea de gran espacio cubierto queda reforzada por la forma regular de la elipse, que además permite una distribución fluida y una visión perfecta del espectáculo deportivo. El espacio intermedio entre el exterior y el gran espacio central actúa como vestíbulo de entrada y deambulatorio y da soporte a todos los servicios de espectadores. Bajo la estructura de las gradas, se ubican los servicios a los deportistas, almacenes, salas de prensa y locales de instalaciones. La gran entrada, con su escalinata, es el único punto donde el edificio pierde su autonomía geométrica y toma su propia identidad de conexión con el exterior.

Para su cubrición se escogió un entramado monodireccional de 6 jácenas metálicas arriostradas por un nervio longitudinal, permitiendo, además de una facilidad constructiva, un racional desagüe y una buena entrada de luz. X.G.

B-1986/1997

R. ARTIGUES CODÓ, J.A. LLINÁS CARMONA,
L. NADAL OLLÉ, V. RAHOLA AGUADÉ,
F. RIUS CAMPS, R. SANABRIA BOIX

CAMPUS NORTE DE LA UNIVERSIDAD POLITÉCNICA DE CATALUÑA
NORTH CAMPUS OF THE POLITECHNIC UNIVERSITY OF CATALONIA

C. Gran Capità / Av. de l'Exèrcit / C. Teniente Coronel Valenzuela. Barcelona

El extenso conjunto de bloques que forma la zona del Campus Nord, dependiente de la Universidad Politécnica de Catalunya (UPC), se organiza en cuatro franjas longitudinales de unos 300 m. aproximadamente, perpendiculares al desnivel del terreno, que va descendiendo a partir de uno de los aparcamientos situado, también longitudinalmente, en el punto más alto junto a la calle Sor Eulàlia d'Anzizu.

Las circulaciones entre las cuatro franjas y las calles perpendiculares que descienden el terreno, articulan la red viaria peatonal; siendo interrumpida en tres puntos, los que determinan las tres plazas interiores de 40 x 40 m que alteran además las dimensiones de cinco de los bloques del conjunto. La altura de las edificaciones está limitada a tres plantas (PB+2) y 40 m de longitud.

Destacan del campus varias obras. El edificio para administración de la Escuela de Telecomunicaciones de la UPC, 1990-1991, de Víctor Rahola, da fachada a la plaza central de la trama. El proyecto asume las dificultades topográficas de la urbanización, junto al programa requerido, desde una estructura geométrica ortogonal.

Su programa se distribuye por plantas; en la planta inferior, a nivel de la plaza, se ubica el bar de la UPC-Campus Nord. En la planta segunda, que es la baja a nivel de la calle superior, se colocó la entrada.

Las fachadas laterales del volumen son de ladrillo, amoldándose al tipo de materiales que definen el ambiente urbano del campus, mientras que en la fachada principal,

The extensive complex of blocks that makes up the Campus Nord zone of the UPC (Universitat Politècnica de Catalunya) is organized in four longitudinal strips approximately 300 m in length, running perpendicular to the gradient of the site, which slopes down from one of car parks situated, also longitudinally, on the highest level, along c. Sor Eulàlia d'Anzizu.

The circulation routes between the four strips and the perpendicular streets running from top to bottom of the plot articulate the system of pedestrian movement; this is interrupted at the three nodal points constituted by the three interior squares, each measuring 40 x 40 m, which also modify the dimensions of five of the blocks.

The height of the buildings was fixed at three storeys (ground+2), and the length at 40 m.

The campus contains several works of particular interest. Amongst these is the administration building designed in 1990-1991 for the UPC's School of Telecommunications by Victor Rahola, with its main facade fronting the central plaza of the complex. The scheme engages with the difficult topgraphy of the area and accommodates the requirements of the brief on the basis of an orthogonal geometrical structure. This is laid out on a floor by floor basis, so that the lowest floor, at plaza level, contains the UPC-Campus Nord bar-cafeteria; entrance is by way of the second or ground floor with respect to the upper street. The side facades are of brick, adapted to the various materials that define the urban

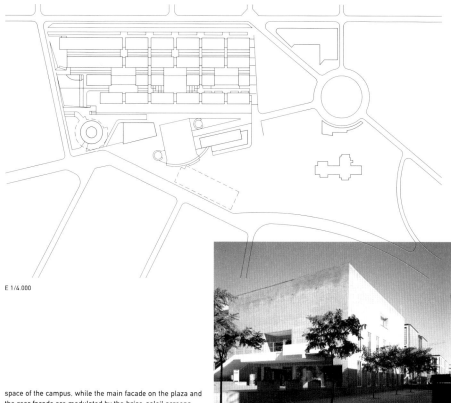

E 1/4.000

space of the campus, while the main facade on the plaza and the rear facade are modulated by the brise-soleil screens shading the windows.

The two buildings by Josep Llinás also manifest their condition as component parts of the university campus, maintaining the existing alignments and utilizing materials found in the other blocks to achieve a clear, clean result. The buildings open onto the plaza, facing one another across it and marking its focal significance within the circulation system by means of canopies. The building containing the bar-restaurant and the library also serves as a point of access, with a balcony over the plaza. The opening up of the roof of the library provides the interior with daylight, and the book stacks are set against the walls.

In addition to the brickwork, the facades are of conventional materials and elements. The white aluminium-frame windows, set flush with the outer skin of the building, are adapted to the specifics of orientation and situation relative to the pedestrian streets inside the campus. The Information Technology Faculty asserts its character as the figurehead building of the campus, taking a less flattened form closer to that of a tower.

Other buildings of note are those designed by Lluís Nadal for modules D3, D4, D5 and D6, alongside c. Sor Eulàlia d'Anzizu, the library by Ramón Artigues and Ramón Sanabria, and the underground sports complex by Francesc Rius; the Faculty of Computer studies by Josep A. Llinàs (module B6) and the office (B4) and laboratory (B5) building by Víctor Rahola (1991). X.G.

en la plaza, y la posterior, se formaliza la estructura modulando los vacíos con lamas "brise-soleil".

Igualmente los dos edificios de la Escuela de Ingenieros, de Josep Llinás, muestran su condición de partes del conjunto universitario, manteniendo alineaciones, procurando un resultado neto y utilizando materiales similares a los de los otros bloques.

Se abren a la plaza, enfrentados, manifestando la singularidad del punto dentro de la trama viaria, mediante marquesinas. En el caso del edificio correspondiente a bar-restaurante y biblioteca, ésta sirve además de acceso y balcón abierto a la plaza.

La biblioteca se abre e ilumina cenitalmente permitiendo la colocación de estanterías en los muros.

Además del tocho, las fachadas se construyeron con materiales y elementos comunes a los dos edificios.

Las ventanas, siempre de aluminio, por la cara exterior y de color blanco, se ajustan a sus específicas condiciones de orientación y situación relativa respecto a las calles interiores del campus.

Además de éstas, destacan también las obras de Lluís Nadal en los módulos D3, D4, D5, D6, junto a la calle Sor Eulàlia d'Anzizu; la biblioteca de Artigues y Sanabria; el polideportivo subterráneo de Francesc Rius; la Escuela de Informática de Josep Llinás B6 y por último el edificio de oficinas y laboratorios B4 y B5 de Víctor Rahola, 1991. X.G.

POLIDEPORTIVO LA PALESTRA Y COMPLEJO DE PISCINAS EN CAN DRAGÓ
LA PALESTRA SPORTS CENTRE AND SWIMMING POOL COMPLEX IN CAN DRAGÓ
Av. Meridiana / P. Valldaura / C. Andreu Nin. Barcelona

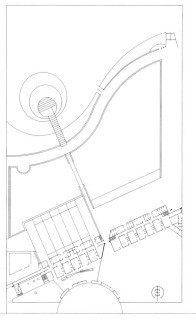

POLIDEPORTIVO PALESTRA
E 1/2.000

PISCINAS CAN DRAGÓ
E 1/2.000

La transformación de las antiguas cocheras de R.E.N.F.E. dio paso al nuevo parque de Can Dragó, donde están situados el polideportivo La Palestra y el complejo de piscinas, ambos de los mismos autores pero de distinta concepción. El polideportivo La Palestra se erige como monumento autónomo, y esta conformado por dos grandes espacios, de características técnicas distintas, adosados simétricamente a un cuerpo central común que proporciona el sistema de accesos, servicios e instalaciones, logrando así gran economía de espacio y facilitando el funcionamiento de las instalaciones. El sistema constructivo de la cubierta permite utilizar menos materias y alcanzan una mayor ligereza aportando, además, contenido formal al conjunto de dos cuerpos simétricos.
El complejo de piscinas, por su parte, se adapta suavemente al entorno y su programa compatibiliza unas instalaciones de uso multitudinario en verano –piscinas de forma orgánica, con playa, palmeras y hierba, todo al aire libre– en las instalaciones más técnicas de invierno –piscina cubierta.
Todos los servicios, vestuario, etc. se sitúan paralelamente a la piscina interior, a lo largo de un corredor que organiza el habitual programa de piscinas. La zona de baño exterior es, en invierno, el agradable paisaje que se observa desde la piscina interior a través de un simple telón de cristal. XG

The transformation of the old R.E.N.F.E. railway depot resulted in the creation of the new Can Dragó park in which the La Palestra sports centre and swimming pool complex are situated; these two facilities, both designed by the same architects, reflect clearly their different conceptions. The La Palestra sports centre presents itself as an autonomous monument, composed of two large spaces differentiated from one another by their technical characteristics, abutting symmetrically on a shared central volume which contains the system of accesses and services; the scheme thus achieves considerable spatial economy and contributes to the effective functioning of the sports facilities. The construction system of the very lightweight roof is resolved with great economy of means, and at the same time endows the composition of the two symmetrical volumes with a high degree of formal content.
For its part, the swimming pool complex adapts smoothly to its setting, the programme combining the facilities intended for mass public use in summer –organically shaped outdoor pools with beach, palm trees and lawn– and the more technical indoor facilities for all-year use.
All of the services, changing rooms, etc. are laid out parallel to the indoor swimming pool along the length of a corridor that organizes the usual programme of uses. The open-air swimming area offers an attractive landscape looked onto from the indoor pool on the other side of a simple curtain of glass. XG

RESIDENCIA Y CASAL DE ANCIANOS TEIXONERA
TEIXONERA SENIOR CITIZENS' RESIDENCE AND DAY CENTRE
C. Josep Sangenís-Pl. de la Clota. Barcelona

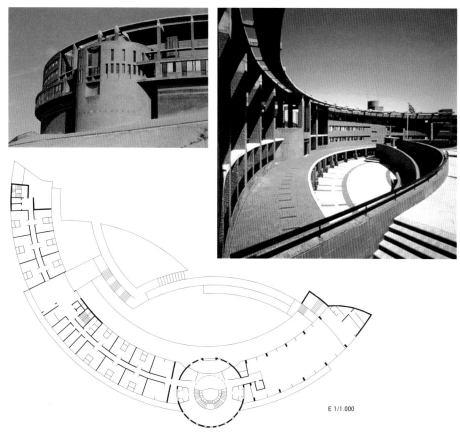

E 1/1.000

The building is situated on the edge of the Carmel district, now entirely built-up, where on a lower level the Olympic sports facilities and landscaped areas of the Vall d'Hebron begin.

The building rises up in the form of a monumental pergola-screen, separating and delimiting these two sectors. This semi-circular screen gives way to a paved space that serves as an area of social contact and access to the apartments. The building is organized in two zones: in one zone are the apartments, laid out on either side of a corridor that runs half the length of the building; the other half is a pergola, connected to the solid cylindrical volume that contains the communal areas and services. The continuous roof unifies the building and gives it that simple and potent character, with an interesting play of solid and void, that is a distinctive feature of Emili Donato's architecture.

The construction is marked by a great austerity of materials: exposed brickwork and plain tile cladding. X.G.

El edificio está situado al límite del barrio del Carmel, ya totalmente edificado, donde empieza en un nivel inferior la zona de instalaciones olímpicas y zonas verdes de la Vall d'Hebron.

Se eleva como una pantalla-pérgola monumental separando o delimitando ambos sectores. Esta pantalla, de forma semicircular, da lugar a un espacio pavimentado, lugar de relación y acceso a los apartamentos.

El edificio se organiza en dos zonas: a un lado están los apartamentos generados a ambos lados de un pasillo que recorre la mitad del edificio. La otra mitad es una pérgola que queda maclada por un volumen cilíndrico macizo donde se hallan las áreas y servicios comunes. La cubierta continua unifica el edificio y le confiere ese aspecto sencillo y potente con un interesante juego de huecos y macizos que caracterizan la arquitectura de Emili Donato.

La construcción es de gran austeridad de materiales: chapa vista y aplacado de rasilla común. X.G.

OBRAS PRÓXIMAS
WORKS NEARBY
B-1981/1987-p.96
B-1989/1992-p.117

TORRE DE TELECOMUNICACIONES DE COLLSEROLA
COLLSEROLA TELECOMMUNICATIONS TOWER
Camino de Vallvidrera al Tibidabo, Collserola. Barcelona

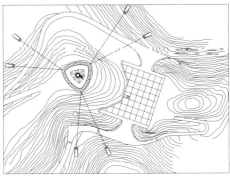

E 1/3.000

En mayo de 1988 el equipo de Sir Norman Foster & Partners ganó el concurso de lo que había de ser un "elemento tecnológico monumental" según se describía en las bases de la convocatoria.

La torre constituye uno de los elementos claves de la transformación urbana que experimentó la ciudad de Barcelona con motivo de los Juegos Olímpicos del 92. La torre se eleva 288 m sobre la sierra de Collserola a 440 m sobre el nivel del mar, realzando la silueta del Tibidabo. Desde una de las plantas del cuerpo tecnológico se observa una amplia panorámica.

Su estructura consiste en un esbeltísimo fuste hueco de hormigón armado de 4,5 m de diámetro, que cambiando de material alcanza un diámetro de 30 cm. El cuerpo tecnológico situado en el tramo intermedio del fuste está formado por 13 pisos de planta triangular curva y alberga las antenas, dependencias de servicios y la plataforma panorámica. La estructura se sujeta a la ladera de la colina por medio de tres pares de tirantes de acero pretensado de alta resistencia. X.G.

In May 1988, the scheme submitted by Sir Norman Foster & Partners won the design competition for the construction of what was referred to in the brief as a "monumental techno-logical element".

The tower is indeed one of the key elements in the urban transformation of the city of Barcelona in its preparations to host the 1992 Olympic games.

The tower rises 288 m from its base on one of the peaks of the Collserola range, itself 440 m above sea level, adding a dramatic new presence to the silhouette of Tibidabo. The public observation platform of the technical service volume comands panoramic views of the city and surrounding country.

The structure of the tower consists of a very slender hollow mast of reinforced concrete, with a diameter of 4.5 m; the pinnacle, of metal, narrows to a diameter of 30 cm. The technical service volume which occupies the middle stretch of the tower is composed of 13 floors with a curving triangular plan and houses the aerials and satellite dishes, the technical services and the panoramic viewing platform. The entire structure is anchored to the hillside by means of three pairs of pre-tensed high-resistance steel cables. X.G.

OBRAS PRÓXIMAS
WORKS NEARBY

B-1978/1979
O. TUSQUETS GUILLÉN,
L. CLOTET BALLÚS.
A. BOHIGAS
Restaurante La Balsa
Infanta Isabel, 3
Barcelona

B-1980/1988
J. GARCÉS BRUSÉS,
E. SÒRIA BADIA
Museo de la Ciencia
Teodoro Roviralta, 55
Barcelona

ARCHIVO DE LA CORONA DE ARAGÓN
ARCHIVE OF THE CORONA DE ARAGÓN
C. Marina / C. Almogàvers. Barcelona

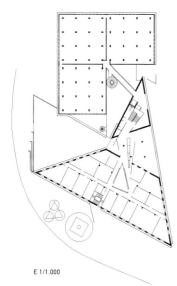

E 1/1.000

In addition to its primary function as archive of the Crown of Aragon, the building serves to mediate the various different elements of its urban setting, thus acting as a catalyst in the urbanistic renewal of this zone formerly adversely affected by the presence of the railway line. The form of the building derives both from its complex urban function and from the differentiation of its parts: a block for the storage of the documents and a block for attention to the public. In view of the low height of the building in relation to its surroundings, the roof has been treated as an additional facade. X.G.

Además de su función eminente como archivo de la Corona de Aragón, el edificio es mediador de los variados elementos de su entorno urbano, actuando así como recuperador urbanístico de esta zona anteriormente degradada por la incidencia del ferrocarril.
La forma del edificio se deriva, tanto de su compleja función urbana como de la diferenciación de sus partes: bloque de custodia de documentos y bloque de atención al público. Dada la escasa altura del edificio respecto a su entorno, la cubierta está tratada como una fachada más. X.G.

OBRAS PRÓXIMAS
WORKS NEARBY

B-1990/1992
A. ARRIOLA MADORELL
Plaça de les Glòries
Catalanes
Barcelona

B-1992/1996
R. MONEO VALLÉS
Auditorio de Música
C. Padilla / C. Alí Bei /
C. Lepant
Barcelona

B-1986/1992-p.106
B-1989/1992-p.118

B-1989/1992

J. BACH NÚÑEZ y G. MORA GRAMUNT

CONJUNTO DEPORTIVO MUNICIPAL ABAT MARCET
ABAT MARCET MUNICIPAL SPORTS COMPLEX
Av. Abat Marcet. Terrassa

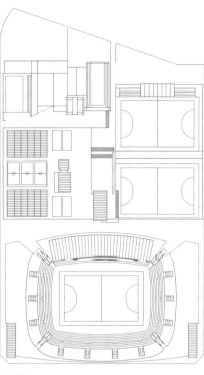

E 1/5.000

El conjunto deportivo municipal incluye el que fue estadio olímpico de hockey, otros dos campos de hockey, múltiples pistas de baloncesto y los servicios correspondientes. Todo ello tiene una imagen sencilla y austera cuya elegancia viene dada por la claridad de las soluciones constructivas.

El hecho de que el hockey sea un deporte minoritario permitió conservar algo del carácter natural de lo que fueron los estadios de la Grecia Clásica. Se enterraron las gradas de un antiguo campo de fútbol y se elevó únicamente una discreta tribuna, como ejemplo de un elemento técnico que puede transformarse en elemento funcional, compositivo y simbólico. Esto mismo se aprecia también en las torres inclinadas de iluminación que con una marquesina que actúa de contrapeso, sirven como referencia para ubicar los accesos.

Otro elemento dentro de este paisaje son las cubiertas de las pistas de baloncesto abiertas que a modo de grandes alas van recorriendo unas riostras inclinadas que permiten evacuar el agua pluvial de las mismas. X.G.

The municipal sports complex includes the 1992 Olympic hockey stadium, together with additional hockey pitches, a number of basketball courts and the corresponding services. The whole presents a simple and austere appearance, the elegance of which derives from the clarity of the construction solutions.

The fact that hockey is a relatively minority sport made it possible to conserve something of the natural character possessed by the stadia of classical Greece. Here, the tiered seating of the terraces is sunk down into a former football ground, with only a single stand rising up, as a technical element capable of assuming functional, compositional and symbolic roles. The same quality can be seen in the slanting lighting towers which, with the canopies that act to counter-weight them, serve to locate the public accesses.

Another key element in this landscape is provided by the roofs of the open-sided basketball courts, like great wings strutted by the inclined braces which serve to drain off rainwater. X.G.

OBRAS PRÓXIMAS
WORKS NEARBY

B-1986/1988
F. BACARDIT SEGNES
Edificio de Oficinas,
Plaza pública y
Restauración del
antiguo Vapor Amat
Pl. Didó / c. Rasa
Terrasa

B-1986/1991
M.A. ALONSO ÁLVAREZ.
B. CERVERA FLOTATS.
P. CARBÓ
Restauración del
Monasterio Románico
de St. Llorenç de Munt
Cima de la Mola
Matadepera

B-1992
L. BRAVO FERRER,
A. BLANC RUBIO
Vapor Marcet
C. Pantà / C. Rasa
Terrassa

ÁREA DE LA VALL D'HEBRÓN
THE VALL D'HEBRON AREA
Vall d'Hebron. Barcelona

INSTALACIONES DE TIRO AL ARCO
E. MIRALLES MOYA/ C. PINÓS DESPLAT

E 1/20.000

The project was conceived as a response to the recreational needs of contemporary urban society; needs that have progressively evolved through time, and call for new solutions and new spaces for new uses which in the majority of cases were not contemplated in the design of the traditional models of public square and park.

At the same time, the project also set out to understand the territory and the surroundings in which it was to be implanted. This was in effect an "urban void", delimited by the projecting spurs of the various different areas that together made this a residual zone. The sports pitches and pavilions have been laid out on the upper part of the slope adjoining the Ronda de Dalt, from where the formations created by the movement of surface water have been exploited to generate squares, settings and itineraries offering views of the city below.

The project had also to incorporate new materials appropriate to the range of new uses to be accommodated by the open space within the city.

The area presents a number of works of architectural note:
Pavelló de la Vall d'Hebron pelota pavilion: Garcés / Sòria, architects;
Archery fields and facilities: Mirallés / Pinós, architects;
Centre Municipal de Tennis: Sunyer / Badia, architects;
Pavilion of the Spanish Republic (reconstruction): Espinet / Ubach, architects, with Hernández de León. X.G.

Se planteó el proyecto como respuesta a las necesidades lúdicas actuales de la sociedad urbana, necesidades que han ido evolucionando y para las cuales se requerían soluciones y espacios nuevos para usos nuevos, la mayoría de los cuales no estaban contemplados en los modelos de plazas o parques hasta entonces habituales.

Al mismo tiempo se trató de entender el territorio donde se iba a trabajar y su entorno. Se trataba de un "vacío urbano" delimitado por las estribaciones de distintas y variadas áreas que hacían de ésta una zona residual. En la parte alta del desnivel y junto a la Ronda de Dalt se organizaron las pistas y pabellones deportivos y a partir de allí había movimientos y formaciones propias del transcurrir del agua creándose plazas, lugares y recorridos desde donde contemplar la ciudad.

Fue necesario también interpretar nuevos materiales adecuados a esos nuevos usos que debía acoger el espacio libre en el interior de la ciudad.

Obras de interés en este recinto:
Pabellón de Pelota: Garcés / Sòria, arquitectos.
Instalaciones de tiro al arco: Miralles / Pinós, arquitectos.
Centro Municipal de Tenis: Sunyer / Badia, arquitectos.
Pabellón de la República (reconstrucción): Espinet / Ubach, arquitectos, en colaboración con Hernández de León. X.G.

OBRAS PRÓXIMAS
WORKS NEARBY

TRES MANZANAS EN EL ENSANCHE CERDÀ. VILLA OLÍMPICA
THREE BLOCKS IN THE CERDÀ EIXAMPLE. OLIMPIC VILLAGE
C. Zamora / C. Àvila / C. Llull / C. R. Turró. Barcelona

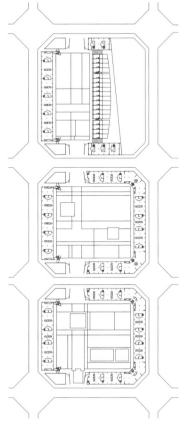

E 1/4.000

Durante la proyección de estas tres manzanas del Ensanche barcelonés, se tuvo en cuenta que pudieran convertirse en una referencia de futuras intervenciones en el barrio, dado el carácter ambiguo que tenía entonces la zona por estar aún en proceso de conversión de industrial a residencial.

Con este motivo se introdujeron una serie de novedades a partir del plan especial de ordenación con la voluntad de reinterpretar los aspectos esenciales de las manzanas Cerdà.

El conjunto consta de 560 viviendas repartidas en cinco tipologías situadas en bloques lineales de 12,6 m. de profundidad permitiendo la ventilación a ambas fachadas sin necesidad de patios interiores. El modulado estructural es de 5 m. La forma general del conjunto aparece como la resolución a la vez de los aspectos constructivos, funcionales y estéticos. Los espacios interiores de manzana se trataron como proyecto paisajístico autónomo. X.G.

In the process of designing these three blocks in the Barcelona Eixample, the architect was conscious that they had the potential to serve as a reference for subsequent interventions in the neighbourhood, given the ambiguous character of the zone, at that time in course of being converted from primarily industrial to residential use. This being the case, a series of innovations were introduced on the basis of the Special Plan for the area, with the object of reinterpreting the essential characteristics of the Cerdà city block.

The complex comprises 560 apartments, belonging to five different typologies laid out in linear blocks with a depth of 12.6 m, thus permitting the ventilation of both front and rear facades without the need for interior courtyards. The structural module measures 5 x 5 m. The general form of the complex presents itself as simultaneously resolving the construction, functional and aesthetic considerations. The spaces in the interior of the blocks were treated independently, as a landscaping project in their own right. X.G.

OBRAS PRÓXIMAS
WORKS NEARBY
B−1957/1961−p.79
B−1986/1992−p.106
B−1988/1993−p.115

CONJUNTO DE 200 VIVIENDAS Y JARDINES CENTRALES
COMPLEX OF 200 APARTMENTS WITH CENTRAL GARDENS
C. Francesc Layret, 101 / Av. Rivoli, 6-8 / C. Metre Coll, 3. Mollet del Vallés

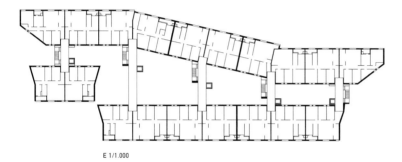

E 1/1.000

These apartments are part of a publicly financed residential development.

The blocks are laid out to occupy rectangular plots on opposite sides of the central square. The movement by means of breaks of the linear blocks in the vicinity of the central square contributes to establishing the character of the public space.

The cutting and stepping back of the linear blocks bounding the exterior streets, combined with the broken blocks, define a communal interior courtyard with a variable plan, overlooked only by the bedrooms.

The gable ends of the blocks conclude in inclined planes, emphasizing and giving formal specificity to the final stretches. Double-height porches mark the entrance from the street and from the square. The facade carries the repetition of a single type of window right to the arris of the building, accentuating the sense of a continuous fabric. X.G.

Estas viviendas forman parte de una iniciativa residencial de promoción pública.

Están situadas en solares rectangulares a ambos lados de la plaza central. El movimiento, mediante quebradas, de los bloques lineales próximos a la plaza central contribuyen a una mayor caracterización del espacio público.

El corte y retraso de los bloques lineales próximos a las calles exteriores, junto los bloques quebrados, definen un patio interior comunitario de planta variable al que sólo dan dormitorios.

Los testeros acaban con planos inclinados para singularizar y tratar formalmente los finales. Porches de doble altura señalan la entrada desde la calle y desde la plaza. La fachada lleva a la repetición de un sólo tipo de ventana hasta la misma arista del edificio, acentuando su carácter de tejido continuo. X.G.

J.L. MATEO MARTÍNEZ y
J. MOLINER SALINAS

EDIFICIO DE LOS JUZGADOS
LAW COURTS

C. Germà Juli / C. Prim. Badalona

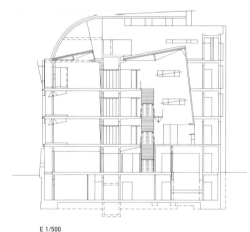

E 1/500

El edificio actúa como cierre de una manzana residencial del centro de la ciudad, organizada a tres bandas; dos edificadas y paralelas a la calle y una franja interior que actúa como patio. Esta misma organización es la que sigue el proyecto tanto en su estructura resistente como organizativa.

Las piezas que dan a las calles albergan las oficinas de los juzgados, y la franja central actúa como zona de servicios comunes: sala de visitas, accesos, etc. El patio conecta verticalmente todas estas zonas.

Las fachadas son de piedra natural, usando grandes sillares abujardados en planta baja y finas losas de piedra soportadas por montantes de acero galvanizado, como si de un muro cortina se tratara, en el resto de las plantas. X.G.

The building serves to close off a residential block in the centre of the city, organized in three bands; two rows of buildings parallel to the street and an interior strip which acts as a courtyard. The project follows the same organization both in its structure and in its organization.

The rooms that look onto the street house the offices, while the central band acts as a common service zone: interview room, entrances, etc. The courtyard connects all of these areas vertically.

The facades are of natural stone, with large bush-hammered blocks on the ground floor and smooth facing blocks supported by a galvanized steel structure, in the manner of curtain walling, for the remaining floors. X.G.

OBRAS PRÓXIMAS
WORKS NEARBY

ESTACIÓN DE LOS FERROCARRILES DE LA GENERALITAT DE CATALUNYA
STATION FOR THE GENERALITAT DE CATALUNYA RAILWAY COMPANY

C. Reina Elionor / C. Comte Jofre. Sabadell

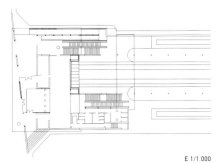

E 1/1.000

The building was designed as part of a major refurbishment scheme for which the architects had to research and draw up a set of general guidelines for the orientation of the new interventions in the railway network's stock of buildings.
In the case of the station in Sabadell, the building serves to resolve a point in the network at which the track emerges from a stretch of tunnel, and functions as both a gateway and a point of convergence, bringing together previously distinct ambits though the creation of a series of spaces that relate the underground level of the tunnel with the level of the neighbouring streets. At the same time, these spaces also relate the various systems of circulation –pedestrian, road and rail– which coincide at the building.
The platforms are situated outside the building, and part of the station is semi-underground. The scheme also resolved the connection of two streets through the creation of a square and a car park necessary to the character of the place and to rail passengers. In spite of its discretion and its austerity in the use of materials, the project successfully expresses, by virtue of the slender Z-shaped canopy, all the complexity of the programme and its location. X.G.

El edificio formaba parte de un proyecto de rehabilitación, en el que los arquitectos tuvieron que estudiar y proponer un sistema de directrices generales para orientar las nuevas actuaciones en edificios de la red ferroviaria.
En la estación de Sabadell, el edificio soluciona un punto de la red donde el tren pasa de estar enterrado a estar descubierto, convirtiéndose a su vez en puerta y punto de confluencia de ámbitos hasta entonces separados, al crear una serie de espacios que relacionan la cota del túnel con el nivel de las calles circundantes. Al mismo tiempo relacionan todas las circulaciones posibles: peatonales, rodadas y ferroviarias, que coinciden en el mismo edificio.
Los andenes se sitúan en el exterior y una parte de la estación queda semienterrada. Así mismo se resolvió la unión entre dos calles de la trama urbana creándose una plaza y una zona de aparcamiento necesario para el lugar y el usuario del tren.
A pesar de su discreto protagonismo y austeridad en el uso de los materiales, el proyecto consigue expresar gracias a la esbelta marquesina en "Z", toda la complejidad del programa y su situación. X.G.

EDIFICIO DE OFICINAS, LOCALES COMERCIALES Y HOTEL "ILLA DIAGONAL"
"ILLA DIAGONAL" HOTEL, OFFICE AND HOUSING BUILDING

C. Numància / C. Entença / C. Déu i Mata / Av. Diagonal. Barcelona

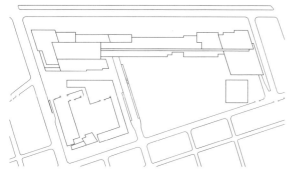

E 1/10.000

La gran magnitud de la manzana, con más de 300 m sobre la Diagonal, permitieron un planteamiento urbanístico inicial con intención de usar el propio edificio como nexo de la unión entre los dos sectores de la ciudad que cohexisten en la zona. Uno responde al criterio del Plan Cerdá, con manzanas continuas de edificación cerrada; y el otro, a la planificación de los años 60/70, discontinua y de edificación abierta.

Se encontró la mayor parte del volumen en un solo cuerpo, emplazando tras él un centro de convenciones, unas escuelas y un parque sobre el que se levantará un hotel. Esta gran manzana se quebró y segmentó, tanto en la planta como en el perfil. Se perforó, también, en puntos concretos según el contexto urbanístico: los pasos que llevan al centro de convenciones y al hotel prolongan las alineaciones de la calle Angelosa, consiguiendo la permeabilidad al interior de la manzana. Las distintas alturas responden a la jerarquía de las calles transversales.

En el interior, una gran calle comercial a doble altura atraviesa longitudinalmente el edificio, siguiendo un recorrido de rampas, escaleras mecánicas, quiebros y retranqueos en los parlamentos, para acabar abriéndose al patio situado en su extremo oeste.

El contraste entre los materiales pétreos de la fachada, travertino y granito, reflejan las diferentes escalas y unos del edificio. El granito, en planta baja enmarca en los escaparates mientras que el travertino se asocia a las oficinas en los pisos superiores. X.G.

The sheer scale of the block, with a frontage of more than 300 m onto the Diagonal, invited an initial urban design scheme based on the intention of using the building itself as the nexus of union between the two sectors of the city that come into contact in the area. One of these is laid out on the basis of the Cerdà plan, with continuous "closed" blocks of building, while the other, a product of the planning of the 60s and 70s, is in the form of discontinuous "open" blocks.

The major part of the programme is laid out within a single volume, with a conference centre, schools and a park containing a hotel located to the rear. This large block has been bent and segmented, both in plan and profile, and penetrated at certain points according to the urbanistic context: the passageways which lead to the conference centre and the hotel prolong the alignment of c. Anglesola, in this way ensuring the permeability of the interior of the block. The different heights respond to the hierarchy of the cross streets.

In the interior, a great, double-height shopping mall crosses the building longitudinally, following a route of ramps, escalators, bends and set-backs in the walls, finally opening out in the courtyard situated at the western extreme.

The contrast between the two types of stone used for the facade, travertine and granite, reflects the different scales and uses of the building. The granite, on the ground floor, frames the shop windows, while the travertine is used for the offices on the upper floors. X.G.

OBRAS PRÓXIMAS
WORKS NEARBY

HOTEL PLAZA
PLAZA HOTEL
Pl. de España, 6. Barcelona

E 1/1.500

The special coherence of this project derives from its part in the overall discourse of the new axis established by carrer Tarragona and its connection with the Plaça d'Espanya, and its adroit assumption of the desired metropolitan character.

The architecture concerns itself on the one hand with the complex programme of a large hotel and on the other with the place, the setting, and its very evident urban signification.

The hotel was designed with a ring-shaped plan, generous and comfortable, with a spacious hall connecting with a large interior courtyard which has the dimensions and qualities of an exterior facade. These two elements, hall and courtyard, serve to bond together the wide spectrum of uses hich the hotel contains. On the exterior the building is finished with granite panels in two tones, grey and red, and different sizes, as a means of conferring an innovative yet timeless character. In contrast, the great central courtyard in the interior is finished with ceramic tiles in five tones of blue, arranged to create a tonal gradation reminiscent of the old courtyards of Barcelona's Modernista architecture. X.G.

El proyecto es especialmente coherente con la argumentación global del nuevo eje de la calle Tarragona y su confluencia con la Plaza España y el carácter metropolitano que se deseaba.

Su arquitectura atiende por un lado a toda la carga programática propia de un gran hotel, y de otra, al lugar y entorno que tanta significación urbana tiene.

El hotel se proyectó con una planta anular, generosa y cómoda con un extenso hall conectado a un gran patio interior de dimensiones y cualidades de fachada exterior. Estas dos piezas actúan como aglutinante del extenso abanico de usos que el hotel contiene. El edificio exteriormente es de piedra granítica de dos tonos, gris y rojo, y diferentes tamaños que confieren al edificio un aire innovador y a la vez intemporal.

Contrariamente, en el interior, el gran patio central se acabó con material cerámico de cinco tonos azulados distribuidos de un modo gradual con la intención de rememorar antiguos patios de la arquitectura modernista barcelonesa. X.G.

PARQUE DEL NUDO DE LA TRINIDAD
PARK IN THE TRINITAT ROAD JUNCTION

Nudo de la Ronda Litoral, Ronda Norte, autopista de Barcelona-La Jonquera y autopista Barcelona-Mataró. *Junction of the Ronda Litoral, Ronda Nord, Barcelona-La Jonquera motorway and Barcelona-Mataró motorway.* Barcelona

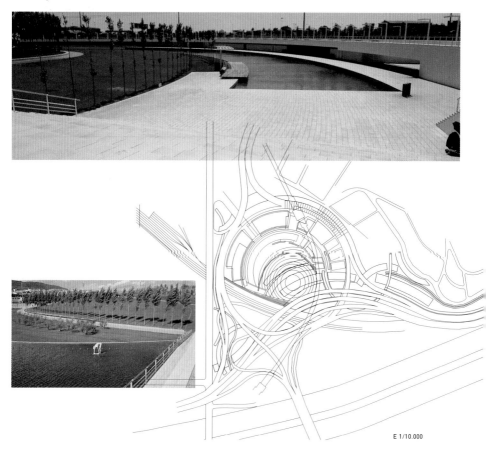

E 1/10.000

El Nudo de la Trinidad organiza el cruce de dos autopistas de llegada a Barcelona y las conecta con el cinturón periférico que rodea la ciudad, mediante un anillo circulatorio.
Los equipamientos y servicios del parque se situaron siguiendo la traza de una estructura semienterrada que se usa también como paseo.
Para la vegetación, elemento de gran importancia, se utilizaron especies características del paisaje rural catalán, adoptando la forma de cultivos agrícolas.
En el interior del anillo, la vegetación se ordena en grandes masas lineales que atraviesan aleatoriamente los márgenes de las autopistas adquiriendo así escala suficiente para equipararse a los trazados viarios. En el interior, la vegetación junto con la nueva topografía reducen el impacto circulatorio. X.G.

The Nus de la Trinitat cloverleaf organizes the crossing of two motorways and connects them with the peripheral ring roads around the city.
The various facilities and services of the park are sited along the line of a semi-sunken structure which also serves as a walkway.
The vegetation here is an element of the greatest importance, with species characteristic of the rural landscape of Catalonia laid out in the manner of cultivated plots.
In the interior of the ring, the vegetation is ordered in great linear masses which meet the borders of the motorway apparently at random, and thus acquire sufficient scale to stand comparison with the traffic routes. The vegetation, together with the new topography, effectivly reduces the impact of the traffic on the interior of the park. X.G.

EQUIPAMIENTO DE LAS LOSAS SOBRE LA RONDA DEL LITORAL
EQUIPPING OF THE SLABS OVER THE RONDA DEL LITORAL
Ronda del Litoral. Barcelona

The intervention in the slabs spanning the Ronda del Litoral was part of the overall project for fitting out the whole of the city of Barcelona's peripheral ring with new amenities, and included –in addition to the slabs themselves– a lantern light and two pedestrian bridges on the Ronda de Dalt, a pergola in carrer Aragó, and the structures supporting the signage elements for the entire road network.

In its passage through the districts of Bon Pastor and Baró de Viver, alongside the river Besós, the Ronda del Litoral is covered by two slabs of reinforced concrete that effectively reclaim the space conceded to the ring road and fit it out for public use.

The general configuration of each of these slabs essentially reflects three main considerations: the landscaping and access stairs adapt to the pattern of the urban grid; the more visible elements such as the pergola, the fronton and tennis courts follow the course of the river; while the variable distance between supporting pillars tends to adapt to the line of the Cinturó ring road, thus permitting the entry of daylight from the direction of the river and allowing the palm trees to rise up to the level of the promenade above.

The pedestrian bridge over the Ronda alongside the Aviguda Meridiana was designed to give a longitudinal facade parallel to the Meridiana at the point where this crosses the motorway entering the city from the north. This pedestrian bridge with its very deep beam is on two levels, the lower enabling pedestrians to cross quickly, the upper affording views of the surrounding area. X.G.

La intervención sobre las losas de la Ronda del Litoral forma parte del proyecto para el equipamiento de todo el cinturón periférico de la ciudad de Barcelona e incluye además de las losas: un lucernario y dos pasarelas peatonales en la Ronda de Dalt, una pérgola en la calle Aragón y las estructuras de soporte para la señalización de toda la red viaria.

La Ronda del litoral, a su paso por los barrios de Bon Pastor y Baró de Viver, queda cubierta por dos losas de hormigón armado que recuperan el espacio ocupado por el Cinturón, para ser equipado y utilizado.

La configuración general de cada losa tiende a adaptarse a tres directrices principales: la jardineria y escalinatas de acceso se adaptan a la trama urbana; las partes visibles como la pérgola, el frontón y pistas de tenis, al río; y la distancia variable entre pilares de soporte que tiende a adaptarse al trazado del Cinturón permitiendo además la entrada de luz natural por la parte del río así como la salida de las palmeras al paseo superior.

La pasarela peatonal sobre la Ronda y junto a la Avenida Meridiana se realizó con el propósito de dar una fachada longitudinal paralela a la Meridiana en el punto donde se cruza con la autopista de acceso a la ciudad. Se trata de un paso elevado, a través de una viga de gran canto, a dos niveles escalonados; uno para cruzar rápidamente y otro con carácter de mirador. X.G.

H. PIÑON PALLARÉS y A. VIAPLANA VEÁ

CENTRO DE CULTURA CONTEMPORÁNEA, "CASA DE LA CARITAT"
CENTRE OF CONTEMPORARY CULTURE, "CASA DE LA CARITAT"
C. Montalegre, 5. Barcelona

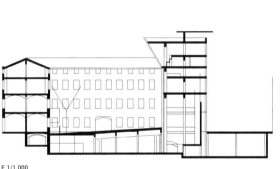

E 1/1.000

El antiguo edificio, conocido como "el pati de las dones" se compone de tres cuerpos de doble crujía dispuestos en forma de U. Estos tres cuerpos fueron restaurados así como sus fachadas, la exterior y las tres interiores que conforman el patio, conservando su carácter, estructura y uso. El ala norte, de poca importancia arquitectónica, fue substituida por un volumen prismático que alberga el vestíbulo de entrada y el cuerpo de circulaciones verticales. La fachada de este nuevo cuerpo es de vidrio y se inclina, a partir de la cornisa de las edificaciones existentes, sobre el patio, reflejando imágenes del casco antiguo.
El centro dispone de un auditorio, varias salas de exposiciones, situadas en las plantas segunda y tercera, cuatro aulas, un bar, una librería y otros servicios anexos.
El patio y el vestíbulo pueden funcionar como espacios polivalentes. X.G.

The old building, known as "the womens' courtyard", is composed of three double-span volumes in a U-shaped arrangement. The restoration of these three bays, including their exterior and interior facades, has retained their character, structure and use. The north wing, of little architectonic importance, was replaced by a prismatic volume that houses the entrance vestibule and the vertical circulation. The facade of this new body is glazed and inclines outwards from the level of the cornice of the existing buildings, over the courtyard, reflecting images of the historic centre of the city.
The centre has its own auditorium, various exhibition halls on the second and third floors, four lecture rooms, a bar, a bookshop, and other auxiliary services. The courtyard and the entrance hall are both capable of functioning as multi-use spaces. X.G.

OBRAS PRÓXIMAS
WORKS NEARBY
B−1991/1995
R. MEIER,
F. RAMOS GALIANO
Museo de Arte
Contemporáneo de
Barcelona
Pl. Àngels, 1
Barcelona

B−1933/1938−p.65
B−1931/1932−p.60
B−1992/1995−p.132

B-1990/1994

INSTITUTO DE B.U.P.
SECONDARY SCHOOL
Sant Pere de Ribes

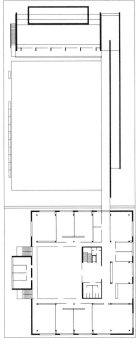

E 1/1.000

The absence of clear alignments along which to position the building, combined with the irregular contours of the perimeter of the plot, prompted a solution in which the geometry of the building was the element of definition applied to the remaining area of the site, most of which is laid out as a playground. The Secondary Institute consists of a main three-storey building and a smaller volume at the opposite end of the site accommodating a gymnasium. These two volumes, together with the ramp-bridge that connects them, define the area of the sports ground.

The main building is composed of an exterior ring of reinforced concrete, within which the classrooms are laid out, and a central body with a metal structure and a skin of glass block that contains the assembly hall, a large covered courtyard, the seminar rooms and the entrances. The volumetric relationship of these two parts marks the expression of the project, while at the same time elucidating its function. The assembly hall is a double-height volume, situated on the basement level, with access by way of the porch on the ground floor. X.G.

La ausencia de alineaciones claras donde apoyar la edificación, así como la propia irregularidad de los perímetros, propiciaron una solución donde la geometría del edificio fuera el elemento definidor del resto del espacio del solar destinado principalmente a patio de juegos. El instituto consta de un edificio principal de PB+3 y otro en el extremo opuesto del solar destinado al gimnasio. Estos dos volúmenes junto con la rampa-puente que los conecta, definen el ámbito de la pista deportiva. El edificio principal se compone de un anillo exterior de estructura de hormigón donde se disponen las aulas, y un cuerpo central de estructura metálica y plementería de pavés que contiene la sala de actos, un gran patio cubierto, las tutorías y los accesos. La relación volumétrica de estas dos partes, configura la expresión del proyecto, al tiempo que intenta explicar su funcionamiento. La sala de actos está situada en la planta sótano y tiene doble nivel. Se accede a través del porche en planta baja. X.G.

OBRAS PRÓXIMAS
WORKS NEARBY

B-1946
J.A. CODERCH DE SENTMENAT
Pérez Mañanet
Vivienda Unifamiliar
Sitges

B-1955/1956
J.A. CODERCH DE SENTMENAT
Casa Catasús
Vivienda Unifamiliar
Onésimo Redondo
Sitges

DISCOTECA GRAN VELVET
GRAN VELVET DISCOTHEQUE

Polígono Montigalà, sector J.C., manzana IV, *Montigalà industrial estate, sector J.C., block IV.* Badalona

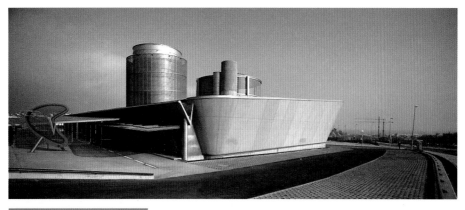

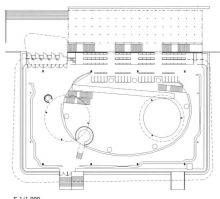

E 1/1.000

En el polígono de Montigalà, aislado y fuera del ámbito del casco urbano de Barcelona, se alza la figura de la discoteca Gran Velvet.
Se trata de un macroespacio de 4.000 m² al servicio del espectáculo y la diversión, capaz de sorprender mostrándose al visitante como un inquietante artefacto mecánico, en cuyo interior él es el protagonista.
Exteriormente aparece como una caja distorsionada por la actividad interior de donde sobresalen dos cilindros espectacularmente iluminados de noche. El mayor de éstos, de 24 m de altura, se manifiesta en el interior a través de un gran hueco elíptico, como un gran vacío, ofreciendo sofisticados efectos de luz y sonido, y cuya proyección en la planta, semienterrada, corresponde a la pista principal de baile. Esta puede ascender o descender mediante un mecanismo hidráulico.
Recorridos alternativos y la posibilidad de responder a situaciones y ambientes diversos caracterizan este proyecto. X.G.

On the Montigalà industrial estate, set apart and well removed from the residential urban fabric of Barcelona, stands the Gran Velvet discotheque.
This is a macrospace of 4,000 m² devoted to music, spectacle and fun, capable of surprising the visitor and revealing itself as a disturbing mechanical artifact in whose interior the users themselves are the protagonists.
On the exterior the discotheque has the appearance of a great box distorted by the activity inside, out of which two cylinders –spectacularly illuminated at night– project upwards.
The larger of these, with a height of 24 m, declares itself in the interior as a great elliptical opening, a great void, equipped with sophisticated sound and light systems; the projection of this void onto the semi-sunken floor plan generates the main dance floor, which can be raised or lowered by means of a hydraulic mechanism.
The project is characterized by its choice of itineraries and potential to respond to a variety of different situations with different settings and atmospheres. X.G.

OBRAS PRÓXIMAS
WORKS NEARBY

B-1983
E. BRU BISTUER.
J.L. MATEO MARTÍNEZ
Instituto de
Formación Profesional
c. Sta Eulàlia, s/n
Santa Coloma de
Gramenet

B-1989
J. PASCUAL ARGENTE
Grupo de viviendas
Urbanización Sant
Berguer
Teià

B-1993/1995
J. PASCUAL ARGENTE
Conjunto de viviendas
de Promoción Pública
Polígono Montigalà
Badalona

B-1987/1991–p.109
B-1989/1992–p.120

SEDE DEL CONSEJO COMARCAL DEL BAIX LLOBREGAT
BAIX LLOBREGAT REGIONAL COUNCIL OFFICES
Parque de Torreblanca *Torreblanca park*. Sant Feliu de Llobregat

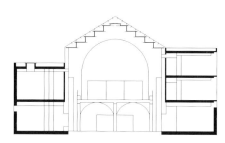

E 1/500

The rehabilitation of an existing structure serving an agricultural function to accommodate the offices of the Baix Llobregat Regional Council led to the construction of a new building which partially envelops the older volume while at the same time rediscovering and exploiting its spatial values to bring about a closer linking of the two.

A new roof with a stepped section, allowing daylight to enter, was added, reinforcing the spatial dimension afforded by the openings created in the existing structure.

The volumetry of the complex does not reject its surroundings, but opens up to the space of the urban park while presenting its more hostile aspect to the industrial zone and the main road.

The ground around the complex was excavated to form landscaped banks which allow direct access to the former basement level, now transformed into a large vestibule and exhibition space. X.G.

La rehabilitación de una antigua edificación destinada a usos agrícolas para acoger le sede del Consejo Comarcal llevó a la realización de un edificio de nueva planta que envolvía parcialmente la parte antigua, pero a la vez redescubría y aprovechaba sus valores espaciales hasta conseguir una gran vinculación entre ambas partes.

Se incorporó a la antigua estructura de arcos una cubierta de sección escalonada que permitía la entrada de la luz natural reforzando la dimensión espacial que conferían los vacíos realizados en la antigua estructura.

La volumetría del conjunto no es ajena a su entorno, abriéndose hacia la zona del parque urbano y ofreciendo un aspecto más hostil a la zona industrial y de carretera.

Se deprimió el terreno circundante mediante taludes ajardinados para hacer accesible el antiguo nivel del sótano reconvertido ahora en gran vestíbulo y sala de exposiciones. X.G.

OBRAS PRÓXIMAS
WORKS NEARBY

B-1975	B-1987/1990	B-1990/1992	B-1993	B-1995
L. CANTALLOPS VALERI, J.A. MARTÍNEZ LAPEÑA	E. DONATO FOLCH, M. JIMÉNEZ EROLES	C. BIANCO LABORDE	H. PIÑÓN PALLARÉS, A. VIAPLANA VEÁ, R. MERCADÉ ROGEL	J.M. ROVIRA GIMENO, Restauración del Molino de Can Batlle
Edificio de viviendas c. St. Josep / c. Miguel Hernàndez Sant Vicenç dels Horts	Facultad de Telecomunicaciones c. Generalitat de Catalunya, s/n. Sant Just Desvern	Instituto de Enseñanza Secundaria Viladecans	Biblioteca Popular Montserrat Roig Verge M ontserrat s/n. Sant Feliu de Llobregat	c. Molí Vallirana

NAVE INDUSTRIAL MONTESA-HONDA
MONTESA-HONDA INDUSTRIAL BAY

Polígono Can Roca *Can Roca industrial estate*. Santa Perpètua de la Mogoda

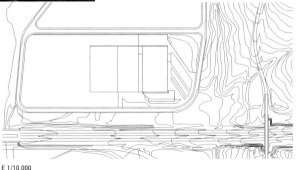

E 1/10.000

La volumetría de la nave industrial de Montesa-Honda responde a dos aspectos bien distintos: la voluntad integradora del edificio, mediante la cubierta, con su entorno natural suavemente ondulado y, por contra, el reclamo que debía ejercer el edificio, o una parte de él, hacia la autopista B-30, su principal punto de referencia.

Este último aspecto se solventó mediante una gran pantalla de vidrio reflectante que además de ser el soporte publicitario del anagrama Honda, actúa como barrera acústica y protección solar.

La obra consta de la nave, de estructura metálica, respondiendo a criterios de rapidez de montaje y versatilidad de utilización, y el bloque de oficinas, donde se apoya la pantalla de vidrio. X.G.

The volumetry of the Montesa-Honda industrial bay is a response to two quite different considerations: the desire to integrate the building, by means of the roof, with its natural surroundings, and at the same time to signal the presence of the building, or some part of it, to the neighbouring B-30 motorway, its principal point of reference.

This latter concern has been resolved in the form of a great screen of reflecting glass, which serves as an advertising hoarding for the Honda trade name as well as screening out unwanted traffic noise and sunlight.

The scheme is composed of two elements: the bay itself, with a metal structure, designed on the basis of criteria of rapidity of assembly and versatility of use, and the block of offices, which supports the glass screen. X.G.

OBRAS PRÓXIMAS
WORKS NEARBY

B-1983/1984	B-1984/1991	B-1986/1993	B-1992	B-1993	B-1994
A. GONZÁLEZ,	A. GONZÁLEZ,	E. MIRALLES MOYA,	R. TERRADES	E. SERRA RIERA,	R. TERRADES
P.J. CARBÓ BERTHOLD	P.J. CARBÓ BERTHOLD	C. PINÓS DESPLAT	MUNTAÑOLA,	L. VIVES SANFELIU,	MUNTAÑOLA,
Restauración de las	Restauración de la	Centro Cívico	E. TERRADES	J. CARTAGENA MIRET	E. TERRADES
Termas Romanas	Iglesia de St. Vicenç	Hostalets de Balenyà	MUNTAÑOLA	Centro Empresarial	MUNTAÑOLA
Pl. Església	de Malla		Instalaciones de Tiro	Nodus-Barberà	Escuela de Bomberos
Caldes de Montbui	Ctra. N-152		Olímpico	Polígono Can	Ctra. N-152
	Malla		Ctra. N-152	Salvatella	Mollet del Vallès
			Mollet de Vallès	Barberà del Vallès	

B-1992/1994

VIVIENDAS DE PROMOCIÓN PÚBLICA
LOCAL AUTHORITY HOUSING
C. Mercè Rodoreda. Sant Cugat del Vallés

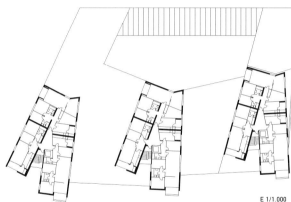

E 1/1.000

This complex comprising three buildings, situated on a plot overlooking the track of the Generalitat's local railway in an expanding sector of the town, is organized on the basis of the axis formed by the Parc Central park designed by the architects Enric Batlle and Joan Roig, situated on the opposite side of the railway line.

The three blocks are five storeys in height, rising up from a common base occupied by shopping. The plan reflects two different alignments: that of the streets that bound the two sides of the plot, and that of the frontage, which has the character of main facade looking across to the public park. These two divergent orientations generate an opening in the plan, which hus accommodates the stairs and lifts. This disposition at the same time ensures the existing buildings to the rear a view of the park. The commercial premises on the ground floor open onto carrer Mercè Rodoreda in front, and onto the interior courtyard to the rear, which also provides access to the single-level car park. X.G.

Conjunto formado por tres edificios, está situado en un solar frente a la línea de Ferrocarriles de la Generalitat, en una zona de expansión de la ciudad, organizada a partir del eje que forma el Parque Central, obra de los arquitectos Enric Batlle i Roig, que se sitúa al otro lado de la línea férrea. Los tres bloques tienen cinco plantas de altura, arrancan de un basamento común de caracter comercial. Su planta responde a dos directrices: la de las calles que hay a ambos lados del solar y la otra, que responde más al carácter de fachada principal a un parque público. Estas dos divergencias provocan una apertura en planta, donde se sitúan escalera y núcleo de ascensores. Esta implantación permite a su vez impedir la visión del parque a los edificios preexistentes situados ahora detrás. Los locales comerciales de planta baja, dan a la calle delantera, Mercè Rodoreda, y al patio interior por la parte posterior, por donde también se accede al aparcamiento único de una sola planta. X.G.

J.A. LLINÀS CARMONA

EDIFICIO DE VIVIENDAS
APARTMENT BUILDING
C. del Carme / C. d´En Roig. Barcelona

E 1/500

El edificio, situado en el casco antiguo de Barcelona, son en realidad tres bloques de viviendas aisladas sobre una base en planta baja dedicada al comercio.

Esta decisión, junto con la nueva alineación de fachada propuesta, buscan satisfactoriamente, de una parte, la mayor visibilidad y amplitud en el tramo de la calle d´En Roig, y de otra, la mejor iluminación y ventilación para las viviendas que de esta forma disponen de más superficie de fachada. Todo ello forma parte del proceso de regeneración a todos los niveles que está experimentando esta zona de la ciudad. Los espacios que dejan libres los bloques sobre la cubierta de la planta baja se dedica a patios de uso comunitario.

Los materiales utilizados en fachada, el acabado de estuco, las persianas de madera, buscan una integración con la arquitectura del barrio. Las tribunas parecen preparar el giro o cambio de la alineación. reforzando la continuidad del plano de las fachadas antiguas. X.G.

The building, situated in the historic centre of Barcelona, is in fact composed of three separate apartment blocks set on top of a ground floor plinth occupied by shopping.

This design decision, together with the proposed new alignment of the facade, is effective in achieving greater visibility and breadth along the d´en Roig side while at the same time ensuring improved ventilation and daylight for the apartments, which thus enjoy a larger street frontage. The project is at the same time part of a much wider process of regeneration and renewal at all levels currently taking place in the Raval district of the city. The free spaces between the blocks on the roof of the ground floor serve as communal courtyards.

The materials used on the facade, such as the stucco rendering and the wooden blinds, seek integration with the existing architecture of the neighbourhood. The glazed balconies seem to prepare the way for the turn or shift in alignment, stacked above the great doorway that serves to reinforce the gateway character of this corner of the Raval. X.G.

OBRAS PRÓXIMAS
WORKS NEARBY
B-1931/1932-p.60
B-1990/1993-p.126

FÒRUM NORD DE LA TECNOLOGIA
NORTH FORUM OF TECHNOLOGY
C. Pi i Molist, s/n. Nou Barris, Barcelona

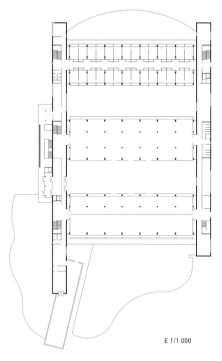

E 1/1.000

With a built surface of almost 17,500 m², the Fòrum is a space dedicated to technological innovation.
Situated in a sector of the city of relatively recent growth, organized for the most part on the basis of the development of isolated blocks, this building seeks to establish a dialogue with an existing part of the old Institut Mental de la Santa Creu, composed of a structure of orthogonal volumes that configure a series of large courtyards.
The Fòrum is thus constructed to a height similar to that of this existing building, and is at the same time organized on the basis of two parallel linear service wings, of concrete, and three buildings with transparent glazed facades which are united and braced by these two wings. The interiors, under the ample sloping metal roofs, afford a new reading of these manifestly domestic spaces. X.G.

Con una superfície construida próxima a los 17.500 m² el Forum es un espacio dedicado a la innovación tecnológica. Ubicado en un sector de la ciudad con un crecimiento relativamente reciente y mayoritariamente organizado en base a un desarrollo de polígonos aislados, este edificio trata de establecer un diálogo con una parte existente del antiguo Institut Mental de la Santa Creu, formado por una estructura de cuerpos ortogonales que siempre van configurando unos importantes patios.
De este modo el Fórum aparece con una altura similar a la de esta anterior construcción y así mismo se organiza en base a dos alas servidoras lineales y paralelas, resueltas en hormigón, y tres edificios que unen y arriostran estas dos piezas, con un tratamiento acristalado y transparente. Los espacios interiores, protegidos por unas generosas cubiertas inclinadas metálicas, configuran una nueva lectura de estos espacios tan domésticos. X.G.

OBRAS PRÓXIMAS
WORKS NEARBY

B-1982/1986
B. DE SOLA
SUSPERREGUI,
J.M. JULIÁ CAPDEVILA
Ordenación de la Via
Júlia
Barcelona

B-1984
J.M. JULIÁ CAPDEVILA,
J.L. DELGADO
ESALLARGAS,
A. ARRIOLA MADORELL,
C. RIBAS SEIX
Plaça Sóller
Barcelona

B-1987/1992-p.112

ACUARIO DE BARCELONA-CENTRE DE MAR
AQUARIUM OF BARCELONA AND MARINE CENTRE
Moll d'Espanya. Barcelona

El acuario de Barcelona está situado en un solar trapezoidal de 6.268 m², en la península que forma el Moll d'Espanya, junto con otros edificios destinados a actvidades lúdicas, culturales y comerciales, formando parte del proceso de recuperación del frente marítimo que la ciudad está llevando a cabo desde inicios de los años 80.

El centro se halla en la convergencia de varias visuales singulares, con lo cual requería una forma arquitectónica clara y a la vez coherente con las demás construcciones existentes.

El tipo de estructura del edificio permite que éste aparezca más ligero y transparente y mantenga una mayor relación exterior-interior y viceversa.

El programa por su parte debía responder a dos necesidades: de un lado las exigencias singulares del lugar, de otra, el programa altamente especializado (que se resolvió de manera ejemplar), todo ello permitiendo al mismo tiempo una estrecha relación espectador-objeto.

El programa público consiste en un recorrido por diferentes espacios ambientales y a distintas cotas, que circula entre la superposición de distintos

The Barcelona Aquarium stands on a trapezoidal 6,628 m² plot on the spur of the Moll d'Espanya dock, amongst other buildings housing cultural, recreational and commercial activities, and forms part of the operation to recover the seafront that the city has been engaged in since the 80s.

The centre's location commands a number of exceptional views and makes the building itself highly visible, so that this needed to have an architectonic form that would be at once clear and coherent with the existing constructions in the vicinity.

The type of structure employed causes the building to seem lighter and more transparent than in fact it is, and to establish a more direct relationship between interior and exterior.

The programme, for its part, was asked to satisfy two kinds of requirement: on the one hand, the specific demands of the location, and on the other, the highly specialized functional brief (resolved here with exemplary intelligence), while at the same time seeking to ensure the closest possible relationship between spectators and content.

The public programme commences with an itinerary that passes through spaces on various levels accommodating different environments: this continues on between the layered levels of the various horizontal planes (the floor slabs),

OBRAS PRÓXIMAS
WORKS NEARBY

B-1989/1990
O. TARRASÓ CLIMENT,
J. HENRICH MONRÀS,
R. CÀCERES ZURITA
Urbanización del
P. Joan de Borbó
y del P. Marítim
Barcelona

B-1990/1994
A. ARRIBAS CABREJAS,
M. MORTE MORALES
Rehabilitación de un
Edificio de Oficinas
Pl. Duc de Medinaceli 8
Barcelona

B-1991/1993
P. RIERA,
J.M. GUTIÉRREZ,
J. SOTORRES
Edificio de Oficinas
F.E.C.S.A.
Av. Paral·lel /
c. Cabanes
Barcelona

B-1992/1995
J.A. MARTÍNEZ LAPEÑA,
E. TORRES TUR
Piscinas Banys de
Sant Sebastià
P. Joan de Borbó /
P. Escollera
Barcelona

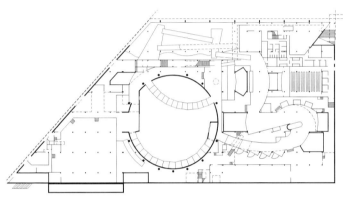

E 1/1.500

constantly circulating around the oceanarium to arrive at the great terrace with the cupola.

Alongside the Aquarium is the Imax cinema, designed by Garcés / Sòria, and at the edge of the Moll d'Espanya dock the Maremagnum building by Viaplana / Piñon, the architects who were also responsible for laying out the peninsula, and the Rambla de Mar walkway that provides pedestrian access from the Portal de la Pau in the form of a great wooden deck-cum-boardwalk promenade.

Just across the harbour, composing the waterfront facade of the neighbouring Barceloneta district, are the Passeig de Joan de Borbó and the Moll de la Barceloneta, designed by Henrich / Tarrassó / Cáceres.

The urban design has created a great linear space in response to the dual nature of the function: a thoroughfare linked to the neighbourhood and to the port, while at the same time retaining the character of open space intrinsic to the context and the scale of the harbour. This space is effectively nuanced and framed by the deployment of trees, more numerous in the areas bordering the residential neighbourhood, thinning progressively in the direction of the harbour. X.G.

planos horizontales (los forjados), y con una pieza fundamental, el oceanarium.

Junto al Acuario se sitúa el Imax, obra de Garcés / Sòria, y en el extremo del Moll d'Espanya está el edificio Maremàgnum de Viaplana / Piñón, responsables también de la urbanización de la península, y la Rambla de Mar que da acceso a ella peatonalmente desde la Porta de la Pau, concebida como un paseo-playa de madera.

En frente y formando la fachada del barrio de la Barceloneta está el paseo de Joan de Borbó y el Muelle de la Barceloneta, obra de Henrich / Tarrasó / Cáceres.

Se ordenan como un gran espacio lineal que responde a su doble vocación: paseo ligado al barrio y también al puerto, manteniendo a la vez el carácter de espacio vacío inherente al contexto y la escala portuarias, pero lo matiza y enmarca con arbolado en las zonas próximas al barrio, abriéndose gradualmente desde éste hacia el puerto. X.G.

OBRAS PRÓXIMAS
WORKS NEARBY

B-1993/1995
H. PIÑÓN PALLARÉS.
A. VIAPLANA VEÁ
Complejo Lúdico
Maremagnum
Moll d'Espanya
Barcelona

B-1994/1995
J. GARCÉS BRUSÉS.
E. SÒRIA BADIA
Cine Imax
Moll d'Espanya
Barcelona

B-1995
H. PIÑÓN PALLARÉS.
A. VIAPLANA VEÁ
Rambla de Mar
Moll de la Fusta
Barcelona

B-1950/1953
B-1951/1954
B-1990/1992-125

MUSEO DE ARTE ROMANO
MUSEUM OF ROMAN ART
C. José Ramón Mélida. Mérida

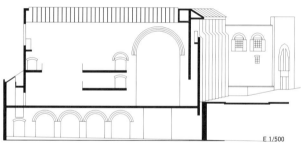

E 1/500

El edificio, de tocho de factura manual realizado exproceso para este edificio aperece con una serie de contrafuertes sesgados que evidencian la solidez de la fábrica en la construcción romana y su fuerte presencia interfiere en el modesto medio urbano de Mérida.

Desde el exterior se aprecia ya la voluntad de rememorar y evocar el pasado romano que se manifestaba mediante la utilización de sistemas de construcción propios que definen, todo el edificio.

Los muros, huecos, proporciones o espacios quedan definidos por la fábrica. La dialéctica creada entre el orden transversal de los muros, con toda su masa, y el orden longitudinal creado por el vacio secuencial que los arcos producen en los muros es la clave para entender este edificio si bien queda reforzado gracias a los pasillos elevados que refuerzan, si cabe, la profundidad de estos ejes longitudinales. De todo ello aparece el gran espacio dominado por una luz rasante casi vertical que dará especial relieve a los objetos romanos recuperados. X.G.

The building, of specially commissioned handmade brick, presents itself as a series of slanting buttresses which draw attention to the solidity of the masonry of the original Roman constructions and their powerful presence in the modest urban environment of Mérida.

The exterior of the museum gives a first expression to the concern with recalling and evoking the Roman past, manifested in the use of characteristically Roman construction systems that define the entire building.

The walls, openings, proportions and spaces are defined by the brickwork. The dialectic established between the transverse order of the walls, with all their considerable mass, and the longitudinal order created by the sequential void generated in the walls by the series of arches provides the key to a reading of this building; a reading that is also validated by the raised corridors that further reinforce the sense of depth of the longitudinal axes. The outcome of all this is the great space dominated by an almost vertical illumination that reveals the Roman remains in particularly sharp relief. X.G.

OBRAS PRÓXIMAS
WORKS NEARBY

BA-1976/1978
G. AYALA GARCÍA
Centro de Enseñanza
Primaria
Almendralejo

BA-1987/1990
J JUNQUERA GARCÍA
DEL DIESTRO
E. PÉREZ PITA
Centro Provincial de
Telefónica
Av. Constitución
Mérida

BA-1988/1992
G. VÁZQUEZ
CONSUEGRA
Edificio de viviendas
C. Ortega Muñoz /
C. García Lorca
Almendralejo

SEDE DE CONSEJERÍAS PARA LA JUNTA DE EXTREMADURA
REGIONAL GOVERNMENT OFFICES FOR THE JUNTA DE EXTREMADURA
Mérida

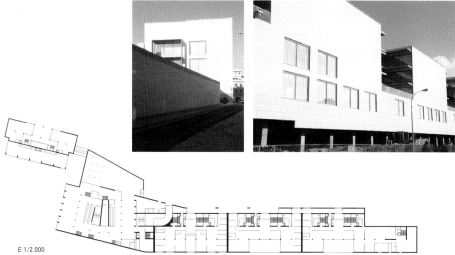

E 1/2.000

The building stands on the bank of the river Guadiana, looking towards the city across the river, and flanked by two bridges: the new bridge by Santiago Calatrava and the Roman bridge that leads to the Alcazaba.

This setting inspired an abstract, linear design of great formal simplicity that has exactly the note of ambiguity the context defined by these elements required.

The pronounced slope of the site is not apparent from a distance. The unitary volume, with the three voids excised from its cuboid mass, projects out over a site studded with archaeological remains, casting a band of shade between the higher and lower strata of the terrain.

The structure is not entirely of pillars; where there are no archaeological remains below, the cuboid volume is supported on brick walls, although the Roman substratum is always present, constituting the base of the building.

Accesses and services are situated on the street to the rear, with a view of the Roman remains that serve as a kind of buffer or moat between the building and the street, which are connected by ramps and gangways. X.G.

El edificio está situado junto al río Guadiana, dando fachada a la ciudad desde la otra orilla y entre dos puentes que cruzan el río: el de Santiago Calatrava y el puente romano que desemboca en la Alcazaba.

Todo ello inspiró un edificio de gran sencillez formal, abstracto y lineal que proporcionan la ambigüedad precisa entre estos elementos tan concretos.

El considerable desnivel del solar, pasa inadvertido a lo lejos. El cuerpo unitario con tres vacíos excavados en el macizo prismático, sobrevuela el terreno repleto de restos arqueológicos, marcando una franja de sombra entre ambos niveles.

La estructura no es siempre de pilares, cuando no hay restos arqueológicos el cuerpo prismático se apoya sobre muros de ladrillo. En todo caso, el estrato romano está siempre presente como base del edificio.

Accesos y servicios se sitúan en la calle posterior donde se hacen visibles los restos romanos que como un fluído separan al edificio de la calle, siendo posible la conexión entre ambos a través de rampas y pasarelas. X.G.

OBRAS PRÓXIMAS
WORKS NEARBY

BA-1982	CC-1986/1989		BA-1988/1991
J.A. CORRALES.	G. AYALA GARCÍA		S. CALATRAVA VALLS
R. VÁZQUEZ MOLEZÚN	Restauración del		Puente Lusitania
Banco de España	Palacio de la		Sobre el Río Guadiana
Badajoz	Camarena C.O.A.D.E		Mérida
	Cáceres		

GRUPO ESCOLAR LUIS BRIÑAS
LUIS BRIÑAS SCHOOL
Pl. Labaixeta. Bilbao. Bilbo

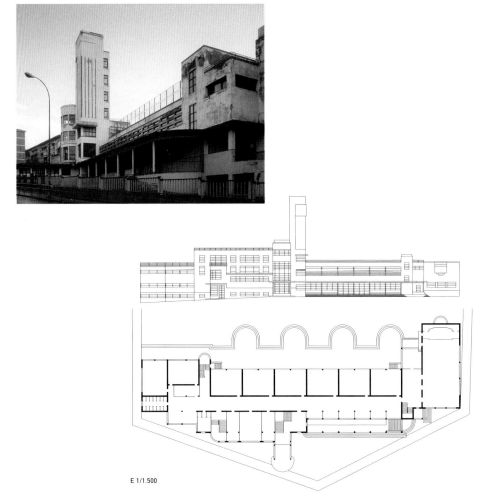

E 1/1.500

Pedro de Ispízua representa uno de los escasos arquitectos españoles que al margen de grupos como los del GATEPAC o de la generación madrileña "de 1925" y fuera de la bipolaridad Madrid-Barcelona, llevan a cabo obras de un máximo interés dentro de lenguajes afines a las vanguardias europeas de la década de los años 30, alternándolos en ocasiones con trabajos, también estimables, de un innegable eclecticismo o historicismo. El Grupo Escolar Luis Briñas, dentro de su adscripción a una estética bauhasiana presenta una libre y rica volumetría, haciendo uso de elementos menos convencionales como el pórtico de acceso a los campos de juego, la torre del reloj, etc., manteniéndose de forma cada vez más clara como una obra excepcional dentro del panorama de la época. C.F.

Pedro de Ispízua represents one of the few Spanish architects who, on the fringes of groups such as GATEPAC or the "generation of 1925" in Madrid, and physically remot from the bipolar Madrid-Barcelona axis, went on to produce works of great interest within the languages of the 30s avant-gardes, occasionally alternating these with entirely creditable works of undeniable eclecticism or historicism. The Luis Briñas school, within its adherence to a Bauhaus aesthetic, presents a free, rich volume, making use of relatively unconventional elements such as the access porch to the sports fields, the clock tower, etc., and revealing itself ever more clearly as an exceptional work within the panorama of the Spanish architecture of its time. C.F.

OBRAS PRÓXIMAS
WORKS NEARBY

EDIFICIO DE VIVIENDAS
HOUSING BUILDING

Gran Via de Don Diego López de Haro, 59 / C. Gregorio de la Revilla, Estraúnza. Bilbao. Bilbo

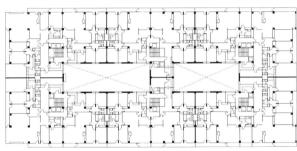

E 1/1.000

The disposition within the city block proposed by the architects is developed by the building with its facade on the Gran Via and calle Gregorio de la Revilla. The architecture is clear, based on a geometry that is evident without being excessively rigid. This also makes itself apparent in the floor plans, where this geometry is domesticated and adapted to various different solutions, permitting a great diversity of responses to the the general residential programme. On the facades, governed by very simple compositional rules, the horizontal predominates, except at those points where the block twists round on itself, articulating at each of the four corners to generate a movement weighted by the geometry. Of particular note here is the more set-back position of the higher block that fronts onto c. Gregorio de la Revilla, this solution effectively ensuring the differentiation of the two blocks.

The facade is remarkable for the sharpness of its straight lines, resulting in part from the choice of materials: the white granite, together with the wood and translucent glass of the glazed surfaces, gives the building a formal character reminiscent of the International Style. X.G.

Los autores de esta obra obtuvieron el Premio Asúa con esta casa de Estraúnza.

Consiste en una disposición de manzanas propuesta por los propios arquitectos donde se desarrolla el bloque con fachada a Gran Vía. Su arquitectura es clara y basada en la geometría, pero no rígida. Ello se aprecia en las plantas donde la geometría se domestica y adapta a diversas soluciones, permitiendo gran diversidad de respuestas al programa de vivienda. Las fachadas, con unas reglas muy simples donde predomina la horizon-talidad que marcan las fachadas, es igualmente flexible y va girando sobre el bloque, articulándose para cada una de las cuatro fachadas y provocando un movimiento regularizado por la geometría. Destacan en fachada la claridad de líneas rectas, gracias, en parte, al uso de los materiales: granito albero y superfície acristalada (madera y vidrio traslúcido) que dan gran carácter formal al edificio. X.G.

OBRAS PRÓXIMAS
WORKS NEARBY

BI-1956/1957
E.M. DE AGUINAGA
AZQUETA, H. IMAZ.
G. AGUIRRE.
Edificio de viviendas
Gran Vía, 56
Bilbao

BI-1958/1960
E. M. DE AGUINAGA
AZQUETA
Edificio de viviendas
c. Elcano / c. Henao
Bilbao

BI-1961/1965
F. IÑIGUEZ DE ONZOÑO
ANGULO. J. LARREA
BASTERRA
Edificio de viviendas
Olabarría Hermanos
c. Alda Mazarredo, 25
Bilbao

BI-1967/1970
J. TORRES.
E. CASANUEVA MUÑOZ.
J.M. CHAPA GALÍNDEZ
Sede del Banco Bilbao
Vizcaya
Gran Vía, 1
Bilbao

BI-1971/1975
E. M. DE AGUINAGA
AZQUETA
Edificios de viviendas
c. Sabino Arana /
Simón Bolivar
Bilbao

CLUB DE GOLF DE LA GALEA
LA GALEA GOLF CLUB

Getxo

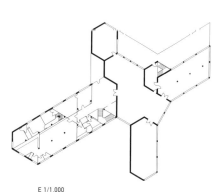

E 1/1.000

El Club de golf es un proyecto que define una época en la manera de hacer de Aguinaga a la vuelta de su viaje a Estados Unidos y todavía fascinado por la arquitectura de F.L. Wright.

En este caso hace una muy válida interpretación de la arquitectura orgánica adecuada al paisaje y al terreno a partir de una trama generada por hexágonos y que se desarrolla en todas direcciones posibilitando el programa del Club, y termina por diluirse en el paisaje.

El hexágono determina la unidad estructural, construída de madera, que va a generar el edificio creciendo de forma indefinida; pero a la vez también los elementos inferiores a la unidad se adecúan a la forma hexagonal: las escaleras, el mobiliario y el pavimento del hall de entrada (estructura de hexágonos dentro de otra igual de mayor escala), son ejemplos de ello.

La cubierta limita el espacio donde se ha actuado consiguiendo dar al club el carácter confortable de refugio. X.G.

This project for a golf club effectively defines a whole period in Aguinaga's way of making architecture, on returning from his trip to the United States and still very much under the spell of F.L. Wright. Here, the project puts forward a very valid interpretation of organic architecture that adjusts to the landscape and the place on the basis of a hexagonal grid; this grid is developed in all directions to accommodate every aspect of the golf club's programme before gradually dissolving into the surrounding landscape.

The basic structural unit is a hexagon, constructed of wood. This generates a building capable of continuous growth, while the hexagon also determines the form of the lesser elements within this unit: the stairs, the furniture and the floor of the entrance hall (a structure of hexagons inside a second, larger hexagonal structure) are all examples of this. The roof extends over the three wings of the clubhouse and contributes to giving the whole the comforting air of a refuge, looking out over a fairway that stretches off to the sea beyond. X.G.

OBRAS PRÓXIMAS
WORKS NEARBY

BI-1964/1966
J.L. IÑÍGUEZ DE ONZOÑO ANGULO
Edificio de viviendas
Zugazarte
Av. Zugazarte, 37
Getxo

BI-1966/1970
R. ABURTO RENOVALES
Edificio de viviendas
Neguri
Getxo

BI-1969/1970
E. AGUINAGA AZQUETA.
Tres Bloques de viviendas
Etxezurri
Bilbao

VIVIENDAS MUNICIPALES
MUNICIPAL HOUSING
Larrako Torre-Islas Canarias. Bilbao. Bilbo

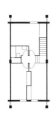

E 1/500

This complex consists of three blocks of municipal housing, and was constructed to the winning project in the competition organized by Bilbao City Council in 1964.

The scheme is experimental in character, embracing a variety of social and architectural tendencies deriving from rationalism, and can also be read as a reinterpretation of Le Corbusier's experiment with the Unité d'Habitation in Marseilles.

The project brings together a number of aspects of Le Corbusier's language, alongside certain innovative features such as the system of access to the apartments, the result being these three blocks in which the expression of the structure predominates; the potent form of the stair well, the volumetric composition and the laying out of the duplex apartments.

The work stands out from the panorama of housing in Bilbao as an isolated case that, in spite of its innovative character, was not followed up by other architects. X.G.

Este conjunto consta de tres bloques de viviendas municipales y se construyó a partir del proyecto realizado para un concurso por el Ayuntamiento de Bilbao en 1964.

Se trata de una obra de carácter experimental que recoge todas las tendencias sociales y arquitectónicas que acompaña al movimiento racionalista y en concreto se puede entender como una reinterpretación de la experiencia de Le Corbusier en Marsella, la "Unité d'habitation".

El proyecto recoge muchos aspectos del lenguage y conceptos de Le Corbusier así como innovaciones como, por ejemplo, en el sistema de acceso a viviendas, dando como resultado tres bloques en los que domina la expresión de la propia estructura, la potente caja de escaleras, la composición volumétrica y disposición de las viviendas en dúplex.

La obra queda al margen del oscuro panorama de la vivienda en Bilbao, fruto de la especulación; pero a pesar de su carácter innovador, no tuvo continuidad alguna en los años 60. X.G.

OBRAS PRÓXIMAS
WORKS NEARBY

BI-1960/1962
J.R. BASTERRECHEA
AGUIRRE
Facultad de Ciencias
Económicas y
Empresariales
Av. Lehendakari
Aguirre, 83
Deusto

BI-1966/1969
J.D. FULLAONDO
ERRAZU,
A. LIBANO PÉREZ-
ULLIBARRI,
Instituto de Enseñanza
Media
Polígono de Txurdinaga
Bilbao

BI-1970/1973
J.A. ARECHAVALETA
ALBÍSTEGUI,
J.Mª URIARTE ORTIZ
Edificios de viviendas
Cooperativa Codeso
Arrigorriaga
BI-1970/1973
F. OLABARRÍA DELCLAUX,
J.D. FULLAONDO ERRAZU
Colegio Elejabarri
Elejabarri. Rekalde

BI-1993/1995
C. CAYCOYA,
A. AZCÁRATE GÓMEZ
Comisaría Entzantza
Av Lehendakari
Aguirre
Deusto

J.A. ARECHAVALETA ALBISTEGUI y
J. URIARTE ORTIZ

CONJUNTO DE VIVIENDAS COOPERATIVA MARDOENA-AURRE
MARDOENA-AURRE COOPERATIVE HOUSING DEVELOPMENT
Barrio Artaza *Artaza district*. Leioa

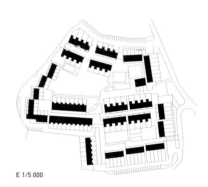

E 1/5.000

El conjunto se desarrolla en la periferia de Bilbao a la manera de las comunidades de viviendas de las ciudades jardín inglesas del siglo XIX y en consonancia con las teorías sociales y de vivienda de los años 60-70 en Centroeuropa.

Se adapta a la topografía creando diferentes espacios públicos, zonas verdes, zonas de juego infantiles, espacios para el encuentro y relación de los vecinos..., siempre a una escala humana.

Los tipos de vivienda son distintos; los periféricos tienen un carácter más urbano, preservando la intimidad de la comunidad en el interior que convive con una naturaleza domesticada. La circulación de los coches no accede al interior, donde encontramos caminos peatonales a distintos niveles y con diferente rango y carácter. La arquitectura se particulariza para cada espacio público y cada grupo de viviendas.

Los materiales con que están construidas, el tocho, así como las carpinterías metálicas siempre de color naranja, da unidad a todos los fragmentos espaciales que forman el conjunto de viviendas de la cooperativa. X.G.

The complex is situated on the outskirts of Bilbao, and ordered in terms of the British garden city of the 19th century and the Northern European social housing theories of the 1960s.

The scheme adapts to the topography, creating a series of different public spaces, landscaped areas, playgrounds, points of encounter and contact for the local community… all on the human scale.

There are various different types of houses. Those around the periphery have a more urban character, while the interior is more intimate and private, with its domesticated landscaping. Vehicles are excluded from the interior of the complex, which is crossed by footpaths on different levels that are also different in character and function. The architecture of each public space and each group of houses has its own distinct identity.

The homogeneity of the materials –brick, with aluminium for window frames and detailing– serves to unify the various spatial fragments that make up the complex as a whole. X.G.

OBRAS PRÓXIMAS
WORKS NEARBY

BI-1974/1977
J.L.y F. IÑIGUEZ DE ONZOÑO ANGULO
Edificio de viviendas
Av. Zumalacárregui
Bilbao

BI-1974/1979
F. OLABARRÍA DELCALUX,
J.D. FULLAONDO ERRAZU,
A. LÍBANO PÉREZ
ULLIBARRI
Edificio de viviendas
Polígono Landakao
Durango

BI-1988/1995

FERROCARRIL METROPOLITANO
METROPOLITAN UNDERGROUND RAILWAY
Bilbao. Bilbo

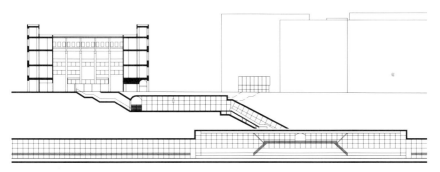

E 1/1.500

This was the winning project in the limted design competition organized early in 1988 by the Basque government's Department of Transports and Public Works.

The idea is extremely clear; starting from the exterior at ground level, the new Metro has a very direct and attractive expression. The glass and steel entrance canopies invite the public to choose this means of transport, with escalators to lead commuters down simply and speedily to the station platforms. The tunnel is the main element of the project, and the bay containing the platforms reveals the inherent form of the engineering that created it. The station bay, the heart of the system, has a width of 16 m. and is finished with a modulated skin of prefabricated concrete formwork.

All of the functions are accommodated on the intermediate level. The various different elements, including the track bed, are of hard-wearing materials such as glass or stainless steel, the limiting of their presence to a minimum making it possible to apprehend the space in its entirety, while the smooth finish of the surfaces is clearly differentiated from the weight and texture of the station bay itself. X.G.

El proyecto nació a raíz del concurso restringido para el diseño del Ferrocarril Metropolitano que a principios de 1988 organizó la Consejería de Transportes y Obras Públicas del Gobierno Vasco.

La idea es muy clara; ya desde la superfície el Metro tiene una expresión muy directa y atrayente. Unas bocas de vidrio invitan a la gente a usar el medio de transporte conduciéndola de la manera más sencilla y rápida hasta la galería de la estación mediante escaleras mecánicas.

El túnel es el principal elemento del proyecto y las galerías revelan la forma inherente a la ingeniería de los túneles.

La galería, corazón del sistema, tiene 16 m. de anchura y está recubierto por un acabado prefabricado de hormigón que actúa como encofrado perdido.

En el nivel entresuelo se desarrollan las actividades; siendo todos los elementos, al igual que la propia bandeja, de materiales duraderos como vidrio o acero inoxidable, que permiten captar todo el espacio al limitarse su presencia al máximo. Al mismo tiempo la cualidad lisa de estos materiales se diferencia del peso y textura de la propia galería. X.G.

MUSEO GUGGENHEIM
GUGGENHEIM MUSEUM

Bilbao. Bilbo

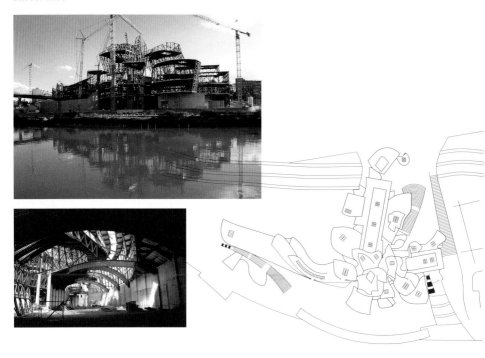

E 1/2.000

El museo contituye el primer paso en el plan de renovación de esta antigua zona industrial y de almacenes situada en la orilla sur del río Nervión.

El puente de la Salve que une la ciudad del XIX con los barrios periféricos cruza el solar por su extremo oriental y de algún modo califica al museo como puerta de entrada a la ciudad.

Su diseño alude en su escala a la ciudad de Bilbao, y en su textura a los materiales tradicionales de esta antigua zona de muelles.

Una plaza da acceso al Museo, pero también a algunos espacios públicos: auditorio para 300 personas, restaurante, tiendas, etc..., funcionando de modo independiente.

El resultado es una disposición enlazada de varias piezas que albergarán los espacios expositivos y sus funciones auxiliares.

La zona de exposiciones se organiza alrededor de un atrio central en el que un sistema de puentes curvilíneos, ascensores de cristal y torres de escaleras conecta las galerías dispuestas concéntricamente en tres de sus niveles. Una cubierta de forma escultural, se eleva sobre el atrio central, bañándolo con la luz que penetra a través de sus lucernarios. Todas las piezas singulares del edificio se recubrirán de titanio y los edificios rectangulares de piedra caliza. X.G.

The museum constitutes a first phase in the process of urban renewal of this former industrial and warehouse zone on the south bank of the river Nervión.

The Salve bridge that links the 19th-century centre of the city with the outlying neighbourhoods crosses the site at its eastern edge, and is absorbed by the new block, in effect establishing the museum as a new gateway to the city.

In its scale the project evokes the city of Bilbao, and in its texture it alludes to the traditional materials of this old harbour zone with its quays.

A square gives access to the Museum and to various other public spaces: a 300-seat auditorium, restaurant, shops, etc., functionally independent of the museum. The resulting scheme is a free, explosive layout made up of the various elements that house the exhibition spaces and auxiliary functions.

The exhibitions area is organized around a central atrium, in which a system of curving bridges, glass lifts and stairwells connects three levels of concentrically situated galleries. The sculptural form of the roof rises up over the central atrium, which is bathed in the natural light that enters through the skylights. The other exceptional elements are clad in titanium, following the traditional model of wooden planking, while the regular cuboid volumes are protected by an outer skin of Granada limestone. X.G.

MERCADO DE SAN AGUSTÍN
SAN AGUSTÍN MARKET
Pza. de San Agustin. La Coruña. A Coruña

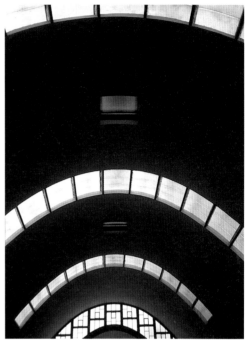

For M. A. Baldellou, the arrival of Rey Pedreira in La Coruña in 1930 marked the opening up of Galicia to the currents of the Modern Movement. Within a short period of time, these currents were being manifested in the work of architects such as R. González Villar and Antonio Tenreiro, whose earlier production is eclectic in its orientation.

Quite apart from his importance as a pioneer, we should note the breadth of Rey Pedreira's training, which enabled him to intervene in the sphere of urban design and even to do the structural calculations for such notable works as the since demolished Riazor stadium and this San Agustín market, undoubtedly amongst the most significant of his constructions.

The market is composed essentially of a main ground floor plus an upper level of perimetral galleries opening onto the ground floor, together with a semi-basement level independent of the other two, in the construction of which the architect took advantage of the natural slope of the site. The structure —constituted by stretches of laminar reinforced concrete parabolic vaults strengthened by supporting series of arches of the same material— permits the presence of ample bands of roof lights, and these combine with the glazing of the front and rear facades to create a perfectly illuminated and ventilated interior space of indisputable quality. C.F.

Para M.A. Baldellou la llegada de Rey Pedreira a La Coruña, en 1930, significará la apertura de Galicia a las corrientes del Movimiento Moderno. A ellas se incorporarán en breve plazo arquitectos como R. González Villar y Antonio Tenreiro con una obra anterior de orientación ecléctica.

Dejando aparte su significación de pionero hay que destacar la completa formación de Rey Pedreira que le permitirá actuar en el campo del urbanismo e incluso realizar los cálculos estructurales en obras tan singulares como el desaparecido Estadio de Riazor y este Mercado de San Agustín, situado sin duda entre lo más notable de toda su producción.

El mercado se compone, esencialmente, de una planta baja principal más otra superior de galerías perimetrales abiertas sobre la baja, completándose con otra planta de semisótano independiente de las anteriores para cuya construcción el arquitecto supo aprovechar el declive que ofrecía el terreno. La estructura —constituída por tramos de bóveda laminar de H.A. de perfil parabólico reforzados mediante arcos fajones trasdosados del mismo material— permite la presencia de amplias bandas de iluminación que junto con los acristalados cerramientos en ambos frentes dan lugar a un espacio interior perfectamente iluminado y ventilado y de indudable calidad. C.F.

EDIFICIO DE VIVIENDAS
APARTMENT BUILDING
C. Estrella, 36. La Coruña. A Coruña

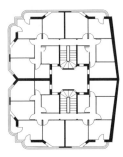

E 1/500

Situado en el tramo final, acodado de la calle de la Estrella, el edificio ofrece dos fachadas a esta calle, insertándose en una rinconada estrecha que apenas permite apreciar su interesante solución plástica en la que se advierten elementos de un racionalismo matizado por componentes expresionistas y Art Déco. El encuentro de ambas fachadas se resuelve, como en otros edificios de los mismos arquitectos, mediante ventanas asimétricas que interrumpen, en cada piso, la arista viva creada por la intersección de los dos paramentos; la diferencia en este caso está en que la presencia de los balcones-bañera aerodinámicos se limita aquí a las plantas primera y cuarta lo que acentúa el significado escultórico de la totalidad subrayado, además, por las "bow-windows" que completan la volumetría de ambas fachadas.

El solar, de acusada regularidad, y el sencillo programa, han facilitado a los arquitectos la consecución de una planta perfectamente ordenada y clara, si bien en los pisos menores tal vez debieran haberse permutado las situaciones de dormitorio secundario y cocina. La pieza principal, con vistas a ambas fachadas, está ocupada en este caso por el comedor-estar, mientras que en algún otro análogo Tenreiro y Estellés destinan tal recinto a dormitorio principal de la vivienda. C.F.

Situated on the final dog-leg stretch of c. Estrella, the building presents two facades to this street, inserting itself on a tight corner that makes it difficult to appreciate the interesting plastic qualities of the solution, with its rationalist elements nuanced by expressionist and Art Deco features. The meeting of the two facades is resolved, as in other buildings by the same architect, by means of asymmetrical windows which on each floor interrupt the lively arris created by the intersection of the two walls. The difference in this case is that the presence of the aerodynamic bathtub-shaped balconies is limited to the first and fourth floors; this accentuates the sculptural quality of the whole, which is further underlined by the bow windows which complete the volumetry of the two facades.

The site, of accused regularity, and the simple program, helped the architects consecute a plant completely in order and clear, although in the lower floors the location of the secondary bedroom and the kitchen should have been permuted. The main room, with views to both facades, is occupied in this case by the dinning and living room, while in another similar case, Tenreiro and Estellés assign it to the main bedroom of the house. C.F.

OBRAS PRÓXIMAS
WORKS NEARBY

C-1937/1941

EDIFICIO DE VIVIENDAS "CINE AVENIDA"
"CINE AVENIDA" HOUSING BUILDING
Cantón Grande, 18-20. La Coruña. A Coruña

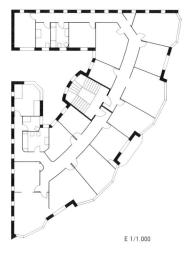

E 1/1.000

1939
Edificio de viviendas Cine Avenida
Cantón Grande, 18-20
La Coruña

1939
Edificio de viviendas
Ramón de la Sagra, 1-7 / Linares Rivas
La Coruña

Almost thirty years after commencing his professional career, which had been situated until then between eclecticism and a certain thoroughly personal regionalist modernism, González Villar decided to embrace that new modernity of which other younger architects had by then constructed a number of examples in La Coruña. The Avenida building –with its mixed programme of housing and cinema– manifests evident Art Deco influences, together with details in the interior that are closer to Mendelsohn's aesthetics, especially in the shopping arcade that gives access to the cinema. Meanwhile, the imposing apartment block on c. Ramón de la Sagra utilizes a language of great formal sobriety and expressive potency, directly derived from the organization of the interior and the repetition of the two types of volumetric module generated by the bow windows which run the full length of the facade. C.F.

Casi treinta años después de haber iniciado su trabajo profesional –mantenido hasta entonces entre el eclecticismo y un cierto modernismo/regionalismo absolutamente peculiar– González Villar decide su incorporación a esta nueva modernidad de la que otros arquitectos más jóvenes habían dejado diversas muestras en la propia ciudad. El edificio Avenida –integrando un programa mixto viviendas-local cinematográfico– ofrece claras connotaciones Art Deco junto a detalles interiores más próximos a una estética mendelsohniana, especialmente en el vestíbulo comercial que da acceso al cine. Por otra parte, su rotundo bloque de viviendas de la calle Ramón de la Sagra se inscribe dentro de un lenguaje de gran sobriedad formal y potente expresividad, directamente derivadas de la organización interior y de la repetición de los dos tipos de módulo volumétrico a que dan lugar las bow windows extendidas a lo largo de toda la fachada. C.F.

OBRAS PRÓXIMAS
WORKS NEARBY

C-1938	C-1938/1939	C-1938/1939	C-1940
R. GONZÁLEZ VILLAR	R. GONZÁLEZ VILLAR	R. GONZÁLEZ VILLAR	R. GONZÁLEZ VILLAR
Edificio de viviendas	Edificio de viviendas	Edificio de viviendas	Edificio de viviendas
Emilia Pardo Bazán, 3	Dr. Federico Tapia, 10	Dr. Federico Tapia, 8	Arzobispo Lago, 4-6
La Coruña	La Coruña	La Coruña	La Coruña

POLÍGONO DE VIVIENDAS
RESIDENTIAL DEVELOPMENT
C. Violeta / C. Begonias / C. Camilo J. Cela. Elviña. La Coruña. A Coruña

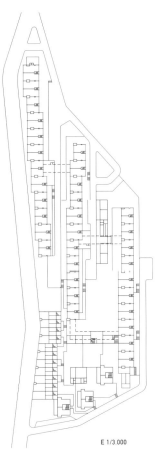

E 1/3.000

En el polígono de Elviña, se dispusieron tres largos bloques de viviendas paralelas, orientedos a sur y un tanto retranqueados para aprovechar el asoleamiento, sobre un terreno de pendiente pronunciada este-oeste.

Cada bloque dispone de una galería abierta o calle peatonal elevada unidas por dos puentes, consiguiendo así reducir el número de ascensores, agrupándolos en tres núcleos.

A la calle, paseo cubierto sin pendiente, dan locales comerciales o viviendas en dúplex. La sección del bloque varía, estrechándose, normalmente en las plantes superiores junto a los tres bloques. Se proyectaron también viviendas individuales, tres torres de cinco plantas, guardería, garaje, locales comerciales y un supermercado.

Se han estudiado mucho los espacios urbanos internados entre la vivienda y sus prolongaciones. X.G.

In the Elviña development, the three long parallel blocks of housing are oriented to the south, and slightly stepped back for greater exposure to the sun on a plot with a pronounced east-west slope.

Each of the blocks is served by an open gallery or pedestrian street linked by two bridges, thus reducing the number of lifts, which are grouped in three nuclei. The street, a covered level walkway, is lined by shops and duplex apartments. The block has a variable section, tending to narrow on the upper floors of the three blocks. Detached houses were also designed, as well as three 5-storey towers, a kindergarten, garage, shops and a supermarket.

The urban spaces between the houses were given detailed consideration. X.G.

OBRAS PRÓXIMAS
WORKS NEARBY

C-1966/1968
J.J. SUANCES PEREIRO
Convento, Claustro y
Capilla para las
Carmelitas
La Coruña

C-1972/1974
R. BALTAR TOJO,
J.A. BARTOLOMÉ
ARGÜELLES
Almacenes para
Fenosa
Santiago de
Compostela

C-1983/1986
J.A. CORRALES
GUTIÉRREZ
Escuela de Artes y
Oficios Artísticos
c. Nueva
La Coruña

C-1981/1993

CASA DE LA CULTURA
HOUSE OF CULTURE
Valdoviño

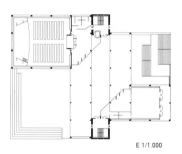

E 1/1.000

The construction process was carried out very slowly and divided into a number of phases. Situated in a municipality lacking any real formal consolidation, as is generally the case in this type of rural community in Galicia, the new building was conceived as an element capable of organizing the fabric of the town through the creation of a public space. Its construction was directly associated with the transformation of the main road on which it stands into a principal axis of the town of Valdoviño.

The building transcends its strictly cultural function and presents itself as very much a public space, a catalyst and focus of the social dynamic of the area. In addition to the enclosed, ordered and articulated spaces of the building (exhibition gallery, functions hall, library) there is the open exterior space with the character of a plaza or square.

The void is as important as the built. The facade dissolves away in a play of openings and transparencies.

The positioning of each of the functions and areas is particularly attentive to its accessibility for pedestrians and vehicles and its connection with the street, the views and the interior public spaces. The undetermined space in the form of a glazed bridge which unites together all of the interior rooms and at the same time integrates the open spaces is designed to acommodate gatherings and events of all kinds. X.G.

El proceso de construcción se ha desarrollado de forma muy lenta y fraccionada en fases múltiples. Situado en un municipio de escasa consolidación, como es habitual en este tipo de hábitat rural disperso de Galicia, se plantea como un elemento capaz de organizar su tejido urbano a través de la creación de un espacio público. Su construcción ha estado ligada al proceso de transformación de un eje importante, dentro de la villa, de la carretera a la que da frente.

El edificio transciende su función meramente cultural y se presenta en gran medida como una obra pública, espacio aglutinante de la dinámica social. Junto a los espacios cerrados, ordenados y articulados del edificio (sala de exposiciones, salón de actos, biblioteca), se configura el espacio exterior abierto, a modo de espacio, a modo de plaza. Tan importante es el vacío como lo construido.

La fachada se diluye en un juego de huecos y transparencias. La ubicación de cada función y recinto se ha realizado atendiendo a su accesibilidad rodada y peatonal y a su conexión con la calle, las vistas y los recintos públicos interiores. El espacio indeterminado que une y enlaza todas las dependencias interiores, integrando del mismo modo los espacios abiertos, a modo de puente acristalado, esta destinado a acoger todo tipo de actos y encuentros. X.G.

OBRAS PRÓXIMAS
WORKS NEARBY
LU-1987/1990
J.M. GALLEGO JORRETO
Casa de Cultura
Chantada

AUDITORIO DE GALICIA
GALICIA AUDITORIUM
Santiago de Compostela

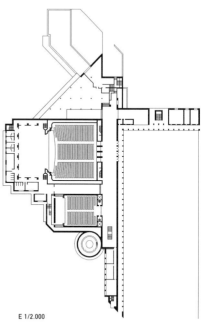

E 1/2.000

El edificio se proyectó para Palacio de Exposiciones y Congresos y derivó hacia la música durante su construcción, funcionando hoy de forma polivalente.
Se sitúa fuera del casco monumental manteniendo un carácter urbano frente la plaza del Burgo de las Naciones, de quien mantiene sus alineaciones. Al lado opuesto, el edificio se relaciona con la naturaleza abriéndose a las vistas y el paisaje, y reflejándose su masa pétrea en el lago formado a partir del riachuelo junto al auditorio.
La piedra, sillares de granito, omnipresente en la arquitectura gallega a lo largo de los años, marca la pauta para la realización del edificio, configurando un conjunto unitario e indiferente al paso del tiempo.
Este material se revaloriza aquí por sus cualidades aislantes, acústicas, su perdurabilidad y por su bajo coste frente a la mayoría de nuevas tecnologías constructivas. Se construyó en 13 meses.
El interior es también de piedra además de madera y elementos dorados y tapicerías en distintos tonos de rojo en la sala grande, evocando viejos teatros.
En el exterior, las galerías blancas de la cafetería-restaurante, sala de exposiciones y camerinos, marcan un contrapunto horizontal que establece un diálogo con las fachadas de la arquitectura local. X.G.

The building was originally designed as a Exhibition and Conference centre, subsequently developing an emphasis on music that resulted in its present multi-purpose use.
The volume is positioned outside the monumental city centre, manifesting an urban character with respect to the Burgo de las Naciones square, whose alignments it maintains.
The opposite side of the building establishes a relationship with the natural setting, opening up to command views of the surrounding landscape, with its stone –clad mass reflected in the artificial lake fed by the stream that runs alongside the auditorium.
The stone –the traditional granite slabs that have been a constant presence in the architecture of Galicia over the years– sets the key for the development of the building, configuring a unitary whole that appears coolly indifferent to the passage of time. If the granite here was expressly chosen for its qualities of acoustic and thermal insulation and durability, it was also considerably more economical than most modern construction technologies.
The complex was completed in 13 months.
The interior is also clad with stone, together with wood and the presence of gilt elements and carpets and curtains in different tones of red in the main hall, recalling the grand theatres of the 19th century. On the exterior, the white galleries of the café-restaurant, the exhibition area and the dressing rooms introduce a horizontal counterpoint that establishes a dialogue with the glazed facades of the local architecture. X.G.

MUSEO DE BELLAS ARTES
MUSEUM OF FINE ARTS
C. Zalaeta / C. Panaderas. La Coruña. A Coruña

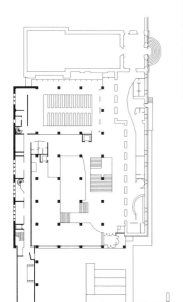

E 1/1.000

Situated in a peripheral sector of the city, in contact with the Pescaderia district, the museum occupies part of an old Capuchin convent dating from 1715; of this, the scheme has conserved and restored the main facade and the 6 x 6 m gallery as the base on which the new museum is structured. The museum is characterized by the functional versatility of most of its spaces, whether on the ground floor or in the permanent exhibition that is displayed on the first floor, a grid-like box in which the natural light helps to organize the space. On the ground floor, in effect a continuation of the square outside, an interior street flanked by shops, bar and services. Display units in the form of a series of projecting and void volumes are laid out over the floor. The free, independent sequence of service elements establishes its own lighter rhythm within the rigidly ordered whole. The north part of the museum, a neutral element designed to screen out the surrounding built environment, houses machinery, services, administration and access to the storerooms, which are thus made functionally independent of the museum's exhibition spaces. X.G.

Situado en una zona límite de la ciudad, ligada al barrio de la Pescadería, ocupa parte del espacio del antiguo convento de las Capuchinas (1715) del cual sólo se ha conservado y restaurado la fachada principal y la crujía (6 x 6 m), retícula sobre la que se estructurará el nuevo museo.
El museo se caracteriza por la versatilidad de uso que ofrecen gran parte de sus espacios, tanto en planta baja como en el museo de exposición permanente, que nace a partir de la primera planta, caja reticular donde la luz natural ayuda a organizar el espacio. La planta baja, prolongación de la plaza, enlaza con la calle interior, a la que dan tiendas, bar y servicios. En el suelo aparecen bultos y huecos, sobre y dentro de los cuales se expondrá.
Los elementos de atención al público, sueltos e independientes, ofrecen su propio ritmo ligero dentro del conjunto, rígidamente ordenado.
La pared norte, elemento neutro de aislamiento con el entorno edificado, alberga instalaciones, servicios, talleres, administración y acceso a almacenes, independizando su uso del museo. X.G.

OBRAS PRÓXIMAS
WORKS NEARBY

C-1982/1987	C-1990/1995
J.M. GALLEGO JORRETO	J.M. GALLEGO JORRETO
Museo de Arte Sacro	Rehabilitación de la
Colegiata de Sta.	Antigua Cárcel
María	Municipal
La Coruña	Carballo

C−1990/1993

A SIZA VIEIRA

CENTRO GALLEGO DE ARTE CONTEMPORÁNEO
GALICIAN CENTRE FOR CONTEMPORARY ART
Ría Valle Inclán. Santiago de Compostela

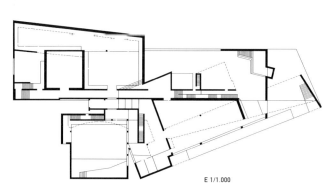

E 1/1.000

El nuevo centro de arte está situado junto al convento e iglesia de Santo Domingo de Bonaval, a lo largo de la ría Valle Inclán y actúa como elemento unificador de esta zona urbana.

El volumen total cumple una función mediadora entre las diversas escalas de las edificaciones circundantes y su altura es similar a la del remate de los portales del convento e iglesia.

El edificio se configura como una estructura longitudinal orientada en dirección sur-norte, y se compone de 2 cuerpos de 3 alturas con plantas en forma de L, maclándose por el extremo sur y generando un patio intermedio triangular que actúa como espacio de conexión.

En cuanto a los materiales y su lenguaje, se tuvo especial cuidado en su elección. En las superfícies exteriores se optó por placas de granito con variación de tonos, atendiendo al clima de la ciudad además de ser el material más utilizado en la zona monumental de Santiago.

El edificio se halla junto al Parque de San Domingos de Bonaval realizado por el mismo arquitecto y Isabel Aguisne durante el período 1990-1994. X.G.

The new arts centre is situated near the convent and church of Santo Domingo de Bonaval, alongside the Valle Inclán estuary, and acts as a unifying element for this urban area.

The entire volume fulfills a mediating function between the different scales of the surrounding buildings, with a height similar to that of the nearby convent and church.

The building is laid out as a longitudinal structure oriented in a north-south direction, and consists of two volumes, each of three levels with L-shaped plans, interlocking at the southern end and generating an intermediary triangular courtyard that serves as a connecting space.

The greatest attention was devoted to the choice of materials and architectonic language. For the external surfaces a facing of granite of varying tones was chosen, a decision prompted by the local climate, and the fact of its being the predominant material in the monumental area of Santiago.

The building is located near the Santo Domingo de Bonaval park, laid out by Siza and Isabel Aguisne in 1990-1994. X.G.

OBRAS PRÓXIMAS
WORKS NEARBY

C-1993/1994
A. SIZA VIEIRA,
I. AGUIRRE DE URCOLA
Parque de Santo Domingo de Bonaval
Santiago de Compostela

LU-1993/1995
F. CASQUEIRO
BARREIRO
Centro de Salud
C. Almirante
L. Carrero Blanco
c. Primavera / c. Juicio
Lugo

152

FARO DE PUNTA NARIGA
PUNTA NARIGA LIGHTHOUSE
Malpica

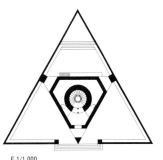

E 1/1.000

The lighthouse is situated on the eastern extreme of Punta Nariga on the north coast of Galicia.

The rugged topography of the area, with its cliffs pounded by frequently heavy seas, is also subject to storms of wind and rain. In this context, the presence of a lighthouse introduces a new and powerful factor to the already existing dialectic between land and sea.

The project opts for reflection, dispensing with gestures. It is the result of the dialectic established between a specific place and a very precise brief, generating a highly defined typology and the use of particular materials. The lighthouse is structured in three clearly differentiated parts: a fortress-like plinth on a triangular plan, whose base reaches the upper level of the terrain and which advances from the vertex towards the cliffs, defining a main lookout floor; an intermediary volume in the form of a bastion, also on a triangular plan, superimposed on the first element, which houses the services and stores, with its flat roof also serving as a lookout point; and a shaft in the form of a tower, with a circular plan in order to minimise wind resistance, culminating in an upper lookout point, and at the tip, the beacon. The essence of the project is embodied in the formal and functional relationship between the three elements and the terrain. X.G.

Situado en el extremo oriental de la Punta Nariga, en la Costa del Norte del litoral gallego.

La topografía agreste del lugar, con sus acantilados siempre golpeados por un mar bravo, soporta además temporales de viento y lluvia. En este contexto, la presencia de un faro establece un nuevo y fuerte factor dialéctico al ya establecido entre el mar y la tierra.

Esta obra opta por la reflexión, abandonando el gesto.

Es el resultado de la dialéctica que se establece entre un lugar y un programa muy preciso, dando así lugar a una tipología muy definida y al empleo de determinados materiales.

El faro se estructura en tres partes bien diferenciadas: una base a modo de fortaleza, de planta triangular, que intenta integrarse a la cota superior del terreno por su base, y que avanza, por el vértice hacia el acantilado, definiendo una planta-mirador principal; un cuerpo intermedio, a modo de baluarte, también de planta triangular, inscrita en la anterior, que alberga las instalaciones y almacenes. Su cubierta plana también es mirador; y un fuste a modo de torreón, de planta circular para no oponer resistencia al viento, coronado con un mirador superior, y en lo más alto la linterna.

La relación formal y funcional entre los tres elementos y el terreno es la esencia del proyecto. X.G.

PALACIO DE CONGRESOS Y EXPOSICIONES DE GALICIA
GALICIAN CONFERENCE AND EXHIBITION CENTRE
San Lázaro, Santiago de Compostela.

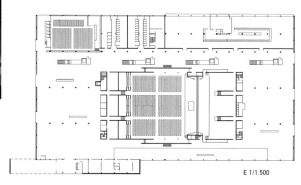

E 1/1.500

El edificio está situado fuera del casco urbano y cercano al nudo de comunicación que conecta la ciudad con su aeropuerto y con la autopista que une La Coruña con Vigo. El lugar, monte bajo y rural, ofrecía como única referencia el monte cercano, la presencia del cual determinó la posición, tamaño y entrada del Palacio.
El presupuesto ajustado propició un edificio austero pero acogedor y versátil, al contrario de lo que es frecuente en este tipo de edificios.
La planta rectangular, de 65 x 120 m., distribuye a Norte la parte de servicio del Palacio. En la otra franja, se sitúa la gran sala de conciertos, con flexibilidad para permitir dos congresos simultáneos dado su carácter bifocal.
El gran espacio creado por la sala se entiende como volumen embutido en el resto del edificio, manifestándose al sobresalir respecto la altura del otro cuerpo bajo. Está acabado con distinto material, granito, frente al prefabricado de hormigón del cuerpo grande y bajo.
La sala, con capacidad para 2.100 personas, es subdivisible en dos de 1.600 y 500, quedando separadas por un gran telón hidráulico que asciende desde el sótano y garantiza el aislamiento acústico necesario. X.G.

The building is situated outside the historic centre of Compostela, near the traffic interchange that connects the city with the airport and the La Coruña-Vigo motorway. The site, a low wooded hill, offered no other reference than the surrounding landscape, the presence of which determined the Centre's position, scale and entrance.
The tight budget prompted the design of an austere yet welcoming and versatile building in marked contrast to a number of other recent complexes of this type.
The rectangular plan, 65 x 120 m, situates the Centre's service core along the north side. The opposite side is occupied by the great concert hall; this is sufficiently flexible in design to accommodate two congresses at the same time, thanks to its dual orientation.
The great space of the hall asks to be read as a volume inscribed within the building as a whole, declaring its presence where it projects up above the other, lower volume, while the use of granite for the cladding in contrast to the prefabricated concrete panels of the larger, lower volume further clarifies its predominance.
The hall, with capacity for 2.100 people, can be quickly divided into two 1.600- and 500-seat spaces, separated by a great hydraulic curtain that rises up from the basement to provide the necessary visual and acoustic insulation. X.G.

MUSEO DEL HOMBRE
MUSEUM OF MAN
Ctra. Circunvalación / C. Ángel Rebollo / C. Sta. Teresa. La Coruña. A Coruña

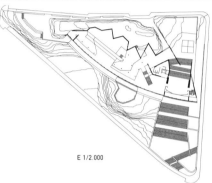

E 1/2.000

The project was constructed on the only undeveloped space in the urban facade overlooking the Orzán inlet, on a steeply sloping site marked by the remains of an old quarry. The design was conceived as constituting a unique image, comparable to the Tower of Hercules, bearing in mind the importance of the location as a point of reference in the landscape.

The building called for a direct formal language that would produce a simple, strong and clear architectonic image, respectful of both the scale of the urban fabric and the alignments of the street network.

Given the topographical context, on the top of a cliff, and the climatological conditions resulting from the proximity of the sea and the abundant rainfall, what was required was a solid building that would also, on the basis of its content, mediate between man, earth and sky. The construction was resolved in the form of a single three-storey volume, articulated by ramps according to the topographical conditions.

The symbolic facade overlooking the inlet is composed of slabs of precast concrete faced with a cladding of greenish slate, and separates itself from the volume in a sail-like movement thanks to its curving form and the continuous entry of daylight into the interior made possible by the metall trusses that support the roof. The fractured rear wall, erected on the bare rock, is reminiscent of a Japanese screen, here brick built and clad with granite. X.G.

El proyecto se realizó en el único espacio no edificado de la fachada urbana que contempla la ensenada del Orzán, en un terreno adrupto donde había una antigua cantera. Se concebió entendiéndolo como imagen singular, al igual que la torre de Hércules, teniendo en cuenta la importancia del lugar como referencia paisajística.

El edificio requería un lenguaje formal directo que diera una imagen arquitectónica sencilla, fuerte y clara manteniendo a la vez el respeto por la escala del tejido urbano y las alineaciones de la trama viaria.

Por su contexto topográfico, encima de un acantilado y los condicionantes climatológicos derivados del mar y las abundantes lluvias, era necesario un edificio sólido que además, por su contenido expositivo, mediara entre el hombre, la Tierra y el cielo. La edificación se resolvió con un único volumen de tres niveles conectado por rampas según la topografía.

La simbólica fachada hacia la ensenada es de piezas de hormigón prefabricado recubiertas por placas de pizarra de tono verdoso y se separa del volumen a modo de vela gracias a su forma curva y a la entrada corrida de luz natural que permiten las cerchas metálicas de la cubierta hacia el interior. El muro trasero, quebrado, sobre la roca desnuda, recuerda un biombo japonés, es macizo y recubierto de granito. X.G.

OBRAS PRÓXIMAS
WORKS NEARBY

C-1979/1980	LU-1990/1991	C-1994
A. CAMPO BAEZA	X. MANUEL CASABELLA	A. PEREA ORTEGA
Ayuntamiento de	Mercado y Centro	Centro Regional de
Fene	Cívico	Explotación de Red
Fene	Burela	Eléctrica
		La Coruña

MERCADO MUNICIPAL
MUNICIPAL MARKET
Algeciras

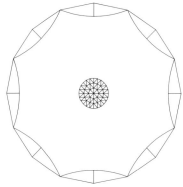

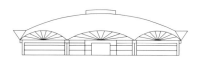

E 1/1.000

El elemento básico de este edificio viene dado por una bóveda laminar de hormigón armado de 47,60 m. de luz, apoyada sobre ocho pilares del mismo material, cerrando un espacio octogonal limitado por planos verticales. Lucernario central con cerramiento en celosía geodésica triangulada y sendas viseras, sobre cada uno de los lados, proyectadas al exterior en forma de vela destinadas a aumentar la rigidez de los lunetos. La estructura se atiranta mediante zuncho metálico postensado, siendo de 9 cm. el espesor central de la membrana, decreciendo en las viseras a medida que se aproxima a los vértices. Como en el caso del Hipódromo de la Zarzuela madrileño, se trata de una obra en la que el arquitecto colaborador ha sabido mantener su intervención dentro de unos mínimos aconsejables dejando que la limpieza de la solución estructural hablara por sí sola. C.F.

The basic feature of this building is constituted by a reinforced concrete laminar vault, with a 47.6 m span, supported by eight pillars of the same material, enclosing an octagonal space limited by vertical planes. A central roof light in the form of a triangulated geodesic structure with various screens over each side, projected onto the exterior in a sail-shaped form intended to increase the rigidity of the lunettes. The structure is tensed by means of a column-mounted metal ring, with a central membrane 9 cm thick, progressively diminishing in the screens as these approach the vertices. As in the case of the Zarzuela hippodrome in Madrid, this is a work in which the collaborating architect has contrived to limit his intervention to the minimum, leaving the simplicity of the structural solution to speak for itself. C.F.

OBRAS PRÓXIMAS
WORKS NEARBY

CA–1960/1963
L. GUTIÉRREZ SOTO
Antiguo Club de Golf
Urb. Sotogrande de
Guadiaro. San Roque
Cádiz

H–1935
J.M. PÉREZ CARASA
Vivienda Unifamiliar
Cerrito, s/n
Punta Umbría

H–1940/1941
F. SEDANO
**Oficinas de la Junta de
Obras del Puerto**
Av. de Enlace
Huelva

CA—1989/1992

INSTITUTO DE ENSEÑANZA SECUNDARIA
SECUNDARY SCHOOL
C. Maquinista Cubillo. Bahia de Cádiz. Cádiz

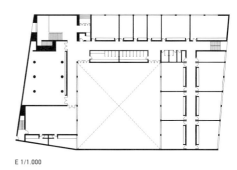

E 1/1.000

The space as a whole, with its irregular quadrilateral base, is ordered by means of a self-contained volume that recreates the fabric of the city over the limits of its streets by recourse to the effective mechanism of a regular square courtyard with the circulation laid out around it.

The building occupies a privileged position looking west to the sweep of the Atlantic Ocean, and the construction accordingly spans the main road to present itself to the sea as an enormous white wall with its "eyes" fixed on the horizon. This great white facade serves in effect as a continuation of the long white walls of the city's old cemetery.

The interior asks to be understood as itinerary and connection between different spaces and lightings: the shady gloom of the entrance, the vertical main vestibule that leads on to the opening oriented towards the sea, the roof lights overhead… Light enters the volume and elucidates its architecture, at the same time establishing a dialogue with the ocean. X.G.

Se ordenó el espacio general de base irregular trapezoidal mediante un volumen completo que recompone el tejido de la ciudad sobre los límites de sus calles; con el eficaz mecanismo de un patio regular cuadrado en cuyo alrededor gira su circulación.

El edificio ocupa una situación privilegiada frente al horizonte Oeste del oceano, por ello, salvando la carretera, el edificio se hace presente ante las aguas con un enorme muro blanco en el que se excaban unos ojos para mirar al horizonte. Esta gran fachada blanca da continuidad a las largas tapias blancas del antiguo cementerio marino de Cádiz.

El espacio interior se entiende como recorrido y conexión entre espacios e iluminaciones distintas; la oscuridad de la entrada, el vestíbulo principal vertical que conduce al hueco que asoma al mar, las entradas cenitales de iluminación… La luz entra en el volumen y explica su arquitectura, estableciendo a la vez diálogo con el mar. X.G.

G. VÁZQUEZ CONSUEGRA

TORRE DE TELECOMUNICACIONES
TELECOMMUNICATIONS TOWER
Av Fernández Ladreda, 4. Santa María del Mar. Cádiz

E 1/1.000

El conjunto del proyecto comprende una torre de telecomunicaciones y un edificio destinado a servicios telefónicos, situados sobre un solar con tres fachadas, de las cuales la principal es la que da al Paseo Marítimo. Torre y edificio se maclan en las cotas que les son comunes, de modo que se entienden, en este tramo, como un sólo organismo arquitectónico del que se independiza la torre una vez superada la cota de las cubiertas del edificio. La torre, que mide 114 m., se erige como referencia en el paisaje urbano. Al tronco de cono, se adosa un prisma recto de base triangular, a modo de proa, lo que la singulariza, pues permite ofrecer una imagen cambiante de sí misma al ser observada desde distintas perspectivas. X.G.

The series of functions addressed by the project includes a telecommunications tower and a building for telphone services, situated on a site with three facades, of which the most important is the one facing the seafront. The tower and the lower building interconnect at the levels common to both, in such a way that these are seen to act as a single architectonic entity from which the tower liberates itself on reaching the level of the roof. The tower, 114 m in height, stands out as a point of reference in the urban landscape. A prism with a rectangular base is abutted onto the cone-shaped base; this prism is clearly distinguished by its prow-like projecting edge, offering a changing image when viewed from different perspectives. X.G.

CC-1954/1957

PUEBLO DE VEGAVIANA PARA EL I.N.C.
VEGAVIANA RESIDENTIAL DEVELOPMENT FOR THE I.N.C.
Vegaviana

E 1/10.000

During his years as a student, Fernández del Amo was involved with Madrid's artistic circles, participating in various avant-garde groups, and becoming co-founder –with J. Ruíz-Jiménez, subsequently a government minister– of the Museo Español de Arte Contemporáneo. His concern with artistic matters and his academic training and maturity were all significant factors in qualifying him to undertake the major task of creating ex novo rural residential settlements, and are reflected in a plain architecture close to the vernacular, as remote from the rhetorical and the picturesque as it is from the imitative. These specific values, given unanimous recognition at the 5th International Congress of the UIA in Moscow in 1958, are undoubtedly to be found in this residential development of Vegaviana, comprising 360 houses for agricultural workers and a further 70 for other workers, together with the various public buildings and services.
In his residential settlements, most of them sited on level terrain (Cañada de Agra near Hellín is one of the few exceptions), J. F. del Amo established geometrical layouts for the planning and opted for volumetries that are simple yet varied and imaginative in their architectonic solutions.
The associated public buildings –church, town hall, school, clinic, etc.– consistently manifest a freer and more daring formal approach, with the architect evidently bringing to bear his considerable knowledge and taste in the matter of aesthetic criteria. C.F.

Desde sus años de estudiante, Fernández del Amo había frecuentado los círculos artísticos de la capital participando de las inquietudes de los grupos artísticos de vanguardia, llegando a ser co-fundador –junto con el ministro J. Ruíz-Jiménez– del Museo Español de Arte Contemporáneo. Su vocación por los plásticos y su formación y madurez en tal sentido representarán un importante bagaje a la hora de abordar tarea tan comprometida como pueda serlo la de crear ex-novo núcleos rurales de población y se reflejará en una arquitectura escueta próxima a lo popular, tan desprovista de cualquier retórica o pintoresquismo como alejada de planteamientos miméticos. Todos estos valores, reconocidos unánimemente en el V Congreso Internacional de la UIA celebrado en Moscú en 1958, se encuentran, sin duda, en este pueblo de Vegaviana, integrado por 360 viviendas para colonos y sesenta para otros obreros de la zona, más sus correspondientes edificios singulares.
Partiendo, en la mayoría de los casos, de terrenos de llanura –Cañada de Agra, próximo a Hellín sería una de las raras excepciones– J. F. del Amo establece en sus pueblos ordenaciones de carácter geométrico y opta por volumetrías sencillas pero variadas e imaginativas en las soluciones arquitectónicas.
Los correspondientes edificios singulares –iglesias, ayuntamientos, escuelas, clínicas, etc.– supondrán en cada caso desafíos formales más comprometidos –al tiempo que más libres– en las que el arquitecto hará gala de su control y buen criterio en cuanto al tratamiento de las cuestiones estéticas. C.F.

CÁMARA DE COMERCIO
CHAMBER OF COMMERCE

C. Pérez de Castro, 1. Córdoba

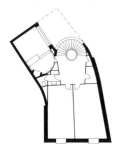

E 1/500

Uno de los primeros trabajos del equipo García de Paredes-La Hoz (ambos con título de 1950) es este edificio en el que tras una apariencia convencional, poco prometedora, se esconden recintos marcados por claras connotaciones surrealistas (gran hall, escalera, salón de actos) inesperados y sorprendentes dentro del panorama arquitectónico español del momento y prácticamente insólitos en la producción global de sus autores, exceptuando, en todo caso, el local fotográfico "Studio" realizado por La-Hoz en Córdoba en 1954, hoy desaparecido. Tanto el mobiliario, diseñado por los arquitectos, como el tratamiento de techos, suelos e iluminación y la inclusión de alguna escultura de Jorge Oteiza, (autor también de la monumental mesa del hall), aproximan esta obra a una estética surrealista absolutamente al márgen de cualquiera de las soluciones que hubieran parecido normales en relación con un cliente tan poco estimulante como pudiera serlo una Cámara Oficial de Comercio de principios de los años 50. C.F.

This building is one of the first works by the García de Paredes-La Hoz team (both qualified in 1950), in which behind a conventional, unpromising appearance is concealed a series of areas (great hall, stairway, function hall) imbued with clearly surrealistic connotations that are surprising and unexpected within the context of the Spanish architecture of the period and practically unique within the production of these architects (one exception being the "Studio" photographic premises constructed by La Hoz in Córdoba in 1954, since demolished). The furniture, designed by the architects, and the treatment of the ceilings, floors and lighting, together with the inclusion of sculptures by Jorge Oteiza (who also designed the monumental table in the hall) all serve to associate this work with a surrealist aesthetic entirely at variance with the kind of approach that might have been expected for so unadventurous a client as a provincial Chamber of Commerce in the early 1950s. C.F.

OBRAS PRÓXIMAS
WORKS NEARBY

J-1943
R. PAJARES PARDO
Ayuntamiento y Ordenación de la Plaza
Porcuna

CO-1954/1955
R. DE LA HOZ ARDERIUS
Edificio de viviendas
Cruz Conde 13
Córdoba

CO-1964/1968
F. MORENO BARBERÁ
Escuela Téc. Sup. de Ing. Agrónomos
Ciudad Universitaria
Córdoba

CO-1968/1970
R. DE LA HOZ ARDERIUS
G. OLIVARES JAMES
Parque Figueroa
Av. General Perón/
Crucero Baleares
Córdoba

FÁBRICA "EL ÁGUILA"
"EL AGUILA" FACTORY
Ctra. Nacional IV. Córdoba

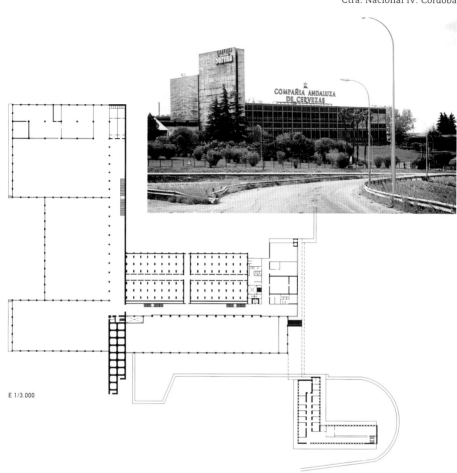

E 1/3.000

The building is generated on the basis of a cruciform wall that marks the structural directions of the bays; these occupy the quadrants, receiving light from the exterior, and can thus be easily extended where necessary to meet the future needs of the client, a brewer.

The clarity of the floor plans, together with the sawtoothed roof and the curtain-wall facades, characterize the architectural typology, designed and constructed on the basis of the technological specifications of the industrial materials: lattice beams, metal structure, perforated floor slabs, curtain walls, etc., which began to be used in Spain in the 1950s, offering new architectural and construction possibilities. Of particular interest here is the contrast between the apparent weightlessness of the curtain wall and the manifest heaviness of the concrete tower-cum-screen that contains the brewing coppers and vats. X.G.

El edificio se genera a partir de un muro cruciforme que marca las direcciones estructurales de las naves que, ocupando los cuadrantes, se iluminan desde el exterior al que pueden ir creciendo si la flexibilidad de uso así lo requiere.

La claridad de las plantas, junto con las cubiertas en diente de sierra y las fachadas en muro cortina caracterizan este tipo de arquitectura proyectada y realizada gracias al ejemplo tecnológico de materiales: vigas en celosía, estructuras metálicas, forjados perforables, muros cortina, etc... que a partir de los años 50 empezaron a utilizarse en España dando nuevas posibilidades a la arquitectura y su construcción. Destaca por su contraposición frente a la ingravidez del muro cortina vidriado, la pesada torre-pantalla de hormigón que alberga en su interior los silos de la fábrica de cerveza. X.G.

E. MIRALLES MOYA y
C. PINÓS DESPLAT

ESCUELA HOGAR
RESIDENTIAL SCHOOL
Morella

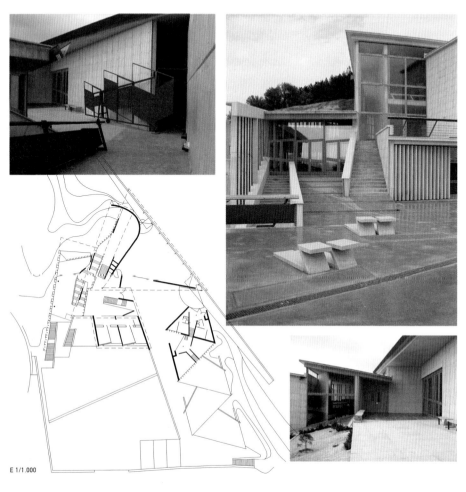

E 1/1.000

El carácter vacío y austero del paisaje, fragmentado por muretes y la coronación del relieve con el castillo antaño generador de actividad y ahora en ruinas quedan latentes en este proyecto, meditado y casi realizado en el propio terreno.

El edificio acota el ámbito y lo cobija respecto al entorno, repitiendo el movimiento de la ciudad hacia la mejor orientación y siguiendo el ritmo de la montaña.

Ambas partes del programa, residencia y escuela, son dos modos distintos de descender la pendiente. La cubierta funciona como verdadera fachada del edificio, formando un camino. Bajo esta fachada se desarrollan una serie de espacios intermedios: patios, paso, superposición de huecos... que buscan una relación con el paisaje y es donde más se insistió en el proyecto. X.G.

The empty and austere character of the landscape, broken up by low walls, and the crowning relief of the castle which previously generated activity but now stands in ruins, remain latent in this project, which was thought through and virtually designed on site.

The building protects the area and shelters it from the surroundings, duplicating the movement of the city towards the best orientation and following the rhythm of the mountain. Both parts of the brief, residence and school, descend the mountain in a different manner. The roof functions as the real facade of the building, forming a pathway. Under this facade a series of intermediate spaces is developed: courtyards, corridors, the sequence of voids... These together seek a relationship with the landscape that is one of the dominant principles of the project. X.G.

OBRAS PRÓXIMAS
WORKS NEARBY
CS-1985/1987
C. DOLÇ ESTUDITOU
Centro de Menores
Barrio de San Lorenzo
Castellón

PARQUE TECNOLÓGICO IMPIVA
IMPIVA TECHNOLOGY PARK
Av. del Mar s/n. Castellón de la Plana

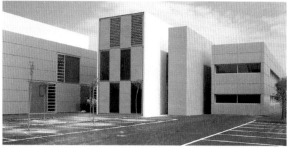

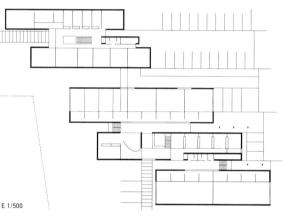

E 1/500

The institutions of the Generalitat (the region of Valencia's autonomous government) which occupy this small technology park called for an image of quality that was modern and technological, capable of attracting a range of industries and services and acting at the same time as a focus for businesses operating in the field of advanced technology.

The centre was required to provide for a heterogeneous programme combining offices, small factory units, laboratories and so on, each functionally indepenedent. In a setting with few urban references, the building is conceived as a series of cuboids set close to and parallel with one another, in such a way as to form interstitial spaces and relationships which exercise a fundamental role in the articulation of the interior space.

The shift in the position of these cuboids as they adapt to the topography of the plot liberates the corners, emphasizing the individuality of each of the elements and entrusting the gable walls with the formal expression of the building.

The outer skin gives the project its character, sharply defining the volumes, which appear to rest on the terrain, with the materials used on the facades in some cases continuing into the interior or onto the roof.

Each of the various facade materials is associated with a different use: aluminium for the factory units, laboratories and workshops, and wood for the offices. X.G.

Las instituciones de la Generalitat Valenciana que integran este pequeño parque tecnológico deseaban, para sus edificios, una imagen moderna, tecnológica y de calidad que motivaran a diversos sectores empresariales actuando también como foco de empresas avanzadas en el campo de la tecnología.

El centro debería dar respuesta a un programa heterogéneo en el que debían coexistir desde oficinas a pequeñas naves industriales, laboratorios, etc... funcionando de modo autónomo. En un entorno de escasas referencias urbanas, el edificio se concibe como una serie de prismas rectangulares paralelos a escasa distancia unos de otros, de tal forma que se formaran espacios y relaciones intersticiales que sean fundamentales a la hora de articular el espacio interno.

El deslizamiento de estos prismas al adaptarse al perfil del solar libera las esquinas enfatizando la individualidad de cada elemento y haciendo de los testeros la expresión formal del edificio.

El cerramiento es la piel que caracteriza el proyecto y define con nitidez los volúmenes, que parecen estar apoyados sobre el terreno, llegando en ocasiones a que los materiales de fachada continúen en el interior o sobre la cubierta.

Cada material de fachada se asocia a un uso diferenciado, aluminio para las naves industriales, laboratorios y talleres y madera para las oficinas. X.G.

GC—1932/1942

M. MARTÍN-FERNANDEZ DE LA TORRE y
E. LAFORET ALTOLAGUIRRE (arq. col.)

EDIFICIO DEL CABILDO INSULAR
"CABILDO INSULAR" BUILDING
C. Bravo Murillo, 23. Las Palmas de Gran Canaria

En mayo de 1932 –cinco meses antes de la llegada de E. Oppel al estudio de Miguel Martín– éste presenta el proyecto definitivo para la nueva sede de Cabildo Insular que le había sido encargado oficialmente dos años antes. No será, sin embargo, hasta cinco años después –octubre de 1937, en plena Guerra Civil– cuando serán iniciadas las obras cuya responsabilidad principal en cuanto a ejecución recaerá sobre el arquitecto Eduardo Laforet, circunstancia que no deja de ser sorprendente si se piensa que éste edificio del Cabildo Insular es sin duda el más famoso y emblemático entre toda la producción del maestro canario. Parece evidente, en todo caso, que el edificio del Cabildo Insular, resume las principales características de la obra racionalista de Miguel Martín y que supone una de las más logradas y representativas de cuantas realizara a lo largo de su extensa e intensa labor.

Como en su día señalara el arquitecto Sergio Pérez Parrilla –importante estudioso de la obra de Miguel Martín prematuramente desaparecido– hay que destacar en esta obra no sólo la sabia articulación y encastre de los volúmenes sino el sofisticado y complejo tratamiento establecido en la relación entre los espacios interior y exterior, con una gradación secuencial desde la escalinata de acceso que se inicia al nivel de la calle hasta la entrada que permite la llegada a un primer recinto, de carácter público, conectado con la escalera interior. Pérez Parrilla ha subrayado también las relaciones de cada una de las plantas con el espacio exterior situando las zonas más representativas abiertas a la calle principal; despachos del personal ejecutivo con vistas a la calle lateral y resto de oficinas, con huecos al patio de manzana. Aunque el edificio hubo de experimentar en los años 60 una importante remodelación (especialmente en su organización interior) el esquema indicado se mantiene actualmente en líneas generales. Como en otras obras del arquitecto, la piedra de Arucas,

In May 1932 –five months E. Oppel entered his studio– Miguel Martín presented his final construction project for the new Cabildo Insular (Island Assembly) building for which he had been awarded the commission two years previously. However, it was not until five years later, in October 1937, with the Spanish Civil War at its peak, that construction started. Responsibility for supervision of the work on site was very largely delegated to the architect Eduardo Laforet Altolaguirre; a somewhat surprising circumstance in view of the fact that this is undoubtedly the most famous and significant work by the great Canaries architect. It nevertheless appears perfectly evident that the Cabildo Insular building embodies all of the main characteristics of Miguel Martín's rationalist architecture, and is one of the most accomplished and representative works of his long and intensely active career. As the architect Sergio Pérez Parrilla, a leading authority on Miguel Martín's work whose premature death is much lamented, observed, amongst the outstanding features of this building are not only the skilful articulation and intersection of the volumes but the sophisticated and complex treatment of the relations between the interior and exterior spaces, with a sequential gradation ascending from the flight of steps commencing at street level, to the entrance giving access to the first, public, area which connects with the internal stairs. In his study, Pérez Parrilla also drew attention to the relationship between each of the floors and the exterior space, with all of the most representative zones opening onto the main street, while the executive staff offices look onto the side street and the other offices, with openings onto the courtyard in the middle of the block. Although the building underwent major remodelling in the 60s (especially in its internal organization), the original scheme has been conserved in its general outlines. Volcanic in origin, and generally present in other works by the same architect, from the time of the Cabildo Insular building the local Arucas stone (which Pérez

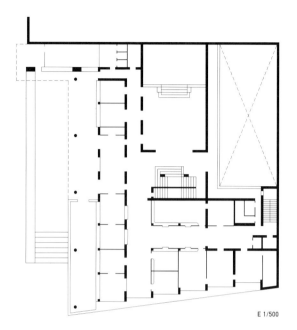

E 1/500

Parrilla identifies as a constant in Miguel Martín's rationalist architecture) was to become the preferred material subsequently utilized throughout the island by other architects interested in following that same rationalist line.
Miguel Martín, not only a constructor of architectures but also a generator and constructor of the city, was also responsible for numerous plans, design schemes and initiatives of an urbanistic nature which were to have a significant and generally positive influence on the development of Las Palmas. As regards his buildings from these years, many have survived to the present day in a good, or at least acceptable, state of conservation. We might note here the most representative of these, which should serve as the basis for an idea of the scope and significance of his avant-garde approach:
Machín house (1927-1928), c. Alonso Quesada –the first radically modern work constructed in the Canary Islands, coinciding in terms of significance and chronology with other works by members of the "generation of 1925" to which Miguel Martín belonged.
House for Dr. Ponce (now occupied by The British Council) (1932), c. Bravo Murillo, 25, situated on the corner beyond the Cabildo Insular, this is one of Miguel Martín's most important works as regards its spatial articulation. As Juan Antonio Cortés has noted, Martín must have been highly attentive here to the volumetric relations established between the Cabildo and the Ponce house at the time of constructing these two buildings, as well as the difficulties that the presence of the Ponce house might create for the proper contemplation of the Cabildo Insular from c. Bravo Murillo. C.F.

de origen volcánico que es –como señala también S.P.P.– una invariante en toda la obra racionalista de M.M. se convertirá a partir del edificio del Cabildo Insular en el material –tipo utilizado en toda la isla por los arquitectos seguidores de tal tendencia. Miguel Martín, constructor de arquitectura pero también generador y constructor de ciudad, fue autor de numerosos planes, ordenaciones e iniciativas de carácter urbanístico de influencia importante y en general positiva sobre el desarrollo de Las Palmas. Por lo que a los edificios de estos años se refiere son aún numerosos los que llegaron al día de hoy en un buen, o aceptable, estado de conservación. Citaremos aquellos más representativos que permiten formar una idea sobre el alcance y significación de su labor de vanguardia:
Casa Machín (1927-1928), c. Alonso Quesada, primera obra rupturista construida en el Archipiélago Canario, coincidente en significado y cronologías con otras realizadas por miembros de la "generación del 1925" a la que él mismo pertenecía.
Casa del Dr. Ponce 1932, (ocupada hoy por una entidad docente: The British Council) c. Bravo Murillo, 25. Una de las obras más importantes de Miguel Martín desde el punto de vista de la articulación espacial; situada en la esquina siguiente al Cabildo. Como hace notar Juan Antonio Cortés, M. M. tendría muy en cuenta las relaciones volumétricas que se establecerían entre el Cabildo y la casa del Dr. Ponce cuando ambos edificios estuvieran construidos así como los problemas que la casa Ponce podría plantear respecto de la contemplación del edificio del Cabildo desde la calle de Bravo Murillo. C.F.

OBRAS PRÓXIMAS
WORKS NEARBY

GC-1932
M. MARTÍN-FERNANDEZ DE LA TORRE
Vivienda Unifamiliar
Casa del Doctor Ponce
Bravo Murillo, 25
Las Palmas de Gran Canaria

GC-1932
M. MARTÍN-FERNANDEZ DE LA TORRE
Vivienda Unifamiliar
Casa González
Tiziano, 59
Las Palmas de Gran Canaria

GC-1932/1936
M. MARTÍN-FERNANDEZ DE LA TORRE
Ciudad Jardín
Las Palmas de Gran Canaria

GC-1933
M. MARTÍN-FERNANDEZ DE LA TORRE
Vivienda Unifamiliar
Casa Vega
Rosales, 2
Las Palmas de Gran Canaria

GC-1950
F. SUÁREZ VALIDO
Estación de servicio DISA
Las Palmas de Gran Canaria

165

GC-1990/1993

M. ABARCA CORRALES, A. CANO DOMÍNGUEZ, A. CANO PINTOS, J. CORELLA ARROQUIA, E. COSÍN ZURIARRAÍN y F. FARIÑA MARTÍNEZ

CENTRO DE VISITANTES E INTERPRETACIÓN DE "MANCHA BLANCA"
CENTRE FOR VISITORS AND INTERPRETATION OF "MANCHA BLANCA"
Parque de Timanfaya. Montañas del Fuego, Tinajo. Lanzarote

E 1/1.500

Situado sobre un terreno volcánico, escarpado, el edificio parece emerger del terreno, con sus tapias y volúmenes blancos que contrastan con en paisaje. Se ha tenido muy en cuenta el lugar, estableciendo relaciones con éste desde el interior del complejo.

El gran volumen de la sala de exposiciones busca distintas situaciones, dando mucha importancia al tratamiento de la luz y a su relación con su exterior, buscando largas perspectivas, con distintos encuadres exteriores que recogen vistas de la lava, en un primer plano, y del pueblo blanco, los volcanes del parque y el Atlántico de fondo.

En el interior dominan las paredes blancas, el suelo generalmente de tarima de riga, el techo de aglomerado de corcho y el vidrio iluminado. Las vidrieras siguen el esquema de la tipología tradicional de la isla. X.G.

Situated on steeply sloping volcanic terrain, the building seems to rise up out of the land, with its low walls and white volumes contrasting with the landscape. The setting has been taken very much into account, and relationships with it are established from the interior of the complex.

The large volume of the exhibition gallery looks for other solutions, according great importance to the treatment of the light and to the relationship with the exterior, seeking lengthy perspectives, framing a variety of external views of the lava in the foreground, the white village, the volcanoes of the park, and the Atlantic in the background.

The interior is dominated by the white walls; the flooring is for the most part of wood, with cork agglomerate for the ceiling and illuminated glass display cases. The windows follow the traditional typology found throughout the island. XG

GC-1994/1996

CONSEJERIA DE HACIENDA
TAX OFFICE BUILDING
Prolongación Alonso Alvarado-Venegas. *Continuation of Alonso Alvarado-Venegas.*
Las Palmas de Gran Canarias

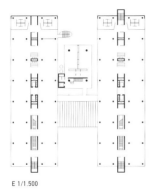

E 1/1.500

This building situated in a central district near the seafront, currently in process of restructuring, manifests a clear concern with modernity, contemporaneity and internationality, both in the openness of its conceptual approach and in the architecture itself —clear, forthright and neutral in its capacity to accommodate different uses.

These two characteristics thus constitute a building that is not rooted in the island's vernacular construction tradition, making of this precisely its greatest virtue, its worldly character.

It is composed of two wings, with a structure of pillars and open floor plans. Each of the wings is divided in two by the band containing the vertical circulation, with the services located at one end. These wings are connected by a higher third volume, perpendicular to the other two, relating them and accommodating communal functions and those that require a degree of privacy.

The smooth facades accentuate the clean, geometrical volumetry of the three volumes, while allowing the service cores in each wing to be expressed on the exterior. X.G.

Este edificio situado en una zona céntrica próxima al mar actualmente en fase de reestructuración, tiene una clara vocación de modernidad, actualidad e internacionalidad; tanto por su abierto planteamiento conceptual como edificio de usos múltiples, como por la propia arquitectura clara, contundente y apta para distintos usos y por tanto neutra. Estas dos características hacen de él un edificio no arraigado en la tradición constructiva de la isla, pero es esta precisamente su mayor virtud, su carácter mundano. Se compone de dos alas con estructura de pilares y plantas libres. Cada una de ellas dividida en dos por una franja que reúne las circulaciones verticales. Los servicios se sitúan a un extremo. Ambas alas están unidas por un tercer volumen de mayor altura, perpendicular a los otros dos, que los relaciona absorbiendo usos compartidos o que requieren privacidad.

Sus fachadas tersas acentúan la volumetría geométrica y nítida de los tres cuerpos, permitiendo sin embargo a las franjas de servicios de cada ala, manifestarse exteriormente. X.G.

HOTEL MARÍA VICTORIA
MARÍA VICTORIA HOTEL
Puigcerdà

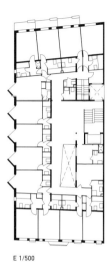

E 1/500

Dentro de la ya en sí, reducida, producción de Sostres son aún más escasas aquellas obras suyas que han superado el paso del tiempo sin experimentar reformas drásticas que desvirtuaran su significación. Por raro que pueda resultar se encuentra entre ellas este Hotel María Victoria perteneciente a una de las tipologías que más directamente dependen de su "puesta al día". Tal hecho parece demostrar no sólo la sensibilidad y respeto de sus propietarios ante un trabajo meritorio sino, también, la eficacia de las soluciones adoptadas por el arquitecto e incluso la potencialidad de la obra para asimilar aquellas transformaciones que el transcurso de los años ha podido hacer ineludibles.

Junto con afinidades profundas y no meramente formales respecto de un entendimiento "aaltiano" de la arquitectura, Sostres demuestra también aquí su amplio conocimiento y asimilación de los principios esenciales de las vanguardias de su tiempo, aquellos que hicieron de él un esencial apoyo teórico para aquella entusiasta y juvenil iniciativa que tuvo como resultado la fundación del Grupo R. C.F.

Of the in itself limited output of Sostres, there are comparatively few works that have withstood the passage of time without suffering drastic reforms that have radically altered their significance. Surprising as it may seem, amongst these is the Hotel María Victoria, which pertains to one of the typologies that depends most directly on being regularly "brought up to date". This circumstance would appear to demonstrate not only the proprietors' sensitivity and respect towards the quality of the architecture, but also the effectiveness of the solutions deployed by the architect, and even the potential of the original scheme to assimilate such transformations as became necessary over the years. Alongside profound and by no means merely formal affinities with an "Aaltian" conception of architecture, Sostres reveals here an extensive knowledge and appropriation of the essential principles of the avant-gardes of his time: principles which made him a fundamental theoretical reference and support for that enthusiastic and youthful initiative that was to result in the founding of Grupo R. C.F.

EDIFICIO DEL BANCO DE ESPAÑA
BANCO DE ESPAÑA BUILDING
Av. Jaume I. Girona

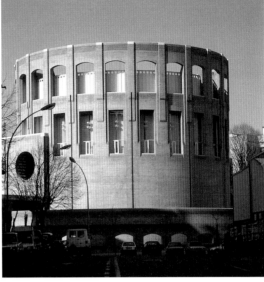

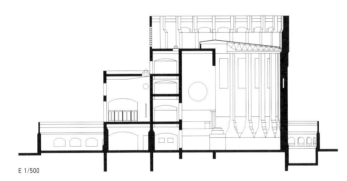

E 1/500

This branch of the Banco de España is located in one of the most representative sectors of the city's 19th-century eixample, although the surrounding urban fabric is notably heterogeneous. The plot, fronting onto three streets, is part of a block which comprises buildings of very different heights and depths. One of the shorter sides abuts on the Gran Via de Jaume I, precisely at a point of sharp inflection that makes the new construction a significant conclusion to the perspective along it.

The response presented to this context is a volume which asks to be read on the exterior as a virtually full cylinder, with a lower, cuboid volume joined to it. The cylinder, where it is not visible from the Gran Via or from the park, adopts the orthogonal lines of the cuboid to adapt to the alignment of the street to the rear. X.G.

La sucursal del Banco de España está situada en una de las zonas más representativas del ensanche de la ciudad, pero rodeada por un paisaje urbano muy heterogéneo. El solar con frente a tres calles forma parte de una manzana de alturas y profundidades edificables muy distintas entre sí. Uno de los lados menores se apoya en la Gran Vía de Jaume I, precisamente en un acentuado punto de inflexión que convierte la nueva construcción en un importante remate a la larga perspectiva.

La respuesta a este paisaje es la de un volumen que se lee exteriormente como un cilindro prácticamente completo al que se le macla un cuerpo prismático de menor altura. El cilindro, cuando no puede verse desde la Gran Vía o desde el parque, sigue las directrices ortogonales del prisma para adecuarse al trazado de la calle posterior. X.G.

OBRAS PRÓXIMAS
WORKS NEARBY

GI-1983/1993
E. TORRES TUR.
J.A. MARTÍNEZ LAPEÑA
Plaza de la
Constitució
Av. Jaume I
Girona

GI-1990/1992
PLA MASMIQUEL. A.
Escuela de Hosteleria
y Turismo
c. Güell
Girona

GI-1992
A. PLA MASMIQUEL
Residencia de
Ancianos Onyar
Av. Lluís Pericot
Girona

E. BONELL COSTA y J.Mª GIL GUITART

PALACIO DE JUSTICIA
LAW COURTS
Av. Ramon Folch / C. Berenguer Carnicer / C. Reial de Fontclara. Girona

E 1/1.000

Situado en un lugar con fuertes condicionantes formales, urbanos y geográficos. Por un lado, la proximidad del río Onyar, con el casco antiguo en la orilla opuesta, con la catedral y el pináculo de la iglesia de Sant Feliu; y por el otro, la línea elevada del ferrocarril y el inicio del parque de la Devesa, que actúan como límites del paisaje natural y definen la situación del nuevo edificio.

La gran complejidad programática del edificio, debido a la variedad de espacios interiores, hacen necesarias la claridad de circulaciones y la agrupación lógica de las zonas según sus funciones y su relación con el exterior.

Las diversas actividades del programa se dividen en dos alas, que forman una L articulada por el vestíbulo de entrada, del que nacen los corredores de circulación pública, siempre comunicados por el exterior. La fachada principal que da a la avenida Ramón Folch, refleja una cierta continuidad con el edificio clasicista de correos y el pórtico de la plaza de la Independencia. En ella domina la componente vertical, que junto con el hueco monumental de la entrada, confiere al edificio su carácter institucional y contrasta con las demás fachadas del edificio, donde la horizontalidad suaviza su presencia, a la vez que va disminuyendo escalonadamente su altura hacia el casco antiguo. X.G.

The courts complex stands on a site with strong formal, urban and geographical conditioning factors: on the one hand, the proximity of the River Onyar, with the historic centre, the cathedral and the spire of the Sant Feliu church on the opposite bank; on the other, the elevated railway line and the beginning of the Devesa park, which act as boundaries of the natural landscape and define the situation of the new building.

The considerable programmatic complexity of the building, deriving from the variety of interior spaces, called for great clarity in the circulation routes and a rational grouping of zones according to their function and relationship with the exterior.

The various activities of the programme are accommodated in two different wings; these form an L, articulated by the entrance vestibule from which start the corridors routing public circulation, all of them in continuous contact with the exterior. The main facade looking onto Av. Ramón Folch offers a degree of continuity with the classical edifice of the post office and the portico of the Plaça de la Independència. On this facade the vertical element predominates, and this, together with the monumental void of the entrance, gives the building its institutional signature and contrasts with the other facades, whose horizontality serves to soften its presence, while the height is successively stepped down in the direction of the historic city centre. X.G.

GI-1988/1992

HOSPITAL COMARCAL DE LA SELVA
LA SELVA COUNTY HOSPITAL

Ctra. Cala Sant Francesc. Blanes

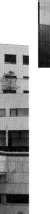

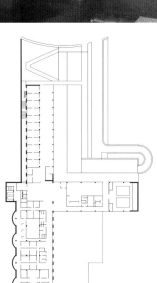

E 1/2.000

Situated on a plot with a very uneven topography, made available by Blanes town council, the scheme for this hospital set out to adapt to the terrain by means of the progressive stepping back of its series of connecting and interrelated cuboid volumes.

Particularly aparent here is the high degree of rationalism in the design, deriving from the potent geometry which at once counterpoints and is perfectly complemented by the surrounding natural landscape.

The positioning of a transverse volume at right angles to the main axis of the complex gives rise to two clearly differentiated environments, one for public use, the other accommodating internal and technical functions.

The complex organization of the interior with its various departments and services is structured with a view to ensuring the maximum contact with the facades. X.G.

Situado en un solar de accidentada topografía cedido por el Ayuntamiento de Blanes, este centro hospitalario se construyó adaptándose al terreno a través del escalonamiento gradual de varios volúmenes prismáticos, maclados y relacionados entre ellos.

Destaca del hospital una fuerte componente de racionalidad, derivada de su potente geometría que se contrapone y a la vez complementa perfectamente con el paisaje natural.

La disposición de un cuerpo transversal al eje general del conjunto origina dos ámbitos bien diferenciados, uno de uso público y otro destinado a funciones internas y a uso técnico.

La compleja organización interior de áreas de servicios está estructurada con el criterio de conseguir el máximo contacto de ellas con los elementos de las fachadas. X.G.

V. RAHOLA AGUADÉ

ESCUELA OFICIAL DE IDIOMAS
OFFICIAL SCHOOL OF LANGUAGES
C. de la Selva. Girona

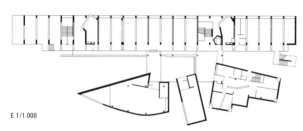

E 1/1.000

La escuela ocupa una manzana dentro de la ciudad de Girona, con muy buena accesibilidad tanto para transeúntes, pues esta cerca del centro histórico, como para vehículos, pues hay buena comunicación con las avenidas periféricas y la carretera nacional. En el solar adyacente se encuentra la escuela de hostelería del arquitecto Arcadi Pla, lo cual da más actividad a un barrio inicialmente residencial.

El programa escolar se desarrolla en dos categorías diferentes con un tratamiento formal también diferente. Aulas y seminarios se organizan de forma repetitiva en un contenedor de 80 m de largo y tres plantas con sus núcleos de comunicación, mientras que la biblioteca y sala de actos, bar y administración se individualizan en volúmenes aislados que dan lugar al juego de luces y sombras entre el edificio aulario y el resto. Ambas partes quedan unidas por un espacio central, de importante papel nuclearizador de relación y comunicación.

El tratamiento dado al exterior del edificio con su paisaje sobrio y un seto cercano al paisajismo, complementa la volumetría, marcado por un hábil uso del hormigón.

The school occupies an entire block on the edge of the city of Girona's historic centre, with easy access for pedestrians and for vehicles, given the efficient connection with the peripheral avenues and the main road and motorway. The presence of the catering school on an adjoining plot is a further source of activity in this predominantly residential neighbourhood.

The programme for the school is developed in terms of two different categories, each with its own formal treatment. Classrooms and seminar rooms are organized in a repeating sequence in a container over 80 m long and three storeys high, with the corresponding vertical circulation nuclei; at the same time, the library and the functions hall, bar and administrative offices are individualized in free-standing volumes that give rise to a play of light and shade between the main teaching building and the rest of the complex. The two parts are united by a central space that connects in turn with the main access.

The treatment given to the exterior of the building, with its sobre landscaping and a hedge that comes close to land art, aptly complements the volumetry, marked by the skilful use of concrete. X.G.

FACULTAD DE CIENCIAS EXPERIMENTALES
FACULTY OF EXPERIMENTAL SCIENCES
Campus Universitario de Montilivi. Girona

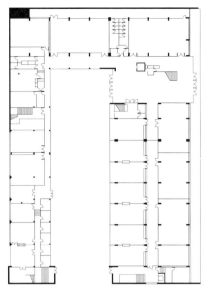

E 1/1.000

1979
L. CANTALLOPS VALERI
ESCUELA UNIVERSITARIA POLITÉCNICA
CAMPUS DE MONTILIVI
GIRONA

The new Montilivi university campus is located on the southern edge of the city of Girona. The partial plan laid out a regular grid of square blocks and streets artificially superimposed on the existing topography, and the project thus engages with these two variables.

The building is organized in two parallel linear blocks set perpendicular to the gradient of the site, generating a central courtyard that maintains the natural slope and communicates visually with the continuous block.

The scheme gave priority from the outset to the programme and the structure; the spaces and construction systems are simple and immediately apparent. Technologies were chosen on the basis of common sense, rather than deployed in any rhetorical or mannered fashion. On the exterior, the different functional areas are distinguished by the different treatments employed: the volume of the teaching block takes the form of a two-storey plinth in exposed concrete, while the research department and laboratories are housed in a volume finished with perforated aluminium panelling. The communications nucleus between classrooms and laboratories is clad in the same distinctive black slate used to pave the corridors of the teaching block. X.G.

El nuevo Campus Universitario de Montilivi está situado en la periferia sur de la ciudad. Su plan parcial planteó una retícula cuadrada de manzanas y calles sobrepuestas artificialmente a la topografía existente. El proyecto recoge estas dos variables. El edificio se organiza en dos bloques lineales paralelos a las curvas de nivel formando un patio central, que mantiene la pendiente original y que comunica visualmente con el bloque continuo.

Se planteó dando prioridad al programa y a la estructura; espacios y sistemas constructivos son evidentes y simples. Se aplican las tecnologías desde el sentido común constructivo, huyendo de la utilización retórica y amanerada de las mismas. Desde el exterior se diferencian las distintas áreas funcionales con tratamientos diversos: el cuerpo dedicado a docencia forma un zócalo de dos plantas realizado en hormigón visto, los cuerpos de investigación y laboratorios son de plancha lacada y perforada de aluminio, el núcleo de comunicación entre aulas y laboratorios se singularizan con un aplacado de pizarra negra al igual que los corredores de aulas. Algunas soluciones constructivas empleadas son: muro de gero pintado, forjado reticular aparente e instalaciones vistas. X.G.

OBRAS PRÓXIMAS
WORKS NEARBY

GI-1979
A. PLA MASMIQUEL
Pabellón del GEiEG
c. Empuries
Girona

GI-1985
J. FUSES COMALADA,
J. VIADER MARTÍ
Edificio de viviendas
Beates
c. Beates
Girona

GI-1988/1992
A. PLA MASMIQUEL
Escuela de Hostelería
y Turismo Sant Narcís
Girona

GI-1991
J. FUSES COMALADA,
J. VIADER MARTÍ
Sede del Rectorado
Pl. Sant Domènech
Girona

GI-1990
J. FUSES COMALADA,
J. VIADER MARTÍ
Manzana nº 10 de la
Vila Olímpica
Banyoles

GI-1991/1993
J. FUSES COMALADA,
J. VIADER MARTÍ
Edificio de viviendas
Can Sunyer
Girona

AUDITORIO MANUEL DE FALLA
MANUEL DE FALLA AUDITORIUM
Paseo de los Mártires. Granada

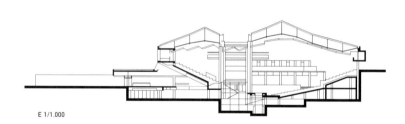

E 1/1.000

El Auditorio se proyectó para obtener, en una sala, tres de diferente capacidad; para ello se colocó el escenario aproximadamente a un tercio de la planta; dividiendola en dos partes iguales que mediante elementos deslizantes producieran recintos con entidad propia. La sala grande de conciertos consta de 1.311 localidades y es suma de las dos anteriores. Las tres acústicas diferentes que de esta manera se producen, obligaron a soluciones singulares como la de los paneles móviles de madera en el techo. La concepción interna se refleja en el exterior mediante dos volúmenes desiguales que crean entre ambos una calle peatonal, sobre el escenario, que conduce a un balcón público sobre el panorama de la Vega y la Sierra Nevada. Los cuerpos restantes se proyectarán flanqueando en progresión descendente a la sala de conciertos e integrándose a la escala urbana de su entorno. X.G.

The auditorium was designed to allow the creation of three concert halls with different capacities; with this in mind, the stage was positioned approximately a third of the way along the plan, dividing this into two parts which can be partitioned by means of sliding screens to form two independent spaces. The large concert hall created by combining these two spaces seats 1,311. The differences in acoustic conditions between the three versions of the auditorium made it necessary to incorporate a system of movable wooden panels on the ceiling. The conception of the interior is reflected on the exterior in the form of two unequal volumes with a pedestrian street between them, spanning the stage to lead to a public balcony that looks out on the Vega and the Sierra Nevada beyond. The remaining volumes were designed to flank the descending progression down to the concert hall, while integrating with the urban scale of their setting. X.G.

OBRAS PRÓXIMAS
WORKS NEARBY

GR-1962/1964 J.M. GARCÍA DE PAREDES BARREDA Centro de Enseñanza Media Juan XXIII c. Ailar Granada
GR-1963/1965 C. PFEIFFER DE FORMICA Colegio Mayor Loyola Pol. Universitario de La Cartuja. Granada

GR-1964/1965 F. HIGUERAS DÍAZ Centro Turístico Playa de la Herradura Almuñecar

GR-1974/1978 J.M. GARCÍA DE PAREDES BARREDA, GARCÍA PEDROSA Edificio de viviendas Pl. Campos. Granada
J-1985/1989 J. NADAL ARIGÜEN, S. ARAUJO ROMERO Rehabilitación de la Iglesia del Convento de San Francisco Baeza

GR-1988/1992 L. CLOTET BALLÚS, I. PARICIO ANSUATEGUI Palacio de los Deportes Barrio del Zaidín Granada
GR-1989/1995 J. JUNQUERA GARCÍA, E. PÉREZ PITA Centro de Alto Rendimiento Sierra Nevada

GR-1990/1992 J. DOMINGO SANTOS Edificios de viviendas Cijuela
GR-1991/1992 F. MARTÍNEZ MANSO, R. SOLER Edificios de viviendas Polígono de Almanjayar Granada

CASA POLO
POLO HOUSE
Pl. de la Justicia, 1 / C. Lanuza. Huesca

E 1/500

José Luis de León, who graduated in 1923, worked in Huesca until 1933, when he took up a post as municipal architect in La Alberca (Murcia), before moving to Madrid in 1940. In 1932 he designed his most important work, the project for the Polo house, for a leading Huesca industrialist. Research by Carmen Rábanos indicates that construction had already begin in June 1932. However, on León's move to La Alberca in 1933, the architect José Beltrán (who graduated in 1930, and worked with León on other projects) was responsible for completing the Polo house and no doubt for much of the interior design, albeit apparently on the basis of León's original scheme. This is a large building, with part of the ground floor occupied by a dry-cleaner's business belonging to the client, and the two upper floors laid out as the family residence, of very generous dimensions (so much so that the original house has since been converted into three independent apartments).

The collaboration between León and Beltrán produced one of the supremely interesting examples of Spanish rationalism. Avoiding any kind of cliché or conventional formula, the architectonic interest of the Polo house is complemented by its exceptional interior design, including the metalwork, carpentry, furniture, lighting and so on, and the daring chromatic treatment of the walls and the tiling of the floors, with their highly individual geometric patterns. Certain other works carried out jointly by León and Beltrán have undergone considerable subsequent modification (Hospital Provincial de Huesca, and Pavilion for Tuberculosis Patients, both from 1931), although there are in the city various buildings designed and constructed by José Beltrán after José Luis de León's move to Murcia which show him to be one of the most interesting adherents of the Modern Movement in Spain. C.F.

José Luis de León, arquitecto con título de 1925, ejerce la profesión en Huesca hasta el año 1933 en que se traslada a La Alberca (Murcia) para cubrir el cargo de arquitectura municipal, estableciendo su residencia en Madrid a partir de 1940. En 1932 lleva a cabo su obra más importante: el proyecto de la casa Polo, para un destacado industrial oscense. Según datos de Carmen Rábanos parece seguro que en junio de 1932 las obras se hallaban ya iniciadas. Sin embargo, con motivo de la marcha de J.L. León a La Alberca en 1933, será el arquitecto José Beltrán (título de 1930 y colaborador de León en obras anteriores) quien se haga cargo de la finalización de la casa Polo y sin duda, en gran medida, de la decoración interior, si bien parece que según los diseños de J.L. León. Se trata de un amplio edificio con parte de la planta baja destinada a un negocio de tintorería del propietario, mientras que las dos superiores integraban la vivienda, de dimensiones más que generosas, de la familia Polo hasta el punto de que hoy el espacio primitivo resulta suficiente para albergar tres viviendas independientes.

Esta colaboración León-Beltrán daría como resultado la aparición de una de las obras más interesantes dentro de su tipo de todo el racionalismo español. Escapando de cualquier cliché o fórmula convencional, la casa Polo añade a su interés arquitectónico lo singular de su decoración interior, incluyendo diseños de cerrajería, carpinterías, mobiliario, aparatos de iluminación, etc., así como las atrevidas soluciones cromáticas de paredes y las composiciones de los suelos de baldosín, según trazados geométricos muy personales.

Algunas otras obras surgidas de la colaboración León-Beltrán se encuentran notablemente modificadas, (Hospital Provincial de Huesca, 1931 y el Pabellón de enfermos tuberculosos, 1931) si bien permanecen en la ciudad edificios proyectados y construídos por Beltrán (tras la marcha a Murcia de José Luis León) que le sitúan también en un lugar destacado entre las figuras más interesantes del Movimiento Moderno en España. C.F.

NUEVA SEDE DE LA DIPUTACIÓN DE HUESCA
NEW HEADQUARTERS FOR THE DIPUTACIÓN DE HUESCA

Huesca

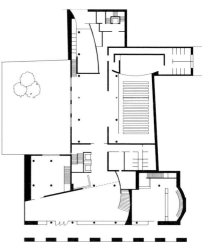

E 1/1.000

El edificio se implanta en una calle porticada de inicios de siglo en el centro de la ciudad de Huesca, en una estructura de ensanche plenamente consolidada.

El conjunto edificado adopta una configuración general en forma de T, constituída por un cuerpo principal paralelo a la alineación de la calle y un segundo volumen, perpendicular, que define dos grandes patios adosados a las medianeras del solar. Ello se adapta correctamente al programa funcional gracias a la ubicación del núcleo principal de comunicaciones verticales en el punto de contacto entre los dos volúmenes.

La fachada principal del edificio asume una doble lectura, atiende al compromiso impuesto por las arquitecturas vecinas pero con una clara autonomía frente a ese entorno, propiciada por el caracter representativo del edificio.

El programa comprende tres áreas funcionales básicas: la pública, la representativa y la administrativa, todas ellas interrelacionadas pero manteniendo a la vez su propia identidad formal y ambiental. X.G.

The building is sited on a porticoed street dating from the turn of the century, within a thoroughly consolidated urban fabric in the centre of the city of Huesca.

The new complex adopts a T-shaped general configuration, consisting of a main volume parallel to the line of the street and a second, perpendicular volume which defines two large courtyards set against the party walls. The whole is skilfully adapted to the functional programme thanks to the positioning of the central vertical communications core at the point of contact between the two volumes.

The main facade of the building invites a dual reading, assuming the compromise imposed by the neighbouring constructions while at the same time clearly announcing its independence from this context on the strength of the representative character of the new building.

The programme comprises three basic functional areas: the public, the representative and the administrative, all of which are interrelated while preserving their individual identity of form and ambience. X.G.

OBRAS PRÓXIMAS
WORKS NEARBY

HU-1988/1994
E. MIRALLES MOYA,
C. PINÓS DESPLAT
Palacio de Deportes
Huesca

HU-1995/1996
A. SANMARTÍN GABAS,
M. ORTIZ CÁRDENAS
**Centro de Día y Hogar
del Jubilado**
Antguo Convento
Capuchinos
Coro Alto. Huesca

RESIDENCIA DE ANCIANOS JOANA JOGAN
JOANA JOGAN SENIOR CITIZENS' RESIDENCE
Carretera Vall d'Aran. Lleida.

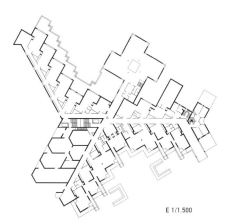

E 1/1.500

This is perhaps the most representative scheme from the first period of these architects' work, a reflection of the approach of a particular era, that of their training.

Standing in an agricultural setting, the building is organized on the basis of axes of 120° which give access to the various units. The orthogonal volumes, conceived as autonomous entities (for example, the bedrooms) are laid out on these oblique axes in such a way as to create a stepped formation that visually breaks up the complex.

The building does not impose itself as a single whole; instead, it creates an image closer to that of a village, in which the addition of each part is significant: this can be seen in the case of the chapel, the dining rooms or the residents' bedrooms, giving a clear definition of the space allocated to each of the occupants.

The scheme devotes considerable attention to the design of all of the details, and it is the sum of these that give formal definition to the whole.

The construction process plays a dominant role, with the return to traditional techniques and the use of these as the decorative and linguistic resource that defines the complex.XG

Es quizá la obra más representativa de los arquitectos en su primera etapa, reflejo de la manera de hacer de una época, de su formación.

Sobre un terreno agrícola, el edificio se organiza a partir de ejes a 120° que dan acceso a las distintas dependencias. El apoyo sobre estos ejes oblicuos de las piezas ortogonales, estudiadas como entidades autónomas (dormitorios por ejemplo), da lugar a todo un escalonado que tritura visualmente el conjunto.

El edificio no se impone como un todo. Su imagen está más cercana a la de un pueblo, donde la agregación de cada parte cuenta; es el caso de la capilla, los comedores o de las habitaciones de los asilados procurando una definición clara del territorio de cada uno de sus ocupantes.

Se cuida hasta el más pequeño detalle, pues sólo la suma de todos ellos definen formalmente todo el conjunto.

El proceso constructivo cobra un papel preponderante, el retorno a técnicas tradicionales y la utilización como recurso decorativo y lingüístico de los mismos, son el lenguaje empleado que se define. X.G.

OBRAS PRÓXIMAS
WORKS NEARBY

L-1969 R.M. PUIG ANDREU Bar Ateneo Pl. Carme, 3 Lleida	L-1980 R.M. PUIG ANDREU Edificio de viviendas c. Sant Agustí, 2 Lleida	L-1984 J.M. MEZQUIDA CASASES Conjunto de viviendas Granada/ Magraners Lleida	L-1988 M. ESPINET MESTRE. A. UBACH NUET Conjunto de viviendas Lleida Park Ctra. Osca. Lleida	L-1991 F. FERNANDEZ. M. GALLEGO OLMOS Plaza de la Constitució Lleida	L-1995 R.M. PUIG ANDREU. C. SÁEZ LLORCA Escuela de Ingenieros Agrónomos Mód. 2 y 3 Av. Rovira Roure, 177 Lleida
L-1974 L. SABATER. L. DOMÉNECH GIRBAU, PUIG ANDREU. Club de Tenis Lleida C. Boixadors, 60 Lleida	L-1982 J.M.MEZQUIDA CASASES Edificio de viviendas Av. Prat de la Riba, 76 Lleida	L-1984/1991 R.M. PUIG ANDREU. J. MILANS DEL BOSCH Edificio de viviendas c. Alcalde Areny, s/n Lleida	L-1988 R.M. PUIG ANDREU. C. SÁEZ LLORCA Hogar Infantil c. Llibertat, 1 Lleida	L-1994 L.M. VIDAL ARDERIU Restauración de la Casa Ducs d'Alba Pl.Major Castelló de Farfanya	

OPERACIÓN CANYERET
OPERATION CANYERET

Centro histórico *Historic centre*. Lleida

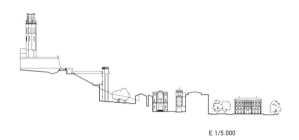

E 1/5.000

La operación Canyeret, que constó de tres fases: urbanización, Palacio de Justicia y escuela pública y se planteó como solución a la falta de comunicación entre la ciudad y la antigua Seu de Lleida, en la colina, causada por el desnivel del terreno que configuraba, a su vez, una área degradada y marginal entre ambos núcleos.

La operación consigue al mismo tiempo ampliar y revitalizar el área de influencia de la calle Mayor, eje cívico-comercial del centro de la ciudad entre el río Segre y la colina de la Seu.

El edificio longitudinal y sinuoso del Palacio de Justicia, paralelo y adosado a la pantalla, oculta parte de ésta y presenta una fachada que enmarca y organiza el nuevo espacio liberado.

La comunicación peatonal entre la ciudad y la parte superior de la Seu se realiza por medio de una torre de ascensores permitiendo el acceso a los tres niveles.

El extremo de poniente de la operación se funde en el tejido del barrio antiguo, a través de una escuela situada en el solar de fuerte pendiente que se articula asi mismo a tres niveles respecto a las calles existentes. X.G.

Operation Canyeret was structured in three phases –urbanization, Law Courts and public school– and was conceived as a solution to the poor communications between the city and the cathedral precincts of the Seu de Lleida, the historic nucleus on the hill, resulting from the steep slope of the terrain in a zone that at the same time constituted a degraded and marginal hiatus between the two.

The operation consisted of both expanding and revitalizing the area of influence of carrer Major, the civic and commercial main street of the city centre between the River Segre and the Seu hill.

The sinuous longitudinal Law Courts building is set parallel to and abutting on the screen, part of which it conceals, and presents a facade that at once frames and organizes the newly liberated space.

Pedestrian communications between the city and the upper area of the Seu is effected by means of lifts, providing access to three different levels.

At its western edge the operation merges into the fabric of the old district, by way of a school laid out on a steeply inclined site, which is also articulatd on three levels, corresponding to the existing streets. X.G.

AUDITORIO ENRIC GRANADOS
ENRIC GRANADOS AUDITORIUM
C. Magadalena, 2. Lleida

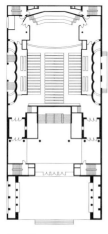

E 1/1.000

The project addresses the built volume as a great container destined to accommodate a highly diversified functional programme including a music conservatory with all of the complementary services: classrooms, library, audio library, etc., and two public recital halls seating 800 and 250 spectators, as well as an archaeological museum displaying the finds uncovered during excavation of the site.

The scheme sets out from a fundamental consideration of the place in which it is sited, at the base of the promontory topped by the Gothic cathedral which dominates the historic centre, while acknowledging the conditioning factor of its borderline situation, thanks to a very precise implantation in the urban fabric of the zone.

The auditorium has three urban facades, each reflecting the specific attributes of its context while maintaining the representative character required of the whole. The roof has been treated as another facade, exposed as it is to view from the platform of the cathedral above it. X.G.

El proyecto plantea el volumen edificado como un gran contenedor que debe atender un programa funcional muy diversificado, que incluye un conservatorio con todos sus servicios complementarios: aulas, biblioteca, fonoteca, etc... y dos salas públicas de audición de 800 y 250 espectadores, además de un museo arqueológico que alberga los restos localizados en el vaciado previo del solar.

El proyecto parte de la consideración fundamental del lugar en que se ubica, en la base del promontorio de la catedral gótica que domina el casco urbano y asume los condicionantes derivados de su situación de borde, gracias a una implantación muy precisa en el tejido urbano de la zona.

Tiene tres fachadas urbanas basadas en los diferentes atributos del entorno manteniendo a su vez el carácter de representatividad exigido al conjunto. La cubierta se planteó como otra fachada dado el control visual a que se ve sometido desde la plataforma superior de la catedral. XG

L-1991/1994

F. SOLAGUREN-BEASCOA y
Mª A. NEGRE BALSAS

ESCUELA DE E.G.B.
PRIMARY SCHOOL
La Fuliola

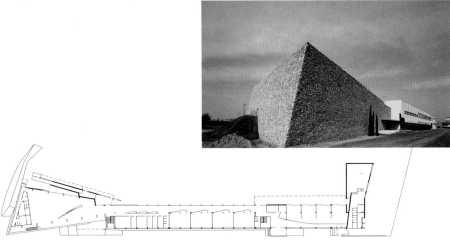

E 1/1.500

La escuela está situada en un entorno agrícola marcado por un parcelario que divide el terreno en franjas longitudinales y perpendiculares a la carretera C-148 de Tàrrega a Binefar, que las atraviesa.

Se propuso la apertura de una calle entre dos de las parcelas que uniera la carretera y el camino y se dispuso el edificio a lo largo de ella dándole así fachada en toda su longitud.

De esta forma la edificación quedó emplazada a un lado del solar liberando al máximo espacio para la zona deportiva.

La escuela aparece como un volumen lineal en el que destaca claramente su horizontalidad, manifiesta en los elementos de fachada, ventanas, voladizos, etc..., y en el suave escalonamiento de toda la cornisa del edificio.

El programa se reparte entre escuela y gimnasio quedando de manifiesto desde el exterior. El volumen correspondiente al gimnasio es opaco, de piedra de la región y aparenta pesadez, mientras que la escuela, de hiladas de ladrillo pintado de blanco, es más ligero. X.G.

The school is situated in an agricultural region, marked by a pattern of plots which divides up the terrain into longitudinal strips perpendicular to the main road from Tarrega to Binefar, which crosses them.

A new street opening was proposed between two of the plots which linked the main road and the lane, and the school was positioned with its main facade along the entire length of this. In this way, with the building located at one edge of the site, the maximum area was left free for the sports fields.

The school apppears as a linear volume with a markedly horizontal character, as manifested by the various elements of the facade, windows, overhangs, etc., and in the gentle stepping up of the building's cornice. The brief is divided between the school and the gymnasium, this division being emphasized on the exterior. The volume corresponding to the gymnasium is windowless, faced with local stone, and heavy in appearance, while the school, with its rows of white-painted brickwork, is visually lighter. X.G.

BIBLIOTECA DE SANT AGUSTÍ
SANT AGUSTÍ LIBRARY
C. Lluís de Sabater. La Seu d'Urgell

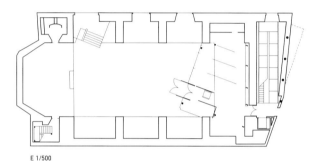

E 1/500

Situated in the church of the convent of Sant Agusti, the library adapts and consolidates to the existing ruins of the 17th-century church, which effectively conditioned the new project. The new facility signals its position in relation to the most interesting points on the riverside promenade and the Parc del Segre on the basis of the present-day reading of the old Solanes de sota coberta, on the one hand, and the singular element of the curtain wall with the access ramps (circulation zone), on the other.

The carrer Sabater facade maintains the walls of the old church. On entering, we come to the open courtyard, originally the nave of the church, an annex space as continuation of the street and the point of transition between the exterior and the library. The reflections on the glass skin of the curtain wall create a dialogues of sensations between old and new. All of the work areas are oriented onto this courtyard, which is used in summer for open-air cultural events.

The new building is ordered on an axis distinct from that of the church. The programme is laid out in three main spaces, two double- and one single-height. The double-height spaces are spanned by the arches of the old construction. X.G.

Emplazada en la iglesia del convento de Sant Agustí, la biblioteca se adapta a las ruinas existentes de la iglesia del siglo XVII y las consolida, siendo éstas el condicionante de todo el proyecto.

El nuevo equipamiento se significa desde los puntos más interesantes del paseo y el Parc del Segre, mediante una lectura actual de las antiguas "Solanes de sota coberta", y el singular elemento del muro cortina con las rampas de acceso (zona de circulación), respectivamente.

Desde la calle Sabater se mantiene la apariencia de los muros de la antigua iglesia. Al entrar encontramos el patio descubierto, antigua nave de la iglesia, como plaza apéndice de la calle y transición entre ésta y la biblioteca. Los reflejos sobre el paramento vidriado crean un diálogo de sensaciones entre lo nuevo y lo viejo. Todas las áreas de trabajo se orientan a este patio, que se utilizará en verano para actos culturales al aire libre.

El nuevo edificio se ordena sobre un eje distinto al de la iglesia. El programa se reparte en tres espacios principales, dos dobles y uno sencillo. Los dobles quedan cruzados por los arcos de la antigua construcción. X.G.

EDIFICIO DE VIVIENDAS "CASA ARRIOLA"
"CASA ARRIOLA" HOUSING BUILDING
C. Ordoño II, 32. León

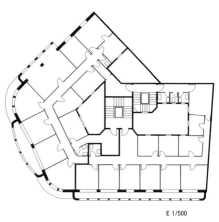

E 1/500

Poco después de la terminación de sus estudios de arquitectura, Juan Torbado marcha a Alemania donde permanecerá por largo tiempo y mantendrá contactos con círculos afines a la Bauhaus e incluso llegará a conocer a la que sería su esposa. De vuelta a León establece junto con su compañero de curso Ramón Cañas del Río, el estudio de arquitectura Cañas-Torbado que iniciará sus actividades a partir de los primeros meses de 1933. Como resultado de esta colaboración, que se prolongará alrededor de una década, surgirán los más interesantes edificios de tendencia racionalista –de claros componentes expresionistas, en algún caso– que hoy pueden encontrarse aún en la ciudad.

El primero de ellos, situado en la Av. de Roma, 18 ha venido siendo atribuido a J. Torbado en solitario, al darse la circunstancia de que el encargo provenía de un miembro de la familia. Sin embargo, el hecho de que la colaboración Torbado-Cañas comenzara dos años antes –como consta en los archivos del arquitecto– y el que desde 1936 hasta 1942 los planos aparezcan firmados por ambos, inclina a considerar esta obra como el primer resultado importante surgido de la colaboración entre ambos. El edificio citado resulta sin duda el más interesante desde el punto de vista plástico entre todos los realizados por el equipo Cañas-Torbado; también aquel que ofrece un mayor grado de afinidad con el expresionismo centroeuropeo de los años 30. En todo caso, se trata de una influencia perfectamente asimilada y cuyo protagonismo irá suavizándose en obras posteriores.

Como una de las últimas obras surgidas de la colaboración Cañas-Torbado es preciso citar la casa Arriola ocupando un solar de más amplias dimensiones (527 m²) y más elevado status, con un número de plantas también superior (baja y seis plantas incluyendo un total de 11 viviendas). Se trata de un magnífico edificio perfectamente conservado que domina el panorama arquitectónico de la plaza en la que se encuentra y que una vez más pone de manifiesto la elegancia y fuerza de las mejores obras dentro de un lenguaje evolucionado que podría ser calificado como de post-racionalista.

A principios de los años cuarenta, sería agregado un piso a cada uno de los edificios citados, operación realizada con el máximo respeto hacia la obra preexistente, sin que el nuevo conjunto se viera desvirtuado en su significación formal. C.F.

Shortly after graduating from architecture school, Juan Torbado went to Germany, where he stayed for a considerable period of time, making contact with circles close to the Bauhaus, and met the woman who was to become his wife. On his return to León, Torbado and his former class-mate Ramón Cañas del Río set up the Cañas-Torbado studio, which opened early in 1933. This collaboration, which was to last for some ten years, produced the most interesting buildings of a rationalist tendency –some of them with evidently expressionist components– to be found in the city today.

The first of these, situated at Avenida de Roma, 18, has usually been attributed to Juan Torbado alone, in view of the circumstance that the client was a member of his family. Nevertheless, the fact that the Cañas-Torbado team was founded two years before this –as recorded in the architect's own archives– and that from 1936 to 1942 all of the drawings are signed by both, seems to support the view that this was the first major project carried out the two architects in collaboration.

This building is indisputably the most interesting in terms of formal composition of all those designed by the Cañas-Torbado team, as well as the one that manifests the closest affinities with the Central European expressionism of the 30s. This influence is, however, perfectly assimilated, and its importance can be seen to diminish in the team's subsequent works.

One of the last works to emerge from the Cañas-Torbado collaboration was the Arriola house. This is constructed on a larger plot (527 m²), with a higher social status and a greater number of floors (ground and six upper floors, giving a total of 11 apartments). This is a magnificent building, perfectly conserved, which dominates the architectural panorama of the square on which it stands, and reveals once again the elegance and strength of the best works produced in a language that might be described as post-rationalist.

In the early forties each of the buildings mentioned above was extended with the addition of an extra floor; these interventions were carried out with absolute respect for the original work, without sacrificing any of the formal signification of the new complex. C.F.

OBRAS PRÓXIMAS
WORKS NEARBY

LE-1936/1938
L. CAÑAS DEL RÍO
J. TORBADO FRANCO
Edificio de viviendas
Bernardo del Carpio,13
León

LE-1941
L. CAÑAS DEL RÍO
J. TORBADO FRANCO
Edificio de viviendas
Piloto Regueral, 2-4
León

LE-1935
L. CAÑAS DEL RÍO
J. TORBADO FRANCO
Edificio de viviendas
Av. Roma , 18
León

CAJA POSTAL DE LEÓN
CAJA POSTAL DE LEÓN POST OFFICE SAVINGS BANK
León

E 1/1.000

The post office and telecommunications building in León is a compact volume with a clearly stated constructional system which permits a change of use with the passing of time.
It was carried out using contemporary means and materials which contribute to the easy legibility of the building. Metal sheeting is used both on the facades and in the interior.
In the interior, the sensitivity in the treatment of this metal sheeting perfectly justifies its use in this emblematic building. The exterior was painted to give it the typical "León" colour. Two touches of great representative character endow the volume with the prestige appropriate to a public building. X.G.

El edificio de correos y telecomunicaciones de León es un volumen compacto explicado desde la sencillez y claridad de su sistema constructivo que permite cambiar su funcionamiento en el transcurso del tiempo.
Se realizó con medios y materiales actuales que contribuyen a facilitar el entendimiento del edificio. Tanto en fachadas como en el interior se utilizaron chapas metálicas.
En el interior, la delicadeza en el tratamiento del material permite la utilización de este en un edificio singular. En el exterior se pintaron de "color León". Dos "touches" de gran representatividad dotan al volumen del prestigio que a un edificio público le corresponde. X.G.

CIUDAD UNIVERSITARIA. PRIMERA FASE
UNIVERSITY COMPLEX. FIRST STAGE
Madrid

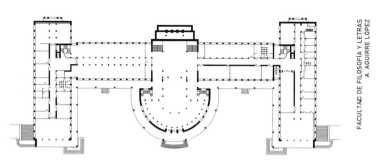

FACULTAD DE FILOSOFÍA Y LETRAS
A. AGUIRRE LÓPEZ

E 1/1.500

Un real Decreto de 17 de mayo de 1927 establecía la creación de la Junta de la Ciudad Universitaria, primer paso hacia la consecución de este conjunto docente, iniciativa personal de Alfonso XIII expuesto ya por el monarca en 1924 ante un grupo de arquitectos españoles que le visitaron con motivo de la celebración en Santander del Congreso Nacional de Arquitectura. A principios de 1928 tiene lugar la constitución oficial de una Oficina Técnica dirigida por el profesor Modesto López Otero quien elegiría a los arquitectos Agustín Aguirre, Miguel de los Santos, Manuel Sánchez Arcas y Luis Lacasa como integrantes del equipo que habría de llevar a cabo el proyecto y construcción de los correspondientes edificios.
Los cálculos estructurales serían encomendados al ingeniero Eduardo Torroja y al arquitecto Pascual Bravo la realización de un edificio para la Escuela de Arquitectura.
La Ciudad Universitaria ocupando una extensión de 320 Has. y situada en una zona al N-O de Madrid, abierta a la inmediata sierra de Guadarrama, sería planteada a la manera de los campus universitarios norteamericanos dividiéndose su programa general en cinco secciones fundamentales.

a) Grupo principal incluyendo las Facultades de Ciencias, Letras y Derecho además de Rectorado, Paraninfo y Biblioteca General.

A Royal Decree of May 17th, 1927, established the creation of the University City Board, the first step towards making reality the project for this university complex, a personal initiative of the king. Alfonso XIII, first expounded in 1924 to a group of Spanish architects on the occasion of the National Architectural Congress in Santander. Early in 1928 a Technical Office was set up under the direction of Professor Modesto López Otero, who selected the architects Agustín Aguirre, Miguel de los Santos, Manuel Sánchez Arcas and Luis Lacasa to comprise the team to be responsible for the design and consruction of the various buildings involved in the scheme. The structural calculations were entrusted to the engineer Eduardo Torroja, while the architect Pascual Bravo was commissioned to design the School of Architecture building.
The Ciudad Universitaria, laid out on a site covering 320 hectares in a district to the north-west of Madrid with views of the nearby Guadarrama range of hills, was conceived in terms of the North American model of university campus, with the overall programme divided into five basic sections:

a) The main group, including the Faculties of Sciences, Letters and Law, together with the Chancellor's Offices, the Central Hall and the Main Library.

OBRAS PRÓXIMAS
WORKS NEARBY

M-1930
M. SÁNCHEZ ARCAS
Edificio para la Junta de Gobierno y Oficina Técnica
Madrid

M-1932/1936
M. SÁNCHEZ ARCAS
E. TORROJA MIRET
Hospital Clínico
Isaac Peral, s/n
Madrid

M-1932/1933
M. SÁNCHEZ ARCAS
E. TORROJA MIRET
Edificio central de los Servicios de Calefacción
Av. Gregorio del Amo, 37
Madrid
(Reconstrucción de P. Chias. 1986)

M-1930/1935
M. SANTOS NICOLÁS
Facultad de Medicina, Farmacia y Estomatología
Pl. Ramón y Cajal, s/n
Madrid

E 1/30.000

b) The Medicine group, comprising the various Faculties and a Teaching Hospital.

c) The Fine Art group.

d) The group of Residences and Sports grounds and Recreation facilities.

In due course the various auxiliary buildings associated with these were added, laid out on the basis of the main circulation system.

The first of the Ciudad Universitaria buildings to be completed was the Fundación del Amo student hall of residence (1929-1930), a gift to the university from a private benefactor, Gregorio del Amo and designed by the architects Rafael Bergamín and Luis Blanco Soler, who were not part of the official team of architects. The first building designed by the Technical Office was the Faculty of Philosophy and Letters, by Agustín Aguirre, inaugurated in January 1932. The remainder of the buildings –all except the Teaching Hospital completed and inaugurated by the outbreak of the Spanish Civil War in 1936– were:

—Faculty of Physics, Chemistry and Mathematics
  (architect: Miguel de los Santos)
—Faculty of Medicine, Pharmacology and Odontology
  (architect: Miguel de los Santos)

b) Grupo médico con las Facultades correspondientes más un Hospital Clínico.

c) Grupo de Bellas Artes.

d) Grupo de Residencias, Campos de Deportes y Juegos.

A todo ello se irían añadiendo los necesarios edificios complementarios relacionándolos con los anteriores a través del sistema viario principal.

El primer edificio levantado en la Ciudad Universitaria sería el de la Fundación Del Amo (1929-1930) residencia de estudiantes donada por un patrocinador privado, Gregorio del Amo, y realizada por los arquitectos Rafael Bergamín y Luis Blanco Soler, no pertenecientes al gabinete oficial. El primero entre los proyectados por la Oficina Técnica sería el edificio de la Facultad de Filosofía y Letras obra de Agustín Aguirre e inaugurado parcialmente en enero de 1932. Los restantes edificios –terminados e inaugurados al iniciarse la Guerra Civil de 1936, con excepción del Hospital Clínico– fueron los siguientes:

—Facultad de ciencias Físicas, Químicas y Matemáticas
    (arquitecto Miguel de los Santos).
—Facultad de Medicina, Farmacia y Odontología
    (arquitecto Miguel de los Santos).
—Escuela de Arquitectura (arquitecto Pascual Bravo).

185

ESCUELA TÉCNICA SUPERIOR DE ARQUITECTURA DE MADRID
P. BRAVO SANFELIU

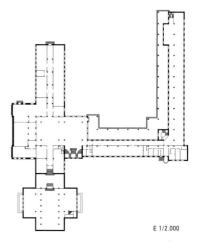

E 1/2.000

—Residencia de Estudiantes (arquitecto Luis Lacasa).
—Edificio para la Junta de Gobierno y Oficina Técnica
(arquitecto M. Sánchez Arcas).
—Edificio central de los servicios de calefacción
(arquitecto M. Sánchez Arcas).

Durante casi toda la Guerra Civil la Ciudad Universitaria de
Madrid constituyó uno de los límites permanentes entre los
ejércitos republicano y "nacional", campo de batalla estabi-
lizado en el que tendrían lugar duros enfrentamientos. Esto fué
la causa de que la práctica totalidad de sus edificaciones
quedaran gravemente afectadas, a veces con destrucciones
casi totales. Al término de la guerra, sus edificios serían
rápidamente reconstruidos, con excepción de la Fundación Del
Amo y del Hospital Clínico cuya recuperación se aplazaría aún
años.
Esta Ciudad Universitaria se organizó en forma definitiva según
un esquema híbrido oscilando entre campus universitario y
ciudad-jardín. Se cuidó excepcionalmente el complemento
vegetal y forestal y en cuanto a su arquitectura se procuró
dotar a sus edificios de una modernidad aparente que
desmentían sus plantas de un convencional academicismo. De
tal tipo de soluciones se aparta la Escuela de Arquitectura de
Pascual Bravo organizada de forma más informal y libre. Como
el edificio más auténticamente afín a una verdadera vanguardia
–tal vez el único a destacar en este sentido entre todos los
construidos– habría que señalar el destinado a Central
Térmica, obra de Sánchez Arcas, aún existente si bien
sometido a modificaciones importantes. En los demás casos,
la modernidad no iría mucho más allá de unas volumetrías
simples, paramentos lisos, cubiertas planas carentes de
cornisamento, y ventanas aparentemente en 'longueur',
agrupando en franjas horizontales o verticales, según los
casos, series de huecos en realidad independientes.
El tratamiento de interiores en cuanto a revestimientos,
mobiliario, pavimentos y detalles diversos fué resuelto, en
general, con acierto alcanzándose en obras como la Facultad
de Filosofía y Letras niveles que superaban los de la propia
arquitectura. C.F.

—School of Architecture (architect: Pascual Bravo)
—Students' Hall of Residence (architect: Luis Lacasa)
—Building for the Board of Governors and Technical Office
(architect: M. Sánchez Arcas)
—Central services and heating plant building
(architect: M. Sánchez Arcas).

For almost the entire duration of the Civil War, the Ciudad
Universitaria found itself on the front line between the
Republican and insurgent "national" forces, an established
battlefield which was the scene of much hard fighting. In
consequence, virtually all of the buildings were more or less
badly damaged, some of them all but destroyed. At the end
of the war, the university facilities were rapidly rebuilt, with
the exception of the Fundación del Amo halls of residence
and the Teaching Hospital, the full reconstruction of which
was to take years.
The organization of the Ciudad Universitaria complex is
based on a hybrid scheme, combining elements of the
campus and the garden city. Special attention was devoted to
the landscaping and vegetation, and care was taken to
endow the architecture with an air of evident modernity –an
appearance for the most part betrayed by the conventional
academicism of the plans, although the School of
Architecture by Pascual Bravo is laid out in a freer and more
informal manner. The building that is closest to a genuinely
avant-garde architecture –perhaps the only one that can
claim any such affinity– is the Central Heating Plant, by
Sánchez Arcas, which has survived various major modifications. For the rest, the modernity never went any further
than the use of simple volumetries, plane walls, flat
uncorniced roofs and windows apparently en longueur, with
their series of openings grouped in either horizontal or
vertical strips actually corresponding to separate windows.
The treatment of the interiors as regards claddings,
furniture, floor coverings and various other details was in
general very saisfactory, and in buildings such as the Faculty
of Philosophy and Letters of a quality even surpassing that of
the architecture itself. C.F.

186

CONJUNTO "PARQUE RESIDENCIA"
"PARQUE RESIDENCIA" COMPLEX
P. de la Castellana / C. de Joaquín Costa / C. Carbonero y Sol / C. Vitruvio. Madrid

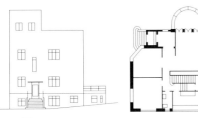

E 1/500

This "Residencia" economical housing Cooperative –the title printed on the original plans– was developed by the Madrid builder and entrepreneur Gregorio Iturbe, who from the early years of the century on had constructed a considerable number of "workers' colonies" in various parts of the capital. Although this complex, like its predecessors, was designed to meet the terms of the Low-cost Economical Housing Act introduced by the Dictatorship, the result here is markedly different, not only with regard to its physical situation but also to its envisaged occupants and even its architectonic style.

This complex was in fact aimed at a middle-class, relatively wealthy clientele, and specifically at people whose tastes and education would incline them to accept somewhat avant-garde aesthetic premisses. In total, 74 houses were built, distributed in linear blocks of four or five; semi-detached and detached houses or "hotels" in the terminology then in use in Madrid. The area of the site available for construction was restricted to a maximum of 30%, which in practice meant 28% of each plot. Each house was laid out over three levels: a semi-basement with garage, kitchen and services, including a bedroom and bathroom; the ground floor, with vestibule, study, dining room, pantry and toilet, and the upper floor, with three or four bedrooms and bathroom.

This was the first time in Spain that a complex of some importance was constructed entirely according to criteria in line with those of the Central European avant-gardes of the time, although –as was generally the case with the architecture of the "generation of 1925"– it can not strictly be ascribed to any one particular movement. At all events, its physical conservation –with one or two minor alterations– enables us to appreciate at first hand the considerable quality of design and execution present in this private-sector development, which goes beyond the purely private scale to address a problematic of greater scope and complexity. C.F.

Esta Cooperativa de Casa económicas "Residencia" –título que figura en los planos originales– sería promovida por el constructor y empresario madrileño Gregorio Iturbe, autor desde las primeras décadas, del siglo de un gran número de "colonias para obreros" situadas en diversas zonas de Madrid. Si bien en este caso se acogerá, como en los anteriores, a la ley de Casas Baratas y Económicas promulgada por la Dictadura, el producto será bien distinto, tanto por su situación como por sus presuntos destinatarios e incluso por el estilo arquitectónico desarrollado. Se tratará, en realidad, de viviendas para una burguesía de nivel económico medio pero sobre todo, de mentalidad y formación tales que hicieran posible la aceptación de unos planteamientos estéticos de vanguardia. Se construirán un total de 74 viviendas, repartidas en bloques lineales agrupando a cuatro o cinco de ellas; casas pareadas y casas unifamiliares u hoteles, según la terminología madrileña de la época. La ocupación del terreno no podía superar el treinta por ciento, lo que significaba alrededor de un 28 % real en cada parcela. Cada vivienda se organizaba en tres alturas: semisótano con garaje, cocina y servicios, incluyendo dormitorio y aseos; baja: vestíbulo, despacho, comedor, office y lavabo; planta alta, con tres o cuatro dormitorios y baño.

Por primera vez se aborda en España, con esta obra, la construcción de un conjunto de cierta relevancia desarrollado enteramente con arreglo a un estilo arquitectónico afín a las vanguardias centroeuropeas de la época, si bien -como sucede, en general, con toda la arquitectura de la "generación de 1925"-no podría ser adscrita en rigor a ninguna de ellas. En todo caso su permanencia –con escasas modificaciones– permite comprobar el importante nivel de acierto conseguido en un trabajo realizado desde la iniciativa privada y en el que se supera la escala de lo particular abordando un problema de una mayor complejidad y empeño. C.F.

OBRAS PRÓXIMAS
WORKS NEARBY

M−1931	M−1932	M−1933/1935−p.192
F. GARCÍA MERCADAL	F. GARCÍA MERCADAL	M−1933/1936−p.193
Vivienda unifamiliar	Grupo de viviendas	M−1958/1962−p.202
Jorge Manrique, 16	Carbonero y Sol, 22-28	M−1971/1981−p.213
Madrid	Madrid	

CONJUNTO DE VIVIENDAS "CASA DE LAS FLORES"
"CASA DE LAS FLORES" HOUSING BLOCK

C. Rodriguez San Pedro / C. Meléndez Valdés / C. Gatzambide / C. Hilarión Eslava. Madrid

La polémica "höffe versus siedlungen", tan viva en algunos paises europeos –y muy especialmente en Alemania y Austria– durante los años 20 y 30, apenas hallaría un débil eco en España, donde las soluciones de casas económicas agrupadas en bloques de importante tamaño, con amplios patios ajardinados y/o arbolados en su interior, apenas existieron y mucho menos llegaron a sustituir a las nefastas disposiciones "en peine", dotadas de raquíticos y antihigiénicos patios-tubo interiores. Entre los escasos intentos de mejorar tipologías tan negativas hay que señalar, dentro del casco urbano madrileño, el protagonizado por Zuazo con su famosa Casa de las Flores, sobresaliente también por lo que se refiere a lenguaje, y en donde el arquitecto lleva a la práctica el mismo tipo de manzana abierta que aportaba, como una de sus propuestas más atractivas, al concurso para el Ensanche Norte de Madrid, al que concurrió junto con el urbanista alemán Hermann Jansen. Esta solución podría haber sido sugerida por uno de los modelos de manzana abierta de Cerdá, aquel que situaba dos bloques lineales paralelos ocupando los dos lados más largos del solar. Zuazo, en la Casa de las Flores, amplía los extremos de cada bloque, dando lugar a un pequeño "tacón" lo que contribuye al efecto visual de cierre del patio abierto.
Respecto de su solución formal, y aún concediendo a Zuazo

The polemical höffe versus siedlungen debate that was such a hotly disputed issue in much of Europe –and above all in Germany and Austria– during the 20s and 30s was barely to make itself felt in Spain, where major construction of blocks of low-cost housing laid out around spacious landscaped courtyards was virtually non-existent, and a long way from taking over from the deplorable comb-shaped layout with its miserable, unhygienic interior courtyards. Amongst the few attempts to improve this inherently unpromising typology within the urban core of Madrid is this famous scheme by Zuazu known as the "House of the Flowers", which is equally noteworthy for its architectonic language; here the architect put into practice the same type of open block as he submitted, in one of his most attractive projects, developed in collaboration with the German urban designer Hermann Jansen, for the competition for Madrid's Ensanche Norte. This solution may have been suggested by one of Cerdà's models of open city block –that which consists of two parallel linear constructions occupying the longer sides of the plot. Zuazo, in his Casa de las Flores, extended the ends of each stretch of building, thus creating a small "heel" which adds to the visual impression of closure of the open block.
With regard to the formal solution, even if we credit Zuazu with the design of the project, we should not overlook the

OBRAS PRÓXIMAS
WORKS NEARBY

M–1932/1936 1ª Fase
S. DE ZUAZO UGALDE
E. TORROJA MIRET
Nuevos Ministerios
P. de la Castellana/
Raimundo Fernández
Villaverde/ Pza. de
S. Juan de la Cruz
Madrid

M–1963/1972
A. LAMELA MARTÍNEZ
Bloque de viviendas Galaxia
Fernandez de los Rios/
Hilarón Eslava/
Isaac Peral
Madrid

M–1966/1971
J. CANO LASSO
Grupo de viviendas La Basílica
General Moscardó, 17-21
Madrid

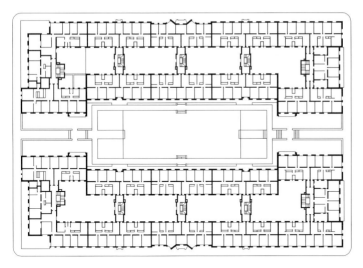

E 1/1.500

involvement of the young German architect Miguel Fleischer, who was working as an assistant in Zuazu's office at this time, and whose positive influence seems beyond dispute. Nor should we discount the possibility of some minor intervention by the architects Arniches and Domínguez –who worked with Zuazu for a considerable period of time– with respect, above all, to the presence of the arches on the ground floor facade. Finally, and despite the lack of any documentary evidence, we might also be justified in envisaging some contribution by Eduardo Torroja in the structural scheme, and particularly in relation to the very fine, elegant concrete floor slabs used for the corner terraces.

In the immediate vicinity of the Casa de las Flores is the "Galaxia" block –c. Fernández de los Ríos, Hilarión Eslava, Isaac Peral and Fernando el Católico– in which the architect Antonio Lamela Martínez designed a configuration (1963-1972) of open, landscaped courtyard with a small group of commercial premises situated at different levels in the interior. Subsquently, Julio Cano Lasso was also successfully to exploit, in his Basílica residential complex (1966-1971) at c. General Moscardó, 17-21, the theme of housing laid out around an open, landscaped courtyard. C.F.

la paternidad de la obra, no puede pasarse por alto la presencia del joven arquitecto alemán Miguel Fleischer, como uno de los ayudantes del estudio durante esa época y cuya positiva influencia parece indiscutible. Tampoco debería descartarse la posibilidad de una pequeña intervención de los arquitectos Arniches y Domínguez –colaboradores de Zuazo durante algún tiempo– especialmente en lo que se refiere a la presencia de arcos en parte del cerramiento de la planta baja. Finalmente y aunque no existan pruebas documentales, podría también pensarse en una intervención de Eduardo Torroja en el planteamiento estructural y muy especialmente en relación con las elegantes y delgadísimas láminas de hormigón que forman el suelo de las terrazas de ángulo.

Muy próxima a la Casa de las Flores se encuentra la manzana "Galaxia" –c. Fernández de los Ríos, Hilarión Eslava, Isaac Peral, Fernando el Católico– en la que el arquitecto Antonio Lamela Martínez planteó (1963-72) una ordenación con patio abierto, ajardinado, y un pequeño conjunto de establecimientos comerciales situado a varios niveles en el interior del mismo. Años después, también Julio Cano Lasso en su grupo de viviendas de la Basílica (1966-71) –c. General Moscardó, 17-21– insistiría con acierto en el tema de viviendas dispuestas alrededor de un patio abierto y ajardinado. C.F.

189

M–1931/1933

L. MARTÍNEZ FEDUCHI y
V. ECED ECED

EDIFICIO CAPITOL
CAPITOL BUILDING
Gran Vía, 41. Madrid

E 1/1.000

El proyecto para el Capitol de Eced y Feduchi –más tarde Edificio Carrión, según el nombre de su promotor– alcanzó el primer premio en el concurso restringido convocado para su realización y supuso, sin duda alguna, la solución más interesante y atractiva de entre todas las presentadas.

La forma del solar favorecía –casi exigía– un volúmen "en proa", circunstancia que los autores supieron potenciar creando un objeto arquitectónico acusadamente dinámico que llegaría a constituir el símbolo de un Madrid que aspiraba a incorporarse a una modenidad ya formalmente codificada en aquel principio de la década de los años 30.

Recreando elementos procedentes de cierta arquitectura mendelsohniana -y concretamente de su estilo "streamlined" que habría de extenderse por Europa y América en poco tiempo- los autores consiguen agrupar bajo una forma unitaria el complejo programa propuesto, incluyéndose hotel de apartamentos, plantas de oficinas, gran local cinematográfico, bar-americano y sala de fiestas.

Una absoluta coherencia estilística predominaba, en su momento dentro de ésta obra entre arquitectura y ambientes interiores para los que fueron diseñados expresamente mobiliario, sistemas de iluminación y todo un conjunto de detalles y objetos complementarios pocos de los cuales subsisten hoy.

A escasa distancia del Capitol se encuentra el edificio Coliseum (Gran Vía, 78) proyectado y construido por Castro Fernández-Shaw y Pedro Muguruza Otaño entre 1931 y 1933, rascacielos menor, en la órbita formal de alguno de los construidos por aquellos años en Norteamérica y que, como el anterior, incluía en sus plantas inferiores un interesante local cinematográfico de cuyo lenguaje Art Deco se conserva sólo parcialmente. C.F.

The project by Eced and Feduchi for the Edificio Capitol –later renamed the Edificio Carrión, in reference to its developer– won first prize in the limited competition held to choose a construction scheme, and is undoubtedly the most interesting and attractive of all the solutions submitted. The form of the plot favoured –virtually required– a projecting, prow-like volume, a circumstance which the architects skilfully potentiated in creating a supremely dynamic architectonic object that was to constitute the symbol of a Madrid that aspired to take its place in a modernity that had already been formally codified by the early 30s.

Recreating elements deriving from an essentially Mendelsohnian approach to architecture, and specifically from the "streamlined" style that within a short period of time was to spread throughout Europe and America, the architects successfully accommodated within a unitary form the complex proposed programme, including an apartment hotel, various floors of offices, a large cinema, an American bar and a functions suite.

The project is characterized by the absolute stylistic coherence between the architecture and the interiors, for which the architects designed furniture, lighting systems and and a whole range of details and accessories, few of which have survived the passage of time.

Only a short distance from the Capitol stands the Coliseum building (Gran Via, 78), designed and built by Casto Fernández-Shaw and Pedro Muguruza Otaño between 1931 and 1933, a relatively small skyscraper in terms of those being constructed in North America at this time. This, like the Capitol, accommodated a cinema on its lower floors, although virtually no trace of its interesting Art Deco language has been conserved. C.F.

OBRAS PRÓXIMAS
WORKS NEARBY

M–1931/1933
C. FERNÁNDEZ-SHAW,
P. MUGURUZA
Edificio de viviendas
Coliseum
Gran Vía, 78
Madrid

EDIFICIO DE VIVIENDAS
APARTMENT BUILDING
C. Almagro, 26 / C. Zurbarán, 17. Madrid

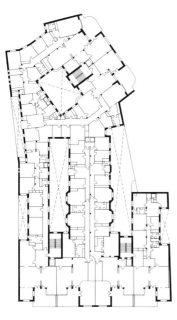

E 1/1.000

Constructed on a plot of which a significant part of the surface area is taken up by the junction of the two streets onto which it looks, the most exceptional feature of this building by Luis Gutierrez Soto is that it incorporates for the first time a type of medium-sized terrace onto which open the three spaces of the living room and public zones of the apartment. This solution, further developed by the architect in subsequent works, was to be widely adopted and adapted more or less faithfully and successfully in the following decades by many of Gutierrez Soto's colleagues.

With regard to its formal expression, the building is resolved within the bounds of a carefully considered and never "excessive" modernity painstakingly cultivated by the architect throughout the 30s.

In the adjoining calle Miguel Angel (at nos. 2 to 4) there is another apartment building (1935-1940) by Gutierrez Soto, where the exposed brickwork reveals itself as the ideal material with which to develop a language which although very different from that expressed in this building in calle Almagro similarly reflects a concern with cultivating a type of modernity far removed from any "shocking" or "polemical" position.

Between 1930 and 1936, Gutierrez Soto and many of his colleagues in Madrid produced a number of apartment buildings of considerable interest, conceived in terms of an approximation –almost always more formal than profound– to the avant-garde tendencies of the time. C.F.

Construido sobre un solar lindante con dos calles pero del que queda excluida una parte importante correspondiente al encuentro de ambas, este edificio de Luis Gutiérrez Soto ofrece como su máxima singularidad el incluir por vez primera un tipo de terraza de dimensión media a la que abren los tres recintos que integran las zonas de estar y relación de la correspondiente vivienda. Esta solución, que sería desarrollada por el arquitecto en obras posteriores, llegaría a alcanzar gran difusión en las versiones que con mayor o menor fidelidad y acierto, llevarán a cabo, en décadas sucesivas, un buen número de colegas.

En cuanto a expresión formal, el edificio se resuelve dentro de los límites de una modernidad ponderada –nunca "excesiva"– cuidadosamente cultivada, en aquellos primeros años de la década de los 30, por su autor.

En la inmediata calle de Miguel Ángel (números 2 y 4) se encuentra situado otro conjunto de viviendas de Gutiérrez Soto (1935-40) en donde el ladrillo a cara vista se convierte en el material idóneo con el que desarrollar un lenguaje muy distinto al expresado en la casa de la calle Almagro pero que, como él, responde a la intención de cultivar un tipo de modernidad alejada de cualquier posición "escandalosa" o "polémica".

Entre 1930-36, tanto Gutiérrez Soto como otros colegas madrileños llevarán a cabo diversos edificios de viviendas, no exentos de interés, dentro también de una aproximación –casi siempre más formal que profunda– a las tendencias de vanguardia del momento. C.F.

PABELLÓN DE PÁRVULOS DEL INSTITUTO-ESCUELA
INFANTS' PAVILION OF THE INSTITUTO-ESCUELA
C. Serrano, 125-129. Madrid

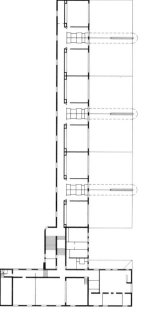

E 1/1.000

La Institución Libre de Enseñanza, fundada en 1906, adquiere hacia el año 1908 unos terrenos en la zona conocida como Colina de los Chopos inmediata a los llamados "altos del Hipódromo", una serie de pequeñas lomas asomadas al límite norte del Paseo de la Castellana. Dentro de estos terrenos la ILE establece un campus en el que irán apareciendo diversas entidades de carácter docente y de investigación, además de edificios para residencia de los propios investigadores, profesorado y alumnos. Entre 1910-18 serán construidos los diversos pabellones que integran la Residencia de Estudiantes, destacando entre ellos el emblemático primer edificio obra de Antonio Flórez Urdapilleta. En una segunda etapa 1926-35 serán agregadas nuevas construcciones destinadas a Centros de Enseñanza primaria y secundaria, Laboratorios, Biblioteca y Auditorio.

Tras la Guerra Civil todas las entidades citadas pasan a integrarse dentro de un nuevo organismo creado en 1940, el Consejo Superior de Investigaciones Científicas. Se restauran, transforman y rehabilitan los edificios pre-existentes al tiempo que se promueven nuevas construcciones. Sobre las ruinas del destruido Auditorio-Biblioteca, el arquitecto Miguel Fisac levanta la que será iglesia del Espíritu Santo al tiempo que realiza de nueva planta el Instituto de óptica Daza de Valdés (1942-43) así como el monumental pórtico de entrada al conjunto.

Entre los edificios primitivos, todos ellos con modificaciones que en algún caso los dejan irreconocibles, destaca aún el dedicado a parvulario, integrado por pequeños pabellones en hilera provistos todos ellos, como elementos de protección de sus amplias fachadas acristaladas, de las espectaculares marquesinas, obra admirable del ingeniero Eduardo Torroja. CF.

The Institución Libre de Enseñanza, founded in 1906, acquired iin 1908 a plot of land in the area known as Colina de los Chopos, adjacent to the so-called "altos del Hipódromo" (the "Hippodrome heights"), a series of low hills extending along the northern edge of the Paseo de la Castellana. On this site the ILE established a campus, on which there gradually appeared a variety of buildings devoted to education and research, in addition to residences for the research workers, teaching staff and students. The years 1910 to 1918 saw completion of the various pavilions of the Students' Residence, of note amongst these being the emblematic first building, designed by Antonio Flórez Urdapilleta. A second phase, between 1926 and 1935, brought the addition of new constructions to house Primary and Secondary Education, Laboratories, Library and Auditorium.

After the Spanish Civil War, all of the above facilities were incorporated into a new entity, the Consejo Superior de Investigaciones Científicas, founded in 1940. The existing buildings were refurbished and converted, while new constructions were commissioned. On the ruins of the old Auditorium-Library, the architect Miguel Fisac erected what was to be the Espíritu Santo church, at the same time as he was designing and building the entirely new Daza de Valdés optical institute (1942-1943) and the monumental portico at the entrance to the complex.

Amongst the original buildings, all of them modified, and in some cases now unrecognizable, the infants' school is still worthy of attention. This consists of a row of small pavilions, the extensively glazed facades of which are sheltered from the sun by spectacular canopies, an admirable piece of work by the engineer Eduardo Torroja. C.F.

GRUPO DE VIVIENDAS "EL VISO"
"EL VISO" HOUSING DEVELOPMENT
C. de Serrano / C. de Guadalquivir / C. Tormes / C. Sil / C. Nervión / C. Concha Espina

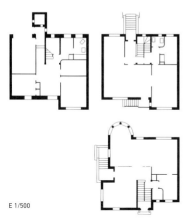

E 1/500

Rafael Bergamín, who had already in 1928-1929 constructed one of the earliest examples of avant-garde architecture in Spain (the house for the Marqués de Villora at C/ Serrano, 130, and now unrecognizable), also worked on the "Residencia" housing complex before receiving this commission for the "El Viso" Economical Housing Cooperative. This, like its predecessor, was a complex of houses designed for an upper-middle-class clientele, for the most part intellectuals and professional people willing and even eager to live in a house within an architectural setting marked by a new aesthetic. The proposal for this second complex started out from an objective datum, namely its greater quantitative importance, but at the same time –and this is an essential characteristic of the new scheme– it abandoned the 19th-century garden city structure in order to organize an attempt at a small linear town, laid out on either side of a main road-traffic axis: calle Serrano. On the basis of this, a system of secondary roads was established, consisting of streets perpendicular and parallel to the main axis, with a predominance of blocks of terraced houses, although also including a few detached houses, with all of the buildings ordered in terms of the structural grid of the road network. The surface area allocated to house an envisaged population of 1,800 was 85,000 m², thus amounting to a density of 136 inhabitants per hectare.
Amongst the innovative features which the "El Viso" residential development in introduced with respect to the earlier "Parque Residencia" complex, mention should be made of the inclusion of a small sports ground, together with lesser constructions to accommodate a school and health centre and a small group of shops for everyday purchases. The quality of design and finish of this residential complex, in both functional and aesthetic terms, and its situation in one of the highest (maximum height 700 m above sea level) and most salubrious areas of the capital, led to its being occupied from the 40s on by the members of an oligarchy who were unwilling to live in flats in apartment buildings, even if these were designed by an architect with the prestige of Gutierrez Soto. The colonization of "El Viso" by this newly influential social class was accompanied by a considerable number of very sweeping modifications, the result of these being to cancel out virtually all of the original architectural qualities embodied in the scheme. C.F.

Rafael Bergamín, que ya había realizado, entre 1927-28, uno de los primeros edificios de vanguardia, de la arquitectura española (la casa para el Marqués de Villora situada en Serrano, 130 (hoy irreconocible) poseía también la experiencia de su trabajo en la colonia "Residencia" antes de abordar la construcción de esta nueva Cooperativa de Casas Económicas de "El Viso" que, como en el caso anterior, representaba un conjunto de viviendas para una clase media alta, de intelectuales y profesionales en su mayoría, capaces –e incluso deseosos– de fijar su residencia dentro de un ambiente arquitectónico afín a una nueva estética.
El planteamiento de este segundo conjunto partirá de un dato objetivo como era el de su mayor importancia cuantitativa, pero además –y esto representa una característica esencial del nuevo trabajo– se abandona el esquema ciudad-jardín decimonónica para organizar un conato de pequeña ciudad lineal, vertebrada a ambos lados de una vía principal de tránsito rodado: la calle Serrano. A partir de ella se establecerá una trama vial secundaria integrada por calles perpendiculares y paralelas a la principal, con un predominio de bloques de viviendas en hilera aunque en algún caso excepcional aparezcan edificios unifamiliares aislados, todos ellos ordenados siempre en disposición acorde con la trama viaria. La superficie destinada a parcelas se fijaba en unos 85.000 m² para una población prevista de 1.800 habitantes lo que suponía una densidad de 136 hab/ha.
Entre las novedades que ofrece esta colonia de "El Viso", en relación con "Parque Residencia", habría que citar la inclusión de un pequeño terreno deportivo así como de algunos edificios menores de carácter sanitario y docente además de un grupo, reducido también, de comercios destinados a la compra diaria. El acierto y calidad que ofrecía el conjunto –desde el doble punto de vista funcional y estético– situado en una de las zonas más elevadas (700 m. de cota máxima) y saludables de la ciudad, iba a convertir esta colonia, a partir de los años 40, en residencia de una oligarquía para la que no resultaba suficiente la vivienda en pisos, ni incluso si éstos respondían a proyectos avalados por la firma de Gutiérrez Soto. La ocupación de "El Viso" por esta nueva clase de mayor relevancia social trajo consigo la realización de reformas numerosas e importantes que llegaron a desvirtuar casi totalmente el conjunto. C.F.

OBRAS PRÓXIMAS
WORKS NEARBY

M-1927/1929
R. BERGAMÍN
GUTIÉRREZ
Casa del Marqués
de Villora
Serrano, 130
Madrid

M-1931/1932-p.189
M-1933/1935-p.192
M-1958/1962-p.202
M-1971/1981-p.213

C. ARNICHES MOLTÓ,
M. DOMÍNGUEZ ESTEBÁN
y E. TORROJA MIRET (ing.)

HIPÓDROMO DE LA ZARZUELA
LA ZARZUELA HIPPODROME
Av. del P. Huidobro, s/n. Madrid

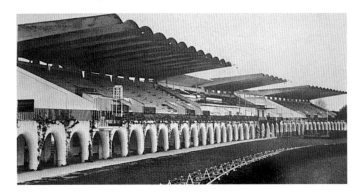

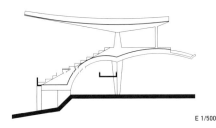

E 1/500

Si el Frontón Recoletos, hace tiempo demolido, representó con su bóveda bilobulada tal vez la solución más sofisticada del ingeniero Torroja, este hipódromo de La Zarzuela, su cubierta de tribunas de grácil silueta, podría significar la más bella y elegante de sus realizaciones. La estructura de bóvedas laminares en voladizo, situada sobre las localidades preferentes, se halla formada por una serie contínua de unidades, consistentes cada una de ellas en hiperboloides de una hoja de ejes paralelos y una distancia de 5 metros entre ejes. Estas "alas de gaviota", repetidas, constituyen la cubierta con un voladizo de 12,60 m., anclado y contrapesado con las correspondientes –también voladas– de las salas de apuestas de la planta inferior, arriostrándose todo el conjunto mediante los propios arcos sustentantes del graderío, que actúan a modo de arbotantes. Cada "ala de gaviota" va suavizando su curvatura a medida que se aproxima al borde, lo que permite pasar de un espesor de 15 cm. en el empotramiento a los apenas creíbles 5 cm. de su borde libre. El hecho de tratarse de superfícies regladas, simplificando al máximo su construcción, representa también un valor a tener en cuenta en esta admirable creación de un ingeniero-arquitecto tan excepcional como lo fué Eduardo Torroja.
La inteligente actuación de Domínguez y Arniches se limitó en esta obra a respetar al máximo su significación estructural sin añadir elemento alguno que pudiera enmascararla o desvirtuarla (lo que lamentablemente no ocurre siempre en otros trabajos de E.T.) agregando sólo aquello que resultaba estrictamente necesario como las arquerías de cerramiento de planta baja. C.F.

If the Frontón Recoletos, with its twin-lobed vaulting, now long since demolished, represented arguably the most sophisticated solution designed by the engineer Torroja, the Hipódromo de La Zarzuela race track, with the graceful sihouette of the roof over the stand, may well be his most beautiful and elegant design. The structure of projecting laminar vaults, which shelters the privileged seating, is formed of a continuous series of units, consisting of single-leaf hyperboloids with parallel axes spaced at a distance of 5 m. The repetition of these "gull wings" constitutes the roof, with its 12.60 m projection, anchored and counterweighted by the also projecting corresponding roofs of the betting halls on the lower level, the whole being braced by the arches which support the stand and themselves act as arch buttresses. The curve of each of the "gull wings" becomes progressively gentler towards the outer edge, with a resulting reduction in thickness from 15 cms at the point of anchoring to a scarcely believable 5 cms at the outer lip. The fact that these are laminar surfaces, with the construction simplified to the maximum, is another relevant consideration in this admirable design by an engineer-architect as exceptional as Eduardo Torroja.
The intelligent intervention by Domínguez and Arniches limited itself here to respecting to the maximum the structural signification, without adding anything that might cover up or detract from this (an approach unfortunately not adopted in all of their collaborations with Torroja), contributing only what was strictly necessary, such as the arches enveloping the ground floor. C.F.

OBRAS PRÓXIMAS
WORKS NEARBY
M-1961/1965-p.206
M-1991/1993-p.225

M-1944

EDIFICIO DE VIVIENDAS
HOUSING BULDING
C. Juan Bravo / C. Velázquez. Madrid

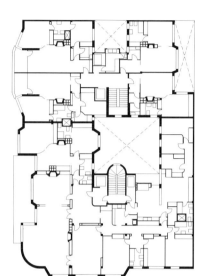

E 1/500

One of the earliest of the elegant apartment buildings constructed by Luis Gutierrez Soto before 1936 is the one situated at c/ Fernández de la Hoz and c/ Espronceda in Madrid. Here he made use for the first time of exposed brickwork as the principal material on the exterior –a type of finish that came in time to be regarded as a distinctive signature of his work, widely imitated by other architects. The "Gutierrez Soto style" was soon to exercise considerable influence, giving rise to numerous more or less successful imitations, not only in Madrid but in many other Spanish cities.

Within this stylistic approach, some of the works produced by the architect during the 40s and 50s also manifest connotations of a historicist nature, although these had disappearead completely by the late 50s, when Gutierrez Soto's style moved towards an increasing independence and a rejection of any kind of revivalism.

It is curious to note that one of the most attractive works within the "Gutierrez Soto aesthetic" –typically associated with groups of houses for a middle- and upper-class clientele– is the "Richmond" building, an apartment-hotel on the Plaza de la República Argentina whose internal organization, partly using a semi-duplex layout, is not reflected in the logical fashion on the exterior. C.F.

Uno de los primeros edificios de viviendas de alto nivel entre los realizados por Gutiérrez Soto con anterioridad a 1936 es el situado en la calle de Fernández de la Hoz, esquina a calle Espronceda, en Madrid. En él hace uso, por vez primera del ladrillo a cara vista como material predominante al exterior, fábrica que con el tiempo representaría algo así como la propia firma del arquitecto, dando lugar a un tipo de tratamiento exterior que sería ampliamente imitado. El "estilo Gutiérrez Soto" llegaría a imponerse en pocos años surgiendo, no sólo en Madrid sino en gran parte de las restantes ciudades españolas, numerosas imitaciones más o menos logradas.

Dentro de ésta manera, aparecerán también en algunos de los edificios realizados por el arquitecto durante la década de los años 40 y 50, ciertas connotaciones de tipo historicista que para mediados del segundo decenio habrán desaparecido por completo, derivando su estilo hacia soluciones independientes y ajenas a cualquier forma de revivalismo.

Como una de las obras más atractivas, dentro de la "estética Gutiérrez Soto" –típica de viviendas agrupadas de medio y alto nivel– habría que señalar, curiosamente, el edificio "Richmond" un hotel por apartamentos situado en la plaza de la República Argentina y cuya organización interior, parcialmente en "semi-duplex", no encuentra su lógico reflejo en la solución exterior. C.F.

MINISTERIO DE TRABAJO Y ASUNTOS SOCIALES
Antigua Delegación Nacional de Sindicatos
MINISTRY OF WORK AND SOCIAL AFFAIRES
Former Delegación Nacional de Sindicatos
Paseo del Prado 18-20. Madrid

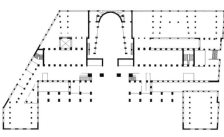

E 1/2.000

La preocupación –estimulada desde instancias oficiales– por establecer una arquitectura conectada con estilos de épocas pasadas de esplendor supuso una de las razones esenciales para que la arquitectura española de la postguerra apenas se viera influída por la realizada en la Italia fascista o en la Alemania nazi y ello pese a las estrechas relaciones mantenidas durante esos años entre España y los paises citados. El edificio destinado a sede central de los Sindicatos Verticales –en cuyo concurso obtuvieron los arquitectos el primer premio– representa una obra singular en este sentido, al tratarse de uno de los escasos ejemplos españoles desarrollado en un lenguaje afín a tales estilos representativos de los regímenes políticos mencionados. De un monumentalismo serio, austero y un tanto agresivo –frente a los elegantes manierismos del Museo del Prado– este rotundo edificio sindical queda hoy como elocuente documento de su época así como una muestra inicial de la colaboración entre dos arquitectos de talento como Aburto y Cabrero, colaboración que habría de mantenerse solo por poco tiempo. C.F.

The preoccupation –actively stimulated from within government circles– with establishing an architecture which declared its links with the stylistic splendours of the past constitutes one of the essential reasons why post-war Spanish architecture was so little influenced by what had been constructed in Fascist Italy or Nazi Germany, in spite of the close contacts between Spain and these countries. This building created to house the head offices of the so-called "Vertical Syndicates", the winning scheme in the design competition, is thus an exceptional piece of work in being one of the few examples in Spain of an architecture developed in a language comparable to that promoted by the above-mentioned regimes.
With its serious, austere and somewhat aggressive monumentalism –in contrast to the mannered elegance of the Museo del Prado opposite– this uncompromising official building can be appreciated today as an eloquent testimony to its time, and a first manifestation of the –admittedly short-lived– collaboration between two such talented architects as Aburto and Cabrero. C.F.

OBRAS PRÓXIMAS
WORKS NEARBY
M-1960/1962   M-1984/1992–p.220
R. DE ABURTO RENOVALES,
F. CABRERO TORRES
QUEVEDO
Colegio Mayor
San Agustín
Séneca s/n
Madrid

M—1949/1950

INSTITUTO DE BIOLOGÍA DEL C.S.I.C.
C.S.I.C. BIOLOGICAL RESEARCH CENTRE
C. Velázquez. Madrid

M. FISAC SERNA
LIBRERÍA DEL C.S.I.C.

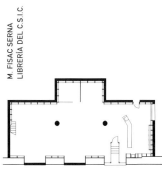

E 1/500

Barely two years after his return from a stimulating and productive study trip to various Northern European countries, Fisac designed this bookshop for the Consejo Superior de Investigaciones Científicas. The scheme is quite exceptional in terms of the mainstream of Spanish architecture of the period, and had a great impact on the younger members of the profession, clearly manifesting Fisac's assimilation of those healthy and vital northern tendencies, in marked contrast to a contemporary Spanish context still largely dominated by the obsession with a neo-imperial architecture. Shortly afterwards, Fisac designed the new Biological Research Centre, in which he clearly revealed the freedom and absence of inhibitions that were to be such a signal feature of the aesthetic qualities of much of his subsequent work. A fundamental arcticulating role in the research complex is played by the central block, with its concave facade and forthright geometry, relatively hermetic and autonomous, the composition of the facade marked by the small openings ordered in ascending parallel bands and crowned by a projecting balcony that establishes a visual tension in relation to the fountain on the ground floor, at the other end of the virtual diagonal that crosses this facade. The V-shaped open plan of the wings (resolved in three bays) opening onto c. Velázquez and c. Joaquín Costa accommodates the laboratories, while the central volume contains the areas in which the experimental animals used in research are kept. For the lower volumes, Fisac used a type of fair-faced hollow brick of his own design, with a drip channel. C.F.

Transcurridos apenas dos años de su regreso de un oportuno y estimulante viaje de estudios por varios países nórdicos y centroeuropeos, Fisac llevaría a cabo esta librería del Consejo Superior de Investigaciones Científicas, obra absolutamente insólita dentro de la arquitectura española del momento, de gran impacto entre los colegas más jóvenes y buena muestra de la asimilación por su autor de aquellas saludables tendencias en vivo contraste con un ambiente dominado, en gran medida, por la obsesión de dar forma a una arquitectura neo-imperial.
Poco tiempo después, Fisac proyectaría este nuevo Centro de Investigaciones Biológicas en el que advierte ya, de forma clara, la libertad y desinhibición de que habría de hacer gala en buena parte de su producción posterior en cuanto a decisiones de índole estética. Pieza básica y articuladora del conjunto es el bloque central, de fachada cóncava y rotunda volumetría, relativamente hermético y autónomo, cuyo frente se resuelve mediante una composición de pequeños huecos ordenados según líneas paralelas ascendentes, rematándose mediante un balcón volado que establece una tensión visual respecto de la frente situada en planta baja, al otro extremo de la diagonal que cruza virtualmente dicha fachada.
De planta abierta, en V, las alas del edificio (resueltas en tres crujías) se abren a las calles de Velázquez y Joaquín Costa, dando albergue a los laboratorios mientras que el cuerpo central se destina a las áreas reservadas a los animales-cobaya preciso para las investigaciones. En los cuerpos bajos, Fisac utilizó como material a cara vista un tipo de ladrillo hueco, de patente propia, provisto de goterón. C.F.

POLÍGONO DE VIVIENDAS DE CALERO
CALERO RESIDENTIAL DEVELOPMENT

C. de Emilio Gastesi / C. Federico Gutiérrez / C. José del Hierro / C. Prudencio Alvárez. Calero

Una de las primeras obras realizadas por este equipo de arquitectos que, durante la década de los años 50, llevaría a cabo una importantísima labor en el campo de lo que por entonces se denominaba "vivienda social". Promovida por una entidad benéfica de carácter no estatal (El Hogar del Empleado) el conjunto se organiza mediante una serie de construcciones de cuatro plantas de tipo convencional más el monumental bloque pastilla formado por viviendas desarrolladas en tres niveles cada una de ellas, con amplias galerías abiertas, pensadas no únicamente como corredores de comunicación sino asignándoles además un papel de zonas de relación para uso comunitario. La excesiva generosidad de estos espacios de comunicación, tanto vertical como horizontal, unida a una cierta indeterminación e inadecuación para el segundo de los usos previstos hacen de este intento una experiencia malograda en tal sentido sin que ello vaya en demérito de otros valores positivos ni obscurezca su significación como planteamiento experimental y de búsqueda más allá de las soluciones una y otra vez repetidas. **C.F.**

This was one of the first works carried out by this team of architects which, during the 1950s, was to be extensively occupied in the design of what was then referred to as "social housing". Promoted by a non-governmental charitable foundation (El Hogar del Empleado), the complex is organized on the basis of a series of conventional four-storey constructions, together with the monumental high-rise block with its apartments laid out over three levels, each with ample open galleries, conceived not only as communication corridors but as zones for communal contact. The excessive generosity of these communication/relation spaces, both vertical and horizontal, together with a certain lack of resolution and failure to accommodate the second of the envisaged uses, make this an abortive attempt in these terms, without detracting from the scheme's other positive values or obscuring its significance as an experimental approach seeking new solutions outside the commonplaces of the time. **C.F.**

COLEGIO MAYOR "AQUINAS"
"AQUINAS" HALL OF RESIDENCE
Altos del Observatorio. Ciudad Universitaria. Madrid

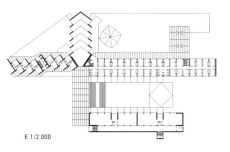

E 1/2.000

A few years after their surprising scheme for the Chamber of Commerce building in Cordoba, the architects R. de La-Hoz and J. Mª García de Paredes designed this university building, once again marked by innovations and inventive turns such as the "corrala madrileña" (Madrid-style interior stairs serving distribution galleries) treatment of the accesses to the study-bedrooms on each floor of the high-rise block, a solution which dispenses with internal corridors and generally noisy areas for encounter in the immediate vicinity of the rooms. More questionable, although undoubtedly ingenious, is the layout of the sanitary services, situated between each pair of adjoining rooms.

All of the areas for contact and social activity are located on the ground floor, completely separated from the dormitory block, yet directly connected with the vertical communications and the chapel, which occupies a small, semi-independent pavilion. This little chapel, with its interior finishes of wood and exposed brickwork and its outstanding three-dimensional stained glass windows designed by the painter Carlos Pascual de Lara, represents an attempt at introducing new ideas and solutions to the field of religious architecture, extensively perceived at the time as in need of renovation. In his church for the Almendrales area of Madrid (1961-64) and his Convent of Santa María de Belén in Malaga, dating from the same period, García de Paredes addressed these same issues once again, with clearly positive results. C.F.

Pocos años después de su sorprendente solución para la Cámara de Comercio de Córdoba, R. de La-Hoz y J.Mª García de Paredes llevarán a cabo este edificio universitario no exento de novedades y pequeños inventos, entre ellos la solución "en corrala madrileña" dada a los accesos a las celdas, en cada piso del bloque en altura, eliminando pasillos interiores –zonas de encuentro normalmente ruidosas en las inmediaciones de los dormitorios, cuartos de estudio. Más discutible pero, sin duda, ingeniosa resulta la disposición de los servicios higiénicos compartidos entre cada dos cuartos contiguos.

Todas las zonas de relación se reunen en la planta baja, totalmente separadas del bloque de dormitorios, si bien directamente conectadas con las comunicaciones verticales así como con la capilla que ocupa un pequeño pabellón semi-independiente. Esta pequeña capilla con acabados interiores de madera y ladrillo a cara vista y en la que destacan las vidrieras tridimensionales realizadas por el pintor Carlos Pascual de Lara, representa un intento de aportar nuevas ideas y soluciones al tema de la arquitectura religiosa, cuya necesidad de renovación se planteaba con insistencia durante aquellos años. En la iglesia del poblado de Almendrales, en Madrid (1961-1964) y en el Convento de Santa María de Belén, construido por las mismas fechas en Málaga, García de Paredes abordaría una vez más, y con resultados claramente positivos, tales cuestiones. C.F.

OBRAS PRÓXIMAS
WORKS NEARBY
M—1928/1936—p.184
M—1949/1950—p.197
M—1967/1968—p.212

M—1955/1960

M. FISAC SERNA

CONVENTO SAN PEDRO MÁRTIR DE P.P. DOMINICOS, O.P.
SAN PEDRO MÁRTIR CONVENT OF THE DOMINICAN FATHERS, O. P.

Alcobendas

Algunos años después de su paradigmática obra vallisoletana, Fisac llevará a cabo un nuevo conjunto conventual para la misma Orden de Predicadores, esta vez a pocos kilómetros de Madrid lo que sin duda constituirá un punto de referencia esencial para el arquitecto. El lenguaje se mantendrá dentro de las normas de austeridad y sobriedad desarrollados en Arcas Reales, si exceptuamos el interior del templo en el que aparecerá un nuevo componente de orden cromático tal vez excesivamente espectacular expresada, fundamentalmente, a través de la gran vidriera del ábside obra de V. Winterlig y respecto de la cual Fisac siempre mostró su desacuerdo. Se mantiene la fábrica de ladrillo a cara vista como expresión dominante dejando el blanco y el crema claro para los elementos estructurales de hormigón armado y la interesante torre-campanario que se remata mediante una cruz rodeada por una maraña de delgados y zigzagueantes trazos metálicos que conforman un etéreo y radiante volumen prismático.

La proximidad de la capital aconsejó al arquitecto el abandono del carácter rural predominante en la arquitectura de Arcas Reales (situada, en su momento, en un medio plenamente agrícola) desarrollando un lenguaje más decididamente urbano sin perder en modo alguno aquel sentido de plena austeridad monacal que fue capaz de imprimir a su conjunto vallisoletano. C.F.

A few years after his paradigmatic convent in Valladolid, Fisac constructed another complex for the Order of Preachers, this time on the outskirts of Madrid, a factor that undoubtedly constituted a point of reference for the architect. The language is once again here maintained within the parameters of austerity and sobriety established in Arcas Reales, with the exception of the interior of the church, where there appears a new chromatic component, the perhaps excessively spectacular character of which is primarily expressed in the great stained glass window of the apse. Here, again, the dominant material is fair-faced brick, complemented by the white and pale cream of the reinforced concrete structural elements and the interesting bell tower crowned with a cross in the midst of a tangle of delicate zig-zagging metal filaments that compose an ethereal and radiant prismatic volume.

The proximity to the capital no doubt prompted Fisac to abandon the rural character that dominates the architecture ofArcas Reales (where the setting at the time of construction was entirely rural) to develop a more decidedly urban language while retaining throughout that sense of monastic austerity so effectively manifested by the Valladolid convent. C.F.

UNIDAD VECINAL BATÁN (1ª fase)
BATÁN RESIDENTIAL UNIT (1st. PHASE)
Camino de Campamento. Carretera de Extremadura. Madrid

E 1/10.000

Although the complex was conceived for an ultimate population of some five thousand people, in this first phase only 752 homes were constructed, distributed in terms of two very distinct typologies: four- and five-storey linear blocks of apartments, open on both facades, and twelve-storey towers of larger, more luxurious apartments. The lower blocks are situated on the terrain with a predominant SE-NW orientation; the towers, avoiding as far as possible the siting of bedrooms on the north facade, are situated approximately along the line of the edge of the Casa de Campo, so that certain apartments enjoy views of this landscaped area.

On a site with an undulating topography, sloping upward from the entrance to the western boundary, a single service road penetrates the complex from the exterior, connecting at various points with parking areas set at a little distance from the housing so that vehicles do not arrive directly at the blocks themselves, thus creating a number of small protected pedestrian zones. The variety of open spaces, the diversity of the built volumes and the levels of the terrain and the abundance of trees and vegetation combine to produce a complex that is quite exceptional for its period, based on the rigid and regular repetition of series of parallel blocks. Furthermore, the passage of time has seen the incorporation of minor changes and "improvements" by the residents of the linear blocks; changes that are in the main positive, not only in upgrading the conditions of use but in introducing new elements of individuality and vitality into an architecture that did not include these amongst the goals it set out to achieve.

Following completion of the first phase of the Batán residential unit, two new architects –Eduardo Mangada and Carlos Ferrán– joined the original team, taking charge of various additional constructions for amenities and services which, although envisaged in the initial scheme were not included for reasons of cost. C.F.

Si bien el conjunto se había pensado para una población final de unas cinco mil personas, en esta primera fase fueron construidas únicamente 757 viviendas distribuidas según dos tipologías distintas: pisos en bloques-pastilla de cuatro y cinco plantas, abiertos a ambas fachadas y torres de doce alturas con pisos dotados de mayor amplitud y calidad. Los bloques se situaron sobre el terreno según orientaciones dominantes SE-NO; las torres, evitando en lo posible las habitaciones abiertas al norte y ordenadas, aproximadamente, según una línea de borde de la Casa de Campo con lo que parte de las viviendas habrían de gozar de vistas sobre esta zona verde.

Partiendo de un terreno de movida topografía y altura ascendente, desde la entrada al recinto hasta su límite oeste, se estableció una vía de tránsito rodado como penetración única desde el exterior conectada en diversos puntos con zonas de aparcamiento próximas a las viviendas pero sin facilitar el acceso del automóvil hasta cada una de ellas, creándose así pequeñas y numerosas áreas protegidas de la circulación. La variedad de los espacios libres, la diversidad, tanto en los niveles del suelo como en los volúmenes edificados, la abundancia de vegetación y arbolado, dieron como resultado un conjunto muy distinto a los habituales en aquellos años, a base de series de bloques paralelos, rígida y monótonamente repetidos. Por otro lado, el tiempo transcurrido de pequeños cambios y "mejoras" por parte de los ocupantes de los bloques-pastilla, cambios en su mayor parte positivos no sólo por mejorar algunas de las condiciones de uso sino también por introducir nuevos motivos de vivacidad y diferenciación dentro de una arquitectura en la que tales características no se contemplaban como fines a conseguir.

Al finalizar la primera fase de la construcción de la U.V. Batán, dos nuevos arquitectos, Eduardo Mangada y Carlos Ferrán, se unieron al equipo inicial siendo los encargados de la realización de diversas construcciones para dotaciones y servicios las cuales por razones estrictamente económicas no habían podido ser incluidas –aunque sí previstas desde un principio. C.F.

NUEVAS AULAS Y GIMNASIO DEL COLEGIO MARAVILLAS
NEW CLASSROOMS AND GYMNASIUM FOR THE COLEGIO MARAVILLAS
C. Joaquín Costa, 21, Madrid

Obra de plena madurez de Alejandro de la Sota, una de las más importantes figuras de la arquitectura española de la segunda mitad del siglo XX. Para valorar el acierto de esta solución sería conveniente tener en cuenta la complejidad y dificultades del problema abordado, partiendo de un reducido terreno de forma irregular y con un desnivel de 12 m. entre las calles Joaquín Costa y la de Guadalquivir, por la que se accede al colegio.

El programa incluía gimnasio, pista de hockey sobre patines, cancha de baloncesto, amplio graderío, vestuarios, duchas, despacho para los monitores de gimnasia y –con independencia de todo ello– tres aulas-auditorio-sala de conferencias más un amplio patio de juegos que el autor resolverá aprovechando hábilmente las estructuras de cubierta de la nueva edificación. Cotejando plantas y secciones –y mejor aún mediante el recorrido de la obra– puede comprenderse cómo fue lograda esta casi increíble "multiplicación" del espacio útil, que el arquitecto tuvo que conseguir para satisfacer los requerimientos que la propiedad le planteaba.

Y aquí debería mencionarse una de las caraterísticas esenciales, habitualmente presente, en el trabajo de Alejandro de la Sota y que los tratadistas suelen pasar por alto aplicados en proclamar, la "aguda sensibilidad" del arquitecto o la "elegancia de su lenguaje", cualidades absolutamente ciertas, por otra parte, pero que no agotan los valores de una personalidad más rica y hasta cierto punto ignorada. Se trata de su extraordinaria capacidad de invención; su poderosa imaginación, nunca exhicibionista, sino, por el contrario, casi soterrada o semioculta que hay que descubrir a través de soluciones innovadoras y

This fully mature work by Alejandro de la Sota, one of the most important figures in the Spanish architecture of the second half of the 20th century. In adequately evaluating the appropriateness of the solution adopted here, we need to take into account the nature and complexity of the problem addressed, starting with the small, irregularly shaped plot wityh a difference in level of 12 m between c. Joaquín Costa and c. Guadalquivir, the latter street giving access to the secondary school.

The programme included a gymnasium, an ice hockey "pad", a netball court, ample terraced seating, changing rooms, showers, an office for the gymnasium monitors and, independent of these elements, three classrooms of the auditorium or lecture hall type, plus a large playground, which the architect accommodated by skilfully exploiting the roof structures of th new buildings. A study of the plans and sections –or better still, a visit to the work itself– is necessary to understand how the architect achieved the remarkable "multiplication" of the usable space necessary to satisfy the requirements of the brief. We should take note here of one of the essential characteristics consistently present in Alejandro de la Sota's work, and one which solemn scholars have tended to overlook in their concern with calling attention to the architect's "acute sensibility" or "the elegance of his language" –these are undoubtedly significant qualities, but by no means the only constituent elements of a far richer and to some extent unknown personality. That little-recognized essential quality is his extraordinary capacity for invention; his potent imagination, never exhibitionist but in contrast virtually submerged or

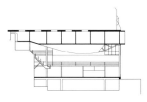

E 1/1.000

hidden from view an imaginatin that is there to be discovered in the innovative solutions an unconventional decisions –often far from explicit– so habitual in his work. Both the unexpected use of the trusses of the roof structure to organize the classroom/auditoriums, and the "ennobling" of materials usually regarded as "commonplace", here and in other works, are amongst the resources and devices which make a decisive contribution to realizing essential ends and objectives.

By virtue of the inclusion of "warm" materials such as wood, chipboard panels, etc., Alejandro de la Sota manages in this gymnasium to create an interior atmosphere that transcends the simple nakedness of a sports hall to attain the welcoming and comfortable character of an auditorium or performance space; as regards the exterior, the work takes its place in the urban panorama of Madrid on the basis of two components highly conventional in this city, namely exposed brickwork and the glazing of metal-framed bay windows. Together with these, a third material, corrugated sheet metal, is also harmoniously integrated into the composition of the facade. In talking of this building. Alejandro de la Sota tends to refer to the architecture "it does not have", which of course expresses a purely personal view. C.F.

decisiones no convencionales –a menudo no explicitadas– habituales en su obra. Tanto la inesperada manera de ser utilizadas las cerchas de la estructura de cubierta para organizar las aulas auditorio como el "ennoblecimiento" de materiales tenidos por "vulgares", en éste u otros trabajos, representan recursos y artificios que contribuyen a posibilitar de modo decisivo propósitos y fines esenciales. Mediante la inclusión de materiales "calientes", madera, placas de conglomerado, etc, A. de la Sota consigue en este gimnasio la creación de un ambiente interior capaz de superar la simple desnudez de un auditorio o sala de espectáculos deportivos mientras que, por lo que respecta a su exterior, la obra se inserta dentro del panorama urbano madrileño a través de dos componentes ya usuales en él como puedan serlo el ladrillo a cara vista o los miradores acristalados de estructura metálica.

Junto a ellos, un tercer material, la chapa plegada, se integra también de forma armónica en el conjunto de la fachada. Hablando sobre este edificio, Alejandro de la Sota, suele referirse a la arquitectura "que no tiene" lo que no deja de ser una opinión personal más que discutible. C.F.

M–1959/1960

A. DE LA SOTA MARTÍNEZ,
J.A. CORRALES GUTIÉRREZ
y R. VÁZQUEZ MOLEZÚN

RESIDENCIA INFANTIL DE VERANO PARA HIJOS DE EMPLEADOS DE "CRISTALERÍA ESPAÑOLA S.A."

SUMMER RESIDENTIAL CENTRE FOR CHILDREN OF THE EMPLOYEES OF "CRISTALERÍA ESPAÑOLA, S.A."

Miraflores de la Sierra

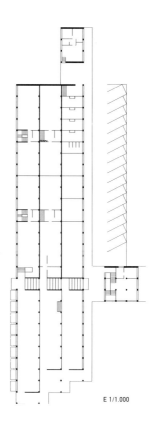

E 1/1.000

Única obra resultante de la colaboración entre Alejandro de la Sota y el equipo Corrales/Molezún. Residencia de verano para hijos de empleados de una firma industrial dedicada a la fabricación de vidrio para la construcción, lo que justifica, junto con la belleza del entorno, el empleo exhaustivo de amplios cerramientos acristalados. El segundo material dominante es la madera, utilizada incluso como parte importante de la solución estructural.

La obra se sitúa sobre una ladera, en las estribaciones de la sierra de Guadarrama, con un propósito de máxima adaptación al inclinado terreno y una cierta intención de enmascaramiento o fusión con el medio a través de la abundante obra de mampostería realizada en el conjunto. La zona principal del edificio se cobija bajo un sólo faldón de cubierta lo que se traduce en una elegante y austera simplificación volumétrica si bien los interiores se organizan de modo escalonado, con niveles a cotas diferentes dando lugar a una interesante articulación espacial. C.F.

This summer residential centre is the sole product of the collaboration between Alejandro de la Sota and the Corrales/Molezún team, designed for use by the children of the employees of a manufacturer of glass for the construction industry, and this, together with the beauty of the surroundings, justifies the extensive use of glazing on the facades. The other dominant material is wood, which plays a leading role in the structural solution.

The residential centre stands on a sloping site in the foothills of the Sierra de Guadarrama range, adapting to the maximum to the terrain and seeking in part to merge with the landscape by means of the abundant use of masonry. The main area of the building is roofed with a single gable, which translates into an elegant and austere simplification of the volumetry, while the interiors adopt a stepped layout, the series of different levels generating an interesting spatial articulation. C.F

POBLADO DIRIGIDO DE CAÑO ROTO (1ª Y 2ª FASES)
CAÑO ROTO RESIDENTIAL DEVELOPMENT (1ST AND 2ND PHASES)
Vía Carpetana / C. de Gallur / C. Laguna / C. Marcelino Castillo / C. Borja / C. Ariza. Madrid

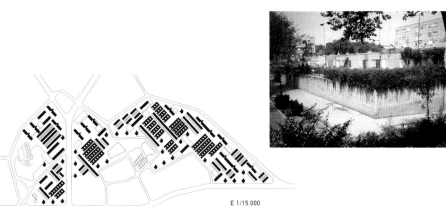

E 1/15.000

The 1st and 2nd phases of the Caño Roto residential development comprised the construction of 1,606 houses, together with a communal centre of church, shops and schools. This, the first major work by Vázquez de Castro and Iñiguez de Onzoño, marked a definitive break with the conventional layout of this type of "social" –low-cost, subsidized– housing development; nevertheless, considerations of orientation and sunlight, although inevitably taken into account, were not the decisive factor in the ordering and composition of the blocks on which the siting of all the others was duly dependent. The architects of Caño Roto successfully liberated themselves from the strict guidelines then prevailing (based on parallel cuboid blocks, al of the same height, with apartments opening onto the two main facades) to establish twelve different housing types, which they grouped together in various combinations, thus creating a high degree of volumetric diversity, ranging from two- to six-storey duplex blocks, in this way avoiding the need to incorporate lifts, obligatory in buildings with a height of four or more apartments. There was also variety in terms of the size of the houses, with the surface area ranging from the basic 56 m² "social type" apartments to others of 80, 90 and 110 m².

Another important aspect of this scheme is the adaptation of the different buildings to the topography of the site, with some streets following the lines of maximum gradient while others are horizontal. It is also interesting to note the variety manifested by the Caño Roto development with regard to the form and dimensions of its open spaces, with narrow passageways between the two-storey blocks opening out onto small squares or larger communal spaces.

Of the total of 1,606 houses, 114 were to be built on the basis of the "personal labour contribution" system, this serving to cover the remaining 20% of the cost not borne by the state; in effect, not 114 but 465 houses were built under this system, in view of the tremendous level of demand. The personal contribution was in almost every case in the form of unskilled labour, which gave rise to numerous complications during the construction process and in certain instances adversely affected the final result. C.F.

Las fases 1ª y 2ª del poblado de Caño Roto comprendían la construcción de 1606 viviendas más centro parroquial, comercial y escolar. Esta obra, la primera importante realizada por Vázquez de Castro e Iñiguez de Onzoño rompía de modo decidido con las ordenaciones al uso en tal tipo de conjuntos "de carácter social", sin que los factores de orientación y soleamiento -tenidos lógicamente en cuenta- supusieran el factor esencial de la ordenación y composición de bloques al que hubieran de verse subordinados todos los demás. Los arquitectos de Caño Roto fueron capaces de liberarse de las estrictas pautas dominantes por entonces (a base de bloques pastilla paralelos de altura uniforme con viviendas abiertas a ambas fachadas) estableciendo doce modalidades distintas de viviendas que agruparon según diversas soluciones dando lugar a una gran variedad volumétrica, desde la construcción de dos plantas con viviendas en dúplex hasta los bloques de seis de la misma tipología lo que permitía la no-instalación de ascensores, obligados cuando el número de alturas superaba las cuatro. También en cuanto a la superficie se establecieron diversos tipos desde las viviendas llamadas "de tipo social" de 56 m², construidos hasta las que alcanzaban los 80, 90 y 110 m²., respectivamente. Otro aspecto importante se refiere a la adaptación de las diversas construcciones a las características topográficas del terreno, creándose calles siguiendo líneas de máxima pendiente frente a otras sensiblemente horizontales. Interesa destacar también la variedad que presenta el poblado de caño Roto en cuanto a la forma y dimensiones de los espacios libres, con callejas estrechas entre los bloques de dos alturas, desembocando en pequeñas plazoletas o en espacios comunitarios de mayor dimensión.

Del total de 1606 viviendas se habían previsto 114 construidas por el procedimiento de "prestación personal" con lo que se cubría el 20% que restaba del préstamo del 80% aportado por el Estado; tal número de 114 hubo de verse elevado hasta las 465 dada la gran cantidad de solicitantes en tal sentido. Estas prestaciones, en su casi totalidad, aportaban una labor de peonaje no especializada que ofreció numerosas complicaciones durante el proceso de construcción de los edificios y que, en algunos casos, influyó de modo negativo en el resultado final. C.F.

OBRAS PRÓXIMAS
WORKS NEARBY

M-1955/1956
A. DE LA SOTA MARTÍNEZ
Polígono de viviendas
Fuencarral B
Isla de Java/ Sotopalacios
Madrid

M-1956
J.ALBERT CRIADO, F. SAENZ DE OIZA, M. SIERRA NAVA
Polígono de Entrevías
Cartagena/ Montiel
Madrid

M-1958/1960
J.L. ROMANY ARANDA
Polígono de viviendas
Fuencarral C
Ctra. Herrera Oria 120
Madrid

M-1966/1968
J.L.IÑIGUEZ DE ONZOÑO,
A. VÁZQUEZ DE CASTRO
Grupo Escolar
Los Carmenes
C. Gallur 486-488, 503
Madrid

M-1955/1963–p.201
M-1962/1966–p.210

INSTITUTO DE CONSERVACIÓN Y RESTAURACIÓN DE BIENES CULTURALES
INSTITUTE FOR THE PRESERVATION AND CONSERVATION OF CULTURAL PATRIMONY
C. Greco, 4 (Ciudad Universitaria). Madrid

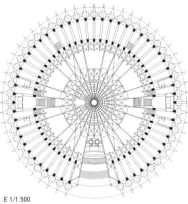

E 1/1.500

Varios años después de haber sido realizada la primera versión –con la que Higueras y Moneo obtendrían el Premio Nacional de Arquitectura de 1961–, el propio Fernando Higueras y Antonio Miró desarrollarán el proyecto definitivo del actual Instituto de Restauración de Obras de Arte, cuya construcción debió soportar numerosas visicitudes e interrupciones. La solución final apenas conserva de la primitiva algo más que las líneas generales de composición radial, destacando la poderosa significación plástica de su estructura –dejada a la vista tanto exterior como interiormente–, así como la calidad y diversidad de su espacio interior.

Su rotunda volumetría se organiza en tres niveles (el de entrada y dos superiores), más otros dos por debajo de la cota cero, si bien gozándose en todos los casos de iluminación natural. Las plantas superiores están ocupadas por estudios y oficinas mientras que las situadas bajo el nivel de acceso se destinan a talleres, biblioteca y salón de actos. El elemento básico y articulador de la composición lo constituye el patio circular central, cubierto mediante una claraboya de estructura metálica, provista de óculo, y a él se abren las galerías de distribución de las plantas superiores. El círculo en el que queda inscrito el edificio alcanza los 40 m de radio distribuyéndose estructuralmente en 60 módulos iguales, cuatro de los cuales reducen la longitud de su radio para dar lugar al monumental espacio-escalinata de acceso.

Las connotaciones expresionistas, derivadas de la potente estructura en hormigón armado, se atenúan –podría decirse: se humanizan– al interior mediante la presencia de elementos vegetales e incluso por la diafanidad de los cerramientos cenitales que permiten la visión de unos cielos predominantemente despejados. C.F.

Several years after completion of the first version –for which Higueras and Moneo received the Premio Nacional de Arquitectura in 1961– Higueras and Miró produced the definitive project for the present Institute for Restoration of Works of Art, the construction of which sufered a number of setbacks and interruptions. The final treatment conserves little more of the original than the general lines of its radial composition, emphasizing the powerful sculptural signification of the structure –exposed to view both on the exterior and in the interior– and the quality and diversity of the interior space.

The forthright volumetry is organized on three storeys (the entrance level and two upper floors) plus two basement levels, all with natural illumination.
The upper floors are occupied by studios and offices, while the levels below ground contain workshops, the library and functions hall. The basic element of articulation of the composition is the central circular courtyard, under a rooflight with a metal structure, featuring an oculus, overlooked by the distribution galleries of the upper floors. The circle within which the building is inscribed has a radius of 40 m, distributed structurally in 60 identical modules, four of these with a reduced radius in order to accommodate the monumental stairway-space of the entrance.

The expressionist connotations deriving from the potent structure of reinforced concrete are attenuated –in effect, we might say humanized– in the interior by means of the vegetation as well as the transparency of the roof, which affords views of a generally cloudless sky. C.F.

OBRAS PRÓXIMAS
WORKS NEARBY
M-1935/1936-p.194
M-1991/1993-p.225

LABORATORIOS JORBA
JORBA LABORATORIES
Barajas. Madrid

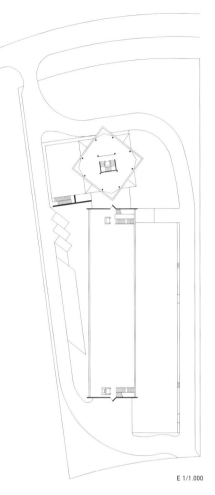

E 1/1.000

The programme for the Jorba laboratories, alongside the Barajas expressway, responds to the two principal considerations that defined the siting of the building.
The long, low volume contains the functional part of the programme, embodied in a simple, cohertent form.
This volume has a structure and skin of concrete and a roof of prestressed concrete panels.
The other volume, the tower, is to be read as an addition to the laboratories: the 16 x 16 m square floors of the tower are rotated through 45°. The programme here is more flexible, and resolved by means of in situ concrete panels.
This tower functions primarily as a landmark, clearly visible from the expressway.
The use of concrete here is not an attempt at abstract expressiveness but the exercise of a language that openly declares itself without dissimulation or pretence. X.G.

El programa para los Laboratorios Jorba, junto a la Autopista de Barajas, responde a dos aspectos principales que definen la implantación del edificio.
El cuerpo alargado y bajo contiene la parte funcional del programa, resuelto de forma sencilla y coherente.
Esta realizado con estructura y cerramientos de hormigón y cubierta de piezas huecas pretensadas.
El otro volumen, la torre, se entiende como añadido al laboratorio, sus plantas, de 16 x 16 m., son cuadradas y están giradas 45° en cada nivel. Su programa es más flexible y están resueltas con placas de hormigón realizadas "in situ".
La torre actúa como anuncio visible desde la Autopista, siendo ésta su principal faceta.
El material con que se realizó, el hormigón, no busca una expresividad abstracta, sino un lenguaje propio manifestándose tal como es. X.G.

F.J. SÁENZ DE OIZA

EDIFICIO DE VIVIENDAS "TORRES BLANCAS"
"TORRES BLANCAS" APARTMENT BUILDING
Av. de América, 37. Madrid

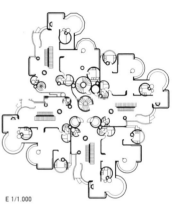

E 1/1.000

Este bloque de viviendas está situado en la entrada a Madrid desde Barcelona y el aeropuerto de Barajas.
Los amplios balcones semicirculares, el acabado de los voladizos superiores y la potencia de los elementos estructurales utilizados caracterizan claramente la torre única consiguiendo una imagen potente y orgánica del edificio.
La terraza-jardín que rodea la torre actúa también de cubierta del aparcamiento subterráneo. Dos rampas de escalinatas conducen, a través del jardín, al espacio de acceso a la torre, que queda hundido en el terreno.
El bloque consta de 2 pisos subterráneos, el piso de acceso, 21 pisos de viviendas con un piso intermedio de servicios y 2 pisos, los superiores, destinados a centro social con restaurante, bar, piscinas y salas de reunión. Los servicios son centrales.
Las viviendas, 4 por piso, corresponden a 4 tipologías distintas que van de 90 a 395 m². En las mayores, duplex, la terraza de la planta superior queda ligeramente retranqueada respecto la inferior.
La estructura, de cemento armado y sin pilares, está resuelta mediante las paredes vertcales exteriores y algunos elementos verticales internos, formando un conjunto monolítico muy estable. X.G.

This apartment block is situated at the point where the main road link from Barcelona and the Barajas airport enters Madrid. The wide semicircular balconies, the finishing of the upper overhangs and the strength of the structural elements combine to endow the single tower with a clear character, giving a potent and organic image to the building.
The terrace-garden surrounding the building also acts as the roof of the underground car park. Two stepped ramps lead down through the garden to the access area of the tower, which is sunk into the terrain.
The block consists of two basement floors, the entrance floor, 21 storeys of apartments with one intermediate floor for services and the two uppermost floors, which accommodate a social centre with bar, restaurant, swimming pool and meeting rooms. The service areas are centrally situated.
The apartments, four on each floor, correspond to four different typologies, ranging from 90 m² to 395 m². In the largest, of two storeys, the terrace on the upper level is slightly set back with respect to the lower.
The structure, of reinforced concrete and without columns, is resolved by means of exterior walls and a series of internal vertical elements, forming an extremely stable monolithic complex. X.G.

OBRAS PRÓXIMAS
WORKS NEARBY
M—1976/1979
R. MONEO VALLÉS
Edificios de viviendas
P. Habana, 71
Madrid

M–1962/1965

IGLESIA PARROQUIAL DE NUESTRA SEÑORA DE FUENCISCLA
PARISH CHURCH OF NUESTRA SEÑORA DE FUENCISCLA

Pza. Angélica Señora / C. de Santa Cruz de Mudela. Almendrales

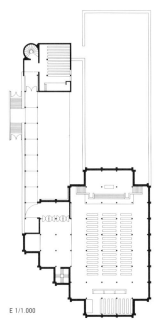

E 1/1.000

The character of the plot, situated alongside the Madrid-Andalusia motorway, made it necessary to distribute the scheme as two buildings, the church and parish centre, although these are linked by a low porch which gives sheltered passage beneath the power lines. The two buildings and the porch together delimit a cloister, opening to the east, thus creating a preparatory space prior to the religious precinct. The scheme reveals a preoccupation with transcending the traditional focus on the structural question; the structural concern with separating as far as possible the load-bearing walls results here in the creation of naves polarized in the direction of the altar, thus creating a space which can be read as inducing an unconscious passivity in the congregation, who are in effect assigned the role of mere spectators. At the same time, thanks primarily to the use of modern techniques, the project manages to avoid the need for very large structural elements, which can frequently assume an unnecessary and pretentious protagonism.

The church is conceived as a great continuous precinct, with the different constituent elements integrating with one another in continuous sequence inside this. The interior space is subdivided into autonomous modules by means of a structural layout based on a square mesh of units measuring 4.20 x 4.20 m; the space is effectively neutralized by the steel pillars that support and drain a very lightweight roof composed of overlapping pyramidal sections, through which daylight enters from above. This cell is repeated and serves to constitute all of the different functional elements accommodated within the building, facilitating its future extension.

The church is enveloped by a free-standing skin without window openings. X.G.

Circunstancias del solar, situado al lado de la autopista de Andalucía, obligaron a desglosar el centro parroquial en dos edificios, la iglesia y las dependencias parroquiales, si bien quedan enlazadas por un porche de baja altura que asegura el paso cubierto por debajo de la línea eléctrica, los dos edificios y el porche delimitan un claustro abierto hacia el este, creando un ámbito previo al espacio religioso.

Hay una preocupación por superar el tradicional enfoque del problema estructural, que en su lucha por separar los muros pesados al máximo ha creado naves polarizadas hacia el altar, creando un espacio cuya lectura produce, inconscientemente, pasividad en el fiel, tomando el papel de mero espectador; pero evitando caer en el uso de grandes estructuras, cosa que facilita la técnica moderna, que se convierten a menudo en protagonistas innecesarias y pretenciosas.

La iglesia se plantea como un gran recinto continuo, dentro del cual se integran, sin crear discontinuidad, los distintos elementos que han de constituirla. Este espacio interno se subdivide en elementos modulares autónomos gracias a una estructura de base de malla cuadrangular de 4.20x4.20 m. con columnas de acero que neutrlizan el espacio, que sostienen y desagüan una cubierta muy ligera compuesta por elementos troncopiramidales que proporcionan luz cenital. Esta célula se repite y constituye en si misma todos y cada uno de los elementos funcionales que han de constituir el edificio, permitiendo su posible ampliación en el futuro.

La iglesia queda envuelta por un cerramiento independiente sin aberturas. X.G.

OBRAS PRÓXIMAS
WORKS NEARBY

M–1959
J. CARVAJAL FERRER,
J.M. GARCÍA DE PAREDES
BARREDA,
A. CORRALES GUTIÉRREZ,
R. VÁZQUEZ MOLEZÚN
Polígono de viviendas
Almendrales
Madrid

M–1962/1966

J.L. ROMANY ARANDA,
E. MANGADA SAMAÍN y
C. FERRÁN ALFARO

BARRIO JUAN XXIII
JUAN XXIII RESIDENTIAL AREA
C. Joaquín Turina / C. Aguilar del Río. Madrid

E 1/500

El barrio, de 52 viviendas, se asienta sobre un terreno plano contiguo al viejo palacio de Eugenia de Montijo, actualmente convertido en parque.

Destaca por su gran complejidad en el planteamiento tanto arquitectónico como urbanístico, basándose en un sistema de comunicaciones y servicios como estructura organizadora y expresiva. Su composición en estructura ramificada cerrada va cubriendo mediante un gran porche, eje principal del barrio, los pasos más utilizados habitualmente por los habitantes de la zona.

A pesar de la limitación de medios se consiguió un barrio con un lenguaje arquitectónico muy rico. El detalle en puntos concretos, que acaban por configurar todo el conjuto, se hace visible tanto en los espacios exteriores, generados por los "vacios" entre bloques, como en los espacios interiores de las propias viviendas. X.G.

The residential area, comprising 52 houses, is situated on level terrain near the old mansion house of Eugenia de Montijo, now converted into a park.

The scheme is outstanding for its great complexity in both architectural and urban planning terms, based as it is on a system of communications and services that provide an organizational and expressive structure. The composition of a great arcade in the form of a closed, branching structure over the principal circulation axis of the area covers the routes most used by the local residents.

Despite its limited resources, the scheme has created an area with a notable richness of architectonic language. The detailing of a series of key points which effectively shape the complex as a whole, is apparent both in the exterior areas resulting from the "voids" between blocks and in the interior spaces of the apartments themselves. X.G.

OBRAS PRÓXIMAS
WORKS NEARBY

M-1980/1984
J. JUNQUERA GARCÍA
DEL DIESTRO,
E. PÉREZ PITA
Conjunto Residencial
Dr. Esquerdo
c. Rafael Finat
Carabanchel

M-1984/1987
J. JUNQUERA GARCÍA
DEL DIESTRO,
E. PÉREZ PITA
Edificio de viviendas
c. Islas Cíes / c. Peña
Grande
Madrid

M-1985/1989
A. CRUZ VILLALÓN,
A. ORTIZ GARCÍA
Edificios de viviendas
Av. General Fanjul /
Av. de los Poblados
Carabanchel
Madrid

M-1986/1989
L. PEÑA GANCHEGUI
Edificio de viviendas
Av. del General Fanjul
/ Av. de los Poblados
Carabanchel. Madrid
M-1989/1992
V. LÓPEZ COTELO
Centro de Salud
c. Cuartel Huerta
Móstoles

M-1993/1995
J. CASADO TERÁN,
M. BARRIENTÓS
GONZÁLEZ,
J. RAMOS PAÑOS
Plaza de Toros y
Espectaculos
c. Tulipán /
Rda. del Norte
Polígono Los Rosales
Móstoles

210

EDIFICIO DE VIVIENDAS "GIRASOL"
"GIRASOL" APARTMENT BUILDING
C. José Ortega y Gasset, 23 / C. Lagasca. Madrid

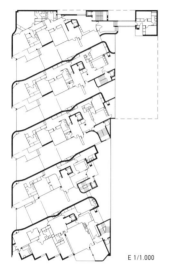

E 1/1.000

Coderch was commissioned to design the Girasol block by a firm of property developers who invited him to produce "his own" building, independent of the prevailing typologies found in the area, being convinced of the commercial potential of the resulting apartments.

The steel skeleton plays a strictly secondary role, except on the facade, where the dematerialized continuations of the walls between apartments extend outwards from the skin, and on the ground floor, where the structure permits a free, open itinerary between vestibules and shops.

The apartments have been conceived as high-rise versions of the type of detached house with garden, and are organized in terms of the circulation scheme, with the rooms being comparable to the houses that make up a village. Each space is defined by its walls. he architecture is approachable, luminous and decidedly anti-brutalist, thought out and proportioned with the future occupants in mind. The dividing wall is the backbone and point of reference of each apartment. X.G.

El proyecto para el edificio Girasol llegó al arquitecto de la mano de una empresa inmobiliaria interesada en que realizase "su" edificio, fuera de los cánones que regian la construcción en el barrio, pues se confiaba en su salida comercial.

Su esqueleto de acero juega un papel secundario; excepto en la fachada donde los muros divisores de viviendas afloran y se desmaterializan; y también en planta baja donde la estructura posibilita un recorrido libre y abierto entre portales y comercios.

Las viviendas se plantearon como casa jardín en altura, siguiendo el tipo de la casa aislada. Se organizan a partir de los recorridos, las habitaciones como casas dentro de un pueblo. Los muros definen cada espacio.

Su arquitectura es amable, luminosa y decididamente antibrutalista, pensanda y proporcionada para sus habitantes. El muro divisorio es la espina dorsal de la vivienda y su referencia. X.G.

COLEGIO MAYOR CÉSAR CARLOS
CÉSAR CARLOS HALL OF RESIDENCE
Av. Ramiro de Maeztu s/n / C. Ramón Menéndez Pidal. Madrid

E 1/1.000

Se proyectó el Colegio Mayor haciendo partícipe la totalidad del terreno disponible, donde se organizó, a partir de sus funciones, toda la parte programatica del conjunto, al margen de todo discurso tipológico o referencia histórica.

Los espacios interiores se abren al exterior como prolongación de si mismos, aprovechando así todas sus cualidades paisagísticas. El edificio de dormitorios se compone de dos torres con accesos puntuales independientes, unidos ambos en su coronación por la planta ático donde entonces si se unifica el uso del gimnásio y biblioteca para todos los dormitórios.

El colegio consta, además, de piscina, campo de tenis, aparcamiento, edificio social y servicios para una comunidad de cien colegiales, todo ello tratado con minucioso estudio de las proporciones lo cual da al conjunto intimidad familiar. X.G.

The hall of residence was designed to make the fullest use of the entire area of the plot, thus accommodating, in addition to the basic functions, the whole programmatic content of the scheme, which declines to engage in any kind of typological discourse or historical referentiality.

The interior spaces open to the exterior as a continuation of their own volumes, thus taking advantage of all of the qualities of the landscaping. The dormitory building is composed of two towers with clearly independent accesses, connected at the summit by attic level on which the use of the gymnasium and library by all of the study-bedrooms serves to unify the whole.

The hall of residence is also equipped with a swimming pool, a tenis court, a social club and services for a community of one hundred students; the careful attention to proportion and detail throughout gives the complex a welcoming sense of intimacy. X.G.

F.J. SAENZ DE OIZA

M-1971/1981

EDIFIFIO DE OFICINAS DEL BANCO DE BILBAO
BANCO DE BILBAO OFFICE BUILDING
P. de la Castellana. Madrid

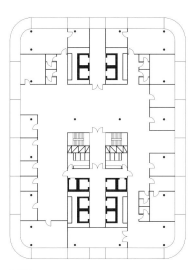

E 1/500

The design of the building, aside from any purely aesthetic or formal preoccupations, was approached from the outset as a container of functions, with the architectonic resolution based exclusively on how it was to operate in technical and functional terms. The solution applied to the mobility of the interior organization and the level of physical comfort thus constitute the basis of its form.

Groups of four storeys are supported by a system of metal pillars on a concrete tree, the project in this way generating an open floor plan every five floors while leaving the others with pillars of a relatively slender section in relation to the height of the building.

The sunshades, the catwalks for the maintenance of the curtain wall, the rounded corners, all determine the image of the building. Other decisions, such as the cornice which conceals the services or the junction with the neighbouring buildings on the Paseo de la Castellana, resolved in a less logical manner from the technical point of view than the others, demonstrate the project's concern with liberating itself from the constraints of the context. X.G.

El edificio, fuera de preocupaciones estéticas y formales, se planteó desde un principio como contenedor de funciones basando su resolución unicamente en como debia relacionarse técnica y funcionamiento. La respuesta a la movilidad de su organización interior y el confort fisiológico, constituyen y fundamentan su forma.

Paquetes de cuatro plantas se apoyan mediante pilares metálicos en un arbol de hormigón, obteniendose así una planta libre cada cinco niveles y las demás con pilares de sección reducida a pesar de la altura del edificio.

Los parasoles, los pasos para la conservación del muro cortina, las esquinas redondeadas, determinan la imagen del edificio. Otros decisiones, como el remate que oculta las instalaciones o la entrega con los edificios de la Castellana, resueltos de modo no tan lógico desde el punto de vista técnico como los anteriores, muestran la intención del arquitecto de independizarse del entorno. X.G.

OBRAS PRÓXIMAS
WORKS NEARBY

M-1960/1963
F. DE CABRERO Y TORRES-QUEVEDO
Centro de Gestión Catastral y Cooperación Tributaria
P. Castellana, 272
Madrid

M-1985/1987
J. BONET BERTRÁN
Polideportivo "Triángulo de Oro"
c. Bravo Murillo / c. Capitán Haya
Madrid
M-1986/1989
C. BRAVO, J. MARTÍNEZ
Parróquia "Cena del Señor"
A. Machado/ Valderrey
Madrid

M-1986/1988
J. JUNQUERA, E. PÉREZ PITA
Edificio de viviendas
Islas Cíes/ Isla Tabarca
Madrid
M-1986/1989
M. YAMASAKI,
G. ALAS CASARIEGO
Torre Picasso
Pl. Azca/Pl. P.R Picasso
Madrid

M-1987/1990
M. y I. DE LAS CASAS
GÓMEZ, J. LORENZO
Fundación de Gremios
Zona Industrial de Fuencarral
Madrid

M-1989/1991
J. JUNQUERA GARCÍA DEL DIESTRO,
E. PÉREZ PITA
Edificio de viviendas
c. Cristóbal Bordiu, 20
Madrid

213

M-1972/1975

J.A. CORRALES GUTIÉRREZ y
R. VÁZQUEZ MOLEZÚN

EDIFICIO DE OFICINAS. Antiguo edificio BANKUNIÓN
OFFICE BUILDING. Former BANKUNIÓN building
P. de la Castellana, 46. Madrid

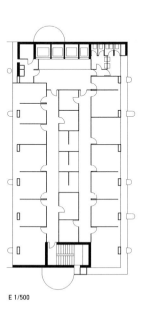

E 1/500

El edificio, situado en uno de los bordes del Paseo de la Castellana, cohabita con otros edificios públicos y por ello el proyecto pretendía conseguir una resolución formal con la utilización de un color para conseguir una cierta singularidad respecto al conjunto de edificios del Paseo.

Se consiguió mediante la utilización de todos los elementos en fachada en aluminio anodizado de color rojizo, y con los testeros acabados con piedra granítica rosada.

La gran elasticidad de la planta mediante la agrupación en los laterales de los elementos de comunicación: escaleras, ascensores y servicios, sirven a la vez sirven de arriostramiento al edificio, así como en la adopción de un módulo general de 0,9 x 9.0 m. sobre una estructura de crujía única con soportes en fachada cada 4.5 m. y unas vigas pretensadas de 15 m. de luz permite la óptima utilización de cada una de las plantas. Todos los conductos del aire acondicionado se realizaron por columnas circulares exteriores y por los antepechos, para conseguir una mayor altura libre entre las plantas. El aprovechamiento de la luz solar es máxima al conseguir la eliminación de los dinteles en los huecos y protegiendo la fachada a mediodía con unas cortinillas planas accionadas desde el interior. X.G.

The building, aligned along the Paseo de la Castellana, has other public buildings in its vicinity, and for this reason the project sought to complement its formal resolution with the use of colour in order to achieve a degree of singularity that would distinguish it from its neighbours.

This was achieved through the utilization of a reddish anodized aluminium for all of the elements on the facade, and the cladding of the end walls with pink granite.

Great elasticity is given to the plan by the grouping at the sides of the vertical communications: the stairs, lifts and services at the same time have a role in the bridging of the building. These, together with the adoption of a general module of 0.9 x 9.0 m, superimposed on a uniform bay structure supported on the facade at intervals of 4.5 m, and the 15 m tensed beams permit the optimum utilization of each floor. All of the air-conditioning conduits are routed through external circular columns and the parapets in order to give a greater free floor-to-ceiling height. The maximum benefit is taken from the sunlight by dispensing with lintels in the window openings and sheltering the facade from the midday sun by means of plane curtains, operated from the interior. X.G.

OBRAS PRÓXIMAS
WORKS NEARBY

M-1968/1971
L. GUTIÉRREZ SOTO
Edificio La Unión
y El Fénix
P. Castellana, 37
Madrid

M-1972/1982
R. DE LA HOZ
ARDERIUS.
G. OLIVARES JAMES
Edificio Castelar
Pl. Emilio Castelar
Madrid

M-1975/1978
F.J. CARVAJAL FERRER
Edificio de Oficinas
La Adriática
P. Castellana, 39
Madrid

M-1984/1987
J. JUNQUERA GARCÍA
DEL DIESTRO,
E. PÉREZ PITA
Rehabilitación y
Reforma de la
Biblioteca Nacional
P. Recoletos, 22
Madrid

M-1992/1993
S. ARAUJO ROMERO,
J. NADAL URIGUEN
Centro de Red
Eléctrica Tres Cantos
Tres Cantos
Madrid

M-1992/1995
E. ÁLVAREZ SALA,
C. RUBIO
Piscinas de la
Universidad
Autónoma
Madrid

EDIFICIO DE OFICINAS BANKINTER
BANKINTER OFFICE BUILDING
C. Marqués de Riscal. Madrid

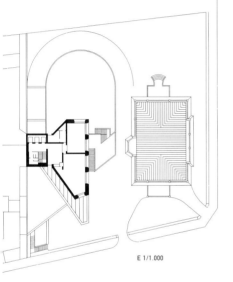

E 1/1.000

The existence of the palace of the Marqués de Mudela and the dialogue which the bank building was to maintain with it was one of the determining factors in the project.

Despite its rigorous geometry, the building maintains in a respectful second place to the palace, evident in the neutral character presented by the brickwork on the facade.

The brick acquires protagonism as a material and endows the bank with its own distinct identity.

The horizontal plane of the granite paving slabs is the element which effectively organizes and situates the two volumes and marks the distance between them, converting them into autonomous yet connected objects.

Another fundamental aspect of the project was the desire to maintain the unity of the bank as a volume, while responding to the range of demands placed on the building. X.G.

La preexistencia del palacete del Marqués de Mudela y la relación o diálogo que debía tener el banco con él fue uno de los aspectos más determinantes del proyecto.

A pesar de su geometría rigurosa, el edificio se mantiene en un respetuoso segundo término respecto al palacete, gracias al carácter neutro que ofrece la obra vista, en fachada. El ladrillo adquiere protagonismo como material y dota al banco de entidad propia.

El plano horizontal del pavimento de losas de granito en el elemento que organiza y sitúa realmente los dos volúmenes y da la distáncia que media entre ambos convirtiéndolos en objetos autónomos pero vinculados.

Otro aspecto fundamental del proyecto fue la voluntad de mantener el banco como bloque unitario, a pesar de las diversas y variadas solicitaciones a que debía responder el edificio. X.G.

OBRAS PRÓXIMAS
WORKS NEARBY

M–1966/1968	M–1971/1973
F.J. CARVAJAL FERRER	R. AROCA HERNÁNDEZ-ROS.
Edificio de viviendas	L.E.BURKHALTER ANEL
Montesquinza, 41/	Edificio de viviendas
C. Marqués de Riscal	García de Paredes, 56
Madrid	Madrid

M-1979/1992

PALOMERAS, FASES I, II, III
PALOMERAS, PHASES I, II, III
Palomeras, Madrid

M. BAYÓN ÁLVAREZ, J. CANO LASSO,
J. MONTES MIEZA, V. LÓPEZ COTELO,
F. PRATS, A. VILLANUEVA, M. MUELAS
JIMÉNEZ, C. RUIZ LARREA, A. SALA WALTER,
RUBIO, J. JUNQUERA GARCÍA DEL DIESTRO,
E. PÉREZ PITA, E. SÁNCHEZ, J. FRECHILLA
CAMOIRAS, J.M. LÓPEZ PELÁEZ

EDIFICIO DE VIVIENDAS
PALOMERAS. MADRID-SUR
M. BAYÓN

EDIFICIO DE VIVIENDAS (IZQUIERDA-LEFT)
PALOMERAS. MADRID-SUR
J. CANO LASSO

EDIFICIO DE VIVIENDAS
PALOMERAS. MADRID-SUR
V. LÓPEZ COTELO

EDIFICIO DE VIVIENDAS (IZQUIERDA-LEFT)
PALOMERAS. MADRID-SUR
F. PRATS, A. VILLANUEVA, M. MUELAS

La historia de Vallecas y de todo el sector sur de la ciudad en general, va ligada a la lucha por una vivienda digna, mejora de las condiciones de vida y contra los planes parciales que durante los años 60-70 incorporaban mecanismos de renovación-expulsión; problemas éstos, derivados de un rápido e incontrolado crecimiento de Madrid, y a los que sucesivas interpretaciones urbanas de la ciudad, desde el Madrid clásico, ensanche o propuestas heredadas del estilo internacional no habian dado respuesta.

No es hasta 1979 cuando las condiciones maduran lo suficiente para sentar las bases de lo que ha supuesto una operación de gran embergadura: la renovación urbana del sector sur de Madrid.

A pesar de no haber alcanzado todavia una nueva definición de cultura urbanística acorde con las actuales necesidades de intervención en la ciudad, puede considerarse la intervención como un importante paso: en gran parte debido a la manera de trabajar, al optar por conpaginar con prudencia las aportaciones teóricas que en este campo vienen produciendose dentro y fuera de España, el estudio específico de cada problema, y el contraste de opinión entre el equipo técnico, los vecinos y la administración.

En suma se trataba de combinar el realojamiento con "hacer ciudad" dentro del distrito.

Ante la imposibilidad de abarcar toda el área de intervención bajo un único plan, se troceó el conjunto en tres sectores con suficiente entidad en si mismos para convertirse en unidades urbanísticas con desarrollos de planeamiento, gestión y urbanización independiente a pesar de formar un todo interrelacionado. Los tres sectores son: Palomeras Sureste, Palomeras Norte y

The history of Vallecas and of the entire southern sector of Madrid is intimately bound up with the struggle for decent housing and improved living conditions and popular resistance to the series of partial planning instruments devised during the 1960s and 1970s which sought to clear the area and relocate the population elsewhere; all of these issues resulted from the rapid and uncontrolled growth of Madrid and the succession of urbanistic interpretations of the city, solutions to which had not been provided by classical, turn-of-the-century or International Style architectural proposals.

It was not until 1979 that social conditions had evolved to a degree sufficient to allow the definition of new bases for what was to become in time an operation of very considerable scope: the urban renewal of the southern sector of Madrid.

Despite its continuing failure to elaborate any new definition of the culture of town planning in line with real present-day needs for intervention in the city, this operation may be regarded as a significant step forward, thanks in great measure to the way of working adopted, prudently combining the latest theoretical contributions in the field, within Spain and internationally, with detailed study of each specific problem and the contrasting views of the technical specialists, the local residents and the municipal authorities.

In short, the operation sought to combine rehousing with "city-building" within the district. Given the impossibility of imposing a single plan on the whole area, the district was divided into three sectors, each possessing sufficient identity of its own to constitute an urban unit independently pursuing its own separate development in design, management and planning while still comprising part of an interrelated whole.

OBRAS PRÓXIMAS
WORKS NEARBY

M-1989/1993	M-1991/1993	M-1992/1995
P. URZAIZ GONZÁLEZ,	J. ISASI ZARAGOZA,	P. URZAIZ GONZÁLEZ,
C. PÉREZ PLA	A. PIELTAIN ALVAREZ-	C. PÉREZ PLA
Casa de Cultura	ARENA	Ayuntamiento
Serranillos del Valle	Centro de Salud	Orusco del Tajuña
	El Espinillo	

J. MONTES, J. MARTÍNEZ RAMOS,
J.L. DE MIGUEL RODRÍGUEZ, C. BRAVO
C. FERRÁN ALFARO, I. DE LAS CASAS
GÓMEZ, M. DE LAS CASAS GÓMEZ,
E. TORRES TUR. J.A. MARTÍNEZ LAPEÑA

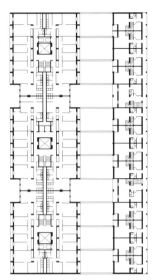

EDIFICIO DE VIVIENDAS
PALOMERAS. MADRID-SUR
J. JUNQUERA. E. PÉREZ PITA

E 1/1.000

EDIFICIO DE VIVIENDAS
PALOMERAS MADRID-SUR
J. MONTES

EDIFICIO DE VIVIENDAS
PALOMERAS. MADRID-SUR
J. MARTÍNEZ RAMOS.
J.L. DE MIGUEL RODRÍGUEZ.
C. BRAVO

These three sectors are Palomeras South-east, Palomeras North and Palomeras South, all with their general objectives and specific particularities.

The urban design interpretations put forward by the different architects involved can be divided into those that sought to make their mark by means of a form which, although largely conditioned, was not entirely predetermined, and those that placed their confidence in the power of the block on the large scale and in the qualities of order resulting from an imposing configuration of a series of free-standing buildings.

To represent Phase I we might single out the work of Carlos Ferrán's team, who arrived at an effective compromise between continuous block and open building, and that of the team led by Juan Montes, which resolutely controls the urban form with a single gesture, ably exploiting the characteristics of the specific situation that here seemed to invite an exceptional line. A third example here would be that of the las Casas brothers and their team, who opted for a complex of great parallel blocks that delimit, shape and proportion an enclosed space in the manner of a courtyard.

The other urban design interpretation was concerned to emphasize the presence of the large-scale object, placing its trust in a simple layout, in line with the tradition of the free-standing tower and high-rise block, while softening the composition in the interests of the formal configuration and order and character of the place.

This category would also include the work of Junquera and Pérez Pita, preoccupied with the problem of image on the great scale, that of the Martínez Ramos, de Miguel and Bravo team, and that of the Sánchez, Frechilla and López-Pelaez team.

Palomeras Sur, cada uno con objetivos generales y específicos particulares.

Las interpretaciones urbanísticas de los distintos arquitectos que han intervenido, pueden dividirse en aquellas que intentan el dominio de una forma no dictada, pero si fuertemente condicionada, y aquellas que confian en el poder del bloque a gran escala y en las cualidades del orden que puede conseguir una configuración presencial de los edificios aislados y repetidos. Dentro de la fase I, al primer grupo pertenece la obra del equipo de Carlos Ferrán, que tantea un compromiso entre manzana y edificación abierta. También el equipo de Juan Montes, que controla la forma urbana decididamente y de un sólo gesto, aprovechando la oportunidad de la situación concreta que les permite un trazo singular. Un tercer ejemplo es el del equipo de los hermanos de las Casas, que se decide por un conjunto de grandes y objetuales bloques paralelos que limitan, modelan y proporcionan un espacio cerrado como patio.

La otra interpretación urbanística, opta por valorar la presencia del objeto a gran escala y confiar en una simple ordenación del mismo. Siguen la tradición de la torre y el bloque exento, aunque suavizando su composición como medio de cualificación formal, orden y caracter del lugar.

A este grupo pertenecen las obras de Junquera y Pérez Pita preocupados sobretodo por el problema de la imagen a gran escala, el equipo Martinez Ramos, de Miguel y Bravo, y el equipo Sanchez, Frechilla y López-Pelaez.

Ya en la fase II, Palomeras Norte, destacan las obras de tres equipos que ya habian participado en la primera fase, pero en este caso las interpretaciones varian sensiblemente. El equipo de de las Casas apuesta ahora por la torre, al actuar en unos

OFICINAS DE LA CAJA DE MADRID
LAS ROZAS. MADRID
J. JUNQUERA. E. PÉREZ PITA

NAVE VOLUMEN
ALGETE. MADRID
M. BAYÓN

EDIFICIO DE VIVIENDAS
PALOMERAS. MADRID-SUR
E. SÁNCHEZ. J. FRECHILLA. J.M. LÓPEZ PELÁEZ

As regards Phase II, Palomeras North, the outstanding schemes are those produced by three teams who had all taken part in the first phase, but here went on to adopt significantly different interpretations. The las Casas team turned its attention to the tower block in intervening here on a large expanse of terrain, so that the architectural solution would form a permeable fringe along the edge of the landscaped area, and the housing would at the same time take full advantage of its privileged position in the city. Meanwhile, Juan Torres turned to the typology of large parallel blocks in response to the exceptional geometry of the plots and the characteristics of the immediate urban environment, composed of open formations. The object was thus to structure the original geometry and at the same time to organize an urban continuum that would respect the existing basic alignments while endowing the area with a coherent identity of its own.

The team of Sánchez, Frechilla and López-Pelaez intervened here in two city blocks, creating usable public space in the interior, with something of the Viennese Höffe in the result, and the three volumes that complete the configuration of the urban environment.

In the final sector, Palomeras South, the most noteworthy interventions manifest a clear commitment to "city creation" and to the introduction of ordering criteria on the urban scale. This is the case with the project by Julio Cano Lasso, an intervention perfectly integrated into and actively participating in its setting, as can be seen in the plan.

Mariano Bayón gives unity to his block in completing the built fabric and adapting to the topography and the city in much the same way that the various different house types in the block adapt to one another around the three interior spaces.

Finally, the team of Prats, Villanueva and Muelas intervened in two different ways, "creating city" with both. On the one hand, their two blocks connected by means of a public space are at once autonomous and interdependent; on the other, they carried out a linear operation that is organized and intelligible entirely in terms of the urban scale.

Madrid Sur is another housing estate that came into being as a result of the renewal and expansion of the southern sector of the city around the Vallecas district. The three schemes here that deserve mention are the apartment building in the San José development by Torres and Martínez Lapeña, the closed city block by Alvarez Sala-Walter, Rubio and Ruiz Larrea, and the block by López Cotelo and Puente. X.G.

extensos terrenos de modo que la solución formara un borde permeable a la zona verde, y al mismo tiempo las viviendas disfrutaran de su posición privilegieada dentro de la ciudad. Juan Torres lo hace por los bloques grandes paralelos, dada la singular geometria de las parcelas y las características del entorno urbano inmediato formado por ordenaciones abiertas. Se pretendia estructurar la geometria de origen y a la vez organizar un continuo urbano que siendo respetuoso con las alineaciones básicas existentes, suturase el area con identidad propia.

El equipo de Sanchez, Frechilla y López-Peláez interviene ahora en dos manzanas creando espacio público interior, con un cierto aire de las Hoff vienesas, además de tres piezas que terminan de configurar el entorno urbano.

En el último sector relizado, Palomeras Sur, las intervenciones más destacadas estan claramente comprometidas con la "creación de ciudad" y criterios de orden a escala urbana.

Tal es el caso del proyecto de Julio Cano Lasso, absolutamente integrado en el entorno y participando de él como puede leerse en la planta.

Mariano Bayón da unidad a su manzana completando el entorno, adaptandose a la topografia y a la ciudad tal como se adaptan sus diversos programas de vivienda entre ellos alrededor de tres espacios interiores de manzana.

Por último está el equipo de Prats, Villanueva y Muelas que actúa de dos modos, siempre creando ciudad. Por un lado están dos manzanas unidas entre sí mediante espacio público, a la vez autónomas y dependientes; y de otro lado una operación lineal organizada y comprensible unicamente en términos de escala urbana.

Madrid Sur es otro polígono que creció como resultado de la rehabilitación y expansión del sector sur de la ciudad a partir del barrio de Vallecas y en el cual destacan tres obras realizadas.

La torre de viviendas en la colonia San José de Torres y Martínez Lapeña, la manzana cerrada de Alvarez Sala-Walter, Rubio y Ruiz Larrea y por último la de López Cotelo y Puente. X.G.

FACULTAD DE FARMACIA
FACULTY OF PHARMACOLOGY
Alcalá de Henares

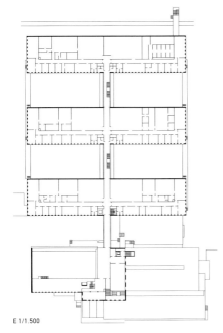

E 1/1.500

Designed to occupy a level plot with a minimum of vegetation formerly used as a military airfield, the new Faculty of Pharmacology set out to generate an urban environment. A transverse circulation axis is the element that effectively unites and distributes the four parallel blocks in which the Faculty is organized. Three of these contain the specific departmental functions, with laboratories and annex spaces laid out on a common base that serves to unify and continues on to connect the structural system and the materials that together compose the scheme. The fourth block houses the communal services, and the complexity of functions this contains is expressed in its more fragmentary exterior, while its relationship with the other three blocks is more superficial. X.G.

En los terrenos donde existía anteriormente un aeródromo militar, una llanura con escasa vegetación, se proyectó la facultad de farmacia con intención de generar un entorno urbano.
Un eje transversal de circulaciones es el elemento que une y distribuye los 4 bloques paralelos en que se organiza la facultad. Tres de ellos contienen las áreas departamentales: laboratorios y espacios anexos que descansan sobre un basamento que los unifica y conecta al prolongarse, a la vez, el sistema estructural y de materiales. El otro bloque contiene los servicios comunes y por la complejidad de funciones que integra, su aspecto exterior es más fragmentario, siendo su relación con los otros tres bloques más liviana. X.G.

AMPLIACIÓN DE LA ESTACIÓN DE ATOCHA
EXTENSION TO THE ATOCHA RAILWAY STATION
Estación de Atocha. Madrid

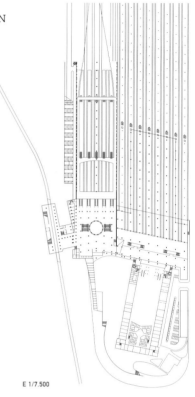

E 1/7.500

El proyecto tenía como objetivos principales, la ampliación de la estación de ferrocarril cuadruplicando su capacidad y la reordenación del espacio donde se halla la glorieta de Carlos V.

Adquirió una trascendencia a nivel urbano por su carácter de elemento organizador y dinamizador de esta zona del extremo sur de Madrid.

La evolución de la ciudad hizo que lo que siempre fue una cota relativamente baja respecto al trazado de las calles quedase definitivamente configurado como un gran espacio abierto donde la vieja estación de Atocha recobra su singularidad como elemento definidor del espacio de la plaza y su entorno.

El buen funcionamiento de la estación exigía que la conexión con el metro, la estación de autobuses y la estación de largo recorrido coincidiese con la cabecera de la estación de cercanías, en busca de una natural economía de movimiento.Dicha cabecera se convierte en en intercambiador cilíndrico que sirve como emblema y reconocimiento de la estación a la vez que ilumina la planta inferior a donde se accede.

El intercambiador, junto con la torre del reloj y la vieja estación reflejan el pensamiento clásico que subyace en esta obra, estableciéndose –si se quiere– los tres elementos como baptisterio, campanile y basílica. X.G.

The principal objectives addressed by the project were the extension of the railway station, increasing its capacity by a factor of four, and the reordering of the space adjoining the Carlos V roundabout.

The intervention assumes a major significance on the urban scale by virtue of its character as a dynamic and organizing element within this southern sector of Madrid. Thanks to the evolution of the city, what had always been a relatively low-lying level in relation to the grid of neighbouring streets was established definitively as a great open space in which the old Atocha station has recovered its special significance as the element bestowing spatial definition on the square and its surroundings.

For the effective functioning of the railway station it was essential that the connections with the Madrid metro system, the bus station and the long-distance railway station should coincide with the head of the local regional station, in the interest of natural economy of movement. This regional terminus is treated as a cylindrical transit interchange that serves to identify and distinguish the station at the same time as it illuminates the lower access floor.

The interchange-vestibule, together with the clock tower and the old station building, reflects the classical thinking that informs this work, by no means excluding the possibility of reading the three elements in terms of baptistery, campanile and basilica. X.G

M—1986/1989

BLOQUE DE VIVIENDAS EN LA M-30
APARTMENT BLOCK ON THE M-30
Poligono 38, Junto a la M-30 *Near M-30* Montalaz. Madrid

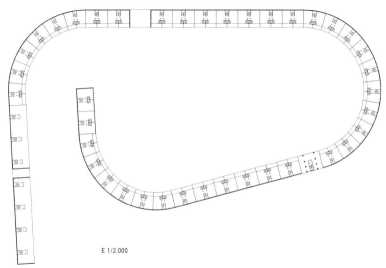

E 1/2.000

The project came into being as a result of the competition for the building of 346 apartments for the rehousing of families alongside the M-30 motorway; with a planning layout in the form of a continuous spiralling block eight storeys high. From the exterior, the potential of the linear block is emphasized by virtue of its great size and unity, stressing the problematics addressed by the architect in facing the challenge that the project represented.

The external skin, is of brickwork, in the form of a perforated, stepped wall that coils around on itself with the clear intention of closing off the block not only from the M-30 motorway, but from the whole of its context.

In complete contrast, the internal facade presents itself as a jigsaw puzzle of spaces and volumes, supported by ornamentation in a 60s style that can be seen as reflecting the minimal, funcionalist architecture of the housing, resolved in the form of two-storey units that look down into the great void enclosed by the wall. X.G.

El proyecto surguió como resultado del concurso organizado para la edificación de 346 viviendas destinadas a familias realojadas junto a la autopista M-30; con una ordenación prevista de bloque continuo, enroscado y de ocho plantas.

Desde el exterior, destaca la potencia del bloque lineal, debido a su gran tamaño y unidad, que pone de manifiesto el compromiso del arquitecto hacia el desafío que el proyecto representaba.

La piel exterior, de tocho, a modo de muralla escalonada perforada, se enrosca evidenciando la clara voluntad de cierre no sólo hacia la M-30, sino hacia todo su entorno. Contrariamente, la fachada interior muestra un rompecabezas de espacios y volúmenes, apoyadas por una ornamentación con sabor de los años 60, reflejo de una arquitectura funcionalista de viviendas mínimas resueltas en forma de duplex, que asoma al gran vacio que encierra la muralla. X.G.

OBRAS PRÓXIMAS
WORKS NEARBY

M—1989/1993
S. CAMACHO VALENCIA,
G. LOCH,
C.NAVARRO PALANCA
Actuaciones en Trazas
Históricas
Villa de Aranjuez
Madrid

M—1990/1993
J.M. GARCÍA DE
PAREDES BARREDA,
Edificio de viviendas
Poligono 381 X
Madrid

M—1989/1993—p.222

EDIFICIO DE VIVIENDAS EN LA M-30
HOUSING ON THE M-30
Autopista M-30 *Alongside the M-30 motorway.* Madrid

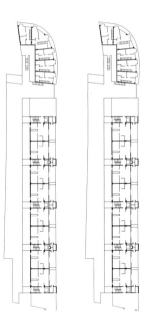

E 1/3.000

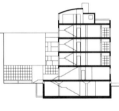

E 1/1.500

Está situado frente la M-30, en su orientación a este y a un parque público en su orientación norte, donde organiza todos sus accesos dejando abierta la posibilidad de ampliar el parque hasta el pie de las viviendas.

El edificio opta por volcarse sobre la M-30, enfatizando el carácter público de la autovía, sin intención de recogerse, participando del espectáculo desde primera línea y resolviendo, a su vez, los problemas técnicos que ello conlleva.

Las galerias acristaladas, orientadas a este, son mediadoras visuales y acústicas entre el exterior y las zonas destinadas a usos diurnos.Las zonas nocturnas quedan protegidas en el lado opuesto. La fachada, piel neutra y repetitiva, ofrece un aspecto industrial y residencial, evocadora del barrio en que se sitúa. Está tratada como muro invertido con cámara ventilada y hoja exterior ligera, al igual que la cubierta.

Las técnicas constructivas utilizadas en las plantas, libres de obstrucciones estructurales, facilitan cambios distributivos rápidos y económicos.

Se ha estudiado a fondo las posibilidades de adoptar sistemas, ya utilizados con exito en edificaciones terciarias, en viviendas públicas. X.G.

Situated with the M-30 motorway to the east and a public park to the north, the scheme organizes all its accesses towards the motorway, leaving open the possibility of extending the park up to the very edge of the housing.

The building opts to engage with the M-30, emphasizing the public character of the motorway, and rather than showing any sign of shrinking back embraces the spectacle from the front row while duly resolving the technical problems created by this decision.

The glazed, east-facing galleries are visual and acoustic mediators between the exterior and the zones for daytime use, while the night-time zones are protected on the opposite side of the block. The facade, a neutral repetitive envelope, presents an industrial and residential appearance, synthesizing the surrounding district, and is treated as an inverted wall with a ventilation cavity and lightweight outer skin, like the roof.

The construction techniques utilized for the floors, which are free of structural obstacles, facilitate rapid and economical changes in distribution.

The architects made an in-depth study of the possibilities of adopting systems employed in tertiary buildings to public sector housing. X.G.

OBRAS PRÓXIMAS
WORKS NEARBY

M-1986/1988
I. ABALOS VÁZQUEZ,
J. HERREROS GUERRA,
S.PÉREZ ARROYO,
E. HURTADO TORÁN
Polideportivo
c. Payaso Fofó /
c. Arroyo del Olivar
Madrid

M-1987/1991
G. VÁZQUEZ CONSUEGRA
Edificios de viviendas
c. Siena Elvira y M-30
Madrid

M-1989/1993-p.221

ESTADIO DE LA COMUNIDAD DE MADRID
COMUNIDAD DE MADRID STADIUM
Entre Canillejas y la M-40 *Between Canillejas and the M-40 motorway*. Madrid

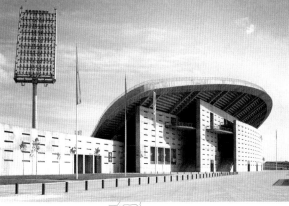

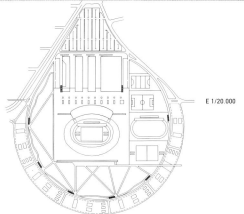

E 1/20.000

As in the Santa Justa railway station by the same architects. the expressive potency of the building (specifically here the seating grades) is exploited as a structuring element bestowing urban form, constituting itself as an essential point of reference. The scheme manifests a clear commitment to making the space intelligible to its users. Each element is ordered and expressed in relation to the complex as a whole, with great simplicity.
The stadium sits on top of a regular horizontal platform which divides the construction into two strata. One of these is excavated to a depth of 10 m, and contains the events arena with its grass-covered banking and a badement. The other is raised above grade level and forms the second tiered terrace; tall, with very large concrete beams supported on a system of parallel curving walls, rhythmically perforated.
A gently sloping platform configures the main public access, which progresses as a smooth plane with the flights of stairs set off it, and offers a first view of the arena, after the threshold constituted by the walls supporting the great "comb" of beams has been crossed. X.G.

Al igual que la Estación de Santa Justa, obra de los mismos arquitectos, se utilizó la potencia expresiva del edificio (de las graderías concretamente), como elemento estructurador de forma urbana constituyéndose en referencia inevitable para los ciudadanos. La obra, manifiesta una clara voluntad por hacer comprensible el espacio a los usuarios. Cada elemento se ordena y se expresa en relación al conjunto y con gran simplicidad.
Se asienta sobre una plataforma horizontal de contorno regular que divide la construcción en dos estratos. Uno excavado a 10m, donde hay las pistas con su graderío de césped y un sótano. El otro se eleva sobre la cota 0 y forma el segundo graderío, alto, de enormes vigas de hormigón que descansan sobre un juego de muros paralelos curvados y horadados rítmicamente. Una plataforma en suava pendiente conforma el acceso principal del público, que se mueve en un plano limpio al que desembocan todas las escaleras y desde el que se tiene una primera visión de la pista, una vez traspasado el umbral que configuran los muros que soportan la gran "peineta". X.G.

EDIFICIO DE OFICINAS DEL BANCO DE SANTANDER
BANCO DE SANTANDER OFFICE BUILDING
P. de la Castellana, 24-26. Madrid

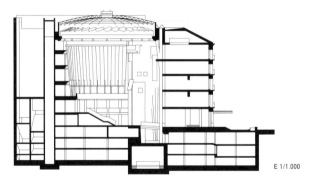

E 1/1.000

El conjunto de 3 edificios que forma la actual sede central del Banco de Santander está muy protegido por el Plan Especial de Madrid, por lo que la actuación y dotación de una imagen nueva, sugestiva y potente se tuvo que centrar en el espacio interior. El proyecto se basó en la introducción de una pieza de geometría rígida y potente en forma de cono invertido que creará un espacio interior circular cubierto por una cúpula de vidrio. Al no poder modificar el patio rectangular del edificio principal, el cono quedó cortado por el espacio prismático que genera el patio rectangular, formando así una macla de 2 elementos distintos que se potencian mútuamente.
El gran vacío creado en el interior del conjunto de edificios que forman el Banco, es la fuente de luz que permite definir todas las volumetrías y detalles creados en el interior, así como la variedad y riqueza de todos los materiales con que se realizó. Los materiales elegidos fueron básicamente piedras y metales, como si de un trabajo de orfebrería se tratase, consiguiendo una uniformidad cromática dentro de una matizada variación de tonos. X.G.

The complex of three existing buildings accommodating the Banco de Santander was strictly protected by the Special Plan for Madrid, so that the intervention to endow it with a new, evocative and imposing image was necessarily restricted to the interior space.
The project was based on the introduction of a rigid, potent geometrical element in the form of an inverted cone, creating a circular interior space under a glass cupola. Denied the option of modifying the rectangular courtyard, the cone is cut by the prismatic space generated by this courtyard, the result being the shackling together of two different but mutualy reinforcing elements.
The great void created in the interior of the complex of buildings occupied by the bank constitutes the lightwell which effectively defines all of the volumetries and details of the interior, together with the richness and variety of the various materials employed. These stones and metals are combined, as in a piece of jewelry, to achieve a chromatic unity within a nuanced variation of tones. X.G.

M-1991/1993

BIBLIOTECA UNIVERSITARIA DE LA UNED
UNED UNIVERSITY LIBRARY
Senda del Rey s/n. Ciudad universitaria. Madrid

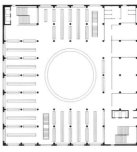

E 1/1.000

The setting of the new university building is remarkable for the exceptionally high average quality of the rationalist university architecture, and of various other buildings in the vicinity.

This is a deliberately hermetic building, organized on the British and American model, with the book stacks and the reading area in direct contact. The central idea developed by the project is that of the vertical overlaying of hermetically independent spaces, the reading room with its six ring-shaped levels constituting the core of the building. This reading room derives its formal configuration from the contrast between the book shelves and the central void. Although light enters through the narow horizontal windows, a more evident source is by way of the truncated cone of the coffered wooden ceiling.

The use of brick asks to be understood as a symbol of stability and permanence. in keeping with the nature of the building's institutional function. X.G.

El lugar donde se sitúa este edificio docente tiene un carácter significativo por la gran calidad media de la arquitectura racionalista universitaria, además de otros edificios, que le rodean.

Se trata de un edificio voluntariamente hermético organizado según el modelo anglosajón, en el que el área de almacenamiento de libros y de lectura están interrelacionados. La idea central del proyecto reposa en la superposición en altura de espacios herméticos entre sí, donde la sala de lectura de seis plantas anilladas es el corazón del edificio. Ésta queda configurada formalmente por el contraste entre las propias estanterías y el vacio central. La luz penetra en las salas a través de estrechas ventanas horizontales, pero su mayor incidencia procede del artesonado troncocónico de madera cenital.

El uso del ladrillo debe entenderse como un símbolo de estabilidad y permanencia adecuado al tipo de función institucional a que se destina el edificio. X.G.

OBRAS PRÓXIMAS
WORKS NEARBY

M-1991/1993
J.R. MENENDEZ DE LUARCA NAVÍA OSORIO.
G. SALVADOR MOLEZÚN.
R. VÁZQUEZ MOLEZÚN
Edificio Departamental en la Universidad Carlos I
Leganés
Madrid

M-1991/1994
J. LINAZASORO RODRÍGUEZ
Facultad de Ciencias Económicas
Senda del Rey, s/n.
Madrid

M-1992/1995
J. LINAZASORO RODRÍGUEZ
Facultad de Psicología
Senda del Rey, s/n.
Madrid

ESCUELA DE PROTECCIÓN CIVIL
SCHOOL OF CIVIL DEFENCE
Rivas Vacia Madrid

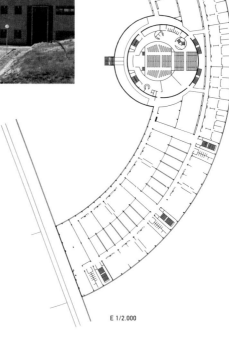

E 1/2.000

La Escuela de Protección Civil se desarrolla en un paraje de gran amplitud en una zona despoblada de los alrededores de Madrid y en un terreno de 700 x 300 m. con 5 m. de desnivel. Se utilizó la geometria como mecanismo para articular los diferentes requerimientos del programa funcional. Los elementos cilíndricos que definen la construcción escolar y la larga espina longitudinal donde se disponen diversos elementos funcionales son los componentes fundamentales en este proceso de construcción geométrica.

Las aulas, dependencias de la dirección y el aparcamiento se alojan en la corona generada por el desnivel del terreno, quedando las salas de actos, cafeteria, cocina y biblioteca incluidas en el cilindro central de ladrillo visto. Ambos elementos básicos de la composición, cilindro y corona, se articulan mediante un lucernario que permite la iluminación natural del gran vestíbulo de ingreso.

Cabe destacar también la gran austeridad en el elenco de materiales, que se reducen a pizarra, hormigón y ladrillo vistos, enfoscados sin colorear y yesos sin acabados de pintura. X.G.

The Civil Defence School is laid out on a very large plot, measuring 700 x 300 m, with a difference in level of 5 m, in a sparsely occupied area on the outskirts of Madrid. The geometry of the scheme serves as the mechanism which articulates the various demands of the functional programme. The cylindrical elements that define the construction and the extended longitudinal axis on which the different functional units are laid out are the basic constituents of this geometrical organization.

The classrooms, management offices and car park are situated on the crown generated by the difference in level of the terrain, while the functions hall, cafeteria, kitchen and library are housed in the central cylinder of exposed brickwork. These two basic elements of the composition, crown and cylinder, are articulated by means of the large roof light that illuminates the spacious vestibule.

Another noteworthy feature here is the great austerity in the choice of materials, which are limited to slate, concrete and exposed brickwork, rough-rendered with natural-coloured mortar and unpainted plaster finishes. X.G.

OBRAS PRÓXIMAS
WORKS NEARBY

M−1977/1978
A. VÉLEZ CATRAIN
Conjunto de viviendas
Peña Grande
Madrid

M−1992/1993
S. MADRIDEJOS
FERNÁNDEZ,
J.C. SANCHO OSINAGA
Pavellón de Servicios
en el Colegio Carretas
Arganda del Rey
Madrid

TEATRO-CINE TORCAL
TORCAL THEATRE-CINEMA
C. Ramón i Cajal, 4. Antequera

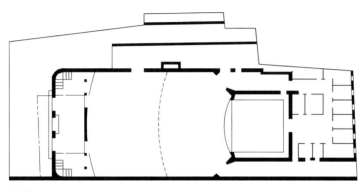

E 1/1.000

This is one of the many cinemas developed on the basis of a streamlined or aerodynamic language, introduced in Spain by Gutierrez Soto with his popular Cine Europa in Madrid, the earliest European antecedent of which might be identified as being Eric Mendelsohn's extension to the printshop and offices of the publisher Rudolf Mosse in Jerusalemer Strasse in Berlin (1923), now carefully restored.

In this building, Sánchez Esteve continues the line he had begun two years previously with his Cine Gades, since demolished, establishing in both cases simple volumes with rounded corners as an alternative to sharp edges, and with no other decorative elements than the slightly raised horizontal bands which appear in the upper levels. This is an unusual work within the context of the city, but not with respect to the output of this architect, who continued to exploit this form of expression even after the Modern Movement had entered into crisis. C.F.

Uno de los numerosos locales cinematográficos desarrollados dentro del lenguaje streamlined o aerodinámico, iniciado en España por Gutiérrez Soto a partir de su popular Cine Europa madrileño y cuyo más remoto antecedente europeo podría encontrarse en la ampliación realizada por Eric Mendelsonh de los talleres y oficinas del editor Rudolf Mosse en la Jerusalemer Strasse berlinesa (1923), obra hoy recuperada después de una cuidada restauración.

Sánchez Esteve se mantiene en este edificio dentro de la línea iniciada dos años antes con su Cine Gades, ya desaparecido, estableciendo en ambos casos volumetrías simples con esquinas redondeadas como una alternativa a los encuentros en arista viva y sin más elementos decorativos que las bandas horizontales, levemente resaltadas, que aparecen en las zonas altas. Una obra insólita dentro del panorama de la ciudad, pero en modo alguno respecto de la producción de su autor que prolongaría esta forma de expresión más allá de los límites temporales marcados por la crisis del Movimiento Moderno. CF

CASA PORTELA
PORTELA HOUSE
C. del Aire, 11-13. Cartagena

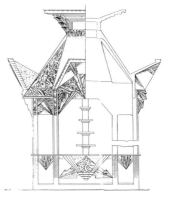

L. ROS COSTA
QUIOSCO ORTUÑO. 1934

Cartagena –una ciudad que está viendo desaparecer durante los últimos años algunos de sus edificios más significativos de los siglos XIX y XX, con la consiguiente degradación de su núcleo histórico– ha tenido la fortuna de preservar hasta hoy esta interesante casa Portela, ejemplar destacado de un lenguaje expresionista/ "Art Déco" de muy peculiares acentos. Ros Costa, arquitecto nacido en Cartagena aunque de origen catalán, representa el tipo de profesional que –como señala Pérez Rojas– se debate entre el modernismo, el clasicismo y las vanguardias de las décadas 20 y 30, si bien manteniendo siempre su arquitectura dentro de criterios de armonía y orden. Entre todos sus estilos destaca el peculiar "expresionismo decorado" de la casa Portela, que llevaría a sus últimas consecuencias en el segundo proyecto de Quiosco Ortuño (1939) hoy desaparecido, versión modificada del que proyectara en 1934. Los dibujos que se conservan del Quiosco, ayudan a comprender el lenguaje de la casa Portela y sus conexiones, tan sorprendentes como difícilmente fortuitas, respecto de obras y proyectos del cubismo checo de 1910-25 y en particular de algunos de los firmados por Pavel JanáK y Josef Gocar. C.F.

Cartagena, a city that in recent years has witnessed the disappearance of some of its most sigificant 19th –and 20th– century buildings, with the resulting degradation of its historic centre, has had the good fortune to preserve this interesting and highly individual example of an expressionist/Art Deco language. Ros Costa, Catalan in origin but born in Cartagena, is representative of a category of architect that, as Pérez Rojas has remarked, struggled with the contrasting influences of modernism, classicism and the avant-gardes of the 20s and 30s, although he at all times maintained firm criteria of harmony and order. Of particular interest amongst his various styles is the peculiar "decorated expressionism" of the Portela house, which he carried to its logical conclusion in the second project for the Ortuño kiosk (1939), since demolished, a modified version of his original 1934 scheme. The surviving drawings of this kiosk facilitate an understanding of the language of the Portela house and its connections, at once surprising and surely not fortuitous, with projects and works of Czech Cubism of the years 1910-1925, and in particular with some of those by Pavel Janak and Josef Gocar. C.F.

EDIFICIO DE VIVIENDAS
APARTMENT BUILDING
C. Trapería. Múrcia

Although the Polo house in Huesca is the most outstanding work by José Luis de León, the city of Murcia contains two of the very few of the architect's constructions that have survived in a satisfactory state of conservation. Of these two buildings in Murcia, the one in the Plaza de Santo Domingo has the clearest affinities with the rationalist canon, although a disagreement between architect and client on completion of the construction work prevented León from taking his usual central role in the interior design and detailing, as he did in the Polo house and in his other surviving building in Murcia, in c. Trapería. In this latter work he developed a total architecture in which nothing is left to chance, designing and supervising the carpentry detailing, the floorings and the ceramic claddings, as well as the suspended ceilings of metal and glass with their elaborate Deco design. No summary of the small number of examples of rationalist architecture in Murcia would be complete without mentioning another building of note, constructed by Gaspar Blein Zarazaga in 1935 for the former Almacenes Coy department store in c. Pascual. CF

Si bien habría que señalar como la obra más destacada entre toda la producción de José Luis de León, la casa Polo situada en Huesca, la ciudad de Murcia reúne dos de las escasísimas construcciones del arquitecto llegadas hasta hoy, e incluso en un aceptable estado de conservación. De estos dos edificios murcianos el levantado en la plaza de Santo Domingo será el que ofrezca más clara adscripción a un cierto racionalismo canónico, si bien la ruptura entre arquitecto y propietario al término de la obra sería causa de que la participación de León no fuera aquí, contrariamente a su costumbre, más allá de la estricta construcción como sucede en la casa Polo de Huesca y en su otro edificio murciano de la calle Trapería en el que León desarrolla una arquitectura total en la que nada es dejado al azar, diseñando y controlando la ejecución de la carpintería, de pavimentos y revestimientos cerámicos, así como de los falsos techos y cristal formando complicados dibujos Deco. Una relación de esta escasísima presencia de la arquitectura racionalista en Murcia sería incompleta sin hacer referencia a otro estimable edificio, el que Gaspar Blein Zaraga realizara en 1953 para los antiguos Almacenes Coy en la c. Pascual de esta ciudad. C.F.

MU-1978/1983

J.Mª TORRES NADAL y
E. CARBONELL MESSEGUER

OFICINAS Y SEDE SOCIAL DE CAJA DE AHORROS DE MURCIA
OFFICES AND HEADQUARTERS FOR THE CAJA DE AHORROS DE MURCIA

Gran Via Francisco Salzillo. Murcia

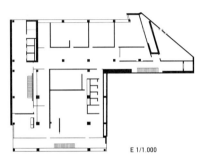

E 1/1.000

El edificio está situado entre dos calles principales paralelas a las que el edificio se abre. Una tercera fachada, que da a la calle pequeña y estrecha que une las dos principales, resuelve la iluminación del núcleo de conexiones de las seis plantas tipo, destinadas a los servicios centrales y que conforman la parte fundamental del edificio. Estas plantas libres se organizan a partir de la disposición, junto a dicha fachada, de una franja que contiene: un vestíbulo alargado con el núcleo de ascensores en un exrtremo, además de un despacho con zona de espera, todo ello abierto en fachada a través de unas ventanas corridas, estrechas y altas.

El resto del edificio alberga una planta noble de dirección, una oficina bancaria accesible desde la Gran Vía en planta baja y una sala de exposiciones con salón de actos en el sótano primero además de dos sótanos para instalaciones y aparcamiento.

Las fachadas están revestidas de piedra de Murcia y la variación, proporciones y forma de las ventanas responden al funcionamiento interno de la caja de ahorros. X.G.

The building is situated between a major street and a landscaped area to the rear, parallel to the street, and opens onto both of these urban elements. A third facade, fronting the narrow lane that connects the main street and the garden, serves to illuminate the circulation core of the building, of which the six floors, designed to a standard plan, that accommodate the savings bank's central services constitute the principal part. These free-plan floors are organized on the basis of the disposition along this facade of a strip containing an elongated vestibule with the lift core at one end and an office with a waiting room, all looking out through a band of tall narrow windows.

The rest of the building comprises a main piano nobile of senior management offices, the savings bank premises on the ground floor, with access from the Gran Via, and an exhibition gallery with a functions hall on the semi-basement level, together with two further basements, one containing technical services, the other a car park.

The facades are clad with local stone, and the variations in the sixe and shape of the windows reflects the different functions in the interior. X.G.

OBRAS PRÓXIMAS
WORKS NEARBY

MU-1984/1988
J. NAVARRO BALDEWEG
Rehabilitación de los
Molinos del Río
Segura
Murcia

MU-1985/1987
E. CARBONELL
MESSEGUER,
V. MARTÍNEZ,
M. MORENO PASCUAL,
A. ALVAREZ
Edificios de viviendas
Alcantarilla

BIBLIOTECA PÚBLICA
PUBLIC LIBRARY
Avda. Juan Carlos I. Murcia

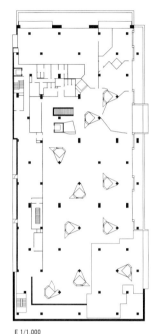

E 1/1.000

The library is situated on a 50 x 100 m rectangular plot adjoining an important thoroughfare in the growth area of Murcia, a place with no evident historical references or exterior conditioning presences, and thus an ideal site for a project of this nature.
The building has thus been designed in the form of three superimposed 36 x 83 m platforms, with a floor-to-ceiling height of 5 m, and the three identical free-plan floors are characterized not by any a priori architectural definition but by the programme and the series of functions, so that the resulting building enjoys considerable functional versatility. The ground floor was conceived as a great centre for the exchange of information, the first floor as a space for communication in its different form (computer, video, books, audio recordings), while the top floor houses the Murcia Regional Library. The skylights in the roof also illuminate the first floor; these great goblets overflowing with light are the elements responsible for organizing and establishing the character of the Regional Library, by virtue of their richness of form and the unexpected play of lights they create throughout the interior space. X.G.

La biblioteca está situada en un solar rectangular de 50 x 100 m junto a una importante avenida en la zona de crecimiento de Murcia, un lugar sin referencias históricas, ideal para plantear un proyecto sin condicionantes exteriores de ningún tipo.
Así, el edificio se planteó como tres plataformas superpuestas de 36 x 83 m con 5 m de altura entre ellas, todas iguales, totalmente libres, y sin previa definición de la arquitectura, ya que el programa y las diferentes funciones eran las que debían establecer las diferencias entre cada una. Todo ello permite una gran versatilidad en su funcionamiento. La planta baja está pensada como un gran centro de intercambio de información, la planta primera como sala de comunicación de todo tipo (informático, vídeo, libros, discos) y en la última planta está la Biblioteca Regional de Murcia.
Los lucernarios que atraviesan la última planta para iluminar la primera son los elementos que organizan y caracterizan el espacio de la Biblioteca Regional. X.G.

OBRAS PRÓXIMAS
WORKS NEARBY

MU−1991/1994
J. CARBALLAL
FERNÁNDEZ
Estación de Autobuses
Cartagena

MU−1992/1994
E. CARBONELL
MESSEGUER
Edificios de viviendas
Av. Isaac Peral
Murcia

MU−1992/1994
M. RODRÍGUEZ.
M. SERRANO
**Centro de Salud
Virgen de la Caridad**
c. Cabrera, s/n.
Cartagena

MU−1993/1995
M. RODRÍGUEZ.
M. SERRANO
Centro de Salud
c. Pina, s/n
Fuentetocinos

CASINO ESLAVA
ESLAVA CASINO
Plaza del Castillo, 16. Pamplona

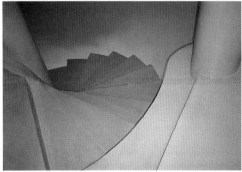

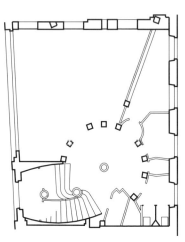

E 1/250

A partir de 1930 aproximadamente, Eusa incorporará a los componentes que integraban ya su vocabulario expresivo nuevos matices más en consonancia con las tendencias del Movimiento Moderno centroeuropeo, dejándose influir también por cierta arquitectura norteamericana, aquella que podría ser denominada como "estilo aerodinámico" o "estilo Hollywood", y a la que la crítica no ha asignado aún un lugar específico. Su obra capital, en tal sentido, lo constituye el casino Eslava, en el que además -como sucede en algún otro de sus edificios- la estructura alcanza un papel importante, especialmente aquella que se relaciona con la inesperada escalera helicoidal, protagonista esencial de la tensión dinámica creada entre la zona de entrada y los pisos superiores. Todos los elementos decorativos y de diseño, tanto de la fachada de acceso como del vestíbulo y la cafetería, fueron proyectados por el arquitecto lográndose así una unidad total entre edificio y contenido.
Dentro de esta línea estilística, menos frecuente en el trabajo global de Eusa, podría señalarse alguna otra obra y muy especialmente la casa Erroz, de 1933, situada asimismo en Pamplona. C.F.

From around 1930, Eusa incorporated into the components of his expressive vocabulary new accents more concordant with the propositions of the contemporary Modern Movement, while at the same time embracing the influence of a certain strand in North American architecture which, although never assigned a specific place of its by the critics, may be described as the "streamlined style" or "Hollywood style". Eusa's supreme achievement in this line is the Eslava casino, where –as in certain other of his buildings– the structure assumes a particularly significant role, especially in relation to the unexpected spiral staircase, here the essential protagonist of the dynamic tension created between the entrance zone and the upper floors.
The architect himself was responsible for the design of all the decorative and detailing elements, both on the access facade and in the vestibule and cafeteria, thus achieving a complete unity between building and content.
The stylistic approach adopted here was used by Eusa only in a relatively small number of works; of these, one other noteworthy example being the Erroz house, also in Pamplona, designed and built in 1933. C.F.

OBRAS PRÓXIMAS
WORKS NEARBY

NA-1928
V. EUSA RAZQUÍN
Iglesia de la
Milagrosa y
Convento de
P.P.Paules
Pamplona
NA-1933
V. EUSA RAZQUÍN
Casa Erroz
Pamplona

NA-1930
V. EUSA RAZQUÍN
Edificio de Viviendas
Fernandez Arenas, 4
Pamplona
NA-1961/1963
J. GIBERT
F. REDÓN
Torres de Huarte
Vuelta del Castillo 3-5
Pamplona

NA-1964/1966
E. DE LA CUADRA
SALCEDO
Casa de la Juventud
C. Sangüesa
Pamplona
NA-1966/1967
J.R. MONEO
Ampliación de la
Plaza de Toros
C. Amaya
Pamplona

NA-1968/1969
J.R. MONEO
Edificio de viviendas
Plazaola 2
Pamplona
NA-1968/1970
J.R. MONEO
E. DE LA CUADRA
SALCEDO
Plaza de los Fueros
Pamplona

LO-1973/1981
J.R. MONEO
Ayuntamiento de
Logroño
Logroño
NA-1986/1988
J. GARCÉS BRUCES
E. SÓRIA BADIA
Museo de Navarra
Cuesta de Sto. Domingo
Pamplona

CENTRO DE SALUD EN AZPILAGAÑA
HEALTH CENTRE IN AZPILAGAÑA

C. Luis Morondo, 5. Pamplona. Iruñea

E 1/1.000

The site allocated for the construction of the centre was the key factor in determining the essentially introverted character which the building presents. The urban context, notably degraded by unordered development, led the architects to propose a building in the form of a glass box inside another of brick.

The envelope asks to be read as a skin stretched over a concrete skeleton, manifested in the starting and uppermost points of the building. This "skin" provides the reference point as much from the exterior as from the interior, an element which separates and unites, privatizes and interrelates.

The brief is divided up into four floors and each floor is in turn divided into three bands, running parallel to the long courtyard that effectively constitutes the fourth band. This courtyard, which has the consulting rooms situated around it, is one of the principal sources of light in the centre, in conjunction with a second, transverse courtyard and the void which houses the stairwell. X.G.

El lugar destinado para construir el centro fue el factor que determinó el carácter esencialmente introvertido que ofrece la edificación. El entorno urbano, degradado por el crecimiento desaforado, llevó a plantear y realizar un edificio-caja de vidrio, dentro de otra de ladrillo.

El cerramiento puede leerse como una piel tensada sobre un esqueleto de hormigón, que se manifiesta en el arranque y en el remate superior del edificio. Esta "piel" es el referente tanto desde el exterior como desde el interior, un elemento que separa y une, que privatiza y relaciona.

El programa se reparte en cuatro plantas y cada planta se divide a su vez en tres franjas paralelas al patio alargado, que constituye la cuarta franja. Ese patio, alrededor del cual se organizan las consultas, además de otro patio transversal y el hueco que determina la escalera, son las principales fuentes de luz que tiene el centro. X.G.

COMPLEJO ESCOLAR
SCHOOL COMPLEX
Mendillorri. Pamplona

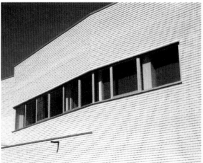

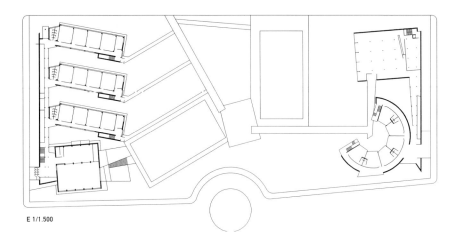

E 1/1.500

El proyecto se desarrolla en un área de nueva edificación en la periferia de Pamplona en torno al parque de Mendillorri, pasando a ser un elemento más de su paisaje.

Consta de dos edificios contrapuestos, de los cuales sólo se ha construido uno hasta el momento, el correspondiente a las unidades de aularios y administración.

Se desarrolla en forma de peine a partir del fuerte eje de circulaciones y rampas paralelo a la calle, a la que da fachada y se cierra. Por la parte opuesta, tres piezas que contienen sucesivamente los servicios y las aulas terminan por diluirse en el parque. Circulación, visión y luz son objetivos incorporados en todo momento a la idea. La volumetría responde estrictamente a su función interior dando como resultado unas fachadas de lenguaje simple y claro, resueltas con hormigón en los elementos lineales de comunicación donde manifiesta su opacidad, y vidrio, chapa blanca y material cerámico blanco que configuran los peines que albergan aulas, biblioteca, gimnasio, comedores, etc. X.G.

The new school complex is located in an area of new development laid out around the Mendillorri park on the outskirts of Pamplona, assuming its place as another element in the landscape.

The scheme consists of two contrasting buildings, only one of which has been constructed to date: the volume housing classrooms and administration.

This is developed in a comb-like sequence on the basis of an imposing circulation axis of corridors and ramps running parallel to the street, to which it presents itself as facade and skin. On the far side of the volume, three virtually transparent faces contain services and classrooms before giving way to the park. Circulation, visibility and light are the three issues constantly engaged with in this project. The volumetry corresponds strictly to its interior function, and serves to generate the clear and simple language of the facades, expressed in the use of exposed concrete for the opaque elements of linear communication and of glass and sheet metal for those elements that constitute the teeth of the comb, containing classrooms, library, gymnasium and dining rooms.

OBRAS PRÓXIMAS
WORKS NEARBY

NA-1990/1993
F. MANGADO BELOQUI
Remodelación Plaza
de los Fueros
Estella

NA-1992/1995
F. MANGADO BELOQUI
Edificio de viviendas
C. de la Imprenta
Estella

B-1991/1994
E. MIGUEL DE ARBONÉS,
J. LEACHE RESANO
Pabellón Industrias
Gráficas Lizarra
Ctra. de Tafalla km. 1
Estella

CLUB DE GOLF
GOLF CLUB
Señorío de Zuasti

The golf club is situated in a natural setting, the Señorío de Zuasti, in which some of the original historic buildings still stand amidst the ruins of outhouses and associated constructions.

The project defines a ludic space in terms of the ideas suggested by the historic buildings, of which only two are in good repair: the feudal mansion of the Señorío and a small mediaeval church adjacent to it, both of which have been given new uses.

All of the buildings and the 18th green are organized on the basis of an open layout in which the spaces between built elements assume an intended protagonism. The new constructions, of wood and glass, are small, free-standing and visibly ordered, adopting the reduced scale and system of individual occupation apparent in the the old buildings. XG

El club de golf está situado en un entorno natural, el Señorío de Zuasti, en el que algún edificio histórico coexiste con las ruinas de lo que fueron sus áreas de servicios.
El proyecto define un espacio lúdico a partir de las ideas que sugieren estos antiguos edificios, de los cuales sólo dos no están en ruinas: el palacio del Señorío y una pequeña iglesia medieval adscrita a él, ambos se incorporan a los nuevos usos.
Todos los edificios y el "green" se organizan siguiendo un esquema abierto en el que los espacios entre piezas adquieren un protagonismo intencionado. Las nuevas construcciones de madera y vidrio, pequeñas, sueltas y ordenadas, adoptan la escala menuda y el sistema de ocupación individual que muestran los edificios antiguos preexistentes. X.G.

OBRAS PRÓXIMAS
WORKS NEARBY

NA-1986/1987
F. MANGADO BELOQUI
Remodelación
Pza. Carlos III
Olite
NA-1989/1990
F. MANGADO BELOQUI
A. ALZUGARAY
Ampliación de la
Bodegas Irache
Monasterio de Irache
Irache

NA-1989/1991
F. MANGADO BELOQUI
Bodegas de
Marco Real
Olite

NA-1990/1994
F. MANGADO BELOQUI,
A. ALZUGARAY
Rehabilitación Casa
de los Leones para
Casa de la Cultura
Olite

NA-1994/1996
F. MANGADO BELOQUI
Edificio de viviendas
P. Argentina / P. Padre
Calatayud
Tafalla

235

GRAN ESCALERA DE ACCESO A LA PLAYA DE S. LORENZO "LA ESCALERONA"
GRAND ACCESS STAIRWAY TO THE SAN LORENZO BEACH "LA ESCALERONA"
Playa de San Lorenzo. Gijón

E 1/500

Dentro del panorama urbano de Gijón y especialmente del paseo en arco que bordea la playa de S. Lorenzo, la popular "Escalerona" constituye un hito destacado y significativo que marca el punto virtual de encuentro del paseo marítimo con la calle de Jovellanos, principal eje de acceso de la ciudad antigua al mar. Con un sencillo y a la vez rotundo monumentalismo, J. Avelino Díaz supo conjugar los dos tramos independientes de escalinata con una plataforma-atalaya de volumetría redondeada incluida entre ellas. Como contraste frente a una solución en la que predominan las líneas y las superficies curvas, el arquitecto situó la esbelta y airosa torre del reloj de aristas y planos rectos, estableciendo una cierta tensión "masculino-femenina" en la obra. Para Joaquín Aranda Iriarte, esta solución –llevada a cabo con gran celeridad entre los meses de abril y julio de 1933– podría simbolizar "el veraneo gijonés, con toda la connotación lúdica y turística que ello conlleva".
De Avelino Díaz es también la casa que construyó para sí mismo (1933) en la carretera de Villaviciosa, frente a la Plaza de Toros y muy próxima a la plaza de Manuel del Busto, hoy parcialmente modificada. Más importantes transformaciones experimentó su edificio para Caja de Ahorros y Monte de Piedad de Gijón (1940-1943) en la calle del Instituto esquina a Santa Rosa y San Antonio, sobre todo en lo que se refiere al nuevo tratamiento cromático. C.F.

Within the urban panorama of Gijón, and in particular on the crescent-shaped esplanade bordering the San Lorenzo beach, the popular "Escalerona" constitutes an outstanding landmark, signalling the efective point of encounter of the seafront promenade and c. Jovellanos, the principal axis of entry to the historic city from the sea. Within a simple yet nonetheless imposing monumentalism, J. Avelino Díaz skilfully combined the two independent flights of steps with a platform-cum-vantage point with a rounded volumetry set between them. As a contrast to a solution dominated by curving lines and surfaces, the architect introduced a slender, elegant clock tower with rectilinear planes and arrisses, endowing the project with a certain "masculine-feminine" tension. For Joaquín Aranda Iriarte, this solution –constructed with great rapidity between April and June 1933– served to symbolize "the Gijón summer, with all of the ludic and touristic connotations this implies".
Avelino Díaz also designed a house for himself (1933) on the Carretera de Villaviciosa, opposite the Plaza de Toros and very close to the Plaza de Manuel del Busto, which has since been partially modified. More extensive changes have been experienced by his building for the Caja de Ahorros y Monte de Piedad de Gijón savings bank (1940-1943) on c. del Instituto and c. Santa Rosa y San Antonio, above all in relation to the chromatic treatment. C.F.

EDIFICIO "CASA VALLINA"
"VALLINA HOUSE" BUILDING
Avda. de la Costa, 100 / C. Alfonso Nart. Gijón

M. MARÍN DE LA VIÑA
Casa Suárez
Gijón

E 1/500

Amongst the significant production of Marín de la Viña (the designer of various clearly rationalist works, together with others featuring Art Deco elements) is this building, in which the familiar "prow-shaped" chamfered corner, so frequently exploited in the thirties, constitutes a remarkable solution that situates his architecture in the realms of a non-Mendelsohnian and thus supremely personal expressionism. This prow, gently rounded on the first floor, becomes progressively sharper as it ascends, terminating in a double canopy with an acute arris which endows the building with its particular formal character. Throughout Marín de la Viña's work we find numerous and varied instances of "good design" in the detailing (gates, railings, grilles, decorative finishes, etc.), all produced in collaboration with his wife Antonia Rodríguez de Rivas Navarro, a Fine Art graduate.

Amongst the various works concordant with the architectural avant-gardes of the time constructed by Marín de la Viña n Gijón. we should note those situated at: c. Menéndez Valdés, nos. 1. 3, 5, 7; c. Uría, 23-25; c. de la Muralla, 5 and c. Teniente Fournier (1932), and the block bounded by calles Hortalizas, Instituto, Contracay and Santa Elena (1935). C.F.

Entre la importante producción de Marín de la Viña (autor de obras claramente racionalistas, más otras en las que tienen cabida elementos "art déco"), destaca este edificio en el que el consabido chaflán "en proa", tan repetido en la década de los treinta, ofrece una solución peculiar que sitúa su arquitectura en la órbita de un expresionismo no-mendelsohniano y si absolutamente personal. La proa citada, suavemente redondeada en la planta primera, va cerrando su ángulo en los pisos superiores hasta terminar en una doble marquesina de remate, en arista viva, lo que otorga al edificio especial significación plástica.

En toda la obra de Marín de la Viña aparecen numerosos y diversos detalles de "buen diseño" (cancelas, barandillas, rejería, remates decorativos, etc.) para los cuales contó con la colaboración de su esposa Antonia Rodríguez de Rivas Navarro, licenciada en Bellas Artes.

Entre las numerosas obras, afines a las vanguardias arquitectónicas del momento, construidas por M. Marín de la Viña en Gijón es preciso citar las situadas en: c. Menéndez Valdés nº 1, 3, 5, 7, c. Uría, 23-25, c. de la Muralla, 5 (1932) (esquina c. Teniente Fournier). Manzana en calles Hortalizas, Instituto, Contracay y Santa Elena (1935). C.F.

OBRAS PRÓXIMAS
WORKS NEARBY

0-1932	0-1933	0-1934
M. MARÍN DE LA VIÑA	M. MARÍN DE LA VIÑA	M. MARÍN DE LA VIÑA
Edificio de viviendas	Edificio de viviendas	Edificio de viviendas
C. de la Muralla, 5	Uría, 23-25	Menendez Valdés, 1-3-5-7
Gijón	Gijón	Gijón

EDIFICIO DE VIVIENDAS
HOUSING BUILDING

Pl. del Instituto, 3. Gijón

Los arquitectos Manuel y Juan Manuel del Busto, padre e hijo respectivamente, representan uno de aquellos casos, hasta cierto punto numerosos en España, del arquitecto ecléctico capaz de acceder, a partir un historicismo/regionalismo convencional, a formas próximas a las vanguardias de los años treinta, atravesando incluso una fase "modernista" más o menos ligada a versiones nacionales o foráneas. De entre su producción más afín al Movimiento Moderno, la obra tal vez más destacada sea el edificio de viviendas situado en el número 3 de la plaza del Instituto -o plaza del Parchís-, de elegante sobriedad cromática y formal, composición simétrica en fachada y plantas, moderadamente mendelsohniana y resuelta con materiales de gran calidad. En esta casa, Manuel y Juan Manuel del Busto realizaron también alguna de las instalaciones interiores según unos criterios acordes con la arquitectura, instalaciones, en parte conservadas. A una concepción plástica muy semejante obedece también el edificio situado en calle Asturias, 12-14, de 1935-1940.

De su fase racionalista es asimismo la Estación de Servicio de Alsa (1939), situada en la calle de Llanes entre calle Magnus Blikstad y Ribadesella, y el edificio de viviendas de la plaza del Seis de Agosto.

Como ejemplo de obras de una modernidad más ligada al art déco deben citarse las situadas en la plaza de Evaristo San Miguel, 10 y 11 (1931) y Asturias, 4 (1930).

En el campo de la vivienda aislada es preciso citar el conjunto de edificios conservado hasta hoy, con variaciones más o menos importantes, en las inmediaciones de la plaza de Manuel del Busto. C.F.

The architects Manuel and Juan Manuel del Busto, father and son, are good examples of the professional category, found not infrequently in Spain, of the eclectic architect capable of ranging from a conventional historicism or regionalism through to forms close to the avant-gardes of the 30s, even embracing a "modernist" phase more or less in line with the work being done in other parts of Spain and abroad. Of the various schemes in which these architects showed an awareness of the Modern Movement, perhaps their outstanding achievement is the apartment building at no. 3, Plaza del Instituto (or Plaza del Parchís), with its elegant chromatic and formal sobriety and symmetrical composition of facades and plans; the work as a whole is somewhat reminiscent of Mendelsohn, and resolved with materials of great quality. Manuel and Juan Manuel del Busto were also responsible here for the design of some of the interior fittings, in keeping with the character of the architecture; a number of these features have been conserved. A very similar design approach can also be seen in the building situated at c. Asturias, 12-14, from 1935-1940.

Also from the del Bustos' rationalist phase is the Alsa service station (1939), on c. Llanes between c. Magnus Blijstad and c. Ribadesella, and the apartment building in the Plaza del 6 de Agosto.

Amongst the same architects' works in a line closer to Art Deco we might note the buildings at Plaza de Evaristo San Miguel, 10 & 11 (1931) and c. Asturias, 4 (1930).

In the field of detached house construction, we should note the group of houses, still in existence with various more or less significant modifications, in the immediate vicinity of the Plaza de Manuel del Busto. C.F.

OBRAS PRÓXIMAS
WORKS NEARBY

0-1935/1940
M. DEL BUSTO DELGADO
J.M. DEL BUSTO GONZÁLEZ
Edificio de viviendas
Asturias, 12-14
Gijón

0-1939
M. DEL BUSTO DELGADO
J.M. DEL BUSTO GONZÁLEZ
Estación de Servicio de Alsa
C. Llanes, Ribadesella
Gijón

SEDE CENTRAL DEL INSALUD. Antiguo edificio del Instituto Nacional de Previsión
INSALUD HEADQUARTER. Former Instituto Nacional de Previsión building
Pl. Carballón. Oviedo

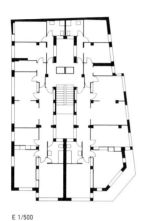

E 1/500

Joaquín Vaquero Palacios, best known for a body of pictorial work of great power and originality, produced in the course of his architectural career a series of notable buildings and projects reflecting various different tendencies. An outstanding product of his rationalist phase is this complex block, originally constructed as housing and public offices and still of considerable interest in spite of successive modifications: the addition of one floor to the smaller volume, removal of the spiral emergency stairs and various changes to the interior. This is nevertheless a valuable architectural presence, with a complex and potent volumetry, in the city's urban panorama. The reliefs on the facade are by Goico Aguirre. Not far from this building, at c. Uría, 34, is the Bernardino house (1935) by the same architect.
Other works of interest by Vaquero Palacios in the Principality of Asturias include the electricity generating stations of Salime (1954), with murals by Joaquín Vaquero Turcios, and Proaza (1964-1968), and the Aboño power station near Gijón (1969-1980), which also incorporates elements of considerable artistic value. C.F.

El arquitecto Joaquín Vaquero Palacios, más conocido por su obra pictórica de singular originalidad y fuerza, ha ido dejando a lo largo de su prolongada actuación profesional una serie de edificios y proyectos notables adscritos a distintas tendencias. Dentro de su fase racionalista destaca este complejo bloque destinado en un principio a viviendas y oficinas públicas, y cuyo interés es aún considerable pese a las modificaciones sufridas: añadido de un piso a su cuerpo menor, supresión de la escalera helicoidal de escape y diversas transformaciones del interior. En todo caso, representa una pieza valiosa –de una volumetría compleja y potente– dentro del panorama urbano de la ciudad. Los relieves en la fachada son de Goico Aguirre. No lejos de este edificio –en Uría, 34– se encuentra la casa Bernardino (1935) del mismo arquitecto.
A destacar también, entre su obra realizada en tierras del Principado las centrales eléctricas de Salime 1954 (con pinturas murales de Joaquín Vaquero Turcios), Proaza (1964-1968) así como la central térmica de Aboño, próxima a Gijón (1969-1980) con aportaciones también muy valiosas desde el punto de vista plástico. C.F.

OBRAS PRÓXIMAS
WORKS NEARBY

0-1935
J. VAQUERO PALACIOS
Edificio de Viviendas
Casa Bernardino
Uría, 34
Oviedo

0-1954
J. VAQUERO PALACIOS
Central Térmica
Salime

0-1964/1968
J. VAQUERO PALACIOS
Central Térmica
Proaza

0-1969/1980
J. VAQUERO PALACIOS
Central Térmica
Aboño

0-1989/1992
F. NANCLARES
F. POL
Reconfiguración de la
muralla romana y de
la Torre de la Villa
Barrio de Cimadevilla.
Centro histórico
Gijón

0-1990/1992
J. JUNQUERA
E. PÉREZ PITA
Pabellón de Congresos
y Exposiciones
Recinto Ferial
Gijón

EDIFICIO "EL TERMÓMETRO"
"EL TERMÓMETRO" BUILDING
C. Fruela, 18 / C. S. Francisco. Oviedo

Ovetense como Joaquín Vaquero Palacios, y amigo íntimo desde los años de estudio en la Escuela de Arquitectura de Madrid, Sáinz Heres será uno de los arquitectos asturianos "más vinculados a las corrientes internacionales" (J.A. Pérez Lastra). En todo caso, su más importante realización la constituye este edificio para viviendas y oficinas situado en pleno corazón de la ciudad, exactamente enfrente de la hoy sede autonómica. Bautizado popularmente como "El Termómetro", debido a la columna vertical vidriada que resuelve el redondeado chaflán, podría entenderse como un intento de "ir más allá" de la solución de Eced y Feduchi en el edificio Capitol de Madrid convirtiendo la esquina en una monumental proa de cristal que envía sus destellos desde la franja vertical diáfana dejada entre los cerramientos de fábrica que la flanquean y limitan.

Para completar el panorama de la arquitectura ovetense correspondiente al periodo 1930-60 habría que citar el edificio conocido como la "Casa Blanca" (c. 1930) situado en la calle de Uría, obra de los arquitectos Manuel y Juan Manuel del Busto de cuya labor se conserva hoy lo más interesante en la ciudad de Gijón. C.F.

A native son of Oviedo –like his close friend at the Escuela de Arquitectura de Madrid, Joaquín Vaquero Palacios– Saiz Heres was one of the Asturian architects "most associated with international currents" (J. A. Pérez Lastra). His most significant work is this building, combining offices and apartments, situated right at the very heart of the city, directly opposite what is today the seat of the autonomous government. Popularly known as "El Termómetro" on account of the glazed vertical column that resolves the chamfered corner, the building can be considered as an attempt to "go beyond" the solution developed by Eced and Feduchi in their Capitol building in Madrid, converting the corner into a monumental glass prow that shines out as a glittering diaphanous vertical element between the brickwork facades of its neighbours.

To conclude this overview of architecture in Oviedo from the period 1930-1960, we should note the building known as the "Casa Blanca" (c. 1930) in c. de Uría, by the architects Manuel and Juan Manuel del Busto, whose most interesting surviving work is to be found in Gijón. CF

OBRAS PRÓXIMAS
WORKS NEARBY

0-1989
E. CHILLIDA
Elogio del Horizonte
Gijón

0-1989/1992
M. FERNÁNDEZ SANDE
E. FERNÁNDEZ SANDE
E. PEREA CAVEDA
Edificio administrativo
del Principado de
Asturias
manzana de
Llamaquique
Oviedo

ESTUDIO PARA EL PINTOR JOAN MIRÓ
STUDIO FOR THE PAINTER JOAN MIRÓ
Son Abrines. Mallorca

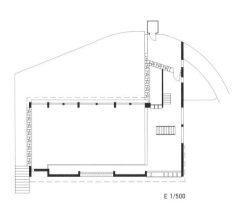

E 1/500

Even in his moments of most radically combative rationalism, Josep Lluis Sert always succeeded in incorporating into his work some element maifestly rooted in the tradition of the place. It is perfectly natural, then, that after so many years of exile from his native land, and in a building that was to be situated on the very edge of the camp mallorquí, the Mallorcan countryside, Sert should have sought the compatible presence of a strictly contemporary language and a re-discovering of his roots; and that unequivocally "Mediterranean" elements –blinds, ceramic claddings, tiled floors, vaulted interiors, touches of vibrant colour, dazzling white walls– should figure here alongside eminently structural forms, creating in the synthesis of these two essences a magnificent and spectacular architecture, shining forth above the intense blue of the sea. There are also evident references to Le Corbusier, as if the architect were concerned here to pay his own personal tribute to that old master whom neither the passing of the years nor his own considerable international prestige prevented him from acknowledging as such. C.F.

Aún en sus momentos de más radical y combativo racionalismo, Josep Lluís Sert procura siempre incorporar a su obra algún elemento de claro arraigo en la tradición del lugar. No puede resultar, pues, extraño el que tras largos años de ausencia de su tierra y en un edificio que había que situar en el borde mismo del "camp mallorquí", Sert pretenda hacer compatible un lenguaje de estricta actualidad con su reencuentro con las raíces y que elementos de una inequívoca "mediterraneidad", –celosías, revestimeintos cerámicos, suelos de "rajola", espacios abovedados, toques vivos de color, muros blanquísimos– aparezcan combinados con formas estrictamente estructurales, dando como síntesis una arquitectura fastuosa y espectacular, resplandeciente frente a un mar intensamente azul.
No faltan tampoco connotaciones "corbusianas", como si el arquitecto hubiera pretendido rendir aquí su particular homenaje a aquel viejo maestro al que ni el paso de los años ni el prestigio alcanzado le impedirían seguir considerando como tal. C.F.

COMPLEJO DE APARTAMENTOS "CIUDAD BLANCA"
APARTMENT COMPLEX "CIUDAD BLANCA"
Alcúdia. Mallorca

E 1/2.000

The Ciudad Blanca complex consists of 100 apartments, and a tower constructed in 1968. The project was undertaken in collaboration with J. D. Fullaondo. and contains within it all the experience, sensibility and identity found in the programmes of TEAM 10. the reflection of a specific moment in time.

Ciudad Blanca consta de 100 apartamentos y una torre, realizada posteriormente en 1968. El proyecto se realizó en colaboración con Fullaondo Errazo y en él perviven todas las experiencias, sensibilidad e identidad que encontramos en los programas del TEAM 10 y que son reflejo de una época. Existe una voluntad de creación del lugar más que la de consideración del mismo, planteada como soporte para las actividades del hombre, y no existiendo, por tanto, consideraciones tradicionales, las referencias son categorías universales: orientación, luces, sombras, mar, horizonte...
La arquitectura se produce por una organización de piezas mediante mecanismos de yuxtaposición, superposición y desplazamiento. El resultado es una tipología artificial que permite la independencia visual de cada apartamento aproximándose así a los valores que tendría una vivienda unifamiliar. El trato que reciben espacios y formas, distancias y proporciones o relación exterior-interior nos muestra un esquema de ciudad ideal creada por y para el hombre. X.G.

The scheme is evidently concerned more with the creation of place than with its mere appreciation, conceiving its significance in terms of human activities and dispensing with a number of traditional considerations. The references here are to the universal categories of light, shade, the sea, the horizon...
The architecture is produced by an ordering of elements on the basis of mechanisms of juxtaposition, superimposition and displacement. The result is an artificial typology that effectively ensures the visual independence of each apartment, and in this way comes close to the qualities of a private residence.
The treatment accorded to spaces and forms, to distances and proportions, and the relationship between exterior and interior characterize a scheme for an ideal city created by and for the user. X.G.

OBRAS PRÓXIMAS
WORKS NEARBY

PM—1987/1988
A. NOGUEROL DEL RÍO.
P. DÍEZ VÁZQUEZ
Pza. dels Pins
Cala Ratjada
Mallorca

PM—1991/1995
A. FERNÁNDEZ ALBA
Hospital Comarcal
Manacor
Mallorca

IGLESIA
CHURCH
Es Llombards. Mallorca

E 1/1.000

The church occupies a central position in the vilage of Es Llombards, standing on a site that still bore the traces of an earlier church. The principles of modern architecture are in evidence here, adapted to the specific situation and needs and taking account of the place and its culture.

The space thus created asks to be understood on the basis of the section. The nave is completely enclosed except for the access (permanently open) and the entrance of light from the east, made possible by the structure of reinforced concrete pillars and beams. The light is thus the element that continually modulates the interior space as it plays on the smooth wall surface throughout the day.

The facades are the direct consequence of the interior. The walls (not all of them new) are of sandstone, and during construction it was decided to give them a finish of stucco in bands of two colours.

A small chapel for everyday use is made intimate by the thick pillars that delimit it within the single space, opening onto a closed courtyard from which it receives a tranquil daylight. X.G.

La iglesia ocupa una céntrica parcela en el pequeño pueblo de Es Llombards. Se construyó en el lugar donde ya existían las trazas de una iglesia anterior. Sigue los principios de la arquitectura moderna, adecuándola a las necesidades y situación concreta, tomando en consideración el lugar y su cultura.

El espacio creado se entiende desde la sección. La nave es completamente cerrada, excepto el acceso (siempre abierto) y la entrada de luz de levante, posible gracias a la estructura de pilares y jácenas de hormigón armado. Esta luz es el elemento que modifica constantemente el espacio interior, al incidir sobre el muro liso a lo largo del día.

Las fachadas resultantes son consecuencia directa del interior. Los muros (alguno ya existía) son de piedra de marés y durante la construcción se optó por darles un acabado a base de estuco de dos colores, en franjas.

Una pequeña capilla para el uso diario se aísla respecto del espacio único de la iglesia por medio de unos gruesos pilares, abriéndose a un patio cerrado del que recibe luz y tranquilidad. X.G.

RESTAURACIÓN Y REHABILITACIÓN DEL PASEO DE RONDA DE LAS MURALLAS
RESTORATION AND REHABILITATION OF THE PASSEIG DE RONDA SENTRY WALK ON THE CITY WALLS

Palma de Mallorca

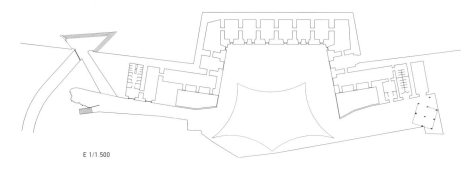

E 1/1.500

El objetivo de este proyecto fue el de restaurar el Baluarte de Ses Bovedes y la plaza Portella al Baluarte de Berard, así como de hacerlo más accesible y apto para el uso lúdico de los visitantes. Se rehabilitaron también las salas abovedadas anexas a la plaza.

El resultado final es una serie de espacios exteriores e interiores recuperados y revalorados que ofrecen nuevas actividades. Hay dos bares, un escenario y camerinos, aseos públicos y salas de exposición.

Se cuidó el detalle al escoger materiales y diseñar los elementos como bancos, barandillas, pavimentos o vegetación. El complemento a los sillares de piedra de marés se realizó con materiales más ligeros como la madera de teca, el cobre o un toldo en forma de banco medieval. X.G.

The objective addressed by this project was the restoration of the Ses Bovedes bastion and the Portella al Baluarte de Berard square, making the bastion more accessible and better adapted to the leisure needs of visitors. The vaulted rooms adjoining the square were also refurbished.

The outcome is a series of restored and rehabilitated exterior and interior spaces that accommodate new activities. There are two bars, a stage and dressing rooms, public toilets and exhibition spaces. Particular care was given to the choice of materials and the design of such elements as benches, railings, paving and landscaping.

The large blocks of sandstone are complemented by lighter materials, including teak, copper, and an awning in the form of a mediaeval bench. X.G.

OBRAS PRÓXIMAS
WORKS NEARBY

PM—1987/1993

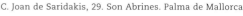

FUNDACIÓN PILAR Y JOAN MIRÓ
PILAR I JOAN MIRÓ FOUNDATION
C. Joan de Saridakis, 29. Son Abrines. Palma de Mallorca

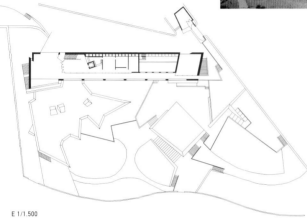

E 1/1.500

The Fundació Pilar i Joan Miró stands on the gentle slope that leads up to what was the painter's studio, with the topography thus ensuring that the new construction does not appear unduly prominent.

The Foundation's programme, comprising an art study centre and a gallery, is clearly expressed in the volumetry of the building, which is composed of a linear element containing the study centre and a star-shaped volume, with evident reference to Miró's art, designed specifically to house the collection of paintings. Here the spaces are defined by a sequence of walls with vertical openings to allow the entry of light and create an atmosphere conducive to contemplation of the artworks. On the lower part of the plot, the linear building runs parallel to the path that leads to Miró's studio and follows the visitors on their itinerary. The upper part of the plot is laid out as a garden, which at once enhances the architecture of the building and screens the Foundation from its surroundings. X.G.

La Fundación Pilar y Joan Miró está asentada en una suave pendiente por la que se accede al estudio del pintor, permitiendo que la nueva construcción no sobresalga en exceso.

El programa de la Fundación, que alberga un centro de estudios artísticos y una galería, se manifiesta claramente en la volumetría del edificio, compuesto por un elemento lineal donde está el centro de estudios y un volumen estrellado, con claras referencias mironianas, concebido especialmente para albergar la colección de pinturas. En él, los espacios están definidos por una serie de muros quebrados que permiten la entrada de la luz controlada y crean la atmósfera adecuada para la contemplación de pinturas. El edificio lineal corre paralelo al camino que lleva al estudio del pintor acompañando al visitante en su recorrido, todo ello en la parte superior del desnivel. En la parte más baja del solar se organiza el jardín que apoya a la arquitectura del edificio y a la vez aísla a la Fundación de su entorno. X.G.

EDIFICIO DE VIVIENDAS
HOUSING BUILDING
C. Marqués de Valladares / C. Colón. Vigo

EDIFICIO DE VIVIENDAS
C. POLICARPO SANZ, 20-22
VIGO

De un modo análogo a lo que sucede en Pontevedra y con el arquitecto local Emilio Quiroga, la arquitectura que procura una afinidad con las corrientes del Movimiento Moderno está polarizada en Vigo, casi en exclusiva, por la obra de Francisco Castro Represas con unos niveles en los dos aspectos de cantidad e interés superiores al caso pontevedrés.

Los edificios situados en la calle Policarpo Sanz, 22, avenida de García Barbón, 30 y el frente del edificio a Marqués de Valladares esquina a Colón ofrecen una organización compositiva semejante en sus respectivas fachadas, con un predominio de bandas horizontales (sucesión de huecos y antepechos alternativamente), cortados en sus zonas centrales por un cuerpo vertical no resaltado, de gran potencia plástica, y líneas paralelas en el mismo sentido acentuado esta verticalidad. Como remate aparece, en todos los casos, una peineta que sobresale por encima de la línea de cornisa y es desarrollada en lenguaje "art déco". Este cuerpo vertical, que obedece a puras razones de diseño y no es efecto de una diferenciación de funciones, contribuye a resaltar la simetría de las fachadas, incluso en el caso del edificio situado en la calle Marqués de Valladares, cuyo frente se prolonga hasta la adyacente calle de Colón.

Entre las obras de Castro Represas ofrece una extraña particularidad la situada en la avenida José Antonio, 48 y Gran Vía, 2, realizada en 1942, tres años después de finalizada la Guerra Civil, en la que dentro de un lenguaje de intención moderna, con ventanales que rompen la esquina, se incluye –buscando tal vez un compromiso político y arquitectónico– un cuerpo de remate barroco, que corona el volumen piramidal de las últimas plantas. En esta misma avenida de José Antonio, en el número 62, se encuentra un edificio entre medianeras de importancia menor, obra del propio Castro, cuyo lenguaje podría considerarse afín al tipo más moderado de cubismo checo de la época. De Castro Represas es también el edificio de Conservas Ribas en la calle Tomás Alonso esquina a Orillamar, de 1938, y el importante Club Náutico situado en el puerto y realizado en 1944 en colaboración con el arquitecto Pedro Alonso Pérez, dentro del inevitable "estilo barco". Esta obra perdió la mayor parte de su interés a raíz de diversas modificaciones realizadas hace algún tiempo. C.F.

In much the same way as we observed in Pontevedra, with the local architect there Emilio Quiroga, in Vigo we also find that the architecture which seeks to establish affinities with the Modern Movement is almost entirely the output of one individual, although it must be added that the work of Francisco Castro Represas surpasses that of Quiroga in quantity and interest.

The buildings situated in c. Policarpo Sanz, in Av. García Barbón, and the Marqués de Valladares frontage of the building which also gives onto c. Colón all present a similar compositional organization, the facades being dominated by horizontal bands (an alternating sequence of window openings and piers) with the central stretch in each case cut through by a flush-set vertical strip of great visual potency, with this and the lines parallel to it accentuating the verticality. Each of these facades is crowned by an ornamental comb, expressed in an Art Deco language, which projects up above the line of the cornice. The vertical strip, which is purely decorative in character and makes no reference to any differentiation of functions, serves to emphasize the symmetry of the facades, even in the case of the building on c. Marqués de Valladares, whose frontage continues round the corner onto c. Colón.

One of the most strikingly singular examples of Castro Represas' architecture is the building at Av. José Antonio, 48 and Gran Vía, constructed in 1942, three years after the end of the Spanish Civil War. Here, within a language of declared modernity, featuring large windows which continue round the corner, we find –intended perhaps as a statement of political and architectonic commitment– a baroque volume crowning the pyramidal upward thrust of the topmost floors. Situated in the same Av. José Antonio, between party walls at no. 82, is another, less significant building by Castro Represas, its language perhaps closest to that of the more moderate Czech cubsim of the pre-war period. Also by Castro Represas are the Conservas Ribas building on c. Tomás Alonso and c. Orillamar, dating from 1938, and the important Club Náutico in the port, constructed in 1944 in collaboration with the architect Pedro Alonso Pérez, in the inevitable "ship style", although it must be said that this latter building has long since lost most of its interest as a result of various modifications. C.F.

PO-1984/1987

ACUARIUM
AQUARIUM
Vilagarcía de Arousa

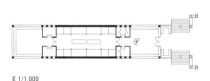

E 1/1.000

Situated in the bed of the Ria Aurosa estuary, the aquarium forms part of the Paseo Marítimo seafront esplanade linking the ports of Vilagarcía and Carril. The building extends into the sea, advancing perpendicular to the coastline. Its form, narrow, classical and transparent, seeks to offset the neighbouring presence of the very poor quality and excessively high apartment blocks.

The building consists of a rectangular floor and half floor, narrow and elongated, under a pitched roof. The distribution is based on two main axes of spatial organization, reinforced by views in two directions: one longitudinal, running through the building itself, giving a view from land to sea, the other vertical, from the interior, affording a view from sea to sky.

The construction is of reinforced concrete, with the aim of creating a monolithic structure with the strength needed to withstand the aggressive weather conditions of the Atlantic coast. In similar fashion, the entire construction rests on the sea bed, on circular-section pillars designed to offer minimum resistance to the tidal movement of the sea. X.G.

Situado en el fondo de la Ría Aurosa, forma parte del paseo marítimo que une los puertos de Vilagarcía y de Carril.

El edificio se introduce en el mar, avanzando perpendicularmente a la costa. Su forma, estrecha, clásica, transparente, pretende contrarrestar la presencia de los bloques de apartamentos, de calidad pésima y demasiada altura.

El edificio consta de una planta y una semiplanta rectangulares, estrechas y alargadas, cubiertas a dos aguas.

La distribución se basa en dos ejes principales de organización espacial, que están reforzados por las vistas en dos direcciones: uno longitudinal, a través del propio edificio, que permite la visión tierra-mar; y otro vertical, desde su interior, que posibilita la visión mar-cielo.

Se ha construido en hormigón armado con el fin de conseguir una estructura monolítica y resistente frente al medio agresivo en el que se implanta. Del mismo modo, toda la construcción se apoya en el fondo del mar, sobre pilares de sección circular para no obstaculizar el movimiento del mar. X.G.

PO-1989/1991

A. PENELA FERNÁNDEZ
y B. GARCÍA CARAMÉS

CENTRO DE SALUD
HEALTH CENTRE
Cambados

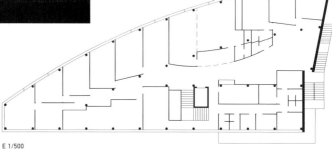

E 1/500

El centro está situado sobre unos terrenos ganados al mar mediante sucesivos rellenos en una zona actualmente estratégica y de gran intensidad, donde confluyen diversos elementos y actividades, como el mercado o la Casa del Mar entre otros.

El edificio actúa como remate y charnela del tejido urbano, a la vez que asume su papel de configurador de la fachada marina de Cambados. El volumen principal, casi predeterminado por la confluencia de condicionantes externos y por sus necesidades internas, se eleva sobre pilares liberando la mayor parte de la planta baja para otras actividades públicas y permitiendo las vistas al mar desde las calles que desembocan al paseo.

La fachada presenta un frente alargado dividido en tres franjas, cuyo componente horizontal, expresado en la ventana corrida sobre la que flota la cubierta, se contrapone a los grandes huecos de la planta intermedia y a los pilares de la planta baja. Las plantas se organizan sobre la base de esta fachada curva del frente marino. X.G.

The health centre is situated on land reclaimed from the sea by successive infills in what is currently an intensely active and strategic area in which various elements and processes come together, amongst these being the market or the Casa del Mar.

The building acts as crowning moment and hinge within the urban fabric, while at the same time exercising the role of defining the seafront facade of Cambados. The principal volume, largely predetermined by both external factors and internal requirements, is set on pillars so as to free the maximum possible area on the ground floor for other public activities, while affording views of the sea from the streets which open onto the avenue.

The facade presents an elongated strip divided into three bands, with its horizontal component expressed by the continuous window over which the roof floats and counterpointed by the large openings of the intermediate floor and the pillars on the ground level. The plans are organized in on the basis of this curving seafront facade. X.G.

OBRAS PRÓXIMAS
WORKS NEARBY

OR-1980/1990
J.J. SUANCES PEREIRO,
A. FREIXEDO ALEMPARTE,
M. VECOÑA
Intervención en el
Monasterio de
San Estebo
Ribas do Sil

OR-1990/1992
J. IRISARRI CASTRO
Centro de salud
Villamarín

PO-1991/1994

BIBLIOTECA Y FACULTAD DE ECONÓMICAS Y EMPRESARIALES
LIBRARY AND FACULTY OF ECONOMICS AND MANAGEMENT
Campus Universitario de As Lagoas. Marcosende. Vigo

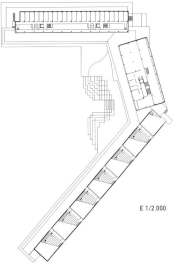

E 1/2.000

The topography and geometry of the plot were important factors in the definition of this project. The building is integrated into the landscape of the pine wood, its orientations adapted to the existing topography; thus the central nucleus generates two wings whose diverging directions create an open-air space between them in which the building and the natural landscape come into contact. The various functions are grouped in three independent yet articulated volumes: lecture rooms, department offices and communal spaces. The central nucleus includes the vestibule, from which a glazed corridor serves the two wings and endows the whole with its manifest sense of unity, both visual and functional. One of the wings contains 15 100- and 200-seat lecture rooms; these have no direct openings to the exterior, and receive daylight by way of the glazing in the saw-tooth roof that characterizes the building's silhouette.

The other wing contains administration, a reading room, a multi-purpose vestibule, a cafeteria and spaces for social contact; these later are entirely glazed and look into the area enclosed by the complex. X.G.

La topografía y geometría de la parcela fueron importantes factores en la definición del proyecto. El edificio se integra en el paisaje de un pinar adaptando sus orientaciones a la topografía existente, de modo que del núcleo central se generan dos alas con direcciones divergentes que abren un espacio, al aire libre, en el que edificio y naturaleza entran en contacto. Las diversas funciones se agrupan en tres cuerpos independientes pero articulados; aulas, departamentos y espacios comunes.

El cuerpo central incluye el vestíbulo, de donde parte un corredor acristalado que se extiende a las dos alas y confiere al conjunto un gran unidad tanto visual como funcional. En una de las alas se desarrollan 15 aulas de 100 y 200 plazas sin relación visual con el exterior y con iluminación natural a través de los grandes dientes de sierra que perfilan el alzado exterior.

La otra ala comprende: dirección, sala de lectura, vestíbulo polivalente, cafetería y espacios de relación e intercambio; estos últimos absolutamente transparentes y volcados al área interior que encierra el conjunto. X.G.

OBRAS PRÓXIMAS
WORKS NEARBY
PO-1990/1993
P. CAMPOS DE MICHELENA
Escuela de Formación
Pesquera
Niño de Corvo
Isla de Arousa

EDIFICIO DE VIVIENDAS "ALONSO"
"ALONSO" HOUSING BUILDING
Plaza del Reenganche / C. Fernández de Isla / C. Alcázar de Toledo

Deogracias Mariano Lastra, arquitecto perteneciente a la promoción (1918) de los Arzadún, Bergamín, Blanco Soler, Bravo, Galíndez y Martín-Fernández de la Torre y partícipe de la posición renovadora común al citado grupo, constituye el arquitecto más representativo del racionlaismo en Cantabria. De entre sus diversas obras animadas por una intención rupturista destaca el importante bloque de viviendas construido en la plaza del Reenganche, entre las calles de Fernández de Isla y Alcázar de Toledo, y dentro de él la parte abierta a la plaza con su chaflán de composición sutilmente asimétrica y los sucesivos retranqueos en su ordenación volumétrica, dotando a buena parte de la vivienda de unas terrazas-balcón que convierten el bloque en algo próximo a un conjunto de chalets superpuestos. En este tema de los escalonamientos sucesivos, Lastra coincidirá con ciertos planteamientos anteriores como los desarrollados en el proyecto "Veinte villas" de Loos (1923) o en la casa Martel de Robert Mallet-Stevens (1927), llevando hasta sus últimas consecuencias su diversidad y riqueza formales que, en el caso de Lastra, se derivan de modo directo de la distribución de las plantas y acentuando, por otra parte, ciertas connotaciones expresionistas.

Pocos años antes, Lastra había proyectado, en el núm. 9 de esa misma calle de Fernández de Isla (1928-29), otro edificio de viviendas de menor entidad pero no de escaso interés. Tanto éste como el comentado con anterioridad se encuentran en un lamentable estado de conservación por lo que sería preciso arbitrar, con la máxima urgencia, una operación rescate, en especial por lo que se refiere al de la plaza del Reenganche, sin duda una de las obras racionalistas más importantes de cuantas fueron construidas en toda la franja norte de España. Una evidente incorporación de elementos art déco, en fachada, se hallará en otro edificio santanderino de Lastra (1928) el que se abre a la avenida de Castelar con entrada por el núm. 2 del breve pasadizo de Santos Grandarias. C.F.

Deogracias Mariano Lastra, an architect who graduated (1918) in the same year as Arzadún, Bergamín, Blanco Soler, Bravo, Galíndez and Martín-Fernández de la Torre, and was actively associated with the innovative position adopted by that group, is the most representative figure of the rationalist movement in Cantabria. Of note amongst his numerous works inspired by a pioneering spirit is the important apartment block constructed in the Plaza del Reenganche, between c. Fernández de Isla and c. Alcázar de Toledo, and within it the part that opens onto the square, with its subtly asymmetrical chamfered corner and successive setbacks of the volumetric organization, providing most of the building with terrace balconies that give the block the appearance of a complex of superimposed chalets. In this matter of a succession of stepped-back volumes, Lastra was in line with certain earlier postulates, such as those developed in the "Twenty villas" project by Loos (1923) or the Martel house by Robert Mallet-Stevens (1927), carrying through to their ultimate consequences their formal diversity and richness; in Lastra's case, these are directly derived from the distribution of the floor plans, while at the same time accentuating certaion expressionist connotations.

A few years earlier, Lastra designed another apartment building on a smaller scale but of no little interest, in c. Fernández de Isla (1928-1929). Both of these buildings are at present in a lamentable state of conservation, requiring an urgent restoration project, particularly in the case of the Plaza del Reenganche building, unquestionably one of the most important rationalist works constructed in the north of Spain. An evident incorporation of Art Déco elements on the facade is to be seen on another building by Lastra (1928), fronting onto the Avenida de Castelar with its entrance at no. 2 of the short passageway of Santos Grandarias. C.F.

OBRAS PRÓXIMAS
WORKS NEARBY

S-1930
J.E. MARRERO
Bloque de viviendas,
Edificio Siboney,
Av. Castelar 7-13
Santander

S-1934
G. BRINGAS VEGA
Club Marítimo
Santander

S-1935/1936
D.M. LASTRA LÓPEZ
Ateneo Popular
Gómez Oreña, 5 /
C. Pedrueca
Santander

J. JUNQUERA GARCÍA DE DIESTRO
y E. PÉREZ PITA

S-1990/1993

ESCUELA DE VELA DE ALTO RENDIMIENTO
SAILING SCHOOL FOR ADVANCED COMPETITION TRAINING
Puerto Chico. Santander

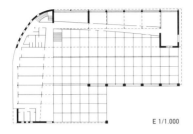

E 1/1.000

The corner oriented towards the existing School of Navigation and the Palacio de Festivales complex assumes special importance here in being transformed into the gateway of connection with the new San Martín area.

The building presents itself as a great container, configured by the large roof that rests on a lightweight structure of laminated wood, enclosed within walls of zinc sheeting, with the boat store and the school facilities laid out under glass roof lights; these closed spaces are isolated from the structural members, giving the interior the appearance of a large porch. The various rooms of the school (classrooms, residential accommodation, changing rooms) are ordered in an L-shaped sequence around this free space, which has also been incorporated into the single space sheltered by the roof on account of the frequently rainy local climate.

The interior space is delimited by two facades: one of these is virtual, transparent, in the form of a glazed portico that overlooks the port; the other is opaque, of considerable thickness, clad with stone and lightly perforated by the sequence of window openings, behind which the spaces housing the school functions are laid out. These spaces in turn compose the interior facade, very open in character, with its play of wooden balconies and bay windows, which engages directly with and relates the day-to-day activities of the school and the port. X.G.

La esquina orientada hacia la Escuela de Náutica y el Palacio de Festivales cobra una gran importancia al convertirse en la puerta del nuevo barrio de San Martín. El edificio se presenta como un gran contenedor, conformado por una extensa cubierta apoyada sobre una estructura ligera de madera laminada, con un cerramiento a base de paredes de zinc y lucernarios de vidrio, bajo la cual se disponen el área de almacenaje de barcos y las dependencias de la escuela, espacios cerrados que no llegan a tocar la estructura, dando una apariencia interior de gran porche. Las dependencias (aulas, residencia y vestuarios) rodean, formando una L, esta área libre que, debido al clima lluvioso de la zona, ha tenido que ser protegida también dentro de este espacio único.

El espacio interior está limitado por dos fachadas: una, virtual, transparente, a modo de pórtico acristalado que da frente al puerto; y la otra, opaca, de gran espesor, chapada en piedra ligeramente perforada por una secuencia de ventanas, detrás de la cual se apoyan las dependencias de la escuela. Éstas, a su vez, forman una fachada interior, de carácter muy abierto, siguiendo un juego de balcones y miradores de madera, relacionada de modo muy directo con las actividades cotidianas de la escuela y con el puerto. X.G.

OBRAS PRÓXIMAS
WORKS NEARBY
S-1992/1993
E. PESQUERA GONZÁLEZ
J. ULARGUI AGURRUZA.
S. DE MIGUEL GARCÍA
Entrada y Control de
acceso al puerto
Autovía de acceso a los
Muelles de Raos
Puerto de Santander
Santander

EDIFICIO DE OFICINAS
OFFICE BUILDING

Plaza San José Ruano. Santander

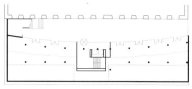

E 1/1.000

El edificio de oficinas aparece como un bloque en el centro urbano de Santander en un estrecho solar y dando a cotas distintas en sus fachadas longitudinales.

La fachada que da al nivel superior es de hecho la principal; la continuidad de las ventanas en el plano de la fachada de piedra de Boñar de tonalidad beige da un hermetismo al edificio que lo hace distante respecto de su entorno urbano.

En el lado opuesto un angosto corte separa y enfrenta una edificación antigua rehabilitada a una fachada de cristal cóncava que muestra su interior reluciente.

La sencillez y pureza de formas de lo nuevo, frente a la exuberancia del bloque antiguo.

El pasaje sirve de acceso a las oficinas recorriendo longitudinalmente el edificio y dando acceso desde las dos calles perpendiculares.

Las dos fachadas restantes son duras, rotundas, verticales y recogen el escalonamiento provocado por el desnivel del terreno. Refuerzan la silueta del edificio convirtiéndolo casi en la esencia del bloque arquitectónico urbano. X.G.

The office building takes the form of a block on a narrow plot in the centre of Santander, with a gradient generating a difference in level between its two longitudinal facades.

The facade on the higher level is effectively the main front; the continuity of the windows flush with the plane of the facade of beige Boñar stone gives the building a hermetic quality that differentiates it from its urban context.

On the opposite side, a narrow incision separates and opposes a refurbished existing building and the concave glazed facade that exposes to view the brightly lit interior.

The simplicity and purity of form of the new construction is polarized by the exuberant presence of the older block.

The passage between them gives access to the offices, running the length of the building and resolving the connection between the two perpendicular streets.

The other two facades, narrow and slender, have a hard, imposingly vertical character, accommodating the steps required by the sloping terrain. These effectively reinforce the building's silhouette, making it virtually the architectural essence of the urban block. X.G.

EDIFICIO DE VIVIENDAS
HOUSING BUILDING
C. Doctor Piñuela, 2 / C. de Toro. Salamanca

"Everyday" rationalism –in which theoretical premisses were obliged to engage with the fact of the work's actual construction– presents a series of "minor masters" who, in interventions that were to some extent anonymous and in many cases problematic, have left across the length and breadth of Spain frequently valuable examples of an architecture that strove to incorporate itself into the European avant-gardes of the thirties and which, in Spain's major cities –Madrid, Barcelona, Seville, Zaragoza, etc.– had by then come to occupy an indisputably significant role. The principal exponent in the city of Salamanca of this tendency, normally moderate and unspectacular, was the architect Francisco Gil González, who maintained a distinguished and coherent line of production in a small but appreciable series of still extant works. Amongst these, the work that adheres most closely to the rationalist orthodoxies is the one at c. Zamora, 53 (formerly 73), on the corner of c. Bravo with its rear facade on the Plaza de San Marcos (1935-1936), while the most monumental of his buildings is located in the vicinity of the Plaza mayor (c. del Doctor Piñuela, 2. and c. de Toro), the late date of which, 1938-1939, is evidenced in the compromise in the treatment of the projecting central volume. In spite of the modifications to the exposed brickwork finish of the exterior, the nearby building at c. Azafranal, 40-44 (1935), continuous with its neighbours, also retains much of its interest. Between the two is another noteworthy building (Plaza del Liceo, 21 and c. Brocense) with a rounded chamfered corner, by the architect Genaro de No Hernández, a member of the polemical class of 1918. Finally, within this brief itinerary of Modern Movement works, we must mention a building constructed slightly earlier than the others, on the Paseo de Canalejas and Gran Via, whose profusely decorative finish, with its horizontal banding, is reminiscent of another work by the same architect, Eduardo García Lardet: the tower that crowns the old San Carlos cinema (1928-1929) in the c. Atocha in Madrid. C.F.

El racionalismo del "día a día" –aquel en el que los postulados teóricos tenían que enfrentarse al hecho de la construcción de la obra– contó con toda una serie de "maestros menores" que, desde actuaciones hasta cierto punto anónimas y en muchos casos difíciles, fueron dejando a todo lo largo de la geografía española muestras, con frecuencia valiosas, de una arquitectura que pugnaba por incorporarse a las vanguardias establecidas en Europa en la década de los años treinta y que en las grandes ciudades españolas –Madrid, Barcelona, Sevilla, Zaragoza, etc.– había alcanzado ya un innegable protagonismo.
El principal representante en la ciudad de Salamanca de esta tendencia normalmente moderada y poco espectacular sería el arquitecto Francisco Gil González, que mantendría una línea de trabajo meritoria y coherente en un pequeño pero estimable conjunto de obras conservadas hasta el día de hoy. De entre ellas, la desarrollada en una línea de mayor ortodoxia racionalista sería la situada en la c. Zamora, 53 (73, antiguo) con vuelta a la calle Bravo y fachada posterior a la plaza de San Marcos (1935-1936), mientras que el más monumental de sus edificios se hallará en las proximidades de la plaza Mayor (c. del Doctor Piñuela, 2 esquina a c. de Toro) cuya fecha tardía, 1938-1939, se acusa en la solución de compromiso introducida en el cuerpo central sobresaliente. Pese a las modificaciones en el acabado exterior de ladrillo a cara vista conserva también un cierto interés el edificio entre medianeras situado en la c. Azafranal, 40-44, no lejos del anterior (1935).
Entre ambos (plaza del Liceo, 21 esquina a c. Brocense) se encuentra asimismo un correcto edificio de redondeado chaflán obra del arquitecto Genaro de No Hernández, perteneciente a la contestataria promoción de 1918.
Finalmente, dentro del breve recorrido por el Movimiento Moderno, habría que mencionar un edificio un poco anterior a los citados, el situado en el paseo de Canalejas, esquina a Gran Vía cuyo profuso decorativismo, a base de estrías horizontales, recuerda otra obra del mismo autor –Eduardo García Lardet– la torre que remata la esquina del antiguo cine de San Carlos levantado (entre 1928 y 1929) en la madrileña calle de Atocha. CF

OBRAS PRÓXIMAS
WORKS NEARBY

SA-1935/1936
F. GIL GONZÁLEZ
Edificio de viviendas
Zamora, 53
Salamanca

SA-1935
E. LOZANO LARDET
Edificio de viviendas
Gran Via Canalejas
Salamanca

SA-1938/1939
F. GIL GONZÁLEZ
Edificio de viviendas
Doctor Piñuela 2
Salamanca

A. FERNÁNDEZ ALBA

CONVENTO EN EL ROLLO
EL ROLLO CONVENT
Monasterio de la Purísima Concepción. Salamanca

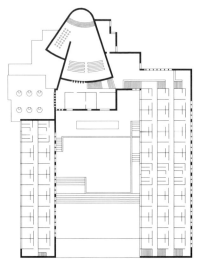

E 1/1.000

Este edificio destinado a una comunidad de religiosas de clausura en Salamanca consiguió el Premio Nacional de Arquitectura en el año 1963.

El proyecto conjuga las corrientes arquitectónicas europeas, con arquitectura tradicional y las referencias históricas de la región, en el panorama de la postguerra en España.

Destaca por su simplicidad y coherencia formal, la unidad que da la obra vista a todo el conjunto, el control de la escala y su clara implantación sobre el terreno.

Espacio, forma y construcción dotan al conjunto de sobriedad y belleza confiriéndole el carácter adecuado a un edificio religioso.

Su estructura es de hormigón armado y revoltones cerámicos. La fachada exterior está revestida con piedra y la interior con ladrillo. X.G.

The building, designed for a cloistered religious community in Salamanca, won the Premio Nacional de Arquitectura prize in 1963.

The project skilfully draws on currents in Northern European architecture, traditional architecture and the region's own historical references within the context of post-war Spain.

The scheme is outstanding for its simplicity and formal coherence, the unity bestowed on the whole by the brickwork, together with the control of scale and the clarity of the positioning on the site.

Space, form and construction process combine to give the complex a sobriety and beauty entirely appropriate to a religious building.

The structure is of reinforced concrete, with ceramic vaults. The exterior facade is clad in stone, and the interior is lined with brick. X.G.

OBRAS PRÓXIMAS
WORKS NEARBY

SA-1985/1992

PALACIO DE CONGRESOS Y EXPOSICIONES DE CASTILLA Y LEÓN
CASTILLA Y LEÓN CONFERENCE AND EXHIBITION CENTRE
Salamanca

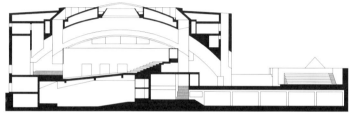

E 1/1.000

The conference centre is situated at a point marked by a break in the natural continuity of the Vaguada de la Palma water course, where the roads turn in towards the centre of the city. The complex is composed of three elements: the auditorium, the exhibition hall and the plaza with its open-air tiered seating, and assumes a triple function as a base for the historic city, as a wall-like construction that clearly evidences its profile against the silhouette of the lower part of the city, and as a passageway and vestibule between the consolidated urban nucleus above and the Vaguada park.

The programme is resolved in two visible volumes, separated by the pedestrian access and plaza and united at ground-floor level. The larger volume, of compact construction, accommodates the large conference halls and auditoriums. On the other side a gallery projects up, articulated like a small temple and set on the sculpted mass of the open-air auditorium. Both volumes have direct independent access from the plaza, which thus ensures great functional flexibility. The interior space of the main volume is roofed by an impressive spherical cupola that appears to float above the principal auditorium and extends to cover the entire building, outlined by the light. X.G.

El Palacio de Congresos está situado en el punto de ruptura de la continuidad natural de la Vaguada de la Palma reconduciendo las vías de penetración al centro de la ciudad. El conjunto está formado por tres piezas: el auditorio, la sala de exposiciones y la plaza con las gradas al aire libre y tiene una triple caracterización: como basamento de la ciudad antigua, como construcción mural que destaca claramente su perfil en el perímetro bajo de la ciudad y como paso y vestíbulo entre el núcleo alto consolidado y el parque de la Vaguada.

El programa se resolvió en dos cuerpos visibles separados por el acceso peatonal y la plaza, y unidos por su planta baja. En el volumen mayor, de construcción compacta, se hallan las grandes salas del Palacio, auditorios. Al otro lado sobresale una galería articulada como un pequeño templo y asentada en la masa esculpida del auditorio al aire libre. A ambos volúmenes se accede independientemente desde la plaza, lo que permite un funcionamiento muy flexible. El espacio interior del cuerpo principal está cubierto por una impresionante cúpula esférica que flota sobre el auditorio principal y se extiende por todo el edificio, siendo recortada por la luz. X.G.

OBRAS PRÓXIMAS
WORKS NEARBY
SA-1989/1993
J. VICENTE GARCÍA
Instalaciones
deportivas
Salas Bajas

EDIFICIOS INDUSTRIALES HYTASA (Factoría de Hilaturas y Tejidos Andaluces, S.A.)
HYTASA INDUSTRIAL BUILDINGS (Hilaturas y Tejidos Andaluces, S.A. factory)
C. Héroes de Toledo, 71. Sevilla

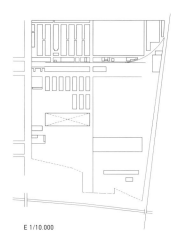

E 1/10.000

En un solar de considerables dimensiones, situado en un área suburbana y limitado en dos de sus lados por terrenos del ferrocarril Sevilla-Carmona y el arroyo Tamarguillo, se establece este complejo industrial cuyos edificios ofrecen una clara unidad de lenguaje, pese a haber sido construidos no sólo en un tan largo espacio de tiempo (de 1937 a 1944), sino incluso ampliados en la década de los sesenta. Galnares –alumno de la Escuela de Arquitectura de Barcelona, amigo y colaborador de Sert y, sin duda, elemento determinante en el encargo de la primera obra de éste, la sevillana casa Duclós– desarrolla en HYTASA un lenguaje que el arquitecto compartirá a lo largo de su labor con otros bien distintos e incluso enfrentados, en un eclecticismo que se mantiene por lo general a niveles muy estimables. El conjunto, a base de amplios pabellones exentos, se vertebra a ambos lados de un eje principal, utilizado fundamentalmente para lograr una perspectiva monumental desde la entrada, con un punto de vista focal pero sin que se establezcan axialidades que le conviertan en un elemento clave de orden compositivo.

Durante los últimos años han producido transformaciones importantes dentro de este conjunto (con destrucciones incluso) que deberían ser absolutamente detenidas dado su innegable interés.

Otras obras de Galnares afines a las vanguardias de la época serían el edificio Ibarra en calle Adolfo Rodríguez Jurado, 8 (1935-1936) y, sobre todo, el asilo de ancianos de las Hermanitas de los Pobres, situado en el barrio de Triana (av. de Coria, 8) de 1934-1944.

De su vertiente ecléctica tradicional habría que destacar el Edificio Elcano (av. de Moliní, esquina a av. de la Raza) terminado en 1953, de sobria expresividad y rotunda volumetría, una especie de Alcázar toledano, y que ocupa toda una manzana, con amplio patio interior y buenas soluciones en escaleras y diseño de ciertos detalles. C.F.

Laid out in a suburban district on a plot of very considerable dimensions, bounded by the Seville-Carmona railway line and the Tamarguillo water course, this complex of industrial buildings manifests an evident unity of language, in spite of the time span over which the various elements were constructed: initially from 1937 to 1944, but with further additions in the sixties. Galnares was a graduate of the ETSAB in Barcelona; he was a friend and collaborator of Sert, and undoubtedly a key factor in Sert's being commissioned to design the Duclós house in Seville, his first built work. Here, in the HYTASA complex, he deploys a language which he was to develop throughout the course of his career, and share with other architects of quite different and at times sharply contrasting approaches: an eclecticism of a generally very appreciable quality. The factory complex, in the form of a series of large free-standing pavilions, is ordered on either side of a main axis, employed primarily as a means of establishing a monumental perspective from the entrance, with a focal point but without the axialities that would make it a key element in ordering the composition.

In recent years the complex has been subjected to a number of significant modifications (and even demolitions), which should be halted at once, in view of the undoubted architectural interest of the whole.

Other works by Galnares which reveal affinities with the avant-garde movements of the time include the Ibarra building at c. Adolfo Rodriguez Jurado, 8 (1935-1936), and particularly the Hermanitas de los Pobres old people's home in Seville's Triana district (Av. de Coria, 8), dating from 1934-1944.

Galnares' traditionalist eclecticism is well exemplified by the Elcano building (Av. de Moliní, on the corner of Avda. de la Raza), completed in 1953: with its sobre expressiveness and forthright volumetry, this is a kind of Toledan Alcázar, occupying an entire block with a spacious interior courtyard and fine treatments of the stairs and the design of much of the detailing. C.F.

OBRAS PRÓXIMAS
WORKS NEARBY

SE-1933/1934
J. GALNARES
SAGASTIZÁBAL
Asilo de ancianos
Av. Coria, 8
Sevilla

SE-1935/1936
J. GALNARES
SAGASTIZÁBAL
Edificio de viviendas
Ibarra
Adolfo Rodríguez
Jurado, 8
Sevilla

SE-1953
J. GALNARES
SAGASTIZÁBAL
Edificio de viviendas
Elcano
Av. de Moliní
Sevilla

SE-1938/1944

ESTACIÓN DE AUTOBUSES Y GRUPO DE VIVIENDAS
BUS STATION AND GROUP OF HOUSES
Prado de San Sebastián. Sevilla

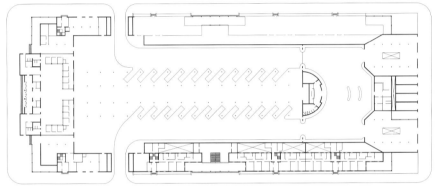

E 1/2.000

This building, which occupies the whole of a city block, is mixed in character, combining low-cost housing and a large bus station. The result is a complex imbued with a certain monumentality, somewhat in the style of the Viennese Hoffe –as has been remarked by E. Mosquera and T. Pérez– although here the large landscaped courtyard of the Hoffe is occupied by a bus station, a fact which introduces a disruptive element and a major source of degradation of the complex as a whole. Outstanding from the point of view of form and design are the parabolic arches of the entrances (affording an unusual view of the interior space) and above all the solution of this hypostyle hall with its four rows of slender yet potent columns and the upper galleries which look down on it.

Felipe and Rodrigo Medina Benjumea also designed the "La Estrella" group of buildings (1955-1962), consisting of very tall exposed brickwork blocks in which the curving, star-shaped plan makes the interior courtyard unnecessary; where the vertical communications are an element of articulation after every third block and the spacious landscaped space is sheltered by the discontinuous wall constituted by the main constructions. C.F.

Edificio de carácter mixto que ocupa toda una manzana y reune en una misma construcción viviendas de tipo económico y una importante estación de autobuses. El resultado es un conjunto de cierta monumentalidad, un tanto a la manera de los "höffe" vieneses –como han señalado E. Mosquera y T. Pérez– si bien, en este caso, el amplio patio ajardinado o arbolado de aquellos es sustituido por la estación, lo que supone un elemento perturbador y un importante componente de degradación para el conjunto. Desde un punto de vista formal y de diseño destacan las entradas en arco parabólico (dando lugar, desde la calle, a una peculiar visualización del espacio interior) y sobre todo la solución de este recinto hipóstilo con sus cuatro filas de esbeltas pero potentes columnas y las galerías superiores abiertas al mismo.

De Felipe y Rodrigo Medina Benjumea es el grupo de edificios "La Estrella" (1955-1962), construido por bloques de gran altura, en fábrica de ladrillo a cara vista, de planta curva en forma de estrella eliminando patios interiores, con las comunicaciones verticales como elemento de articulación entre cada tres bloques y un amplio y arbolado espacio interior protegido por la propia muralla discontinua a que dan lugar las construcciones principales. C.F.

OBRAS PRÓXIMAS
WORKS NEARBY

SE-1955/1962
R. MEDINA BENJUMEA,
F. MEDINA BENJUMEA
Grupo de viviendas
La Estrella
Av. Manuel Siurot 3
Sevilla

PUEBLO DE ESQUIVEL PARA EL I.N.C.
ESQUIVEL RESIDENTIAL DEVELOPMENT FOR THE I.N.C.
Esquivel

E 1/10.000

A partir de un terreno acusadamente llano y sin ninguna clase de accidentes topográficos, el arquitecto proyectó una composición en abanico, a través de un esquema geométrico que traduce una clara intención de orden, excluyendo tanto rigideces innecesarias como tentaciones pintoresquistas o de "crear rincones" a lo Sitte. Éste fue también el criterio que se mantuvo a la hora de proyectar las viviendas, concebidas exteriormente como simples volúmenes desnudos, resultantes directos de los espacios que debían contener. En todo caso, Alejandro de la Sota decidió que un pueblo situado en las inmediaciones de Sevilla, que habría de ser ocupado fundamentalmente por gente de la región, no podía ser realizado de espaldas al "genius loci" y a lo que, sin duda, sus futuros usuarios esperaban encontrar en él. Así, el arquitecto diseñó todo un repertorio de elementos complementarios, puertas, ventanas, guardapolvos, poyetes, rejas, orlas, chimeneas, etc., en la línea de los existentes en la zona, y mediante el sistema de sorteo ("utilizando para ello un sombrero de ala ancha", como subraya el propio de la Sota) fueron adjudicados a cada vivienda los aditamentos correspondientes a través de un proceso de carácter absolutamente aleatorio y fortuito.

El arquitecto se reservó, en todo caso, el derecho a diseñar, esta vez "sin sorteo", los edificios singulares: iglesia, ayuntamiento, centro comercial, fuentes públicas, etc., según un "andalucismo" perfectamente entendido desde la seriedad y el respeto a sus significados más profundos. C.F.

On an exceptionally flat terrain without topographical incidents of any kind, the architect designed a fan-shaped composition, on the basis of a geometrical scheme manifesting a clear will to order, excluding both unnecessary rigidities and temptations to the picturesque or to "create niches" in the manner of Sitte. This was also the criterion maintained in the design of the housing, conceived on the exterior as simple naked volumes, the direct products of the spaces they contain. At the same time, Alejandro de la Sota evidently decided that a residential development situated on the outskirts of Seville, to be occupied for the most part by people from the surrounding region, could not turn its back on the claims of the genius loci and on what its future residents would undoubtedly expect to find there. The architect accordingly designed a full repertoire of complementary elements –doors, windows, dust screens, window breasts, grilles, trims, chimneys– in keeping with existing local types, and allocated these on a purely random basis, by means of a "raffle" ("utilizing for this purpose a wide-brimmed hat", as de la Sota himself noted) to determine which elements were to be included in each house.

The architect nevertheless retained the right to design, this time "without raffle", the one-off representative buildings: church, town hall, shopping centre, public fountains, etc. These are resolved in terms of a perfectly "Andalusian" approach, understood in terms of a serious and respectful appreciation of the deeper significance of these elements. CF

SE-1958

HOGAR VIRGEN DE LOS REYES
HOGAR VIRGEN DE LOS REYES

Av. Dr. Fedriani, bloque *block* 9. Sevilla

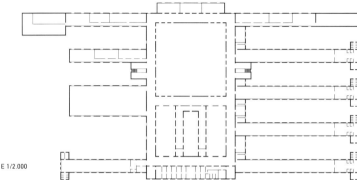

E 1/2.000

This unusual and interesting example of an extremely late rationalism, in which a language of forthright volumes devoid of all decorative elements is overlaid, at those points whose significance and function seem to call for it, such as the main door and the chapel porch, with somewhat baroque additions that are nevertheless not without an almost popularist grace and ingenuity.
Organized around two large courtyards, at the far end of which is the entrance to the chapel, this complex building with its charitable function is composed of a series of parallel dormitory wings set on either side of the representative spaces, with open courtyards between each two wings serving to provide ventilation and daylight.
The series of arches on the ground floor introduce an alternative to the unadorned cuboid forms of the building, entirely constructed —with the exception of the baroque additions— of plain walls uniformly finished with exposed brickwork.
According to data made available by Eduardo Mosquera and María Teresa Pérez Cano, this complex was not the result of the habitual collaboration between Balbontín and Delgado, but was entirely the work of the latter. C.F.

Curiosa e interesante muestra de un racionalismo más que tardío, en el que a un lenguaje de volúmenes rotundos y despojados de cualquier elemento decorativo se le superpone, en aquellos puntos en que su significado y función parecen exigirlo —puerta principal de entrada, portada de la capilla–, ciertos añadidos barroquizantes no exentos, en todo caso, de gracia e ingenuidad casi populares.
Organizado alrededor de dos amplios patios, al fondo de los cuales se encuentra la entrada a la capilla, este complejo edificio de carácter benéfico se compone de una serie de alas paralelas de dormitorios, situadas a ambos lados de las zonas representativas, dejando entre cada dos sendos patios abiertos —cerrados únicamente en tres de sus lados— que sirven como elementos de iluminación y ventilación.
Series de arquerías en planta baja introducen una alternativa a las escuetas formas prismáticas de la edificación, resuelta totalmente —con excepción de los añadidos barrocos— a base de paramentos lisos con un solo material de acabado, el ladrillo a cara vista.
Según los datos aportados por Eduardo Mosquera y María Teresa Pérez Cano, esta obra no es el resultado de la colaboración casi permanente entre Balbontín y Delgado, sino que debe ser asignada en exclusiva al segundo de los citados. C.F.

SE–1973/1976

A. CRUZ VILLALÓN y
A. ORTIZ GARCÍA

EDIFICIO DE VIVIENDAS
HOUSING BUILDING
C. Doña María Coronel, 26. Sevilla

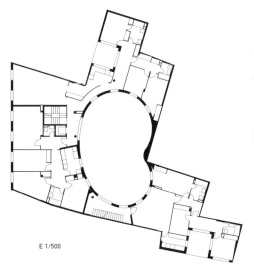

E 1/500

Se trata de un edificio entre medianeras en el centro histórico de Sevilla, construido en un solar de forma irregular.

Este edificio se organiza por completo en torno a un patio unitario, más o menos centrado, que ocupa la cuarta parte del solar y contribuye, por tanto, a aliviar la densificación del centro histórico.

La forma del patio se deriva de la irregularidad de los límites del solar, y alrededor de él se organizan las once viviendas de que consta el edificio.

Este carácter unitario del patio se debe, en parte, a la buena ejecución y elección de materiales, que le confieren una cierta intemporalidad.

Un toldo rectangular cubre el patio y controla el asoleamiento excesivo durante el verano, siguiendo la tradición de numerosas calles de la ciudad. X.G.

This is a building constructed on a gap site with an irregular layout in the centre of Seville.

The construction is entirely organized around a more or less centrally situated unitary courtyard which occupies a quarter of the plot, and thus contributes to alleviating the density of the city's historic centre.

The form of the courtyard is derived from the irregular outlñine of the plot itself, and serves as the basis for the organization of the eleven apartments which make up the block.

This unitary quality of the courtyard is due in par to the intelligent choice and skilful treatment of the materials, which give the building an air of timelessness.

A rectangular canopy covers the courtyard and screens out excessive sunlight in summer, in keeping with local tradition in the city. X.G.

OBRAS PRÓXIMAS
WORKS NEARBY

SE–1963/1964	SE–1970/1971	SE–1974/1976	SE–1976/1979	SE–1983/1985
F. MEDINA BENJUMEA	A. DE LA SOTA	G. DÍAZ RECASENS	F. BARRIONUEVO	A. CRUZ VILLALÓN.
Subestación Sevillana	MARTÍNEZ	F. VILLANUEVA	FERRER.	A. ORTIZ GARCÍA
de Electricidad	Facultad de Ciencias	SANDINO	F. VILLANUEVA	Edificio de viviendas
Santiponce	Exactas	Facultad de Ciencias	SANDINO	C. Hombre de Piedra /
	Universidad de Sevilla	Económicas y	Manzana de viviendas	C. Medina
	A. Reina Mercedes s/n	Empresariales	C. Colombia /	Sevilla
	Sevilla	Av Ramón y Cajal	C. Valparaíso /	
		Sevilla	C. Progreso /	
			C. Juan de Pablo	
			Sevilla	

SEDE DEL COLEGIO OFICIAL DE ARQUITECTOS DE ANDALUCÍA OCCIDENTAL
HEADQUARTERS OF THE COLEGIO OFICIAL DE ARQUITECTOS DE ANDALUCIA OCCIDENTAL

Pl. del Cristo de Burgos, 35 / C. Imagen. Sevilla

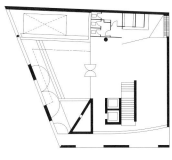

E 1/500

It is located on a site in the historic city centre, sharing the area with a 14th-century square in the medieval core, housing from the sixties, and the church of San Pedro, with its Moorish and Christian architecture. The project seeks to resolve the meeting of the contemporary and the historic architectures without sacrificing interest or renouncing a fully modern image.
The intervention is based on local planning regulations, which required that 25% of the surface area be left free of construction, and imposed height limits of six and four floors onto the street and square respectively. The stipulated "void" on the site is located directly behind the plane of the facade, in the form of an internal courtyard. X.G.

Está situado en un solar en el casco antiguo, compartiendo el entorno con una plaza del siglo XIX, en el casco medieval, con viviendas de los años sesenta y con una iglesia de arquitectura mudéjar y cristiana, la Iglesia de San Pedro. El proyecto intenta resolver el encuentro de la arquitectura contemporánea con la arquitectura de los cascos históricos sin que ninguna de las dos pierda interés, pero sin renunciar a una imagen de modernidad. La intervención se apoyó en las ordenanzas, las cuales obligaban a dejar un 25% de la parcela sin edificar, permitiendo alturas de seis y cuatro plantas a la calle y a la plaza respectivamente. Este "vacío" de la parcela queda situado justo detrás del plano de la fachada, a modo de patio al que dan las plantas del edificio. X.G.

EDIFICIO DE VIVIENDAS SOCIALES RAMÓN Y CAJAL
RAMÓN Y CAJAL LOCAL AUTHORITY HOUSING
Av. Ramón y Cajal / C.Urbión. Sevilla

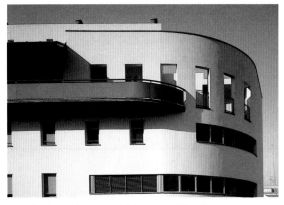

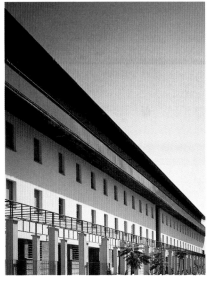

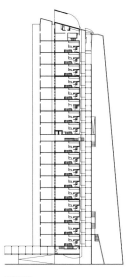

E 1/1.500

El carácter confuso, discontinuo y fragmentario del entorno urbano donde se debía emplazar el edificio determinó un proyecto de forma neta y reconocible.

Se planteó un sólo bloque compacto y unitario, de gran longitud y 4 plantas de altura, con un programa de 38 viviendas de protección oficial de 90 m² con cuatro dormitorios.

Se adoptó la tipología de vivienda dúplex de manera que un mayor número de viviendas en planta baja pudieran disponer de patio trasero, a la vez que los de la planta alta contarían con una terraza privada sobre la planta cubierta del edificio.

El acceso a los dúplex superiores se situó a modo de galería en la última planta; así se obtiene de ésta un elemento formal: un potente cornisamento como remate formal de la edificación. X.G.

The confused, discontinuous and fragmentary nature of the urban context in which the building was to be located helped to generate a clear and recognisable project.

A compact, unitary block, four storeys high and of considerable length, was proposed in response to a brief for 38 publicly funded apartments, each with four bedrooms and an area of 90 m². A two-storey (duplex) apartment type was adopted so that a greater number of the ground floor flats could take advantage of a rear courtyard, while the upper flats would be provided with a private terrace on the roof of the building. The entrance to the upper flats is by way of a walkway on the upper floor; this is exploited as a formal element, a potent cornice as formal conclusion of the building. X.G.

ESTACIÓN DE SANTA JUSTA
SANTA JUSTA RAILWAY STATION
Sevilla

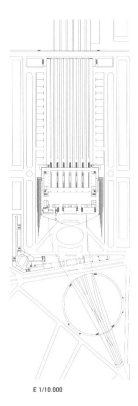

E 1/10.000

In designing the station, particular attention was given to the fact that this intervention was to act as a catalyst in bestowing an urban character on an area previously undeveloped on account of the presence of the goods terminus which was at the same time an obstacle to communication between closely adjacent parts of the city.

With this in mind, the project began with the complete ordering of the block, bounding it with a perimeter building open to a range of uses, including offices and housing, that would serve to relate station and city, while at the same defining the ambit of the main station building.

This main building is set on top of an extensive area organized on several levels to allow the southbound railway lines to leave the station and continue on their way beneath the city. Nevertheless, the station presents itself as a terminus.

The longitudinal section and the side elevation reveal the succession of spaces which reflect in their ascending sequence a clear sense of movement; an impression which owes much to the treatment of daylight which culminates with the main facade, on a higher level, where the station opens up by way of the vestibule and great gently sloping canopy to the city. X.G.

En el momento de proyectar la Estación, se tuvo en cuenta que ésta iba a actuar como factor desencadenante de la reconversión de la zona hasta entonces no urbanizada, debido a la existencia de una terminal de mercancías que también incomunicaba partes de la ciudad muy cercanas entre sí.

Con este fin, se empezó por la ordenación completa de la manzana, creando un edificio perimetral de diversos usos, entre ellos oficinas y viviendas, que relacionaba estación y ciudad, a la vez que definía el ámbito del edificio principal. El edificio se asienta sobre una gran zona organizada a distintos niveles, lo que permite, una vez superada la propia estación, que el ferrocarril prosiga su curso hacia el sur cruzando la ciudad por debajo.

Sin embargo, la estación se presenta como término.

La sección longitudinal y el alzado lateral describen la sucesión de espacios que, encadenados, reflejan en su ascenso un claro sentido de movimiento ayudado en gran medida por el tratamiento de la luz natural que finaliza en la fachada principal, a cota superior, donde la Estación, a través del vestíbulo y la gran marquesina de suave pendiente, desemboca en la ciudad. X.G.

PABELLÓN DE LA NAVEGACIÓN, EXPO'92
NAVIGATION PAVILION, EXPO '92

Entre los puentes de Chapina y La Cartuja *Between the Chapina and Cartuja bridges*. Sevilla

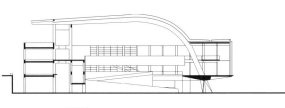

E 1/500

El pabellón de 15.000m². está situado al borde del río Guadalquivir y a él ofrece su fachada principal definida por la propia cubierta metálica curvada.

El edificio se propuso como una pieza neutra y capaz, pero lo suficientemente precisa como para obviar el carácter de contenedor sin definición arquitectónica.

El conjunto se desdobla longitudinalmente en dos piezas paralelas: la gran sala de exposiciones y el elemento posterior donde se alojan los servicios que, prolongándose en un pórtico abierto, configura la larga fachada homogénea y unitaria de la Plaza de los Descubrimientos. Las grandes vigas curvadas que dibujan la sección estructural del pabellón son de madera laminada y salvan una luz de 40m. El proyecto incluye la construcción de una torre -mirador situada al final del pantalán y que se adentra en el río, como contrapunto a las grandes superficies horizontales del pabellón. X.G.

The 15.000 m² pavilion is situated at the edge of the river Guadalquivir, towards which it presents a main facade defined by its own curving metal roof. The building was conceived as a neutral functional element, nevertheless endowed with sufficient precision to be more than simply a container with no architectonic definition.

The complex is folded back longitudinally in two parallel blocks: the great exhibition hall, and the body to the rear occupied by the services which, continuing in the form of an open portico, forms the long homogeneous unitary facade on the Plaza de los Descubrimientos. The large curved beams which trace the structural section are of laminated timber with a span of 40 m. The project also included the construction of a look-out tower: situated at the end of the jetty, this drops vertically into the water of the river in counterpoint to the great horizontal surfaces of the pavilion. X.G.

OBRAS PRÓXIMAS
WORKS NEARBY

SE-1989/1992
S. CALATRAVA VALLS
Puente del Alamillo y
Viaducto
Sevilla

SE-1989/1992
J.A. FERNÁNDEZ
ORDOÑEZ,
J. MARTÍNEZ CALZÓN
Puente del Centenario
Sevilla

SE-1990/1992
MONARK THE GROUP
FOR MONUMENT
Pabellón de Finlandia
Isla de la Cartuja
Sevilla

SE-1989/1992
M. BAYÓN ÁLVAREZ
Pabellón de la Luz
Isla de la Cartuja,
Sevilla

SE-1990/1992
M. DE LAS CASAS
Pabellón de Castilla la
Mancha
Isla de la Cartuja,
P. del Lago. Sevilla

A. NOGUEROL DEL RÍO
y P. DÍEZ VÁZQUEZ

SE–1990/1992

AYUNTAMIENTO DE CAMAS
CAMAS TOWN HALL
Camas

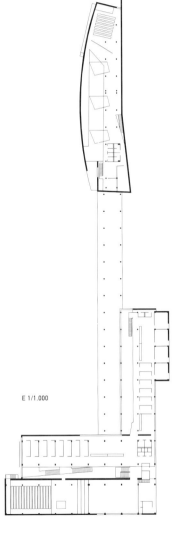

E 1/1.000

The project had on the one hand to resolve the brief for a town hall, public library and pavilion with toilets, shops and a small bar, and on the other hand, to give resolution to the resulting public space and to the presence of gable walls that had been a manifest gap in the fabric of Camas town centre.

The town hall has been situated at the end of the square, with its L-shaped plan designed to facilitate the most appropriate layout of the political and administrative departments.

The library, backing onto one of the gable walls, is an almost windowless block lit by three large roof lights. The pavilion also abuts on a gable wall. The square is thus effectively divided into two longitudinal sectors, the paved half giving access to the Town Hall and library while the remainder, with a surface of compacted earth, is treated as a park and recreational area. in this way reinforcing the location of the pavilion. X.G.

El proyecto debía por un lado resolver el programa: ayuntamiento, biblioteca municipal y chiringuito con aseos, tiendas y un pequeño bar, y por otro, dar solución al espacio público resultante y a la presencia de unas medianeras, todo ello en un enorme vacío que había en el centro de Camas.

El Ayuntamiento ha quedado situado al fondo de la plaza, con una planta en forma de L que permite la buena disposición de lo político y lo administrativo. La biblioteca, adosada a una de las medianeras, es un cuerpo casi ciego iluminado por tres grandes lucernarios. El chiringuito también está adosado a otra medianera. Con ello la plaza, de gran tamaño, se divide en dos sectores longitudinales, la mitad pavimentada dando acceso al Ayuntamiento y la biblioteca, mientras que el resto, de tierra compactada, es tratada a modo de parque y zona lúdica para reforzar el lugar donde se halla el chiringuito. X.G.

CENTRO REGIONAL DE TELEVISIÓN
REGIONAL TELEVISION CENTRE

Isla de La Cartuja. Sevilla

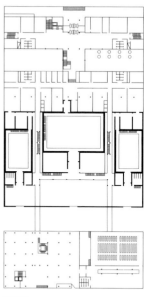

E 1/1.500

El edificio está situado en un extremo de La Cartuja. La esbelta torre de telecomunicaciones es un claro punto de referencia urbano.

El volumen principal, en forma de paralepípedos, está compuesto por dos cuerpos claramente diferenciados, tanto por su esquema compositivo como por los materiales de fachadas. El primero, dedicado a oficinas y despachos, se ha resuelto mediante una estructura metálica diáfana, con un cerramiento ligero de paneles prefabricados de chapa. Está dividido en dos partes por un patio ajardinado abierto a su entorno. La parte correspondiente a la fachada de acceso es una planta más alta que el resto del edificio y queda unida a la otra parte mediante una ligera estructura metálica que sirve de soporte a unos toldos de protección solar. Esta planta superior se retranquea configurando una terraza que, junto al balcón que recorre toda la fachada dos plantas más abajo, aporta volumetría al alzado principal. El segundo volumen, más opaco y rotundo, contiene los grandes estudios y almacenes. Está construido a base de muros de hormigón, revestidos de piedra natural. Un tercer cuerpo, que no se llegó a realizar, debía rodear la torre, con su núcleo de ascensor envuelto por una escalera, que ahora queda como elemento aislado.

En los interiores domina un riguroso lenguaje tecnológico que se expresa en la diversidad de elementos metálicos, creando una atmósfera de ligereza que contrasta con la opacidad de los alzados exteriores, perforados rítmicamente por huecos modulares. X.G.

The building is situated at one end of the island of La Cartuja, with the slender telecommunications tower constituting an outstanding point of urban reference. The main volume, cuboid in form, is constituted of two elements clearly differentiated by their compositional layout and by the materials of the facades. The first of these, accommodating offices and administrative areas, is resolved by means of a diaphanous metalic structure with a lightweight skin of industrial cladding panels. The whole is divided into two parts by a landscaped courtyard which opens onto its surroundings. The part corresponding to the access facade is one storey higher than the rest of the building, and is linked to the other part by way of a lightweight metal structure which serves to support canopies providing shade from the sun. This upper storey is stepped back, thus configuring a terrace which together with the balcony running the full length of the facade two floors below it endows the principal elevation with volumetry. The second volume, more opaque and imposing, contains the large studios and storage spaces. This is constructed essentially of concrete walls, clad with natural stone. A projected third volume, not constructed, was to have surrounded the tower, with its lift shaft enveloped by a stairway, which has in the event been left isolated.

A rigorously technological language predominates in the interiors, expressed in the diversity of metallic elements, creating an atmosphere of lightness in marked contrast to the opacity of the exterior elevations, rhythmically perforated by modular openings. X.G.

P. GARCÍA MÁRQUEZ, I. RUBIÑO CHACÓN
y L. RUBIÑO CHACÓN

SE–1992/1994

VIVIENDAS EN HILERA
ROW HOUSING
Los Palacios. Sevilla

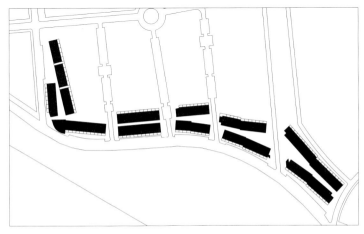

E 1/5.000

This is an intervention designed to have a regenerative influence on a zone possessing the marginal character common to the peripheries of so many major cities.
The key objective was to establish an urban quality in the scheme as a whole by the play made with scale, the visual sequences and the traditional elements such as squares and little gardens, as a means of transforming the fragmented scheme into a unitary complex conducive to a quality of life different from that usually provided for in public sector housing blocks.
The plot is long and narrow, fragmented by transverse streets, on the western edge of the Los Palacios marshland some 25 km south of Seville. The design strategy is manifested at the most basic level by the sinuous and irregular course of the pedestrian street that runs between the two facing rows of houses. These houses, all with identical ground floors, represent a reinterpretation of the local rural housing, with two yards, front and back doors and two or four bedrooms. X.G.

Se trata de una intervención con carácter regenerativo de una zona que vivía en el ambiente marginal que particulariza tantas periferias de las grandes ciudades.
Se tomó como objetivo dotar al conjunto de calidad urbana mediante juegos de escala, secuencias visuales y elementos tradicionales como plazas y pequeños jardines, que ayudaran a reconvertir la fragmentada imagen en un conjunto unitario para facilitar distintos modos de vida de los habituales en las promociones sociales de bloques.
El terreno es una franja larga y estrecha, fragmentada por calles transversales, en el perímetro occidental de la marisma de Los Palacios a unos 25 km. al sur de Sevilla. La estrategia se materializa básicamente en el trazado de una calle peatonal, sinuosa e irregular, que vertebra dos bandas enfrentadas de casas adosadas. Éstas, siempre con planta baja idéntica, responden a una reinterpretación de las viviendas rurales ya existentes y constan de dos patios, acceso doble y dos o cuatro dormitorios. X.G.

OBRAS PRÓXIMAS
WORKS NEARBY

SE–1988/1991	SE–1991/1995
P. GARCÍA MÁRQUEZ,	J. MORALES,
I. RUBIÑO CHACÓN,	J.GONZÁLEZ MARISCAL
L. RUBIÑO CHACÓN	Ayuntamiento de
Casa de Cultura	Coripe
Pza. de los Cazadores	Coripe
Huévar del Aljarafe	

UNIDAD VECINAL COOPERATIVA PIO XII
PIO XII COOPERATIVE NEIGHBOURHOOD UNIT

Segovia

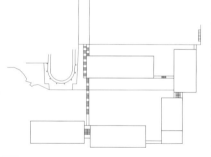

E 1/2.000

Este conjunto de viviendas se sitúa sobre una ladera de la antigua Ciudadela de Segovia, delante del convento de San Agustín.

Consta de 114 viviendas semidúplex, agrupadas en cinco bloques dispuestos sobre un terreno escalonado de desnivel muy pronunciado (baja 17m en 50m de ancho), que se aprovecha, junto con la estudiada disposición de los volúmenes, para superar los problemas derivados de la alta densidad de población la agrupación.

La integración paisajística dentro de Segovia, ciudad con un perfil histórico muy pronunciado, quedaba resuelta gracias al riguroso estudio de los volúmenes y la textura de sus fachadas.

Los bloques quedan unidos mediante pasarelas y escaleras resueltas con soluciones muy económicas a modo de escaleras de incendios, dando un aspecto de ligereza que contrasta con los sólidos bloques de viviendas. X.G.

This residential complex is situated on a hill in the historic Ciudadela of Segóvia, inside the convent of San Agustín.

The cooperative comprises 114 semi-duplex apartments, grouped in five blocks laid out on a very sharply sloping site (a drop of 17 m in 50 m width), a factor which the project exploits, together with the careful positioning of the volumes, in order to overcome the problems resulting from the high population density of the complex.

The integration of the development into the landscape of Segóvia, a city with a very strong historical character, is resolved thanks to the rigorous attention given to the volumes and the texture of the facades.

The blocks are connected by gangways and stairs: these are economically resolved in the form of fire stairs, with a lightness which contrasts effectively with the solidity of the blocks of housing. X.G.

J.M. AIZPÚRUA
y J. LABAYEN TOLEDO

SS–1929/1930

EDIFICIO DEL CLUB NÁUTICO
CLUB NÁUTICO BUILDING
Jardines de Alderdi Eder. San Sebastián / Donostia

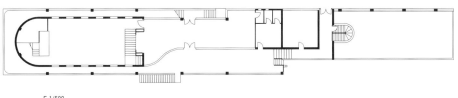

E 1/500

Amongst the numerous examples of "ship-buildings" designed by European architects in the course of the 30s, we should certainly include this one by Aizpúrua and Labayen, as one of the most remarkable and at the same time justifiable in terms of its formal solution, given its function and location. This is a unique legacy of the work of José Manuel Aizpúrua, an exceptional architect, who tragically met his death in the first days of the Spanish Civil War as a consequnce of his political significance. Partially modified over the years, what the building now needs is a painstaking and thoroughly professional intervention to restore it as far as possible to its original condition. Its quality, never in doubt, and the fact that it constitutes perhaps the most important work by one of the first Basque architects to espouse the tenets of the Modern Movement should be sufficient to ensure it the respect and consideration it deserves. C.F.

Dentro del amplio repertorio de "edificios-barcos" llevados a cabo por los arquitectos europeos a lo largo de los años treinta, habría que situar sin duda éste de Aizpúrua y Labayen, como uno de los más sobresalientes al tiempo que justificado desde el punto de vista de su solución formal, dadas su finalidad y emplazamiento. Muestra única llegada hasta nuestros días de un excepcional arquitecto como lo fue José Manuel Aizpúrua –trágicamente desaparecido en los primeros días de la guerra civil como consecuencia de su significación política–, esta obra, parcialmente modificada al correr del tiempo, exigiría una intervención cuidadosa y competente capaz de devolverla en lo posible a su condición original. Su calidad, nunca discutida, y el representar tal vez el trabajo más importante de uno de los primeros arquitectos vascos incorporados al Movimiento Moderno deberían ser suficientes para que sus conciudadanos le manifestaran el respeto y consideración que merece. C.F.

L. PEÑA GANCHEGUI y
J.M. ENCIO CORTÁZAR

EDIFICIO DE VIVIENDAS TORRE RESIDENCIAL "VISTA ALEGRE"
VISTA ALEGRE APARTMENT BUILDING
Parque de Vista Alegre. Zarauz

E 1/500

Se planteó la construcción de un nuevo barrio residencial sobre un terreno ocupado hasta entonces por un palacete rodeado de un amplio parque arbolado, optándose por una tipología de vivienda agrupada en torres de mediana altura con el fin de respetar al máximo las especies vegetales y forestales existentes. Cada una de las torres estaría integrada por tres viviendas desarrolladas, a su vez, en tres niveles distintos: uno destinado a zonas de estar, el segundo a dormitorios y un tercero como zona de servicio. El desfase de media altura entre cada nivel y los inmediatos tendría su reflejo en la solución exterior sirviendo como punto de partida para una composición no convencional del bloque. Como hace notar Rafael Moneo -en la monografía sobre la obra de Luis Peña Chanchegui publicada en 1994-, el arquitecto enfocará esta obra primeriza bajo unos criterios de objeto autónomo, ajeno, en cierto modo, al medio en el que se la sitúa, mientras que en lo sucesivo -y sobre todo en los trabajos que Peña llevará a cabo a partir de 1961- arquitectura y genius loci serán contemplados como elementos plenamente concordantes.

Vista Alegre se encuentra hoy próxima a otros edificios con los que resulta difícil establecer alguna relación de afinidad. Exteriormente ha sufrido modificaciones, aunque no tantas que la hayan dejado irreconocible. Más decisivas han sido las transformaciones interiores que suprimen algunas de sus características más esenciales.

En todo caso -y especialmente para quienes deseen conocer esta importante "primera época" en la producción de Peña Ganchegui-, la visita a esta obra (y por supuesto a toda la situada en Motrico) resulta imprescindible. C.F.

The construction of a new residential neighbourhood was planned for a plot occupied by a small palace in the midst of a spacious wooded park, with the choice of a housing typology grouped in medium-height blocks in order to respect to the maximum the existing vegetation and woodland. Each of these blocks was to comprise three apartments, each developed in turn over three levels: the first for living areas, the second for bedrooms and the third accommodating service spaces. The half-height shift between each floor and the next is reflected in the treatment of the exterior, providing the basis for the unconventional composition of the block. As Rafael Moneo was to observe in his monograph study of Luis Peña Ganchegui published in 1994, the architect approached this early commission in terms of an autonomous object, in certain respects detached from the setting in which it stands, while in his subsequent work –and above all in the schemes designed after 1961– architecture and genius loci are contemplated as fully concordant elements.

Vista Alegre has since been surrounded by other buildings with which it is difficult to establish any kind of affinity. The exterior has undergone some modification, although not so much as to change it beyond recognition. The remodelling of the interiors has been more significant, obliterating some of the most essential characteristics.

Nevertheless, for anyone interested in understanding this highly significant "first period" of Peña Ganchegui's architecture, a visit to this work (and of course to all of those constructed in Motrico) is indispensable. C.F.

SS-1964/1965

AGRUPACIÓN DE VIVIENDAS "AIZETZU"
"AIZETZU" HOUSING PROJECT
Av. J.Mª Alcibar, 19. Motrico

E 1/500

This is situated on a steeply sloping site, near the Sasiola road, grouped on independant platforms in the manner of small terraces.

The nucleus of integration of the apartments is the entrance porch within which communal life is developed, carrying out the same functions as the traditional courtyard, but covered, for climatic reasons. The introduction of this nucleus sought to establish an urban scale and order that would promote a sense of community, endowing the space with a hierarchical sequence.

The volumes of the two stair blocks contribute to the reading of the overall composition of the building.

The vertical configuration of the facades is crowned by the imposing slate roof. X.G.

Están situadas en un terreno de mucha pendiente, cerca de la carretera de Sasiola, agrupadas sobre plataformas independientes a modo de terrazas.

El núcleo de integración de las viviendas es el portal y el porche bajo el cual se desarrolla la vida comunitaria, haciendo la misma función que el patio tradicional, pero cubierto, por razones climáticas. Con este núcleo se busca una escala urbanística que desarrolle el sentido de comunidad, jerarquizando el espacio.

Los volúmenes de las dos escaleras ayudan a la lectura de la composición general del edificio.

La composición vertical de las fachadas queda rematada por el gran tejado de pizarra. X.G.

OBRAS PRÓXIMAS
WORKS NEARBY

SS-1963
L. PEÑA GANCHEGUI
Grupo de viviendas
"Iparraguirre"
Ibaibarriga 3
Motrico

SS-1969
L. PEÑA GANCHEGUI
Grupo de viviendas
"Elu"
C. San Agustín
Motrico

SS-1969/1970
L. PEÑA GANCHEGUI
Grupo de viviendas
Arrasate
San Miguel 1
Motrico

J.R. MONEO VALLÉS, J. MARQUET ARTOLA,
M. UNZURRUNGAZA GOICOECHEA
y L. ZULAICA ARSUAGA

EDIFICIO DE VIVIENDAS URUMEA
URUMEA HOUSING BUILDING
P. Ramón María Lili. San Sebastián. Donostia

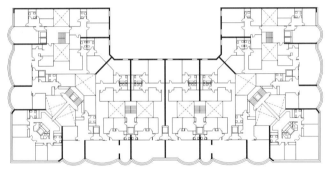

E 1/1.000

Tomando como referencia la ciudad de principio de siglo y el programa de los promotores, el proyecto se abordó utilizando el mismo lenguaje que el área urbana, entendida como la pieza compuesta que da lugar a las diversas tipologías de los ensanches en respuesta a los condicionantes particulares de cada ciudad.

La fachada muestra a la vez su carácter fragmentario, coherente con el contexto y unitario en relación a la unidad básica del ensanche al rematar el edificio con la continuidad de los áticos.

Al mismo tiempo, se trataba de dar una solución no sólo estilística, sino que la forma estuviese justificada en la propia estructura. Ello se aprecia en la disposición continua de los accesos en planta baja o en el contrapunto entre accesos de servicio y accesos nobles que traba las plantas. X.G.

Taking the city of the start of the century as a reference, together with the brief provided by the developers, the project was developed using the language of the urban area, understood as reflecting the composite repertoire that gives rise to the different typologies of growth in its response to the specific conditions of each expanding city.

The facade simultaneously expresses its fragmentary character, coherent with the context, and its unitary character, affirming the basic unity of the "new town" area in the termination of the new building at the level of the neighbouring attics.

At the same time, the scheme sought a solution that would be not only stylistic, but inherently justified by the structure itself. This is apparent in the continuous layout of the entrances on the ground floor, or in the counterpointing of service entrances and formal entrances in the floor plans. XG

OBRAS PRÓXIMAS
WORKS NEARBY

SS-1965/1967
J.M. ITURRIAGA,
A. DE LA SOTA
Delegación de
Hacienda
Oquendo 20
San Sebastian

SS-1972/1974
J. MARQUET ARTOLA,
L.M. ZULAICA ARSUAGA
Instituto
Tolosa

SS-1980/1983
A. FARINÓS, V. RUBIO
Centro de Atención de
Minusválidos
Psíquicos
Finca Zubieta
Hondarribia

SS-1976

PLAZA DEL TENIS
PLAZA DEL TENIS
San Sebastián. Donostia

E 1/1.500

The Plaza del Tenis was laid out at the end of the Paseo de la Concha, over an old disused sewer, and organized around a group of three sculptures by Eduardo Chillida. The spatial treatment applied to the complex consists of a prefatory "antechamber" and a perimetral avenue leading up to the concluding square, regarded as being the most appropriate location for the sculptures.

The treatment, resolved in terms of different planes communicated by steps, has assumed the texture and colour appropriate to an area conceived as a bridge or sea wall; in contrast to the prevailing whiteness of the architecture in the Paseo de la Concha, here the granite is the real protagonist of the place. X.G.

Al final del paseo de la Concha, sobre un antiguo colector en desuso, se construyó la Plaza del Tenis, organizada a partir de tres esculturas de Eduardo Chillida.

El tratamiento espacial del conjunto consiste en una antesala preparatoria de la forma futura y un paseo perimetral que desemboca en la plaza final, lugar donde se creyó más adecuado colocar las esculturas.

El tratamiento, resuelto con distintos planos unidos por unos cuidados escalones, tiene la textura y color que había que dar a esta plaza concebida como espolón o puente; en contraste con la arquitectura blanca existente en el paseo de la Concha. Aquí, el granito se convierte en el auténtico protagonista del lugar. X.G.

OBRAS PRÓXIMAS
WORKS NEARBY

SS-1974/1977
L. PEÑA GANCHEGUI
Unión Farmacéutica
Guipuzcoana
Barrio de Ygara
Irún

SS-1981/1986
L. PEÑA GANCHEGUI
Edificio de Viviendas
Miraconcha
San Sebastian

SS-1988/1991
J.L. LINAZASORO
RODRÍGUEZ
Convento de Santa
Teresa
San Sebastián

SS-1989/1991
B. MATOS CASTAÑO,
A. MARTÍNEZ CASTILLO
Nave Industrial
c. Obispo Otaduy, s/n
Oñate

T-1949/1950

J.A. CODERCH DE SENTMENAT y
M. VALLS VERGÉS

GRUPO DE VIVIENDAS PARA PESCADORES
GROUP OF HOUSES FOR FISHERMEN
Zona portuaria *Harbour zone*. Tarragona

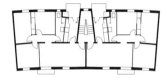

E 1/500

Aunque esta obra no fuera considerada totalmente como propia por los arquitectos, al tener que adaptarse a ciertas pautas impuestas por un proyecto previo redactado por el servicio de arquitectura del Instituto Social de la Marina, lo cierto es que el conjunto ofrece no sólo el interés de otras obras de C. y V. sino también ese particular sello de calidad y rigor presente en cualquier obra salida de sus manos.

El conjunto se ordena según dos bloques de casas en hilera, de planta curva, asimilable hasta cierto punto a un "crescent" inglés, peculiar disposición que otorga al grupo un carácter inconfundible que lo distingue del resto de las edificaciones de la zona. La especial significación de tales volumetrías y espacios da lugar a interesantes y poco convencionales percepciones, tanto por un observador situado en el interior de la calle curva como cuando éstas se obtienen desde el exterior del conjunto.

La planta baja alterna los accesos a las comunicaciones verticales con amplias entradas a diversos locales, pensados en su momento como zonas de almacenamiento de los enseres y artes de pesca y hoy apenas utilizados en tal sentido.

La composición de las fachadas obedece a criterios de una máxima sobriedad, destacando los balcones volados, uno por vivienda, así como las lámparas de alumbrado exterior resueltas dentro de unos niveles de acierto poco frecuentes en este tipo de conjuntos. C.F.

Although Coderch and Valls never considered this scheme as being entirely their own, given that they were obliged to adapt their treatment to the guidelines established in the initial project drawn up by the architecture department of the Instituto Social de la Marina, the fact remains that the project is not only a most interesting example of the partnership's work but one which clearly manifests the quality and rigour characteristic of all of their architecture.

The complex is ordered in terms of two rows of houses, to some extent comparable to a British crescent or terrace, an unusual layout which gives the group an unmistakable character and clearly distinguishes it from the other constructions in the area. The particular significance of this volumetric and spatial approach gives rise to interesting and highly unusual perceptions, both from the interior of the curving street and from the exterior of the complex.

On the ground floor, the accesses to the vertical communications alternate with the wide entrances to what were originally intended as storage bays for fishing tackle and boat gear, but are now mostly used for other purposes.

The composition of the facades manifests design criteria of the greatest sobriety, the outstanding features here being the balconies –one for each house– and the street lamps, the detailing of which is of a quality rarely found in a scheme of this nature. C.F.

T-1954/1957

EDIFICIO DEL GOBIERNO CIVIL
GOBIERNO CIVIL BUILDING
Plaza Imperial Tarraco. Tarragona

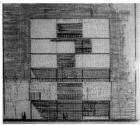

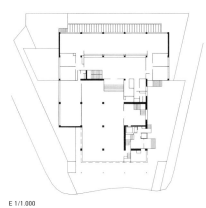

E 1/1.000

Although situated in an unpropitious context —on a square and traffic roundabout on which 10 lanes converge, and dominated by the much taller buildings opposite— this relatively small building is a clear demonstration of the fact that monumentality is not exclusively dependent on size. The imposing, well-articulated volumetry accommodates a complex programme which includes housing, administrative offices and spaces for representative official functions, given particular prestige in the design. As the architect himself says of the work that "the blocks are structured in terms of uses and composed as a building". The representative area declares a concern with criteria of axiality, while the part devoted to housing adopts a freer, more informal composition.

In the solution of the main facade, this is perhaps the least surreptitiously aestheticist of Alejandro de la Sota's works, inclining as it does towards a mannerism that dissembles the thickness of the floor slabs, a formal resource that would have enjoyed the approval of any of the great Italian architects of the 17th century.

As in virtually all of his works, the architect also designed the interiors and detailing; of particular note here are the main stairway with its generous bronze panels, reminiscent of the ones taking the place of balusters on the facade, and the design and positioning of the official shield, which has since disappeared.

The building was recently restored by the architect Josep Llinás with Alejandro de la Sota. C.F.

Situada dentro de un contexto inadecuado –plaza-raqueta de circulación con confluencia de 10 vías de tránsito rodado y frente a edificios de alturas muy superiores– esta obra, de proporciones relativamente reducidas, constituye una demostración evidente de cómo la monumentalidad no depende exclusivamente del tamaño. Su rotunda y bien articulada volumetría da albergue a un programa complejo que incluye vivienda, áreas administrativas y, de modo preferente, zonas de representación oficial. Como explica el propio arquitecto la obra "se descompone en bloques según usos y se compone según edificio". La parte representativa se atiene a criterios de axialidad, mientras que la parte dedicada a vivienda adopta una composición más libre e informal.

En su solución frontal, tal vez se trate del edificio menos encubiertamente esteticista de toda la producción sotiana, decantada en este caso hacia un manierismo que escamotea el grueso de los forjados, recurso formal que no hubiera dudado en firmar alguno de los más destacados arquitectos italianos del siglo XVII.

Como en la casi totalidad de sus obras, el arquitecto es también responsable de la solución de interiores y detalles, debiendo ser destacados a este respecto la escalera principal con generosas placas de bronce (semejantes a las situadas en fachada sustituyendo balaustres) y la situación y diseño del escudo oficial hoy desaparecido.

El edificio ha sido restaurado recientemente por el arquitecto Josep Llinás en estrecha colaboración con Alejandro de la Sota. C.F.

OBRAS PRÓXIMAS
WORKS NEARBY
T-1986/1988
O. TUSQUETS GUILLÉN,
C. DÍAZ GÓMEZ,
C. BASSÓ VIDAL
Conjunto de viviendas
en el Màs Abelló
Reus

J.A. MARTÍNEZ-LAPEÑA y
E. TORRES TUR

HOSPITAL
HOSPITAL
Móra d'Ebre

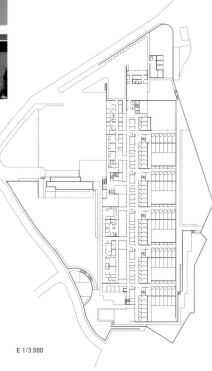

E 1/3.000

En este proyecto, las exigencias del programa funcional del hospital coincidieron con las características particulares del terreno en la voluntad de hacer un edificio desarrollado en extensión y de poca altura que se integra en el paisaje. El edificio tiene dos orientaciones principales, norte y sur. Al norte, se situaron los servicios (lavandería, cocina y calderas) alrededor de un patio cerrado y al margen de la circulación general del hospital; al sur, se reservaron las mejores vistas y orientación para las unidades de hospitalización. El bloque situado más al este alberga el resto de los servicios. X.G.

In this project, the requirements of the hospital's functional programme are combined with the specific characteristics of the terrain in the creation of a low-rise building with a horizontal development skilfully integrated into the landscape. The building has two main orientations, north and south. To the north, the services (laundry, kitchen and boiler rooms) are laid out around a closed courtyard, set apart from the hospital's general circulation scheme; the hospital wards are oriented in the direction of the best views, to the south. The block situated further to the east is the block housing the remainder of the services. X.G.

OBRAS PRÓXIMAS
WORKS NEARBY

T-1982/1986
J.A. MARTÍNEZ LAPEÑA,
E. TORRES TUR,
M. USANDIZAGA
CALPARSORO
Centro de Asistencia Primaria
Ctra. de Gandesa a Tortosa. Gandesa

T-1983/1987
J. GARCÉS BRUSÉS,
E. SÓRIA BADIA
Centro de Asistencia Primaria
c. Francesc Macià s/n
Mora de Ebro

T-1987/1992
M. COREA AIELLO,
F. GALLARDO BRAVO
Ampliación del Hospital Verge de la Cinta
Tortosa

ESTACIÓN DE AUTOBUSES
BUS STATION
Pza Imperial Tàrraco / Av. de Roma / C. Pere Martell. Tarragona

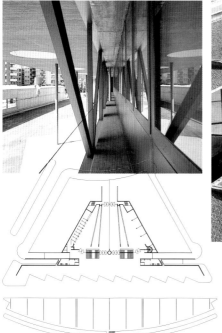

E 1/2.000

In spite of its situation in a very central area of the city, the scheme opts for a secondary role in relation to the neighbouring Civil Government building by A. de la Sota and the garden to the rear.

The canopy, the distinctive feature of the new building, covers a platform with an immense slab in the form of a segment of a circle on the perimeter of the plot facing the park.

The area of bus parking bays was expanded by means of second stretch of platform, covered by a rectilinear canopy and separated from the first by the internal traffic lane that passes through the plot, bounded by a wall for the protection of pedestrian users. The two lines of platform are clearly differentiated, and communicate by way of an underpass that takes advantage of the concavity of the outer platform used by local services and the difference in level between this and the upper platform for long-distance buses.

The plan of the station is perfectly symmetrical, with a public car park, restaurant and bar in the basement; stairs connect this with the exterior, meeting the pedestrian and vehicle entrances at the mouth of the tunnel. The spacious vestibule, with its great windows letting in daylight, presents itself as a sober yet welcoming public space.

Exposed concrete is the predominant material throughout, while metal has been used for the pillars and the two beams that support the floor and roof slabs of the upper level. X.G.

A pesar de estar en una zona muy céntrica de la ciudad, se relegó a un papel secundario en relación con el edificio del Gobierno Civil de A. de la Sota y con el jardín público situado detrás.

La marquesina, elemento caracterizador del edificio, cubre un andén con su inmensa losa curvada en forma de segmento circular en el perímetro del polígono frente al parque.

La zona de estacionamiento de autobuses se amplió mediante una segunda línea de andén, también cubierta por una marquesina de canto recto, separada de la primera por la vía interior de coches que atraviesa el solar, quedando separada por un muro que protege a los usuarios. Las dos líneas de andén quedan perfectamente diferenciadas, pero comunicadas mediante un paso subterráneo que aprovecha la concavidad del andén exterior, de cercanías, y su desnivel con el superior, de largo recorrido.

La planta de la estación, perfectamente simétrica, alberga en su sótano aparcamiento público, restaurante y bar; se accede directamente desde el exterior mediante las escaleras que, junto con el acceso peatonal y rodado, confluyen en el inicio del túnel. El amplio vestíbulo, iluminado con luz natural mediante grandes ventanales, adopta un carácter de espacio público sobrio pero a la vez acogedor.

Predomina el hormigón visto en toda la construcción. Sólo los pilares de las marquesinas y las dos vigas que soportan las losas de suelo y techo del altillo son metálicos. X.G.

T-1988/1992

P. PÉREZ JOVÉ

BIBLIOTECA PÚBLICA MUNICIPAL
MUNICIPAL PUBLIC LIBRARY

C. Ponent, 16. Salou

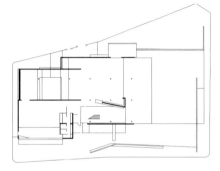

E 1/1.000

Este proyecto vino determinado por el solar. La pineda que lo llena casi no dejaba espacio para el nuevo edificio, hecho que repercutió en la obra.

El carácter que da al patio la sombra que producen las copas de los pinos facilita la prolongación del espacio interior hacia el exterior del edificio. El jardín aparece como una sala más.

Se mantiene la sucesión ininterrumpida de espacios desde el jardín interior de los chopos, al oeste, hasta el patio de la pineda.

En el exterior el edificio es un conjunto de muros pantalla y losas de hormigón. Los muros, árboles y pavimentos delimitan exteriormente una zona abierta al público.

El programa se resuelve en dos plantas, aglutinando los servicios y el archivo de libre acceso en un extremo cerca de la entrada. La sala de lectura de adultos gira en torno al patio interior de chopos, mientras que la de menores se abre a la pineda.

El programa contiene también una hemeroteca, salas de lectura, almacenes, archivos, dos salas de videoteca y una pequeña sala de actos. X.G.

This project was essentially determined by the fact of the plot being occupied by a pine wood that left very little space for the new building, and this has evidently influenced the resulting architecture.

The character established by the courtyard, with the shade cast by the pine trees, facilitates the continuation of the interior beyond the limits of the building, so that the garden is virtually another room of the library.

The uninterrupted sequence of spaces from the interior garden with the poplar trees, at the western end, out to the courtyard amongst the pines.

On the exterior the building is composed of screen walls and concrete slabs, together with some stretches of wood cladding. The walls, trees and paving delimit on the exterior the zone open to the public.

The programme is laid out over two floors, grouping together services and the directly accessible book stacks on the side near the entrance. The adults' reading room is set out around the interior garden of poplars, while the children's reading room looks onto the pine wood. The programme also includes a periodicals room, reading rooms, book stores, archives, two video rooms and a small functions room. X.G.

T-1993/1995

INSTITUTO DE ENSEÑANZA SECUNDARIA
SECONDARY SCHOOL
Av. de Sant Jordi / Camí de La Pobla de Montornés. Torredembarra

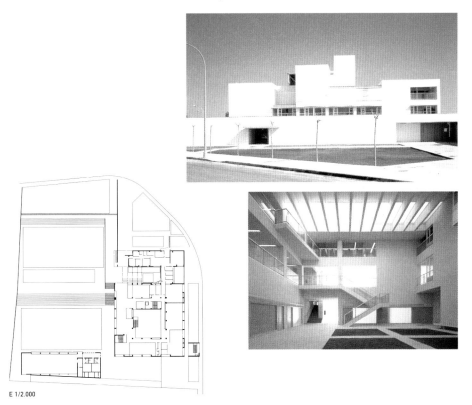

E 1/2.000

The secondary school stands on a privileged site, on a low hill that slopes down to the sea, on the western edge of the little town of Torredembarra, with splendid views in every direction: towards the sea and over the gently rolling landscape of the Camp de Tarragona.

The building, a regular cuboid with a large central courtyard, presents the town with a compact volume that defines itself as a public building, in contrast to its surroundings, with their fragmented architecture of detached houses.

The geometry provides the resolution of the programme, with a very effective functional relationship between access corridors and work areas.

The central courtyard, partly roofed, partly open, encloses part of the landscape, the light and the atmosphere of this area of Tarragona, giving shelter from direct sunlight.

Abutting on the main cuboid of the school (39 x 39 x 10 m) is a lower, single-storey volume containing administration and reception for people arriving from the direction of the town. The line that defines the upper limit of the building is artificially distorted in order to establish a dialogue with the horizon between the level expanse of the sea and the blue of the sky, those fundamental aspects of the Tarragona landscape. X.G.

El instituto está situado en un solar privilegiado. Una pequeña colina, de ligera pendiente hacia el mar, en el límite oeste de Torredembarra, con vistas espléndidas en todas direcciones: hacia el mar o al paisaje suavemente ondulado del Camp de Tarragona.

El edificio, regular, cuadrado y con un gran patio central, ofrece a la ciudad un volumen compacto, que lo define como edificio público, al contrario del entorno: arquitectura disgregada del tejido de viviendas unifamiliares.

La geometría permite resolver el programa con una correcta relación entre pasillos de accesos y espacios de trabajo.

El patio central, cubierto, encierra una parte del paisaje, la luz y ambiente de esta zona de Tarragona, protegiéndola del sol directo.

Del paralelepípedo resultante (39x39x10 m) se despega un cuerpo de una planta, donde se encuentra la administración, actuando como recibo al que llega desde el pueblo. La línea horizontal que define el límite superior del edificio es artificialmemte desfigurada con voluntad de establecer un diálogo con el plano azul enorme del cielo, que es una parte fundamental del paisaje de Tarragona. X.G.

OBRAS PRÓXIMAS
WORKS NEARBY

T-1987/1991
P. PÉREZ JOVÉ,
J. BERGADÀ MASQUEF
Colegio Público
Pl. Portalada
Altafulla

T-1989/1993
L. NADAL OLLER
Restauración del
Monasterio
Cisterciense de Santa
Poblet

HOTEL Y APARTAMENTOS MARAVILLA TEN-BEL
MARAVILLA TEN-BEL HOTEL AND APARTMENTS
Las Galletas. Costa del Silencio. Arona

E 1/5.000

El conjunto se desarrolló a partir de un Plan Parcial redactado en 1963 por los mismos arquitectos, en respuesta a las necesidades del turismo, que exigían un planeamiento y arquitectura diferentes de los que se requieren en un medio urbano

Algunos objetivos principales fueron: la integración con la naturaleza mediante una utilización intensiva de la vegetación, como recurso esencial de calidad de vida; anillo de tráfico general sin aceras ni iluminación, y segregado de la red de pasos de peatones, muy iluminada; baja densidad, edificaciones de dos o cuatro plantas; y desarrollo mediante agrupaciones indepen- dientes y variadas, evitando la monotonía y las barreras visuales que, a la vez, permiten la construcción al ritmo de lA demanda sin parecer nunca una obra inacabada.

Los apartamentos se proyectaron para permitir diversas soluciones dentro de un mismo tipo, dependiendo del modo, también diverso, en que se combinen los módulos. Se atendió a una lógica constructiva que permitiera la máxima prefabricación mediante elementos de hormigón visto.

Se mantuvo en lo posible la vegetación autóctona, cardos y tabaibas, así como el tipo del terreno, "malpaís" (colada de lava volcánica). X.G.

The complex was developed on the basis of the Partial Plan drawn up in 1963 by the architects themselves in reponse to the increasing numbers of tourists, requiring a different approach to the planning and architectural design than would be appropriate for an urban context.

The basic objectives of the project included: integration with the natural setting through the intensive use of vegetation as an essential contribution to the quality of life; a ring road for vehicles, withpout pavements or street lighting, segregated from the network of brightly illuminated pedestrian routes; low density, with buildings of three or four storeys, and development in the form of independent groupings with their own distinct characters to avoid monotony and the creation of visual barriers, while at the same time enabling construction to proceed in line with demand, with all of the buildings in the complex at any given moment being completed and in use.

The apartments were designed so as to allow various different layouts within a standard type, on the basis of the equally diverse combinations of modules, and the scheme adopted a rational construction philosophy, incorporating a maximum of industrially produced elements in exposed concrete.

As far as possible, the landscaping utilized indigenous plants such as thistles and tabaibas, and conserved the malpaís soil of washed lava. X.G.

SEDE DEL COLEGIO OFICIAL DE ARQUITECTOS DE CANARIAS
HEADQUARTERS OF THE OFFICIAL COLLEGE OF ARCHITECTS OF CANARIAS
Rambla General Franco, 123. Santa Cruz de Tenerife

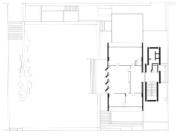

E 1/1.000

The building is in line with movements in the European architecture of the time. Constructed of in situ reinforced concrete and prefabricated concrete elements, it seeks a simple, clear and lasting form with which to express its urban function.

The complex comprises the square with the main access, above the exhibition gallery, the five-storey block of offices and the vertical communications tower, with the corresponding machinery and services.

The Colegio de Arquitectos is organized in ascending order from the access on the square, with its sculpture by Martín Chirino. Perpendicular to this, the ground floor entrance on the Rambla General Franco gives access to the public part of the programme –the exhibition gallery and the functions hall. This articulates the building in two directions and on two levels, on the basis of functions and uses.

The circulation system runs throughout the whole building, while also allowing independent access to most of the different parts.

The offices open to the exterior by way of sunscreens and planters (which serve as bracing) on three facades, although these intermediary elements are most fully appreciated on the south facade. X.G.

El edificio está en consonancia con las corrientes arquitectónicas europeas del momento. Construido de hormigón armado in situ y piezas prefabricadas también de hormigón, busca una forma sencilla, clara y perdurable, posible de construir con los medios de la Isla. El conjunto está formado por la plaza con el acceso principal, sobre la sala de exposiciones, el bloque de cinco plantas de oficinas y despachos y la torre de comunicaciones verticales, con las correspondientes instalaciones y aseos.

El Colegio de Arquitectos se desarrolla hacia arriba a partir del acceso por la plaza donde se halla la escultura de Martín Chirino. Perpendicularmente, la entrada en planta baja por la Rambla del General Franco da acceso a la parte pública del programa, sala de exposiciones, etc., que se desarrolla en las plantas inferiores a la plaza. Ello articula el edificio en dos direcciones y a dos niveles, en función de sus usos.

Las circulaciones comunican todo el edificio, aunque permiten también el acceso independiente a la mayoría de las partes. Las oficinas se abren a través de parasoles y jardineras (que sirven de arriostramiento) en las dos fachadas acristaladas. X.G.

OBRAS PRÓXIMAS
WORKS NEARBY

TF-1934/1936
J.E. MARRERO REGALADO
Edificio Lecuona
c. Mendez Nuñez /
c. Robayna
Santa Cruz de Tenerife

TF-1936/1937
J.E. MARRERO REGALADO
Edificio Lecuona 2
c. Pi y Maragall /
c. Mendez Nuñez
Santa Cruz de Tenerife

TF-1964/1967
J. DÍAZ-LLANOS PRION
DE ROCHE.
V. SAAVEDRA MARTÍNEZ
Edificio de viviendas
Dialdas
Muelle Norte
Santa Cruz de
Tenerife

TF-1992/1994
A. CORONA BOSCH.
E. MARTÍNEZ GARCÍA.
A. PÉREZ AMARAL
Estación del Jet-Foil
Muelle Norte
Santa Cruz de
Tenerife

COLEGIO MAYOR SAN AGUSTÍN
SAN AGUSTÍN HALL OF RESIDENCE
C. del Agua. La Laguna. Santa Cruz de Tenerife

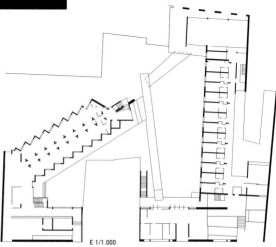

E 1/1.000

Se planteó el colegio Mayor atendiendo a la complejidad del solar que da a dos calles, entronca con otras dependencias, engloba casitas existentes y se incorpora a un casco antiguo protegido.

El edificio ocupa todo el perímetro de la parcela buscando el mayor desarrollo de sus alas, alrededor de un gran patio central frondoso que responde a la tradición. Consta de 136 habitaciones individuales, servicios comunes y un aparcamiento. Éste, el salón de actos y las áreas de servicios se situaron en planta sótano para minimizar el volumen construido, cuidando sin embargo que recibieran luz y aire directo del exterior.

Las fachadas varían según la orientación del edificio y, al igual que el pabellón preexistente reformado como biblioteca, recuperan el valor histórico-artístico del entorno. Aleros de teja, jambas de madera, ritmo de huecos y macizos y ajimeces de madera, etc., impregnan el conjunto de reminiscencias a la construcción popular. Se construyó con materiales básicos y duraderos como piedra basta, hormigón y paneles fenólicos. X.G.

The hall of residence was designed with particular attention to the complexity of the plot, which gives onto two streets and is bounded by other university buildings, and embraces existing houses as it takes its place in a protected historic urban centre. The building occupies the whole of the perimeter of the plot, seeking the optimum development of its different wings around a large leafy central courtyard in the local tradition. The hall comprises 136 single study-bedrooms, communal services and a car park; this car park, together with the functions hall and service areas, is situated on the basement level in order to reduce, effectively reducing the built volume. One special concern of the scheme was to provide the basement level with direct light and air from the exterior.

The facades are differentiated according to their orientation, and all, like the refurbished pavilion that houses the library, reflect the historic architectural value of the setting. Tiled eaves, wooden door posts, the rhythm of solid and void, the wooden mullions of the windows, all imbue the scheme with reminiscencecs of local vernacular architecture. The construction used simple, hard-wearing materials such as local stone and concrete with plastic panels. X.G.

EDIFICIO DE OFICINAS "MÚLTIPLES 2"
"MULTIPLES 2" OFFICE BUILDING
Av. Tres de mayo / Av. Juan Manuel Guimerá. Santa Cruz de Tenerife

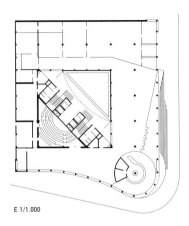

E 1/1.000

The situation of the building is a definitive element in the ultimate resolution of the offices, the corner it occupies at the confluence of two major avenues being a strategic location of maximum visibility.

Thus, the scheme engaged with this important corner on the basis of a cylindrical volume that projects up like a tower and resolves two of the four solid corners; these house the machinery and play an important part in the composition of the building.

The office building as a whole is organized around an open central courtyard, with the stairs and lifts opening onto this courtyard by means of the walkways that span it. At ground level the courtyard takes the form of a three-sided pond in which the presence of the water has not only an aesthetic but a practical function, constituting the emergency tank for use in case of fire. The building possesses a clearly ordered system of axes and circulation routes, designed to accommodate a changing programme of office functions. X.G.

La situación que ocupa el edificio es un elemento definitivo en la resolución final de las oficinas. La esquina que se forma en la confluencia de las dos avenidas es un lugar estratégico y de óptima visualización.

Debido a esto se resolvió la esquina principal mediante un volumen cilíndrico que, a modo de torre, sobresale en su parte superior y resuelve dos de las cuatro esquinas macizas, que acogen los cuartos de máquinas y que desempeñan un papel importante en la composición del edificio.

El edificio se organiza en torno a un patio abierto central al que desembocan escaleras y ascensores mediante unas pasarelas voladas sobre el mismo. El patio es, en planta baja, un estanque triangular donde el agua tiene una doble función: estética y funcional, pues es el depósito de incendios del edificio. El edificio posee un orden claro de ejes y circulaciones capaz de albergar un programa cambiante de oficinas. A partir de la diagonal donde se apoya el núcleo de comunicaciones verticales y servicios, se proyecta una crujía de despachos perimetrales hacia fachada y una zona de oficina abierta al patio central, con un eje de circulación entre ambas. X.G.

OBRAS PRÓXIMAS
WORKS NEARBY

TF-1934/1936
J. BLASCO ROBLES
**Bloque de viviendas
Casa Arroyo**
Rbla. General Franco /
c. Numancia /
c. 25 de Julio
Santa Cruz de
Tenerife

TF-1935/1937
D. PISACA BUGARDA
Edificio Fariña
c. Teobaldo Power /
c. Perez Galdós
Santa Cruz de Tenerife

TF-1947
T. MACHADO MENDEZ-
FERNANDEZ DE LUGO
**Edificio para los
Prácticos del Puerto**
Recinto Portuario
Santa Cruz de Tenerife

TF-1992
M.I. CORREA BRITO,
D. ESTEVEZ PÉREZ
Edificio García y Correa
Polígono Costa Sur
Santa Cruz de Tenerife

I. M. DE LAS CASAS GÓMEZ y
M. DE LAS CASAS GÓMEZ

151 VIVIENDAS EN CABEZA DEL MORO
151 HOUSES IN CABEZA DEL MORO
Talavera de la Reina

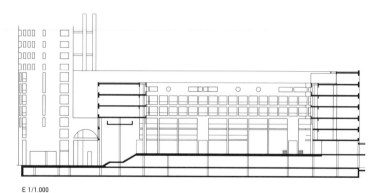

E 1/1.000

La obra se hace partícipe de esa voluntad de implantación desde la rotundidad geométrica y autonomía del objeto características de las intervenciones urbanas neoclásicas; siguiendo su propia geometría al margen de la fragmentada estructura urbana de esta zona de Toledo.

El proyecto se organiza configurando una plaza pública porticada que queda definida por la continuidad de la edificación además de dos bloques –uno bajo, siguiendo la alineación de un callejón, y el otro de 12 plantas, dando frente a la ronda del río– que completan las 151 viviendas de que consta el proyecto. El sistemático rigor con que se resolvieron las plantas responde al carácter homogéneo de la retícula estructural, a la estricta zonificación de las viviendas o la claridad con que se resolvió el giro en la plaza. Sin embargo, frente a este rigor contrasta la manera de formalizar la arquitectura: una galería corrida actúa entre una doble fachada, en cuya parte exterior, exenta de todo requisito funcional, se formaliza casi escenográficamente. X.G.

The scheme subscribes to that concern with implantation on the basis of the geometrical forthrightness and autonomy of the object characteristic of neoclassical interventions in the urban fabric, pursuing its own geometry on the fringes of the fragmented urban structure of this sector of Toledo.

The project is organized so as to configure a porticoed public square, defined by the continuation of the built fabric plus the two blocks –one low, set down in alignment with an alley, the other of 12 storeys, fronting onto the road bordering the river– which complete the total of 151 houses in the programme.

The systematic rigour evident in the treatment of the plans is mirrored in the homogeneous character of the structural grid, in the strict zoning of the housing and in the clarity with which the turn is introduced in the plaza. At the same time, however, this rigour is in marked contrast to the formal realization of the architecture: a continuous gallery runs between the two parameters of a double facade whose outer skin, freed from all functional demands, is given an almost scenographic treatment.

OBRAS PRÓXIMAS
WORKS NEARBY
T0-1975/1977
I. DE LAS CASAS GÓMEZ
y M. DE LAS CASAS
GÓMEZ
**Residencia de
Internas**
Talavera de la Reina

CONJUNTO DE VIVIENDAS EN EL CASTILLO DE MAQUEDA
GROUP OF APARTMENTS IN THE CASTLE OF MAQUEDA

Maqueda

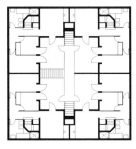

E 1/1.000

One of the primary concerns in approaching this project was the desire to establish a level available for public use that would be as high as possible; in other words, the open space for communal use should be as close as possible to the parapets of the castle walls, as a means of resolving the problem of ensuring adequate ventilation in summer and overcoming the lack of sunlight in the winter, given that the interior is in almost permanent shadow.

The project asks to be understood as a great platform which, being situated at the same height as the sentry walk inside the battlements, is connected to it by way of a small bridge. From here downwards is the compact fabric of alleys and courtyards that compose the little residential "alcazaba" or citadel. This compact block of housing leaves free an important esplanade at the entrance to the complex, and to the rear, where the castle wall is lower, a small garden. Access to the apartments is by way of three unroofed passages, periodically widening in front of each of the private entrances, in the form of smaller-scale glazed elements. X.G.

Una de las mayores preocupaciones al abordar este proyecto fue intentar establecer una cota de uso público que estuviera elevada; es decir, que el espacio abierto de uso común pasara a ser el más cercano a la altura de coronación de las murallas del castillo, con el fin de paliar el problema de ventilación que se presentaba en verano y, al mismo tiempo, solucionar el deficiente soleamiento en invierno, ya que el interior está casi permanentemente en sombra.

El proyecto se puede entender como una gran plataforma que al estar a la misma altura que el paso de ronda se comunica con éste por medio de un pequeño puente. De este plano hacia abajo surge el tejido compacto de callejuelas y patios que configuran la pequeña "alcazaba" residencial. Este bloque compacto de viviendas libera una explanada importante a la entrada del conjunto, y en la parte posterior, allí donde la muralla es más baja, un pequeño jardín .

A las viviendas se accede a través de tres corredores descubiertos que van teniendo pequeños ensanches en los que se producen los accesos privados mediante unos elementos acristalados de escala más pequeña. X.G.

TO-1989/1992

I. DE LAS CASAS GÓMEZ y
M. DE LAS CASAS GÓMEZ

CONSEJERÍA DE AGRICULTURA DE LA JUNTA DE COMUNIDADES DE CASTILLA-LA MANCHA
DEPARTMENT OF AGRICULTURE OF THE CASTILLA-LA MANCHA REGIONAL COUNCIL
C. Pintor Matias Moreno, 4. Toledo

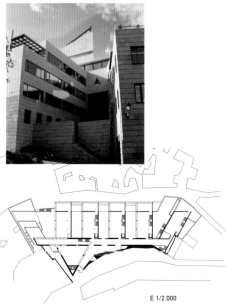

E 1/2.000

Está situada dentro del recinto histórico, próxima a la muralla y a la Puerta Cambrón, en un solar alargado con un desnivel de 20 m en dirección SE-NO.

El proyecto se realizó teniendo en cuenta las características de la ciudad de Toledo, cuya disposición compleja de piezas muy simples crea relaciones entre espacios abiertos y cerrados, siempre con el dominio del muro sobre el hueco; y haciendo referencia a las características concretas del lugar, intentando un edificio respetuoso con su entorno pero a la vez contemporáneo.

El gran muro que se desdobla sobre la calle Pintor Matías Moreno, con un hueco –el acceso– y otro hueco, en la quilla, lo relaciona visualmente con el ábside de la iglesia de San Juan de los Reyes y permite la visión alta del límite de la ciudad y del valle del Tajo.

El vestíbulo de entrada, en el mismo nivel que el acceso, queda adosado a la galería de distribución del conjunto, permitiendo el acceso directo a los bloques de tres y cinco plantas que forman el conjunto de oficinas. El cuerpo central, con sus tres patios, llega hasta la calle Santa Leocadia. Los extremos se deforman alineándose con las medianeras, dando lugar a unos patios abiertos a la fachada, apoyados sobre un gran basamento que ayuda a regularizar la pendiente de la calle y aloja los aparcamientos. Estos patios rompen su continuidad permeabilizando el muro al penetrar en ellos.

El cuerpo de acceso, el basamento sobre la calle Santa Leocadia y la plazuela de Santa Teresa se han resuelto con granito en grandes sillares. El resto queda chapado en piedra arenisca de Sepúlveda de dimensiones similares. XG

The building stands in the historic centre of the city, close to the ancient city wall and the Puerta Cambrón, on an elongated plot with a difference in level of 20 m from SE to NW.

The project took account of the character of the city of Toledo, with its complex disposition of very simple pieces creates relationships between open and closed spaces, with the wall constantly predominating over the void, at the same time embodying references to the specific characteristics of the setting, with the building seeking to be at once contemporary and respectful of its surroundings.

The great wall which enfolds calle Pintor Matias Moreno is penetrated by a single opening, the access; another opening, on the projecting spur, establishes the visual relation with the apse of the San Juan de los Reyes church, with a commanding view of the outskirts of the city and the Tajo valley.

The entrance vestibule, on the same level as the entrance, backs onto the distribution gallery serving the complex and giving direct access to the three- and five-storey blocks that comprise the office development. The central volume, with its three courtyards, extends to calle Santa Leocadia. The two ends are deformed to align with the neighbouring buildings, thus generating open courtyards on the facade, laid out on a great base that helps to regulate the gradient of the street and accommodate parking spaces. These courtyards effectively break the continuity, penetrating the wall and ensuring the permeability.

The access volume, the base on calle Santa Leocadia and the little square of Santa Teresa are clad with large slabs of granite, while the remainder of the complex is finished in slabs of Sepulveda sandstone of the same size. X.G.

OBRAS PRÓXIMAS
WORKS NEARBY

TO-1984/1987
E. TUNÓN ÁLVAREZ.
J.L. RODRÍGUEZ NORIEGA.
P. IGLESIAS PICAZO
Rehabilitación del Teatro Rojas
Toledo

TO-1989/1992
M. MUELAS JIMÉNEZ.
A. MATEO ORTEGA.
F. PRATS.
A. VILLANUEVA PAREDES.
F. MANCHÓN
Rehabilitación del Antiguo Convento de San Pedro
Toledo

286

EDIFICIO DE VIVIENDAS
HOUSING BUILDING
Pl. Ayuntamiento, 11. Valencia

The architect Luis Albert might seem to invite inclusion, on the basis of his having graduated in 1928, in the group identified with the G.A.T.E.P.A.C. generation, but the fact that he studied in Madrid means that he is in reality closer to the "generation of 1925". At all events, settled in Valencia from the start of his professional career, he went on to develop an architecture with its own particular characteristics, independent of that produced by his colleagues in these groups. The first important work constructed by Albert –the apartment building in the Plaza del Ayuntamiento– already embodies some of the features that figure again and again throughout his production. Amongst these, the most frequently repeated is the recurring inclusion of horizontal lines as the basis of the compositional scheme of the facades. For the repetition of these horizontals, he exploited all of the opportunities deriving from the functional essence of the building (construction, distribution): string courses, bands of windows, continuous or individual balconies, cornices and crowning elements of the top floor, etc. Albert accentuated these horizontal lines, frequently folding them over in series with two or more parallels accompanying the main line, an expressive resource that first appears in Mendelsohn's drawings from 1917 on and in his built work with the Berliner Tageblatt building of 1921-1923. The other most habitual feature of Albert's architecture –also present in Mendelsohn's work– is the treatment of the projecting balconies on the facade, grouped either in horizontal bands or in blocks, typically with only one end rounded. C.F.

El arquitecto Luis Albert que si bien por el año de su titulación, 1928, podría ser incluido en el grupo generacional del GATEPAC, al haber realizado sus estudios en Madrid se hallaría realmente más próximo a la "generación del 25". En todo caso, instalado en Valencia desde el principio de su ejercicio profesional, va a realizar una arquitectura de características propias, al margen de la que llevarán a cabo sus colegas de los grupos citados. La primera obra importante contruida por Albert –el edificio de viviendas situado en la plaza del Ayuntamiento– muestra ya algunos de los rasgos que aparecerán de forma repetida a lo largo de su producción. De entre ellos, el más generalizado se refiere a la inclusión permanente de líneas horizontales como base del esquema compositivo de las fachadas. Para la repetición de dichas horizontales aprovechará todas las oportunidades que se derivan de la propia funcionalidad del edificio: (construcción, distribución) líneas de imposta, franjas de huecos, balcones corridos o individuales, remates y terminaciones de las últimas plantas, etcétera. Albert acentuará estas líneas horizontales desdoblándolas, con frecuencia, en series de líneas con dos o más paralelas que acompañan a la principal, recurso expresivo que aparece ya en dibujos de Mendelsohn realizados a partir de 1917 y en su obra construida desde Berliner Tageblatt de 1921-1923. El otro rasgo más usual en la arquitectura de Albert –también presente en la obra de Mendelsohn– se refiere al tratamiento de los balcones volados en la fachada que pueden agruparse en bandas horizontales o en bloques, siempre en voladizo, y que generalmente presentan redondeados uno sólo de sus extremos. C.F.

EDIFICIO DE VIVIENDAS "FINCA ROJA"
"FINCA ROJA" HOUSING BUILDING
C. Albacete / C. Malaquer / C. Marva / C. Jesús. Valencia

E 1/5.000

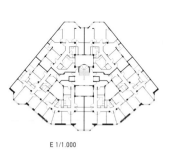

E 1/1.000

Enrique Viedma, titulado en la Escuela de Arquitectura de Barcelona en el mismo año que Isidre Puig Boada y Eusebi Bona, se sitúa, como ellos, en la órbita de un eclecticismo que, en algún caso, intentará aproximaciones a un "modernismo" más o menos auténtico. Esto es lo que sucede con la Finca Roja, obra insólita dentro de su producción, desarrollada en un lenguaje afín a ciertos monumentalismos holandeses y germánicos de la década de los años veinte, mientras que en su organización como conjunto habría que señalar alguna afinidad respecto de los "höfe" vieneses construidos entre 1919 y 1933, o quizá aún mayor respecto a la solución, muy anterior, de manzana cerrada, dotada de un amplio espacio interior ajardinado y arbolado, del Plan Castro para el ensanche de Madrid. En su concepción original se establecía la presencia en el patio de la Finca Roja de diversos locales comerciales organizados en cooperativa y exclusivos para los vecinos, si bien de tal proyecto sólo llegaría a existir un sólo establecimiento público, curiosamente un bar-bodega que, totalmente transformado, se ha mantenido hasta hoy. El conjunto fue proyectado para unas 500 viviendas con superficies que oscilaban entre los cerca de noventa metros cuadrados del piso-tipo a los casi ciento diez de los situados en el chaflán.
La masiva utilización del ladrillo a cara vista con la única adición de pequeñas piezas decorativas de terracota o cerámica vidriada o de piedra artificial, las ondulaciones de las fachadas a que dan lugar las franjas verticales d e los miradores y los monumentales remates de coronación de la cubierta otorgan a esta obra su acusada peculiaridad y potencia plásticas. C.F.

Enrique Viedma, who graduated from the Escuela de Arquitectura de Barcelona in the same year as Isidre Puig Boada and Eusebi Bona, can be situated with them in the orbit of an eclecticism that in certain instances embraces an approximation to a more or less authentic "modernism".
This is the case with the Finca Roja, an exceptional work within Viedma's architectural output, developed in a language reminiscent of some of the Dutch and German monumentalisms of the 1920s, while the organization of the complex as a whole manifests certain affinities with the Viennese höffe of the period from 1919 to 1933, or perhaps even more with the much earlier type of closed city block laid out around a sizeable landscaped interior courtyard with trees, as in the Plan Castro for the urban expansion of Madrid. The original version of the Finca Roja project envisaged the inclusion in the courtyard of various shops, organized in a cvooperative for te exclusive use of the residents; however, the only part of this idea to be put into practice was a single public establishment, in the form, curiously, of a bar and bodega which has survived to the present day in a radically transformed state.
The complex was designed to comprise some 500 apartments, the sizes of these ranging from approximately 90 m^2 for the standard flats to almost 110 m^2 for those on the chamfered corners.
The massive use of exposed brickwork, with the sole addition of decorative facings of terracotta, glazed tile or artificial stone, the undulations of the facades generated by the vertical strips of bay windows, and the monumental crowning elements on the roof combine to give this work its considerable individuality and potency of form. C.F.

OBRAS PROXIMAS
WORKS NEARBY

V-1933	V-1958/1960
L. GUTIÉRREZ SOTO	L. GUTIÉRREZ SOTO
Piscina Las Arenas	Torre de Valencia
Playa de la Malvarrosa	Pl. Marqués de Estella
Valencia	Valencia

EDIFICIO DE VIVIENDAS
HOUSING BUILDING
Universidad, 13. Valencia

It is hard not to be surprised at the fact that a relatively short stretch of a street such as the C/ San Vicente, in the heart of the city's historic centre, should have been the site for the construction in a few short years of so many buildings manifesting an evident concern with modernity, albeit with different conceptions of what this concept signified. The group as a whole constitutes a valuable datum in relation to the pioneering or avant-garde positions adopted by a number of the most representative Valencian architects of the time. After acknowledging the indisputable architectonic quality of all the works listed here, we should take particular note of the differences in language between them, ranging from the purer and more canonical rationalism of Albert to the integration of expressionist elements in Téstor or the special engagement with the avant-garde evidenced by Rieta, with the curving volumes of his building crowned by a cylindrical turret (at no. 22) revealing certain resonances of a belle-époque modernism.
As with the c. San Vicente, the Plaza del Ayuntamiento and the streets of Santa Clara, Ribera, Paseo de Rufassa and Xátiva constitute an authentic showcase of theavant-garde Valencian architecture of the 30s; a somewhat paradoxical circumstance, given that these streets are all situated in the historic centre of the city. C.F.

No deja de resultar un tanto sorprendente que en un tramo no muy extenso de una calle como ésta de San Vicente, plenamente integrada en el casco histórico, fueran construidos en tan poco tiempo tal cantidad de edificios proyectados con una evidente intención de modernidad, si bien desde concepciones diferentes de lo que tal concepto significaba. El conjunto representa un dato valioso acerca de las posiciones de ruptura o vanguardia existentes en una parte de los arquitectos valencianos más representativos del momento.
Partiendo de la innegable calidad arquitectónica común a las obras citadas es preciso subrayar las diferencias de lenguaje presentes en ellas desde el racionalismo más canónico y puro de Albert a la integración de componentes expresionistas en Téstor o el peculiar entendimiento de la vanguardia en Rieta, con su edificio de volúmenes curvos coronado por un torreón cilíndrico (núm. 22 de la citada calle) con ciertas resonancias de un modernismo "belle-époque".
Lo mismo que sucede en la calle San Vicente, la plaza del Ayuntamiento y las calles de Santa Clara, Ribera, Paseo de Russafa y Xátiva representan un auténtico muestrario de la arquitectura valenciana de vanguardia construida en la década de los años treinta. Un hecho paradójico, ya que tales vías forman parte, al propio tiempo, del casco antiguo de la ciudad. C.F.

OBRAS PROXIMAS
WORKS NEARBY

V-1929	V-1930	V-1935	V-1939		V-1944
L. ALBERT BALLESTEROS,	S. ARTAL RIOS	R. ROSO OLIVÉ	J.L. TESTOR GÓMEZ		J. GOERLICH LLEÓ
Edificio de viviendas	Edificio de viviendas	Edificio de viviendas	Edificio de viviendas		Edificio de viviendas
Xàtiva 21	Convento de Sta. Clara	San Vicente 51	Convento de Sta. Clara		Xàtiva, 4
Valencia	8. Valencia	Valencia	2. Valencia		Valencia
V-1930	V-1934	V-1934/1935	V-1939/1941		
M. CERVERA ARANDA	J.L. TESTOR GÓMEZ	L. ALBERT BALLESTEROS,	J. RIETA SISTER		
Edificio de viviendas	Edificio de viviendas	Edificio de viviendas	Edificio de viviendas		
Convento de Sta. Clara	San Vicente, 63-65	San Vicente, 77	San Vicente 22		
6. Valencia	Valencia	Valencia	Valencia		

GRUPO DE VIVIENDAS COOPERATIVA DE AGENTES COMERCIALES
HOUSING FOR A COMMERCIAL AGENTS' COOPERATIVE

C. Santa María Micaela, 18 / C. B. Perez Galdós. Valencia

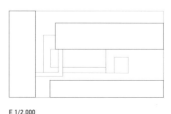

E 1/2.000

E 1/500

Sobre una de las zonas de los nuevos ensanches de la ciudad de Valencia se ubicó, a finales de la década de los cincuenta, este conjunto integrado por 138 viviendas y locales comerciales. Distribuidas en tres bloques independientes, con entrada única por la calle de Santa María Micaela a través de un patio común que articula dichos bloques y que por sus condiciones de soleamiento y dotaciones se constituye en el elemento central y protagonista del conjunto al tiempo que supone una eficaz área de relación para los ocupantes del grupo.

Dos bloques de doce alturas con seis plantas de viviendas dúplex cada uno de ellos y un bloque bajo, de dos, con pisos convencionales, se organizan como manzana abierta que –transcurridos casi cuarenta años de su construcción– se presenta como una alternativa positiva e indudablemente válida respecto de las ordenaciones de tipo convencional.

Los pisos, de unos 100 m², tienen los accesos por galerías abiertas, provistas de celosía, lo que representa un adecuado sistema de ventilación así como de protección solar.

Una construcción concienzuda y cuidadosamente resuelta en todos sus detalles, unida a sus singulares valores tanto funcionales como de diseño y proyecto, otorgan a esta obra plena vigencia. C.F.

This complex of 138 apartments and shops was constructed in one of the city of Valencia's areas of new development in the late fifties. The complex is laid out in three free-standing blocks, with a single entrance on c. Santa María Micaela by way of the communal courtyard that articulates these blocks and constitutes, thanks to its sunshine and amenities, the central and emblematic element, while providing an effective social space for the residents.

Two towers of twelve storeys, each comprising six double floors of duplex apartments, and a lower, two-storey building of single-level flats are organized in the form of an open block which, almost forty years later, presents itself as an attractive alternative to the conventional type of layout.

Access to the apartments, of approximately 100 m² each, is by way of open galleries with lattice screens which provide an effective protection from the sun while ensuring adequate ventilation.

The conscientious and careful resolution of the construction and all of the detailing, combined with exceptional functional and design values, make this a work of continuing and undiminished relevance. C.F.

OBRAS PRÓXIMAS
WORKS NEARBY
V-1950
J.M.DEXEUS BEATTY,
F. MARTÍNEZ GARCÍA-
ORDOÑEZ
Colegio Guadalaviar
Av. de Blasco Ibáñez
Valencia

V–1985/1992

TEATRO ROMANO
ROMAN THEATRE
Sagunto

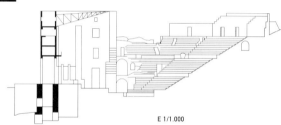

E 1/1.000

Prior to this intervention, the original Roman construction was on the point of disappearing as an architectural presence, and had already lost contact with the different parts of the historic city.

The rehabilitation and reconstruction have managed to restore the Roman civic character to the theatre, which presents itself as a single volume with a role in defining the urban space, while the exterior has manifestly rediscovered the relationship with the landscape that governed its original construction.

Two main criteria guided the project: first of all, the consolidation and highlighting of the authentic Roman elements, and secondly, the restitution –by means of studies and informed hypotheses– of the characteristic and unitary space of the theatre.

On the basis of available data relating to the historic fabric, and thanks to an ongoing process of research directed at understanding the building, the scheme successfully employed natural materials and techniques used by the Romans in the rehabilitation, at all times clearly distinguishing the original elements and the new additions. X.G.

Esta implantación romana se hallaba a punto de desaparecer como arquitectura y ya había perdido su relación con las diversas partes de la ciudad histórica.

Con la rehabilitación y reconstrucción se consiguió devolver al teatro su carácter romano civil, entendido como volumen único y definidor de espacio urbano. El exterior muestra recuperada su relación con el paisaje para el que se construyó.

Los criterios que guiaron la intervención fueron, en primer lugar, consolidar y poner en evidencia los restos auténticos y, posteriormente, restituir a partir de estudios e hipótesis el espacio característico y unitario del teatro.

Sobre la base de los datos aportados por la fábrica antigua y gracias a un proceso continuo de comprensión del edificio, se utilizaron materiales naturales y técnicas romanas para su rehabilitación, haciendo siempre evidente la diferenciación entre las partes originales y las de nueva factura. X.G.

OBRAS PRÓXIMAS
WORKS NEARBY

V–1980/1985	V–1985/1986	V–1985/1989	V–1988/1990	V–1988/1991	V–1991/1995
V.M. VIDAL VIDAL, L.C. ALONSO DE ARMIÑO PÉREZ	M. DEL REY AYNAT, I. MAGRO DE ORBE, J. BLAT PIZARRO	J.J. ESTELLÉS CEBA	M. MARTÍN VELASCO	M. DEL REY AYNAT, I. MAGRO DE ORBE	L.C. ALONSO DE ARMIÑO PÉREZ, V.M. VIDAL VIDAL
Edificio Manterol	**Edificio La Coma**	Restauración del Palacio del Marqués de Campo	Centro Rector del Parque Tecnológico	**Centro de Salud**	**Centro de Salud**
Ctra. de Albaida Onteniente	Barrio de La Coma Polígono Acceso a Ademuz Paterna	Pza. del Arzobispo Valencia	Paterna	Av. Enseñanza s/n Bétera	Av. dels Sants de la Pedra Sagunto

IVAM. CENTRO JULIO GONZÁLEZ
IVAM. JULIO GONZÁLEZ CENTRE
C. Guillem de Castro, 118. Valencia

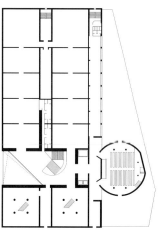

E 1/1.500

Este edificio, proyectado par el Instituo de Arte Contemporáneo de Valencia, tiene un doble papel relevante: de una parte su arquitectura es suficientemente clara y simple como para quedar incorporada a la estructura urbana del barrio sin perder por ello el carácter de edificio singular y relevante a todos los niveles que merece. Por otra, este mismo carácter tiene que ser transmitido, a la sociedad, a la ciudad para que sea un importante vitalizador cultural tanto a nivel de Valencia como estatal.

El edificio se organiza en bandas paralelas a la fachada principal que da a la calle Guillem de Castro, y se retrasa 15 m respecto de la alineación de fachada de calle.

Se crea, de este modo, un primer contacto con su entorno que a la vez lo eleva respecto al nivel de la calle.

El volumen total dialoga con su entorno. El ventanaje de la fachada principal da las claves sobre su funcionamento, accediéndose a través de una gran entrada de vidrio, allí donde la fachada penetra y crea un gran vestíbulo donde se encuentra la escalera. X.G.

This building, designed to house Valencia's institute of contemporary art, was required to exercise two significant roles: on the one hand, its architecture had to be sufficiently clear and simple for it to be readily incorporated into the urban fabric of the Carmen neighbourhood without incongruity, yet without sacrificing its true character as an exceptional and outstanding building. On the other hand, this same character had to be communicated at the social level within the city as an important focus of cultural revitalization at national as well as Valencian significance.

The building is organized in bands running parallel to the main facade along c. Guillem de Castro, where it is set back 15 m from the normal street alignment.

In this way the scheme establishes a first contact with its surroundings that elevates it above street level, creating a plaza space that is of key importance for the social reading of the art centre building. The volume as a whole engages in a dialogue with its surroundings. The fenestration of the main facade provides the key to the functioning of the building, entered by way of a great glazed void. In the interior, the position of the staircase is dislocated with respect to the great vestibule that ascends full height to the roof. X.G.

OBRAS PRÓXIMAS
WORKS NEARBY

V–1986/1989
S. CALATRAVA VALLS
Puente 9 de Octubre
Sobre el Río Túria
Valencia

V–1988/1990
H. HERNÁNDEZ MARTÍN,
VETGES TU I
MEDITERRÀNIA
Centro de producción
de programas de la
Televisión Valenciana
Canal 9
Burjassot

V–1993/1994
J.M. LOZANO VELASCO,
L.M. FERRER OBANOS
Centro Escolar para
750 estudiantes
Canals

CONVENTO APOSTÓLICO DE P.P. DOMINICOS
APOSTOLIC CONVENT OF THE DOMINICAN FATHERS
Arcas Reales. Valladolid

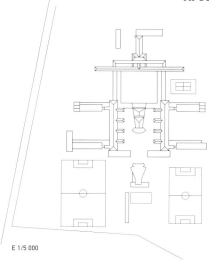

E 1/5.000

An orderly articulation –based on criteria of strict orthogonality– of the various buildings that make up this convent complex, and the use of fair-faced brick as the predominant material, give the scheme its most significant individual feature, as well as its decidedly unitary character. The outstanding focal point is provided by the potent volume of the church, accentuated by the spectacular convex masonry wall of the apse, crowned by the admirable bronze figure of St Dominic –by Jorge Oteiza– that appears to be on the point of lifting off from the wall, bearing in its hands "the star of light that will illumine the world". This mystical rapture is the one licence the architect has allowed himself within a general treatment of the greatest sobriety, in which an evident concern with a strict austerity is carried through in the interior of the church, where the light is the key element, capable of emphasizing the presence of the main altar, in a solution that is clearly in continuity with much Baroque church architecture.

The church, which in 1954 was awarded the Gold Medal at the Vienna Festival of Sacred Art, represented in its day –within the parameters then dominant in Spanish religious art– a radical break that it would be no exaggeration to describe as scandalous on account of the absence of ornamental or "religious" motifs, the nakedness of all of the walls and the unusual organization of the plan, resolved by means of a ramp that ascends to the altar, symbolically expressing the difficulty of responding to the vibrantly luminous call this establishes.

The quality of this work, which had a considerable influence on subsequent religious architecture in Spain, is such that Fisac himself found it difficult to equal the levels of expressivity and –at the same time– of formal austerity. A small building for functions, situated close to the apse of the church, was constructed by Fisac one year after completion of the convent. C.F.

Una ordenada articulación –basada en criterios de estricta ortogonalidad– entre los edificios que integran este conjunto conventual y el empleo del ladrillo a cara vista como material predominante otorgan a esta obra su significación más peculiar, al tiempo que un decidido carácter unitario dentro del cual se destaca como punto focal el poderoso volumen de la iglesia, que se acentúa mediante el espectacular muro convexo de sillería correspondiente al ábside, elemento coronado por la admirable figura en bronce de Santo Domingo –obra de Jorge Oteiza–, siempre a punto de "desprenderse" del paramento pétreo y llevando entre sus manos "la estrella de luz que iluminará al mundo". Este arrebato místico será la única licencia que se permita el arquitecto dentro de una línea de máxima sobriedad, en la que una evidente intención de austeridad estricta se mantendrá también en el interior del templo con la luz como elemento clave capaz de destacar la presencia del altar mayor; solución, por otra parte, muy en la línea de buena parte de las realizaciones barrocas.

La iglesia, que en 1954 obtendría la Medalla de Oro en el certamen de Arte Sacro de Viena, representó en su momento –dentro de los parámetros dominantes en el arte religioso español– una ruptura que no sería exagerado calificar de escandalosa, debido a su escasez de motivos ornamentales o "piadosos", la desnudez de todos sus paramentos y la peculiar organización de su planta, resuelta como una rampa ascendente hacia el altar, expresando de forma simbólica la dificultad de responder a la llamada vibrantemente luminosa que se establece desde él.

De gran influencia en la arquitectura religiosa que aparecería posteriormente en España, el propio Fisac se vería en dificultades para superar los niveles de expresividad y –al propio tiempo– austeridad formal presentes en esta obra. Un pequeño edificio para salón de actos, situado en las proximidades del ábside de la iglesia, fue construido por Fisac un año después de la finalización del convento. C.F.

OBRAS PRÓXIMAS
WORKS NEARBY

VA-1938/1939
J.M. VEGA SAMPER
Edificio de viviendas
Capuchinos, 1
Valladolid

VA-1988/1995
P. GONZÁLEZ
Nuevos juzgados
Valladolid

POLIDEPORTIVO LOS ZUMACALES
LOS ZUMACALES SPORTS CENTRE

Simancas

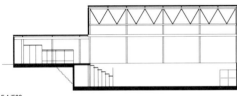

E 1/500

La normativa del Consejo Superior de Deportes ha impulsado enormemente la construcción de instalaciones deportivas en España.

Este polideportivo es un buen ejemplo de la tipología constructiva a que se ha llegado, motivada básicamente por los ajustados presupuestos de los modelos más reducidos de recintos.

Como dicen los propios arquitectos, se trata de una gran caja translúcida de la máxima abstracción, ligereza y rigor constructivo. Al rectángulo de la pista se le añade por el sur una banda de servicios y vestuarios que en planta sótano se convierten en recinto de instalaciones y almacenamiento.

La total austeridad de la estructura, quizás el aspecto más destacable, se rellena con paneles opacos y translúcidos y se apoya en un zócalo de hormigón.

Es una muestra del buen resultado arquitectónico, simple, digno y con carácter, al que se puede llegar, a pesar de un presupuesto mínimo. X.G.

Over the last ten years, the Spanish government's Sports Council has promoted the construction of new sports facilities throughout the country.

This sports centre is a good example of the construction typology that has thus evolved, motivated in the first instance by the restricted budgets available for the more modest amongst these new facilities.

The architects themselves refer to the scheme as a great translucent box, highly abstract, exceptional in its lightness and its construction rigour. The rectangular form of the sports court is abutted on its south side by a band of services and changing rooms; on the basement level, this houses technical services and a storeroom.

The scheme is austere in the highest degree: the structural frame, the outstanding feature here, is filled in with opaque and translucent panels, and stands on a concrete plinth.

The resulting building is a good example of architectonic simplicity and dignity; it is worth noting in particular the lightness produced by the glazed band, which effectively merges with the built mass of Simancas. X.G.

OBRAS PRÓXIMAS
WORKS NEARBY
PA-1992/1994
G. GALLEGOS BOGES.
J.C. SANZ BLANCO
Casa de Cultura
Villamuriel de Cerrato

IGLESIA PARROQUIAL DE LOS ÁNGELES
DE LOS ANGELES PARISH CHURCH
C. Bastiturri, 4. Vitoria. Gasteiz

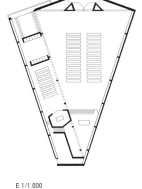

E 1/1.000   E 1/1.000

IGLESIA PARROQUIAL
DE LA CORONACIÓN
DE NUESTRA SEÑORA
M. FISAC SERNA
VITORIA

The presentation to Miguel Fisac in 1954 of the Gold Medal at the International Exhibition of Sacred Art in Vienna also contributed to stimulating a process of renovation in the fiels of religious architecture that had commenced several years previously in Spain with the works of the so-called "first post-war generation". In addition to Fisac himself, other architects such as Fernández del Amo, Carvajal, García de Paredes, La Hoz and others contributed their own particular conceptions within a sphere of activity which, in view of its special signification, it is perhaps more difficult to distance from traditional forms as these are conventionally understood.

Fisac and the team of Javier Carvajal Ferrer and José Maria García de Paredes were afforded simultaneous opportunities to give material form to their ideas of change, in being commissioned to design parish churches for he city of Vitoria. (It is worth noting that La Hoz and García de Paredes had already taken a positive first step in this direction with the chapel for the Aquinas hall of residence in the Ciudad Universitaria in Madrid). It is significant that, in spite of the coincidences of place, time and intentions, the results obtained in Vitoria by Fisac and by Carvajal and García de Paredes were so profoundly different –virtually in diametrical opposition to one another– with a treatment of the exterior marked by a certain minimalism and a clearly baroque orientation of the interior space in the first of the two, in contrast to the brilliant formalism of the exterior (in the line of the so-called "formgivers") and a sculptural potentiation of the interior in the church by Carvajal and García de Paredes. In both of these works the architects convincingly demonstrated that it was not necessary for specifically religious commissions to be forever locked in the same closed and immutable form, but could and should be allowed to embody the whole diverse range of transformations manifested by architectural activity in general. X.G.

La concesión a Miguel Fisac, en 1954, de la Medalla de Oro en la Exposición Internacional de Arte Sacro de Viena contribuyó a estimular también, en el campo de la arquitectura religiosa, un proceso de renovación que desde algunos años antes se había iniciado en España a través de las obras de la llamada "primera generación de posguerra". Junto al propio Fisac, otros arquitectos como Fernández del Amo, Moragas, Carvajal, García de Paredes, La Hoz, etc., aportaron sus propias y respectivas concepciones dentro de una actividad que por su especial significación parecía más difícil distanciar de unas formas tradicionales convencionalmente entendidas.

Tanto Fisac como el equipo formado por Javier Carvajal y José María García de Paredes tendrían la oportunidad, de modo simultáneo, de hacer realidad sus ideas de cambio al encomendárseles la realización de sendos templos parroquiales en la ciudad de Vitoria. (En todo caso, La Hoz y J.M. García de Paredes habían dado ya un primer paso positivo en esta dirección con la capilla del Colegio Mayor Aquinas, situado en la Ciudad Universitaria de Madrid). Es de destacar el que, pese a las coincidencias en cuanto a lugar, cronología e intenciones, los resultados obtenidos en Vitoria por Fisac y por Carvajal y García de Paredes fueran tan acusadamente distintos –e incluso casi el polo opuesto uno de otro. Con una solución exterior próxima a un cierto minimalismo y una orientación claramente barroca del espacio interior, en el primero de los casos, frente al brillante formalismo exterior (en la línea de los denominados "formgivers") y una potenciación plástica de la estructura por lo que se refiere al interior, en la iglesia de Carvajal y García de Paredes.

En ambas obras, los arquitectos supieron poner de manifiesto cómo los temas específicamente religiosos no tenían porqué permanecer como un recinto estanco e intocable, sino que, por el contrario, deberían ser capaces de experimentar también aquellas transformaciones de muy diversa índole que estaban afectando la actividad arquitectónica en general. X.G.

CENTRO DE EDUCACIÓN ESPECIAL
SPECIAL EDUCATION CENTRE
Llodio

E 1/1.000

Situado en un terreno orientado a norte y en pendiente,
lo que dificultaba la conveniente protección climática,
se recurrió a una tipología en plataforma, de patios abiertos.
Todo el edificio se desarrolla, junto con el patio de juegos,
en una planta única. Salvo el acceso, mediante escalera y
rampa, que se realiza a través de un cuerpo superior que
acoge el aparcamiento y un núcleo de aseos. Justo en la zona
de acceso se ubica un pequeño parque-zona verde, alternativa
a la plataforma de juegos inferior pavimentada.
Esta entrada a nivel superior da lugar a una galería
longitudinal, ya en el nivel inferior, que distribuye a ambos
lados, a modo de espina de pez, todas las dependencias del
centro, agrupándolas en torno a cuatro patios simétricos. X.G.

Situated on a sloping plot with a northward orientation, which
posed problems of adequate climatic protection, the scheme
has opted for a platform typology with open courtyards
The entire building, together with its playground, is developed
on a single level, with the exception of the access, by way of
stairs and ramp which pass through the higher volume which
accommodates the car park and a toilet block. Alongside the
access zone is a small landscaped park, offering an
alternative to the paved lower playground.
This entrance on the upper level leads on to a longitudinal
gallery on the lower level. Laid out on both sides of this
gallery, like a fishbone, are all the rooms of the centre,
ordered around four symmetrical courtyards. X.G.

NUEVA SEDE DE LA HACIENDA FORAL
NEW HEAD OFFICES OF THE MINISTRY OF FINANCE
Vitoria. Gasteiz

E 1/1.000

The head offices of the Ministry of Finance (Ministerio de Economía y Hacienda) are situated on a plot fronting onto the square. In view of the fact that the levels of the site presented two different regulatory heights, the building has been stepped in such a way as to facilitate the unbroken continuity of the urban fabric.

The relatively free floor plans respond to a flexible programme of use for the offices. The lattice facade extends to form a perforated skin over the entire surface, with a horizontal banding which diminishes the impression of height and settles the building on the site. All of the interior spaces have three glazed sides, offering different views from each work station.

The main area for attention to the public is in the form of a large patio space as extension to the rear of the ground floor, with overhead illumination.

A very tall-sided interior street with a great north-facing window acts as hall and distribution space for all the internal circulation. X.G.

La sede de Hacienda está situada en un solar con frente a la plaza que presenta dos alturas reguladoras diferentes en sus extremos, por lo que se realizó el edificio escalonado, permitiendo así la continuidad de la forma natural del conjunto urbano.

Las plantas, relativamente libres, responden a un programa flexible para el uso de oficinas. La fachada-rejilla se extiende como una piel horadada por toda la superficie, con un despiece horizontal que reduce la percepción de altura y asienta el edificio. Cada local interior recoge tres bandas acristaladas, que proporcionan visuales diferentes a cada punto de trabajo.

La atención principal al público se realiza en un gran patio posterior de operaciones, extensión de la planta baja iluminado cenitalmente.

Una calle interior de gran altura, con un amplio ventanal al norte, actúa de vestíbulo-distribuidor de todos los movimientos. X.G.

Z-1926/1928

F. GARCÍA MERCADAL

PABELLÓN "RINCÓN DE GOYA"
"RINCÓN DE GOYA" PAVILION
Parque Primo de Rivera. Zaragoza

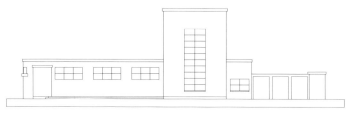

E 1/500

Parcialmente restaurado en 1983 por el arquitecto J. Martín Trenor.

La figura de Fernando García Mercadal aparece, sin lugar a dudas, como la del principal introductor en España de las tendencias de vanguardia centroeuropeas, así como el aglutinador de la mayor parte de los arquitectos españoles afines a las mismas. A la vuelta de sus cuatro años como becario del Premio de Roma y después de haber obtenido una visión directa de las decisivas transformaciones iniciadas en el campo de la arquitectura, recibe el encargo de construir en su ciudad natal el monumento conmemorativo del centenario del pintor Francisco de Goya. Mercadal propone una solución tan innovadora en su momento como podía serlo el convertir el monumento previsto en un sencillo pabellón con biblioteca y salas de conferencias y lectura situado en el recinto de un parque público. Surge así el Rincón de Goya, aún hoy parcialmente modificado tras atravesar por diversas vicisitudes que llegaron a convertirle en algo casi irreconocible, etapa ya superada aunque continúe sin producirse su restauración total. C.F.

Partially restored in 1983 by the architect J. Martín Trenor. Fernando García Mercadal is of undisputed significance as the architect who did most to introduce into Spain the ideas of the Central European avant-garde movements, and who drew together most of the Spanish architects interested in those ideas. On returning to his native city after a four-year period on a Prix de Rome scholarship, during which he had direct personal experience of the decisive transformations then beginning to take place in architecture, he received the commission to construct this monument to commemorate the centenary of the death of the painter Francisco de Goya. Mercadal put forward a solution that was radically innovative for its time, consisting in interpreting the proposed monument as a simple pavilion containing a library with reading rooms and lecture halls, situated in a public park. The result was the Rincón de Goya, still today partially deformed after having undergone a series of vicissitudes which were to render it virtually unrecognizable (1945); it has since been restored to something like its original state, although this restoration is by no means complete C.F.

OBRAS PRÓXIMAS
WORKS NEARBY

Z-1928
F. GARCÍA MERCADAL
Edificio de viviendas
Zurita, 18
Zaragoza

Z-1928/1929
F. GARCÍA MERCADAL
Edificio de viviendas
Pl. de los Sitios, 16
Zaragoza

Z-1930
J. y R. BOROBIO OJEDA
Edificio de viviendas
Gran Vía, 17
Zaragoza

Z-1933
J. BELTRÁN NAVARRO
Casa Algora
P. Zurita, 16
Zaragoza

Z-1935
F. ALBIÑANA CORRALÉ
Edificio de viviendas
Mefisto, 9
Zaragoza

Z-1934
A. HUERTA MARTÍN
Edificio de viviendas
Pza. de los Sitios 9-10
Zaragoza

Z-1934/1935
C. BARATTO BESATTI,
M. MUÑOZ CASAYÚS
Edificio de viviendas
Gran Vía, 7-9
Zaragoza

298

EDIFICIO DE LA CONFEDERACIÓN HIDROGRÁFICA DEL EBRO
CONFEDERACIÓN HIDROGRÁFICA DEL EBRO BUILDING

P. de Sagasta, 22. Zaragoza

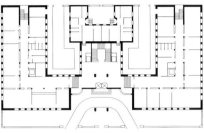

E 1/1.000

A work of lengthy gestation, with the project drawn up between 1933 and 1936 (or 1933-1938 according to Carmen Rábanos Faci) and construction not completed until 1946 (J. M. Pozo Municio), this is undoubtedly the most important joint achievement of the Borobio brothers, Regino (graduated 1920) and José (graduated 1931). The work combines an evident fusion of modernity with R. Borobio's concern to keep faith with the local construction tradition: "I have tried to see to it that my buildings harmonize with the city, that they have much in common with Zaragoza". The free-standing building, with facades on three streets and a spacious courtyard opening to the rear, is resolved on the exterior with a treatment of fair-faced Aragon brick, evidencing a compositional regularity in which the voids are deployed on the facade with no other projecting element than the shallow sills. The regularity and clarity of the facades is complemented by the equally clear and functional layout of the plan, with its effective resolution of horizontal and vertical circulation. A central position in the facade is assumed by the main entrance, with a zone for vehicle access, with the entry emphasized by a change in material and a stone cladding with bas-reliefs by Burriel taking the place of the brickwork; also of stone is the plinth that runs the full length of the facades. This attempt at realizing a modern architecture taking brick as the dominant material constitutes a point of correspondence with many of the other members of the "generation of 1925", and a decision that might well be taken as a valid alternative to the established and widely utilized formula of continuous rendering. Regino Borobio himself opted in favour of rendered facades in various works constructed between 1931 and 1936, generally reserving brick for his more traditional buildings, in spite of the good results obtained with this material in the Lucía house of 1935, at Avda. Hernán Cortes, 13, Zaragoza —one of the few projects in which he engaged with the rationalist aesthetic on the basis of exposed brickwork.

The studio of Regino and José Borobio was responsible for a number of residential buildings of a rationalist cast, with rendered facades in white or pale colours, effectively establishing a typology in which vertical volumes ascending from the first floor to the roof, projecting out or set back from the plane of the facade, make possible an inexhaustible variety of solutions, and where the metalwork of railings and doors makes a significant contribution to the design quality and modernity of the work. C.F.

Obra de larga gestación, con proyecto desarrollado entre 1933 y 1936, (o 1933-38 según C. Rábanos Faci) y cuya construcción no finalizaría hasta 1946 (J.M. Pozo Nuncio). Representa sin duda el trabajo más importante surgido de la colaboración de los hermanos Borobio —Regino (título de 1920) y José (título de 1931)— conjugándose en él una evidente función de modernidad con la preocupación de R. Borobio por mantenerse dentro de una tradición constructiva de raíz local: "He procurado que mis edificios entonaran con la ciudad, que tuvieran mucho en común con Zaragoza". El edificio, exento, con fachada a tres calles y amplio patio posterior abierto, se resuelve en su tratamiento exterior mediante fábrica de ladrillo, tipo aragonés, a cara vista, optándose por una regularidad compositiva con solución de huecos sin otro accidente que los leves salientes de los alféizares. A la regularidad y claridad de fachadas corresponde también una distribución en planta clara y funcional, con adecuada solución de circulaciones horizontales y verticales. En situación central respecto de la fachada se sitúa el acceso principal con zona de llegada para vehículos, entrada que se subraya mediante un cambio de material y donde un aplacado pétreo con bajorrelieves de Burriel sustituye a la fábrica de ladrillo; de piedra, asimismo, es el zócalo corrido a lo largo de las fachadas.

Este intento de llevar a cabo una arquitectura moderna partiendo del ladrillo como material dominante supone un punto de coincidencia con buena parte de los restantes miembros de la "generación de 1925" y una opción que hubiera podido representar una alternativa válida a la aceptada y tan extendida fórmula del revoco continuo. El propio Regino Borobio se inclinará por fachadas revocadas en obras realizadas entre 1931-36 reservando el ladrillo normalmente para sus edificios de corte tradicional y ello pese a los buenos resultados obtenidos con dicho material en su casa Lucía de 1935, situada en la avenida zaragozana de Hernán Cortés, 13; una de las pocas obras en las que aborda la estética racionalista a través de fábricas de ladrillo a cara vista.

Del estudio de Regino y José Borobio saldría un buen número de edificios de viviendas afines al racionalismo con revocos blancos o en colores claros, llegándose a establecer un tipo en el que cuerpos verticales —extendidos desde la planta primera a la cubierta— resaltados o rehundidos respecto del plano de la fachada, hacían posible una inagotable variedad de soluciones y en los que la obra de rejería de barandillas y cancelas de portales, contribuirían notablemente a la calidad y modernidad de diseño de la obra. C.F.

OBRAS PRÓXIMAS
WORKS NEARBY

Z-1929/1931
J. y R. BOROBIO OJEDA
Edificio de viviendas
P. de Sagasta, 7
Zaragoza

Z-1930
J. y R. BOROBIO OJEDA
Casa Hernández Luna
P. Ruiseñores
Zaragoza

Z-1930/1933
R. BERGAMÍN GUTIÉRREZ
Edificio de TVE
P. de Ruiseñores 55-57
Zaragoza

Z-1930/1931
J. y R. BOROBIO OJEDA
Edificio de viviendas
P. de Sagasta, 31
Zaragoza

Z-1935
J. BELTRÁN NAVARRO
Edificio de viviendas
P. María Agustín, 7
Zaragoza

Z-1962
J. ROMERO AGUIRRE
Iglesia de Nuestra
Señora del Carmen
P. de María Agustín 8
Zaragoza

Z-1971
F. BASSÓ BIRULÉS
Antiguo edificio de
Galerías Preciados
P. la Independencia 13
Zaragoza

299

BIBLIOTECA PÚBLICA DE ARAGÓN
ARAGÓN PUBLIC LIBRARY
C. Doctor Cerrada 22. Zaragoza

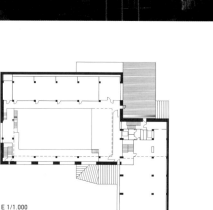

E 1/1.000

Situada en un barrio residencial, la biblioteca quiere armonizar con su entorno sin perder la imagen de edificio público. La normativa urbanística pedía que el edificio que se construyera al lado del existente fuera de poca altura, cosa que no ocurrió con el solar que más tarde se anexionó al primero, al reconocer la necesidad de una biblioteca de mayores dimensiones.

Así, se optó por su desarrollo en dos volúmenes: el de mayor altura, cuya fachada suroeste hace referencia al edificio adyacente, produciendo el efecto de haber sido seccionados y separados para insertar la nueva biblioteca. El volumen menor, de tres plantas, está retranqueado respecto de la línea de la calle, rompiendo el ritmo de las construcciones próximas, y permite el acceso a los espacios abiertos que rodean el edificio. La entrada, también retirada, con su escalera en suave inclinación, aleja progresivamente al usuario del ruido del tráfico.

El interior no refleja la fragmentación exterior.

Los espacios se relacionan con mayor fluidez, creando un ambiente íntimo siempre dotado de luz natural, incluso en los sótanos.

El uso de los materiales y el ritmo de las fachadas, con sus grandes ventanas abiertas, consiguen integrar el edificio en su entorno. X.G.

Situated in a residential neighbourhood, the library seeks to integrate with its surroundings while retaining its image as a public building. The local planning regulations stipulated that any construction adjoining an existing building should be lower in height, although this condition was not applied to the second plot subsequently annexed to the first in recognition of the need for a library of more generous dimensions.

It was thus decided to develop the scheme as two volumes. On the taller of these, the south-west facade was treated in terms of a reference to the neighbouring building, creating a sense that the two had been picked out and moved apart in order to make room for the new library. The lower, three-storey volume is set back from the line of the street, breaking the rhythm of the buildings on either side, to allow access to the open spaces around it. The entrance, also stepped back from the street, has a gently rising flight of steps, progressively carrying the user away from the noise of the traffic

The interior does not manifest the fragmentation of the exterior. The spaces are related to one another more fluidly, creating an intimate atmosphere that benefits from the entrance of daylight, even in the basement areas.

The choice of materials and the rhythm of the facades with their large window openings combine to integrate the new library into its surroundings. X.G.

Z-1984/1993

AMPLIACIÓN DEL EDIFICIO DE LOS JUZGADOS
EXTENSION TO THE LAW COURTS BUILDING IN ZARAGOZA

C. de Prudencio / Plaza de Nuestra Señora del Pilar. Zaragoza.

The new building has its entrance on the Plaza de Nuestra Señora del Pilar and by way of the old building to which it is connected by a short gallery at ground-floor level.

The series of orthogonal volumes is laid out to leave a free space between the different component parts, without establishing any organizational or compositional centrality. The utilization of the formal analysis of the programme to establish the appropriate strategy permitted the breaking up of the composition, giving it the scale and the fractured form of the buildings which constitute the fabric of this urban zone, at the same time resolving the issues of function and circulation.

The construction of the site, the implantation of the building in the setting and the reconstruction of the urban fabric in this zone of the city are the determining factors in this scheme which at the same time define its formal character, neutral and architecturally dependent on its surroundings.

The lightweight galvanized steel panels serve to mute the facade, and the absence of tradition in the technological solution employed contrasts with the existing built fabric. X.G.

El nuevo edificio tiene su entrada desde la plaza de Nuestra Señora del Pilar y a través del antiguo edificio al que se une por medio de una breve galería a nivel del suelo.

Una serie de cuerpos ortogonales se organizan dejando un espacio libre entre los volúmenes que lo componen, sin establecer ninguna centralidad organizativa ni compositiva. La utilización del análisis funcional del programa para establecer la estrategia oportuna permitió trocear el edificio y asumir la escala y la forma fraccionada de la edificación que conforma el tejido de la ciudad en esa zona, resolviendo al mismo tiempo los problemas funcionales y de circulación.

La construcción del lugar, la implantación del edificio en el entorno y la reconstrucción del tejido urbano en esa zona de la ciudad son los aspectos determinantes de esta obra, que definen a la vez su aspecto formal, neutro y dependiente arquitectónicamente de su entorno. Los paneles ligeros de acero galvanizado, hacen enmudecer la fachada, y la falta de tradición de la solución tecnológica utilizada se confronta a las fábricas existentes del entorno. X.G.

MUSEO PROVINCIAL DE ARQUEOLOGÍA Y BELLAS ARTES
PROVINCIAL MUSEUM OF ARCHAEOLOGY AND FINE ART

Plaza de Santa Lucía, 1. Zamora

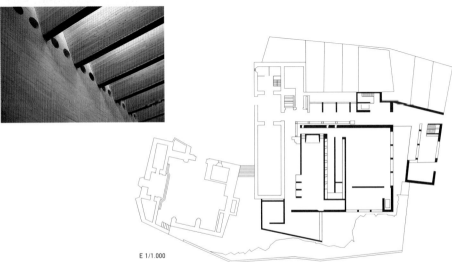

E 1/1.000

El museo está situado en un solar cerrado, rodeado por un conjunto de preexistencias formado por el Palacio del Cordón, la iglesia de Santa Lucía, las espaldas de un caserío del
siglo XIX y un talud de roca que impide la visión del entorno, así como la del propio museo desde el exterior.
El resultado es un cubo macizo revestido de piedra que emerge. En su interior la arquitectura se explica a través del espacio que relaciona cada pieza, mediante un recorrido por esos mismos elementos, que obliga al visitante a reconocerlos, casi a tocarlos; con ello cobra gran importancia la cubierta, fuente de luz natural y único plano que se ve al completo desde la iglesia de San Cebrián.
El nivel del acceso se situó en una cota intermedia, que provoca la estratificación de usos. Por debajo de ella se desarrollan los almacenes y actividades a museo cerrado, biblioteca, salón de actos y exposiciones temporales. Sobre este nivel se disponen todas las salas de exposición con iluminación cenital. X.G.

The museum is situated on an enclosed plot surrounded by a group of existing elements consisting of the Palacio del Cordón, the church of Santa Lucia and the rear part of a 19th-century mansion and a spur of rock, which impedes a view of the setting or of the museum itself from the exterior.
The resulting volume is a solid, stone-clad cube, made apparent in its interior where the architecture explains itself in terms of the space that relates each of the elements, by way of an itinerary that links these, obliging the visitor to recognize and almost to touch them; great significance is thus assumed by the roof, as the source of natural light and the only one of te building's planes visible in its entirety from the church of San Cebrián.
The access is situated at an intermediate level, and this is reflected in the stratification of uses. Beneath the access level are the storerooms and areas closed to the public, the library, the function hall and temporary exhibition space; above it is the series of exhibition rooms with overhead illumination. X.G.

OBRAS PROXIMAS
WORKS NEARBY

ZA-1956/1957
A. DE LA SOTA
MARTÍNEZ
Edificio de viviendas
Zamora

ZA-1993/1996
M. FRAILE OCHARAN,
J. REVILLO PINILLA
Recinto Ferial
Zamora

INSTITUTO EUROPEO UNIVERSITARIO
EUROPEAN UNIVERSITY INSTITUTE
Zamora

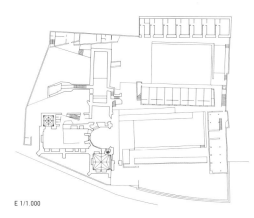

E 1/1.000

In the project for the Institute, one of the key concerns was the rehabilitation and enhancement of the surviving Gothic architectural complex, exploiting its aesthetic potential while at the same time articulating a series of volumes that respond to the strictly functional programme and maintain the sense of what the convent complex was, as well as offering views of the river and the city of Zamora.

The built complex is composed of a series of independent pavilions, and this is of considerable functional advantage to the Foundation in providing for the opening and running of only those parts of the complex specifically needed at any one time. The L-shaped layout of the building organizes the exterior spaces, following the scheme established by the ancient convent complex: a public garden overlooked by the classrooms and library, and another, more private garden on the site of the ancient cloister, overlooked by the rooms of the residence.

The historic remains have been restored and occupied and endowed with new functions, thus enhancing the value of the ancient fabric. The same criterion was adopted in relation to the construction system and the materials employed: the curtain wall appears on the plane of the facade of Corten steel, creating abstract volumetries that contrast to great effect with the historic remains. X.G.

En el proyecto para el Instituto se trató de rehabilitar y potenciar el conjunto de restos góticos aprovechando su capacidad plástica y, a la vez articular una serie de volúmenes que dieran respuesta al programa funcional, mantuvieran la huella de lo que fue el conjunto conventual y dieran vistas sobre el río y la ciudad de Zamora.

El conjunto edificado está compuesto por una serie de pabellones independientes que, para el caso de la fundación, resuelven el programa funcional con grandes ventajas, pues no obliga a poner en funcionamiento todo el conjunto a la vez. La implantación del edificio en forma de L organiza los espacios exteriores siguiendo las pautas del antiguo conjunto conventual; un jardín de carácter público al que se vuelcan las aulas y biblioteca y otro más privado, en la posición del antiguo claustro, al que se abren las habitaciones de la residencia.

Los restos arqueológicos se ocupan, restauran y adquieren nuevas funciones, potenciándose así el valor de la ruina.

También el mismo criterio sigue el sistema constructivo y los materiales utilizados: el muro cortina aparece en el plano de la fachada de acero Corten consiguiendo unas volumetrías abstractas que contrastan con las ruinas. XG

Índice onomástico Index of names

BALARI MUÑOZ, J.
B-1981/1983-P.105
Restauración de la Iglesia
de Santa Maria de l'Estany
L'Estany

BALCELLS COMAS, R.
B-1990-P.131
Centro de Alto Rendimiento
Deportivo
Sant Cugat del Vallès

BALIERO, H.
M-1966/1969-P.212
Residencia de Nuestra Señora
de Luján
Av. Martín Fierra / c. Obispo Trejo
Madrid

BALTAR TOJO, R.
C-1966/1969-P.150
Viviendas para Cooperativistas
de Aviación Civil
Polígono de Vite
Santiago de Compostela
C-1970/1974-P.150
Polideportivo del Colegio
Manuel Peleteiro
Santiago de Compostela
C-1972/1974-P.148
Almacenes para Fenosa
Santiago de Compostela
C-1990/1994-P.150
Nuevos Juzgados
Av. Lugo / c. Viena
Santiago de Compostela

BALLESTEROS FIGUERAS, J. A.
B-1959/1962-P.82
Academia de Corte y Confección Feli
(Antigua Joyería Monés)
c. Guillem Tell, 47 / c. Lincoln, 36-38
Barcelona

BARATTO BESATTI, C.
Z-1934/1935-P.298
Edificio de Viviendas
Gran Vía, 7-9
Zaragoza

BARBA CORSINI, F. J.
B-1959/1963-P.88
Edificio de Viviendas
Rda. General Mitre 1-13
Barcelona
B-1960/1961-P.89
Edificio de Viviendas
c. Escoles Pies, 16
Barcelona
B-1966/1973-P.109
Conjunto Residencial de
400 Viviendas
Ctra. N-II / c. Jovellar / c. Rivero /
c. Triomf
Badalona
GI-1967/1969-P.168
Edificio de Apartamentos
La Molina
Alp

BARRIENTÓS GONZÁLEZ, M.
M-1993/1995-P.210
Plaza de Toros y Espectáculos
c. Tulipán / Rda. del Norte
(Polígono los Rosales)
Móstoles

BARRIO SUÁREZ, A.
NA-1989/1990-P.233
Ampliación de la Facultad
de Medicina
Ciudad Universitaria de Navarra
Pamplona. Iruña

BARRIONUEVO FERRER, A.
SE-1987/1990-P.263
Subestación de Transformación
Eléctrica
c. Tarragona, 2
Sevilla

BARRIONUEVO FERRER, F.
SE-1975/1978-P.262
Urbanización La Montilla
Dos Hermanas
SE-1976/1979-P.260
Manzana de Viviendas
c. Colombia / c. Progreso /
c. Valparaiso / c. Juan de Pablo
Sevilla

BARTOLOMÉ ARGÜELLES, J. A.
C-1966/1969-P.150
Conjunto de Viviendas para
Cooperativistas de Aviación Civil
Polígono de Vite
Santiago de Compostela
C-1970/1974-P.150
Polideportivo del Colegio
Manuel Peleteiro
Santiago de Compostela
C-1972/1974-P.148
Almacenes para Fenosa
Santiago de Compostela
C-1990/1994-P.150
Nuevos Juzgados
Av. Lugo / c. Viena
Santiago de Compostela

BASÁÑEZ BILLELABEITIA, R.
BI-1964/1969-P.141
Viviendas Municipales
c. Larrakao Torre / c. Islas Canarias
Bilbao. Bilbo

BASSÓ BIRULÉS, F.
B-1954/1961-P.75
Editorial Gustavo Gili
c. Rosselló, 87-89
Barcelona
B-1954/1961-P.76
Escuela Universitaria de Estudios
Empresariales
Av. Diagonal,694-696
Barcelona
VI-1972/1975-P.295
Antiguo Edificio de Galerias Preciados
c. Paz / Pl. Sta. Bárbara
Vitoria. Gasteiz

BASSÓ VIDAL, C.
T-1986/1988-P.275
Conjunto de Viviendas
en el Mas Abelló
Reus

BASTARDES PORCEL, A.
B-1981/1983-P.105
Restauración de la Iglesia
de Santa Maria de l'Estany
L'Estany

BASTERRA PINILLA, J.
AL-1992/1995-P.55
Edificios de Viviendas y Oficinas
c. Central (Polígono de la Celulosa)
Almería

BASTERRECHEA AGUIRRE, J. R.
BI-1960/1962-P.141
Facultad de Ciencias Económicas y
Empresariales
Av. Lehendakari Aguirre, 83. Deusto
Bilbao. Bilbo

BATLLE DURANY, E.
B-1985-P.91
Cementerio de Roques Blanques
Ctra. C-1413
El Papiol
B-1990/1992-P.124
Parque del Nudo de la Trinidad
Nudo de la Ronda Litoral / Rda. Norte
/ Autopista de Barcelona-La Jonquera
/ Autopista de Barcelona-Mataró
Barcelona
B-1992-P.109
Parc Catalunya
Eix Macià
Sabadell
GI-1993-P.168
Área de Reposo
Lago de Malniu
Meranges

BATLLE, M.
B-1991/1993-P.134
Edificio de Oficinas F.E.C.S.A.
Av. Paral·lel / c. Cabanes
Barcelona
B-1992-P.109
Polideportivo y Escuela Pública
Pla de la Concòrdia
Montgat
B-1993-P.109
Polideportivo Municipal
Pg. Creu de la Pedra
Alella

BAUTISTA, A.
TF-1988/1993-P.282
Pabellón Polideportivo
Barrio de Duggi
Santa Cruz de Tenerife

BAYÓN ÁLVAREZ, M.
M-1976/1978-P.207
Edificio de Viviendas
c. Arturo Soria, 93
Madrid
M-1979/1992-P.216
Edificio de Viviendas
Palomeras, Fase I, II y III
Madrid
M-1986/1989-P.219
Centro de Diseño
Ctra. Local de Algete Km. 3.85
Algete
S-1990-P.252
Edificio de Oficinas
Pl. San José Ruano
Santander
SE-1989/1992-P.264
Centro Regional para la Red Eléctrica.
Pabellón de la Luz
Isla de la Cartuja
Sevilla

BELTRÀN FERRER, E.
T-1983/1986-P.277
Estación de Autobuses
Pl. Imperial Tarraco / Av. Roma
Tarragona

BELTRÁN NAVARRO, J.
HU-1931-P.175
Hospital Provincial de Huesca
Huesca
HU-1931-P.175
Pabellón de Enfermos Tuberculosos
Huesca
HU-1933-P.175
Edificio de Viviendas
Casa de las Lástimas
c. Ricafort, 7
Huesca
HU-1934-P.175
Edificio de Viviendas Casa Francoy
c. Pablo Iglesias, 12
Huesca
HU-1934-P.175
Edificio de Viviendas Casa Lacasa
c. Pablo Iglesias, 16
Huesca
HU-1935-P.175
Edificio Coms
Av. del Parque, 4
Huesca
Z-1933-P.298
Casa Algora
P. Zurita, 16
Zaragoza
Z-1935-P.299
Edificio de Viviendas
P. María Agustín, 7

BELLIDO, A. L.
VI-1977/1980-P.297
Edificios de Viviendas
c. Blas López
Vitoria. Gasteiz

BELLMUNT, J.
B-1984-P.120
Jardines de Can Solei
c. Sant Bru
Badalona

BELLOSILLO AMUNATEGUI, F. J.
SA-1990/1993-P.254
Grupo de Viviendas
Guijuelo

BENEDITO ROVIRA, J.
B-1981/1983-P.125
Centro de Educación Especial
Santa Coloma de Gramenet
B-1993/1994-P.133
Fòrum Nord de la Tecnologia
c. Pí i Molist, s/n. Nou Barris
Barcelona
B-1993/1995-P.131
Arxiu Nacional de Catalunya
Sant Cugat del Vallès

BENITO COMPANY, C.
CS-1993/1995-P.163
Parque Tecnológico IMPIVA
Av. del Mar, s/n
Castellón de la Plana

BERGADÀ MASQUEF, J.
T-1986/1991-P.278
Instituto de Bachillerato
Centre Direccional
Cambrils
T-1987/1991-P.279
Colegio Público
Pl. Portalada
Altafulla

BERGAMÍN GUTIÉRREZ, R.
M-1927/1929-P.193
Casa del Marqués de Villora
c. Serrano, 130
Madrid
M-1931/1932-P.187
Colonia Parque-Residencia
c. Vitruvio / c. Carbonero / c. Sol
Madrid
M-1933/1936-P.193
Grupo de Viviendas el Viso
c. Serrano / c. Guadalquivir / c.
Tormes
Madrid
Z-1930/1935-P.299
Edificio de TVE
P. de Ruiseñores, 55-57
Zaragoza

BERTRÀN FERRÚS, R.
T-1986/1991-P.278
Instituto de Enseñanza Secundaria
Centre Direccional
Cambrils
T-1991/1996-P.278
Edificio para Servicios Parroquiales
Av. Prat de la Riba
Reus
T-1992/1995-P.278
Instituto de Enseñanza Secundaria
Jaume I
c. Carrilet
Salou

BESCÓS DOMÍNGUEZ, R.
M-1972/1977-P.215
Edificio de Oficinas Bankinter
c. Marqués de Riscal
Madrid

BIANCO LABORDE, C.
B-1990/1992-P.129
Instituto de Enseñanza Secundaria
Viladecans
B-1992-P.124
Parque Europa
Santa Coloma de Gramenet

BISQUERT, E.
M-1976/1978-P.207
Edificio de viviendas
c. Arturo Soria, 93
Madrid

BLANCO SOLER, L.
M-1931/1932-P.187
Colonia Parque-Residencia
c. Vitruvio / c. Carbonero / c. Sol
Madrid

M-1976/1978-P.207
Edificio de Viviendas
c. Arturo Soria 93
Madrid

BLANCH RUBIÓ, A.
B-1989/1993-P.121
Colegio público Torre Guitart
P. Sant Bernat / c. Vallmanya
Sabadell
B-1992-P.116
Vapor Marcet
c. Pantà / c. Rasa
Terrassa

BLASCO ROBLES, J.
TF-1934/1936-P.283
Bloque de Viviendas Casa Arroyo
Rbla. General Franco / c. Numancia /
c. 25 de Julio
Santa Cruz de Tenerife

BLAT PIZARRO, J.
V-1986-P.291
Edificio La Coma
Polígono Acceso a Ademuz
Paterna

BLEIN ZARAZAGA, G.
MU-1935-P.229
Almacenes Coy
c. Pascual
Murcia

BOFILL LEVI, R.
TALLER DE ARQUITECTURA
A-1974/1975-P.51
Edificio de Apartamentos
La Muralla Roja
Calpe
B-1960/1962-P.79
Edificio de Viviendas
C. Johann Sebastian Bach, 28
Barcelona
B-1962/1963-P.79
Edificio de Viviendas
Pl. San Gregorio Traumaturgo /
c. Johann Sebastian Bach
Barcelona
B-1962/1964-P.83
Edificio de Viviendas
c. Nicaragua, 99
Barcelona
B-1970/1975-P.91
Edificio de Viviendas Walden 7
Av. Industria, s/n
Sant Just Desvern
B-1990/1992-P.72
Terminal del Aeropuerto de
Barcelona
El Prat de Llobregat

BOHIGAS GUARDIOLA, O.
B-1955/1962-P.77
Grupo de Viviendas Escorial
c. Escorial / c. Legalitat /
c. Alegre de Dalt / c. Encarnació
Barcelona
B-1957/1961-P.80
Grupo de 130 Viviendas para Obreros
de una Empresa Metalúrgica
c. Pallars, 299-319
Barcelona
B-1959/1964-P.84
Edificio de Viviendas
Av. Meridiana, 312 bis-318
Barcelona
B-1970/1975-P.90
Centro Escolar de Enseñanza
Primaria y Secundaria THAU
Ctra. Esplugues, 49-53
Barcelona
B-1975/1979-P.97
Edificio de Viviendas
c. Eduard Conde, 50
Barcelona
B-1980-P.121
Edificio de Viviendas
c. Martí l'Humà
Sabadell
B-1981/1987-P.96
Parque de la Creueta del Coll
c. Nostra Señora del Coll, s/n
Barcelona

B-1983/1987-P.119
Conjunto de Viviendas
Nuevo Ensanche de Gallecs
Mollet del Vallés
B-1995-P.66
Ampliación del centro comercial
El Corte Inglés
Pl. Catalunya / c. Fontanella
Barcelona

BOHIGAS, A.
B-1978/1979-P.114
Restaurante La Balsa
c. Infanta Isabel, 3
Barcelona

BONA, E.
B-1962-P.76
Escuela Técnica Superior de
Arquitectura de Barcelona
Av. Diagonal, 649
Barcelona

BONELL COSTA, E.
B-1972/1975-P.94
Edificio de Viviendas Frègoli
c. Madrazo, 54-56
Barcelona
B-1981/1983-P.82
Edificio de Viviendas Frègoli II
c. Brusi, 19
Barcelona
B-1983/1984-P.99
Velódromo de Horta
P. Vall d'Hebrón / P. Castanyers /
c. Germans Desvalls
Barcelona
B-1986/1987-P.121
Edificio de Viviendas
Pl. Espanya, 1-16
Sabadell
B-1986/1989-P.104
Colegio Público
Masquefa
B-1986/1991-P.109
Palacio Municipal de Deportes
Badalona
B-1986/1992-P.106
Vila Olímpica
Poble Nou
Barcelona
B-1991/1994-P.81
Aparthotel Citadines
Ramblas, 122
Barcelona
GI-1988/1992-P.170
Palacio de Justicia
Av. Ramon Folch / c. Berenguer
Carnicer / c. Reial de Fontclara
Girona
GI-1990-P.170
Polideportivo de la Draga
Banyoles
GI-1993-P.170
Pabellón de Fontajau
Av. Josep Tarradellas
Girona
L-1978-P.179
Conjunto de Apartamentos
Llessui
T-1987/1991-P.278
Pabellón Municipal de Deportes
Pl. Segregació
Salou

BONET BERTRÁN, J.
B-1972/1974-P.92
Edificio de Viviendas
c. Tokio, 2
Barcelona
B-1992-P.119
Palacio Municipal de Deportes
Granollers
M-1985/1987-P.213
Polideportivo Triángulo de Oro
c. Bravo Murillo / c. Capitán Haya
Madrid

BO-CA

BONET CASTELLANA, A.
B-1937-P.67
Pabellón de la República Española en
la Exposición Internacional de París
de 1937
c. Jorge Manrique
Barcelona
B-1953-P.72
Vivienda Unifamiliar La Ricarda
Cº de la Albufera
El Prat de Llobregat
B-1962/1963-P.84
Canódromo Meridiana
c. Concepción Arenal, 165
Barcelona
B-1971/1972-P.66
Edificio de Oficinas
Pl. Urquinaona, 6
Barcelona

BONET FERRER, V.
B-1965/1968-P.74
Grupo de Viviendas La Viña
c. Alts Forns / c. Ferrocarrils Catalans
Barcelona

BOROBIO OJEDA, J.
Z-1929/1931-P.299
Edificio de Viviendas
P. de Sagasta, 7
Zaragoza
Z-1930-P.298
Edificio de Viviendas
Gran Vía, 17
Zaragoza
Z-1930-P.299
Casa Hernández Luna
P. Ruiseñores
Zaragoza
Z-1930/1931-P.299
Edificio de Viviendas
P. de Sagasta, 31
Zaragoza
Z-1936/1939-P.300
Facultad de Filosofía y Letras
Zaragoza
Z-1933/1936-P.299
Confederación Hidrográfica del Ebro
P. de Sagasta, 22
Zaragoza

BOROBIO OJEDA, R.
Z-1929/1931-P.299
Edificio de Viviendas
P. de Sagasta, 7
Zaragoza
Z-1930-P.298
Edificio de Viviendas
Gran Vía, 17
Zaragoza
Z-1930-P.299
Casa Hernández Luna
P. Ruiseñores
Zaragoza
Z-1930/1931-P.299
Edificio de Viviendas
P. de Sagasta, 31
Zaragoza
Z-1936/1939-P.300
Facultad de Filosofía y Letras
Zaragoza
Z-1933/1936-P.299
Confederación Hidrográfica del Ebro
P. de Sagasta, 22
Zaragoza

BORSO DI CARMINATI, C.
V-1931-P.287
Ateneo
Pl. Ayuntamiento, 18
Valencia
V-1935-P.287
Cine Rialto
Pl. Ayuntamiento, 17
Valencia

BOSCH GENOVER, J.
GI-1987/1989-P.170
Adaptación del Antiguo Hospicio
de Olot para Museo
c. Bisbe Lorenzana
Olot

BOSCH PLANES, A.
B-1976-P.119
Museo Comarcal de Granollers
c. Anselm Clavé, 40
Granollers

BOTEY GÓMEZ, J. M.
B-1976-P.119
Museo Comarcal de Granollers
c. Anselm Clavé, 40
Granollers
B-1991/1993-P.119
Centro de Disminuidos Psíquicos
y Centro de Día
Granollers

BRAVO FARRÉ, LL.
B-1989-P.121
Colegio público Torre Guitart
P. Sant Bernat / c. Vallmanya
Sabadell
B-1991/1993-P.106
Edificio de Oficinas
Av. Meridiana / c. Almogàvers
Barcelona
B-1992-P.116
Vapor Marcet
c. Pantà / c. Rasa
Terrassa

BRAVO OURÁ, C.
M-1986/1989-P.213
Parroquia Cena del Señor
c. Antonio Machado / c. Valderey
Madrid
SE-1990/1993-P.261
Edificio de Viviendas
Polígono de los Bermejales
Sevilla

BRAVO SANFELIU, P.
M-1932/1936-P.186
Escuela Técnica Superior de
Arquitectura
Av. Juan de Herrera, s/n
Madrid

BRAVO, C.
M-1979/1992-P.216
Palomeras, Fase I, II y III
Madrid

BRINGAS VEGA, G.
S-1934-P.250
Club Marítimo
Santander

BRU BISTUER, E.
B-1983-P.128
Instituto de Formación Profesional
c. Sta Eulàlia, s/n
Santa Coloma de Gramenet
B-1984-P.120
Jardines de Can Solei
c. Sant Bru
Badalona
B-1989/1992-P.117
Area de la Vall d'Hebrón
P. Vall d'Hebrón / c. Pare Mariana /
c. Basses d'Horta
Barcelona
CO-1993/1995-P.161
Parque Zoológico
Av. Zoológico
Córdoba

BRULLET TENAS, M.
B-1984/1986-P.100
Escuela Pública Camí del Cros
Ronda del Cros / Camí del Mig
Mataró
B-1991/1994-P.100
Complejo Docente
Av. Ferrés Puig
Vilassar de Mar
B-1992-P.100
Centro de Asistencia Primaria
Cirera-Molins
Rda. Frederic Mistral
Mataró

BUIXADÉ RIBOT, C.
B-1985/1992-P.103
El Anillo Olímpico
Anella Olímpica
Barcelona
VI-1973/1975-P.295
Cúpula del Pabellón Araba
Portal de Zurbano
Vitoria. Gasteiz

BURGOS RUIZ, F. J.
L-1996-P.175
Colegio Oficial de Arquitectos
de Catalunya
c. Canyaret, 2
Lleida

BURILLO LAFARGA, L.
TO-1985/1987-P.285
Conjunto de Viviendas
en el Castillo de Maqueda
Maqueda

BURKHALTER ANEL, L.E.
M-1971/1973-P.215
Edificio de Viviendas
c. García de Paredes, 56
Madrid

BUSQUETS SINDREU, X.
B-1958/1959-P.81
Sede del Colegio de Arquitectos
de Catalunya
Pl. Nova, 5
Barcelona

CABRERA PONCE DE LEÓN, A.
TH-1989/1991-P.161
Conjunto de Viviendas
c. Fuente Santa
Almodóvar del Río

CABRERO Y TORRES-QUEVEDO, F. DE
M-1949/1950-P.196
Ministerio de Trabajo y Asuntos
Sociales (antigua Delegación
Nacional de Sindicatos)
P. del Prado, 20
Madrid
M-1960/1962-P.196
Colegio Mayor San Agustín
c. Séneca, s/n
Madrid
M-1960/1963-P.213
Centro de Gestión Catastral y
Cooperación Tributaria
P. Castellana, 272
Madrid
M-1964/1965-P.212
Pavellón de Cristal de la Feria
Internacional de campo
c. Aves (Recinto Ferial de la Casa de
Campo)
Madrid

CÁCERES ZURITA, R.
B-1989/1990-P.134
Urbanización del Paseo Joan de Borbó
y del Paseo Marítim de la Barceloneta
Moll de la Barceloneta
Barcelona

CALAFELL LAFUENTE, E.
B-1994-P.102
Naves Industriales
Polígono Pedrosa
L'Hospitalet de Llobregat

CALATRAVA VALLS, S.
B-1985/1990-P.101
Puente de Bac de Roda
c. Felip II / c. Bac de Roda
Barcelona
BA-1988/1991-P.137
Puente Lusitania
sobre el Río Guadiana
Mérida
GI-1989/1991-P.168
Pasarela la Devesa sobre el Río Ter
Ripoll
SE-1989/1992-P.264
Puente del Alamillo y Viaducto
Sevilla

TF-1994/1995-P.282
Recinto Ferial de Tenerife
Cabo Llanos
Santa Cruz de Tenerife
V-1986/1989-P.292
Puente 9 de Octubre
sobre el Río Túria
Valencia

CALVET, F.
L-1975-P.181
Repetidor de Telefónica
Murallas de Bellver
Bellver de Cerdanya

CAMACHO VALENCIA, S.
M-1989/1993-P.221
Actuaciones en Trazas Históricas
Villa de Aranjuez
Madrid

CAMPO BAEZA, A
AL-1973/1974-P.54
Universidad Laboral
Ctra. Almería a Nijar, Km. 7
Almería
C-1979/1980-P.155
Ayuntamiento de Fene
Fene
CA-1989/1992-P.157
Instituto de Enseñanza Secundaria Drago
c. Maquinista Cubillo
Cádiz
M-1985/1986-P.220
Colegio en San Fermín
Av. Fueros
Madrid

CAMPO DÍAZ, M.A.
VI-1985/1987-P.297
Centro Cívico de Sansomendi (ampliación de 1996)
Senda de los Echanove
Vitoria. Gasteiz
VI-1988/1991-P.297
Nueva Sede de la Hacienda Foral
Vitoria. Gasteiz
VI-1990/1991-P.296
Rehabilitación del Ayuntamiento
Nanclares de la Oca
VI-1991/1994-P.296
Equipamiento Deportivo Recreativo
Nanclares de la Oca

RIUS CAMPS, F.
B-1971/1976-P.77
Edificio de Viviendas
Av. Coll del Portell, 52
Barcelona

CANO DOMÍNGUEZ, B.
GC-1990/1993-P.166
Centro de Visitantes e Interpretación de Mancha Blanca
Parque Nacional de Timanfaya
Montañas del Fuego. Tinajo.
Lanzarote

CANO DOMÍNGUEZ, D.
C-1986-P.150
Auditorio de Galicia
Santiago de Compostela

CANO LASO, J.
AL-1973/1974-P.54
Universidad Laboral
Ctra. Almería a Nijar, Km. 7
Almería
C-1986/1990-P.150
Auditorio de Galicia
Santiago de Compostela
M-1960/1961-P.224
Edificio de Viviendas
c. Espalter, 8
Madrid
M-1966/1971-P.188
Grupo de Viviendas la Basílica
c. General Moscardó, 17-21
Madrid

M-1969/1972-P.207
Central de Telefónica
c. María Nistal / c. Antonio Cantalejo/
c. Antonio Calvo / c. Demetrio López
Madrid
M-1979/1992-P.216
Palomeras, Fase I, II y III
Madrid
M-1992/1993-P.223
Parque Empresarial
Las Rozas
Madrid
OR-1974/1975-P.247
Universidad Laboral
Orense

CANO PINTOS, A.
GC-1990/1993-P.166
Centro de Visitantes e Interpretación de Mancha Blanca
Parque Nacional de Timanfaya
Montañas del Fuego. Tinajo.
Lanzarote

CÁNOVAS DEL CASTILLO, F.
M-1931/1933-P.191
Edificio de Viviendas
c. Almagro, 26 / c. Zurbarán, 17
Madrid

CANTALLOPS VALERI, LL.
B-1963/1967-P.77
Residencia de Estudiantes Madre Güell
c. Esperança, 5-7
Barcelona
B-1975-P.129
Edificio de Viviendas
c. St. Josep / c. Miguel Hernández
Sant Vicenç dels Horts
GI-1979-P.173
Escuela Universitaria Politécnica
Campus de Montilivi
Girona

CAÑAS DEL RÍO, R.
LE-1935-P.182
Edificio de Viviendas
Av. de Roma, 18
León
LE-1936/1938-P.182
Edificio de Viviendas
c. Bernardo del Carpio, 13
León
LE-1939/1942-P.182
Edificio de Viviendas
c. Ordoño II, 32
León
LE-1941-P.182
Edificio de Viviendas
c. Piloto Regueral, 2-4
León

CAPILLA RONCERO, I.
SE-1988/1991-P.265
Viviendas de Vallehermoso
Parcela BG2-11
Mairena de Aljarafe

CARBAJAL NAVARRO, J. A.
CA-1990/1994-P.157
G65: Ciudad del Mar
Punta de San Felipe
Cádiz
CA-1991/1994-P.158
Edificio de Viviendas
Av. Guadalquivir, 22
Cádiz
CA-1995-P.158
Torre de la Luz
Embocadura Interior de la Bahía
Puntales
SE-1984/1988-P.265
Escuela de Sguridad Pública de Andalucía
Ctra. Isla Mayor a Aznalcazar
Aznalcazar
SE-1991/1994-P.262
Manzana de Viviendas
Polígono del Aeropuerto
Sevilla

CARBALLAL FERNÁNDEZ, J.
MU-1991/1994-P.231
Estación de Autobuses
Cartagena

CARBÓ BERTHOLD, P. J.
B-1983/1984-P.130
Restauración de las Termas Romanas
Pl. Esglèsia
Caldes de Montbui
B-1983/1985-P.105
Restauración de la Iglesia de Santa Càndida d'Orpí
Ctra. BV-2131 Km. 9,7
Orpí
B-1984/1991-P.130
Restauración de la Iglesia de Sant Vicenç de Malla
Ctra. N-152
Malla
B-1986/1991-P.116
Restauración del Monasterio Románico de St. Llorenç de Munt
Cima de la Mola
Matadepera

CARBONELL MESSEGUER, E.
MU-1978/1983-P.230
Oficinas y Sede Social de la Caja de Ahorros de Murcia
Gran Vía Francisco Salzillo
Murcia
MU-1985/1987-P.230
Edificios de Viviendas
Alcantarilla
MU-1992/1994-P.231
Edificios de Viviendas
Av. Isaac Peral
Murcia

CARDENAL GONZÁLEZ, J. C.
B-1959/1962-P.82
Academia de Corte y Confección Feli (antigua Joyería Monés)
c. Guillem Tell,47 / c. Lincoln, 36-38
Barcelona

CARMONA SANZ, C.
B-1986/1989-P.104
Colegio Público
Masquefa

CARRASCAL CALLE, F.
SE-1990/1992-P.266
Edificio para Instalaciones de la Dirección General de la Policía
Cortijo de Cuarto
Sevilla

CARTAGENA MIRET, J.
B-1993-P.130
Centro Empresarial Nodus-Barberà
Polígono Can Salvatella
Barberà del Vallès

CARTAÑÁ GUBERN, J.M.
B-1990/1992-P.110
Hotel Rey Juan Carlos I
c. Torre Melina, s/n
Barcelona

CARVAJAL FERRER, F. J.
B-1954/1961-P.76
Escuela Universitaria de Estudios Empresariales (Antigua Escuela de Altos Estudios Mercantiles)
Av. Diagonal, 694-696
Barcelona
M-1959-P.209
Polígono de Viviendas Almendrales
Madrid
M-1966/1968-P.215
Edificio de Viviendas
c. Montesquinza, 41
Madrid
M-1968/1970-P.224
Torre Valencia
c. O'Donnell, 4
Madrid
M-1975/1978-P.214
Edificio de Oficinas La Adriática
P. Castellana, 39
Madrid

VI-1958/1959-P.295
Iglesia Parroquial de Nuestra Señora de los Ángeles
c. Bastiturri, 4
Vitoria. Gasteiz

CASADO TERÁN, J.
M-1993/1995-P.210
Plaza de Toros y Espectaculos
c. Tulipán / Rda. del Norte.
Polígono los Rosales
Móstoles

CASALS, J.
B-1982-P.73
MiniEstadi del F.C. Barcelona
Trav. de las Corts, s/n
Barcelona

CASANUEVA, E.
BI-1967/1970-P.139
Sede del Banco Bilbao Vizcaya
Gran Vía, 1
Bilbao. Bilbo

CASAS GÓMEZ, I. DE LAS
M-1979/1992-P.216
Palomeras, Fase I, II y III
Madrid
M-1987/1990-P.213
Fundación de Gremios
Zona Industrial de Fuencarral
Madrid
M-1989/1990-P.220
Conservatorio de Música
c. Dr. Mata
Madrid
SE-1990/1992
Pabellón de Castilla la Mancha
Isla de la Cartuja, P. del Lago
Sevilla
T0-1975/1977-P.284
Residencia de Internas
Talavera de la Reina
T0-1981/1981-P.284
151 Viviendas en Cabeza del Moro
Talavera de la Reina
T0-1992/1992-P.286
Consejería de Agricultura de Castilla-La Mancha
c. Pintor Matías Moreno, 4
Toledo
ZA-1994/1995-P.303
Instituto Europeo Universitario
Zamora

CASAS GÓMEZ, M. DE LAS
M-1979/1992-P.216
Palomeras, Fase I, II y III
Madrid
M-1987/1990-P.213
Fundación de Gremios
Zona Industrial de Fuencarral
Madrid
M-1989/1990-P.220
Conservatorio de Música
c. Dr. Mata
Madrid
SE-1990/1992-P.264
Pabellón de Castilla-La Mancha
Isla de La Cartuja. P. del Lago
Sevilla
T0-1975/1977-P.284
Residencia de Internas
Talavera de la Reina
T0-1978/1981-P.284
151 Viviendas en Cabeza del Moro
Talavera de la Reina
T0-1989/1992-P.286
Consejería de Agricultura de Castilla-La Mancha
c. Pintor Matías Moreno, 4
Toledo
ZA-1994/1995-P.303
Instituto Europeo Universitario
Zamora

CASAS LLOMPART, F.
PM-1936-P.241
Edificio Josefa Mayol
Via Alemania / Camino de Jesús
Palma de Mallorca

PM-1939/1942-P.241
Edificio Salvá
P. de Mallorca, 17
Palma de Mallorca

CASQUEIRO BARREIRO, F.
LU-1993/1995-P.152
Centro de Salud
c. Almirante L. Carrero Blanco /
c. Primavera / c. Juicio
Lugo

CASTRO REPRESAS, F.
P0-1933-P.246
Edificio de Viviendas
c. Marqués de Valladares, 31/ c. Colón
Vigo
P0-1935-P.246
Edificio de Viviendas
c. Policarpo Sanz, 22
Vigo
P0-1938-P.246
Edificio de Conservas Ribas
c. Tomás Alonso / c. Orillamar
Vigo
P0-1938-P.246
Edificio de Viviendas
Pl. Portugal, 1
Vigo
P0-1938-P.246
Edificio de Viviendas
Av. José Antonio, 62
Vigo
P0-1939-P.246
Edificio de Viviendas
Av. García Barbón, 30
Vigo

CASTRO REPRESAS, F.
P0-1942-P.246
Edificio de Viviendas
Av. José Antonio, 48
Vigo

CATÓN SANTAREN, J. L.
VI-1993/1987-P.297
Centro Cívico de Sansomendi
(ampliación 1996)
Senda de los Echanove
Vitoria. Gasteiz
VI-1988/1991-P.297
Nueva Sede de la Hacienda Foral
Vitoria. Gasteiz

CAYCOYA, C.
BI-1993/1995-P.145
Comisaría de la Ertzaintza
Av. Lehendakari Aguirre. Deusto
Bilbao. Bilbo

CENTELLES SOLER, M.
AL-1992/1995-P.54
Conjunto de Viviendas sociales
Los Albaricoques
Níjar
AL-1992/1995-P.55
Instituto de Secundaria
El Ejido

CEREIJO TRINIDAD, R.
MA-1991/1994-P.227
Dirección Provincial de la Tesorería
c. Ingeniero De la Torre Acosta /
c. Simeón Giménez Reina
Málaga

CERMEÑO GINÉS, N.
AL-1991/1994-P.55
Centro de Salud Cruz de Caravaca
Cº Cruz de Caravaca
Almería

CERVERA ARANDA, M.
V-1930-P.289
Edificio de Viviendas
c. Convento de Sta. Clara, 6
Valencia

CERVERA FLOTATS, B.
B-1986/1991-P.116
Restauración del Monasterio Románico de St. Llorenç de Munt
Cima de la Mola
Matadepera

CHAPA, J. M.
BI-1967/1970-P.139
Sede del Banco Bilbao Vizcaya
Gran Vía, 1
Bilbao

CHILLIDA, E.
O-1989-P.240
Elogio del Horizonte
Gijón
VI-1978/1993-P.295
Plaza de los Fueros
Vitoria

CHURRUCA DOTRES, R.
B-1934/1940-P.59
Edificio de Viviendas
Av. de la Diagonal, 419-421
Barcelona

CIA CAYETANO, J. L.
B-1965/1967-P.92
Edificio de Viviendas
Av. Pedralbes / c. Marqués de Mulhacén
Barcelona

CINNAMOND PLANAS, N.
B-1992-P.121
Conjunto Eix Macià
Sabadell

CIRICI ALOMAR, C.
B-1972/1974-P.92
Edificio de Viviendas
c. Tokio, 2
Barcelona
B-1982/1986-P.50
Sede de la Fundación Mies van der Rohe. (Antiguo Pabellón de Alemania. Exposición Internacional de Barcelona de 1929)
Av. Marquès de Comillas, s/n
Barcelona

CLÓS COSTA, O.
M-1990/1994-P.220
Ampliación del Congreso de los Diputados
c. Zorrilla
Madrid

CLOTET BALLÚS, L.
B-1967/1971-P.77
Vivienda Unifamiliar Casa Fullà
c. Gènova, 27
Barcelona
B-1974/1980-P.131
Grupo de Viviendas y Piscina Fortuny
c. Mozart, 7
Sant Cugat del Valles
B-1978/1979-P.114
Restaurante La Balsa
c. Infanta Isabel, 3
Barcelona
B-1981/1989-P.73
Grupo de Viviendas
Av. Josep Molins / c. Montrás
L'Hospitalet de Llobregat
B-1993/1995-P.105
Piscinas Municipales
Badalona
GI-1988/1989-P.169
Edificio del Banco de España
Av. Jaume I
Girona
GR-1988/1992-P.174
Palacio de los Deportes
Barrio del Zaidín
Granada

CLOTET JUAN, M. R.
B-1991/1993-P.100
Parvulario Tomàs Viñas
Mataró

CODERCH DE SENTMENAT, J.A.
B-1946-P.127
Vivienda Unifamiliar Pérez Mañanet
Sitges

B-1947-P.72
Casa Garriga Nogués
Vivienda Unifamiliar
P. Marítimo
Sitges
B-1951-P.100
Casa Ugalde. Vivienda Unifamiliar
Caldes d'Estrach
B-1951/1953-P.70
Grupo de Viviendas de La Maquinista
c. Marqués de la Mina / c. Maquinista
Barcelona
B-1951/1954-P.70
Edificio de Viviendas
Casa de la Marina
P. Joan de Borbó, 43
Barcelona
B-1954-P.72
"La Trappolina" Vivienda unifamiliar
Av. de Navarra, 27
Sitges
B-1954/1955-P.72
Club de Golf
Cº de la Albufera
El Prat de Llobregat
B-1955/1956-P.127
Casa Catasús. Vivienda Unifamiliar
c. Onésimo Redondo
Sitges
B-1957/1961-P.79
Edificio de Viviendas
c. Johann Sebastian Bach, 7-7 bis
Barcelona
B-1960/1963-P.82
Casa Tapies. Vivienda Unifamiliar
c. Saragossa, 57
Barcelona
B-1965-P.72
Casa Gili. Vivienda Unifamiliar
c. Salvador Casacuberta
Sitges
B-1966/1969-P.87
Edificio de Oficinas Trade
Gran Via Carles III, 86-94
Barcelona
B-1968/1973-P.87
Grupo de Viviendas
Les Cotxeres de Sarrià
P. Manuel Girona, 71-75
Barcelona
B-1968/1974-P.89
Conjunto de Viviendas
para el Banco Urquijo
c. Vicó/ c. Freixa/ c. Raset/ c. Modolell
Barcelona
B-1972/1975-P.85
Instituto Francés
c. Moya, 8
Barcelona
B-1978/1986-P.76
Ampliación de la Escuela Técnica
Superior de Arquitectura de
Barcelona
Av. Diagonal, 649
Barcelona
GI-1957/1958-P.168
Casa Ballvé. Vivienda Unifamiliar
P. Maristany
Camprodón
M-1966/1967-P.211
Edificio Girasol
c. Ortega y Gasset, 23 / c. Lagasca
Madrid
PM-1962/1963-P.241
Hotel de Mar
Ses Illetes
Mallorca
T-1949/1950-P.274
Grupo de viviendas para pescadores
Zona Portuaria
Tarragona

CORDOVA DE BALIERO, C.
M-1966/1969-P.212
Residencia de Nuestra Señora
de Luján
Av. Martín Fierra / c. Obispo Trejo
Madrid

COREA AIELLO, M.
T-1987/1992-P.276
Ampliación del Hospital
Verge de la Cinta
Tortosa

CORELLA ARROQUIA, J.
GC-1990/1993-P.166
Centro de Visitantes e Interpretación
de Mancha Blanca
Parque Nacional de Timanfaya
Montañas del Fuego. Tinajo.
Lanzarote

CORONA BOSCH, A.
TF-1992/1994-P.281
Estación del Jet-Foil
Muelle Norte
Santa Cruz de Tenerife

CORRALES GUTIÉRREZ, J. A.
BA-1982-P.137
Banco de España
Badajoz
C-1965/1967-P.148
Polígono de Viviendas Elviña
c. Violeta / c. Begonias /
Rda. Camilo José Cela
La Coruña. A Coruña
C-1983/1986-P.148
Escuela de Artes y Oficios Artísticos
c. Nueva
La Coruña. A Coruña
M-1972/1975-P.214
Edificio de Oficinas Bankunión
P. Castellana, 46
Madrid
M-1957/1958-P.204
Residencia Infantil de Verano para
hijos de empleados de "Cristalería
Española"
Miraflores de la Sierra

CORREA RUÍZ, F.
B-1963/1964-P.73
Pabellón para la Fábrica Godó y Trias
Polígono Torrent Gornal
L'Hospitalet de Llobregat
B-1966/1971-P.88
Edificio de Viviendas Atalaya
Av. de Sarrià, 71
Barcelona
B-1968/1970-P.88
Edificio de Viviendas Monitor
Av. Diagonal, 500
Barcelona
B-1986/1990-P.103
Remodelación del Estadio de
Montjuïc
Anillo Olímpico
Barcelona

CORREA BRITO, M. I.
TF-1989/1993-P.283
Edificio de Oficinas Múltiples 2
Av. Tres de Mayo / Av. Juan Manuel
Guimerá
Santa Cruz de Tenerife
TF-1992-P.283
Edificio García y Correa
Polígono Costa Sur
Santa Cruz de Tenerife

CORTÉS, P.
L-1991-P.180
Restaurante Big-Ben
Ctra. N-II
Mollerussa

CORTINES, A.
B-1992/1994-P.119
Conjunto de Viviendas
Barrio de Gallecs
Mollet del Vallés

COSÍN ZURIARRAÍN, E.
GC-1990/1993-P.166
Centro de Visitantes e Interpretación
de Mancha Blanca
Parque Nacional de Timanfaya
Montañas del Fuego. Tinajo.
Lanzarote

COSTAS TORDERA, H.
GI-1989/1992-P.171
Hospital Comarcal de la Selva
Ctra. Cala de Sant Francesc
Blanes

GI-1993/1996-P.171
Hogar del Jubilado
Blanes
L-1989-P.178
Facultad de Medicina
c. Montserrat Roig, 2
Lleida
L-1992-P.179
Hospital Provincial
Av. Rovira Roure, 44
Lleida
L-1994-P.179
Edificio de Viviendas
Urbanización La Closa
Vielha
L-1995-P.180
Museo Comarcal
c. Sant Josep
Balaguer

CRESPO LLOBET, J. M.
B-1989/1993-P.87
Complejo de Viviendas, Aparthotel y
Oficinas
c. Joan Güell, 218
Barcelona

CRUZ VILLALÓN, A.
CA-1989/1991-P.157
Baluarte de la Candelaria
P. Carlos III
Cádiz
M-1985/1989-P.210
Edificios de Viviendas
Av. General Fanjul / Av. de los
Poblados
Carabanchel
M-1989/1994-P.223
Ciudad Deportiva de la Comunidad
de Madrid
Entre Canillejas y la M-40
Madrid
SE-1973/1976-P.260
Edificio de Viviendas
c. de María Coronel, 26
Sevilla
SE-1977/1980-P.263
Edificio de Viviendas
Cº Almargen
Villanueva del Ariscal
SE-1983/1985-P.260
Edificio de Viviendas
c. Hombre de Piedra / c. Medina
Sevilla
SE-1987/1991-P.263
Estación de Santa Justa
Sevilla
SE-1991/1995-P.263
Diputación Provincial
Av. Menéndez Pelayo, 32
Sevilla

CUADRA, G.
VI-1970/1973-P.295
Convento de las Carmelitas
Descalzas
Cº Sta Teresa, s/n
Vitoria. Gasteiz

CUADRA SALCEDO, E. DE LA
NA-1964/1966-P.232
Casa de la Juventud
c. Sangüesa
Pamplona. Iruña
NA-1968/1970-P.232
Plaza de los Fueros
Pamplona. Iruña

CUBILO DE ARTEAGA, L.
M-1949/1950-P.198
Calero
c. Emilio Gastesi / c. Federico
Gutiérrez / c. José del Hierro /
c. Prudencio Álvarez
Madrid

CUSPIMERA FONT, LL.
B-1976-P.119
Museo Comarcal de Granollers
c. Anselm Clavé, 40
Granollers

FERNÁNDEZ DE LA REGUERA, A.
GI-1990-P.172
Paseo Marítimo de Empuries
P. Marítim
L'Escala

FERNÁNDEZ DE LA PUENTE, J. M.
SE-1990/1992-P.266
Edificio para Instalaciones de la
Dirección General de la Policía
Cortijo de Cuarto
Sevilla

FERNÁNDEZ DEL AMO MORENO, J. L.
A-1953/1956-P.51
Pueblo de San Isidro de Albatera
San Isidro de Albatera
A-1955-P.51
Polígono de Viviendas
El Realengo
CC-1954/1957-P.159
Pueblo de Vegaviana para el I.N.C.
Vegaviana
M-1977/1979-P.212
Biblioteca del Instituto de Cultura
Hispánica
Av. Reyes Católicos / c. Dr. Jiménez
Díaz
Madrid

FERNÁNDEZ ORDOÑEZ, J. A.
SE-1989/1992-P.264
Puente del Centenario
Sevilla
SE-1990/1991-P.265
Viaducto del Ferrocarril entre Camas
y Santiponce
Camas

FERNÁNDEZ QUIRÓS, R.
0-1935/1940-P.236
Edificio de Viviendas
c. Casimiro Velasco, 20
Gijón

FERNÁNDEZ EDUARDO, F.
B-1986/1992-P.106
Biblioteca Municipal
Vila Olímpica. Poble Nou
Barcelona
B-1992-P.109
Polideportivo y Escuela Pública
Pla de la Concòrdia
Montgat
L-1985-P.178
Colegio de Arquitectos Técnicos
y Aparejadores
c. Enrique Granados, 5
Lleida
L-1991-P.177
Plaza de la Constitució
Lleida

FERNÁNDEZ SANDE, E.
0-1989/1992-P.240
Edificio Administrativo
del Principado de Asturias
Manzana de Llamaquique
Oviedo

FERNÁNDEZ SANDE, M.
0-1989/1992-P.240
Edificio Administrativo
del Principado de Asturias
Manzana de Llamaquique
Oviedo

FERNÁNDEZ-SHAW ITURRALDE, C.
M-1931/1933-P.190
Edificio Coliseum
Gran Vía, 78
Madrid
M-1934/1935-P.191
Edificio de Viviendas
c. Menéndez y Pelayo, 15
Madrid

FERRÁN ALFARO, C.
M-1962/1966-P.210
Barrio Juan XXIII
c. Joaquín Turina / c. Aguilar del Río
Madrid

FERRATER LLAMBARRI, C.
B-1980/1982-P.96
Edificio de Viviendas
c. Bertrán, 67
Barcelona
B-1986/1987-P.96
Edificio de Viviendas
c. Bertràn, 113
Barcelona
B-1989/1992-P.118
Tres Manzanas en el Ensanche Cerdà
c. Zamora / c. Avila / c. Llull /
c. Ramón Turró
Barcelona
B-1990/1992-P.110
Hotel Rey Juan Carlos I
c. Torre Melina, s/n
Barcelona
B-1990/1992-P.117
Conjunto de Viviendas
c. Berruguete / Av. Can Marcet
Barcelona
B-1991/1994-P.129
Sede del Consejo Comarcal
del Baix Llobregat
Parque de Torreblanca
Sant Feliu del Llobregat
CS-1993/1995-P.163
Parque Tecnológico IMPIVA
Av. del Mar s/n
Castellón de la Plana
GI-1978/1979-P.172
Edificio de Viviendas El Port
P. Marítim
L'Estartit
GI-1987/1988-P.172
Edificio de Apartamentos Garbí
P. Marítim / c. Illes Medes
L'Estartit
GI-1990-P.172
Club Náutico
P. Marítim
L'Estartit
GI-1996-P.171
Instituto el Rieral
C° Vell / Av. Alegries
Lloret de Mar

FERREIRA, R.
L-1988-P.181
Colegio Público
Pl. Escoles
Coll de Nargó

FERRER, D.
B-1986/1992-P.81
Ampliación del Colegio de
Arquitectos y
Sede de la Caja de Arquitectos
c. Arcs, 1
Barcelona

FERRER OBANOS, L. M.
V-1993/1994-P.292
Centro Escolar para 750 Estudiantes
Canals

FIGUERAS, B.
B-1989/1992-P.118
Tres Manzanas en el Ensanche Cerdà
c. Zamora / c. Avila / c. Llull /
c. Ramón Turró
Barcelona

FIGUERAS, M.
GI-1994-P.170
Restauración del Volcán Croscat.
Torre Malagrida
Olot

FILLOL COSTA, C.
B-1988/1989-P.68
Plaça Fossar de les Moreres
c. Santa María, s/n
Barcelona

FISAC SERNA, M.
M-1942-P.192
Iglesia del Espíritu Santo
c. Serrano, 125-129
Madrid

M-1942/1943-P.192
Instituto de Óptica
c. Serrano, 125-129
Madrid
M-1949/1950-P.197
Librería del C.S.I.C.
c. Medinacelli, 6
Madrid
M-1949/1950-P.197
Instituto de Biología del C.S.I.C.
c. Medinacelli, 6
Madrid
M-1955/1960-P.200
Convento San Pedro Mártir
Alcobendas
M-1964/1966-P.212
Centro de Cálculo
Av. Paraninfo, s/n.
Madrid
M-1965-P.207
Laboratorios Jorba
Av. América / c. Telémaco, 11
Madrid
M-1966/1968-P.224
Edificio de Oficinas IBM
P. de la Castellana, 4
Madrid
VA-1954-P.293
Colegio Apostólico P.P. Dominicos
Barrio de Huerta del Rey
Valladolid
VI-1958/1959-P.295
Iglesia Parroquial de Nª Sra. de la
Coronación
c. Eulogio Serdán, 13
Vitoria. Gasteiz

FITÉ FONT, R.
L-1993-P.181
Centro de Asistencia Primaria
c. Girona
Oliana
L-1995-P.181
Ayuntamiento
Pl. Reguereta
Oliana

FLÓREZ URDAPILLETA, A.
M-1926/1935-P.192
Pabellón de la Residencia
de Estudiantes
c. Serrano, 125-129
Madrid

FOLGUERA GRASSI, F.
B-1926/1929-P.56
Pueblo Español
Av. Marques de Comillas, s/n
Barcelona
B-1929/1931-P.58
Consejería de Justicia de la
Generalitat de Catalunya (Antiguo
Casal de Sant Jordi)
c. Pau Clarís, 81
Barcelona

FONT, J.
GI-1994-P.170
Restauración del Volcán Croscat.
Torre Malagrida
Olot

FORTEZA, A.
PM-1989/1991-P.244
Centro Escolar Son Ferriol
c. Margarida Monlau
Palma de Mallorca

FOSTER, N. SIR
B-1988/1992-P.114
Torre de Telecomunicaciones
de Collserola
C° de Vallvidrera al Tibidabo
Barcelona
BI-1988/1995-P.143
Ferrocarril Metropolitano
Bilbao. Bilbo

FRANCO LAHOZ, L.
Z-1987/1989-P.300
Nueva Sede de las Cortes de Aragón
Palacio de la Alfajería
Zaragoza

VI-1958/1959-P.295
Iglesia Parroquial de Nuestra Señora de los Ángeles
c. Bastiturri, 4
Vitoria. Gasteiz

GARCÍA MÁRQUEZ, P.
CA-1989/1992-P.157
Centro Cultural
Sanlúcar de Barrameda
CA-1992/1994-P.157
Edificio de Viviendas
Av. Marina / Av. Madrid
Sanlúcar de Barrameda
SE-1992/1994-P.267
Viviendas en hilera
Los Palacios
Sevilla

GARCÍA MERCADAL, F.
M-1932-P.187
Grupo de Viviendas
c. Carbonero y Sol, 22-28
Madrid
M-1931-P.187
Vivienda Unifamiliar
c. Jorge Manrique, 16
Madrid
Z-1926/1928-P.298
Rincón de Goya
Parque de Primo de Rivera
Zaragoza
Z-1928-P.298
Edificio de Viviendas
c. Zurita, 18
Zaragoza
Z-1928/1929-P.298
Edificio de Viviendas
Pl. de los Sitios, 16
Zaragoza

GARCÍA NIETO, F.
B-1987/1990-P.89
Convento de Santo Domingo
c. Los Vergós, 33
Barcelona

GARCÍA ORMAECHEA, E.
VI-1977/1980-P.297
Edificios de Viviendas
c. Blas López
Vitoria. Gasteiz

GARCÍA PEDROSA, I.
GR-1974/1978-P.174
Edificio de Viviendas
Pl. Campos
Granada
M-1990/1993-P.221
Edificio de Viviendas
Polígono 381 X
Madrid

GARCÍA RAMIREZ, J. M.
AL-1992/1995-P.155
Edificios de Viviendas y Oficinas
c. Central (Polígono de la Celulosa)
Almería

GARCÍA RODRÍGUEZ, M.
O-1933/1935-P.236
Edificio de Viviendas
c. Uría, 33
Gijón
O-1935/1940-P.236
Edificio de Viviendas
c. Casimiro Velasco, 20
Gijón

GARCÍA SOLERA-VER, J.
A-1992/1994-P.52
Edificio IMPIVA
c. Olimpo Albufereta
Alicante

GARCÍA, B.
PO-1989/1991-P.248
Centro de Salud
Cambados

GEHRY, F.
B-1991/1992-P.106
Escultura en el Centro Comercial Sogo
P. Carles I
Barcelona
BI-1991/1997-P.144
Museo Guggenheim
Bilbao. Bilbo

GELABERT FONTOVA, D.
B-1967/1973-P.92
Conjunto Residencial Les Escales Park
c. Sor Eulàlia de Anzizu, 24-46
Barcelona

GIBERT, J.
NA-1961/1963-P.232
Torres de Huarte
c. Vuelta del Castillo, 3-5
Pamplona. Iruña

GIL GONZÁLEZ, F.
SA-1935/1936-P.253
Edificio de Viviendas
c. Zamora, 53
Salamanca
SA-1938/1939-P.253
Edificio de Viviendas
c. Doctor Pinuela, 2 /c. Toro
Salamanca

GIL GUITART, J. M.
B-1983/1984-P.99
Velódromo de Horta
P. Vall d´Hebron / P. Castanyers /
c. Germanes Desvalls
Barcelona
B-1986/1987-P.121
Edificio de Viviendas
Pl. Espanya, 1-16
Sabadell
B-1986/1989-P.104
Colegio Público
Masquefa
B-1987/1991-P.109
Palacio de Deportes
Badalona
B-1994-P.81
Aparthotel Citadines
Rambles, 122
Barcelona
GI-1988/1989-P.170
Palacio de Justicia
Av. Ramon Folch / c. Berenguer
Carnicer / c. Reial
Girona
GI-1990-P.170
Polideportivo de la Draga
Banyoles
GI-1993-P.170
Pabellón de Fontajau
Av. Josep Tarradellas
Girona
L-1978-P.179
Conjunto de Apartamentos
Llessui
T-1987/1991-P.278
Pabellón Municipal de Deportes
Pl. Segregació
Salou

GIL GALFETTI, G.
B-1995/1997-P.75
Edificio de viviendas
c. Rosselló, 87-89
Barcelona

GILI MORÓS, J.
B-1954/1961-P.75
Editorial Gustavo Gili
c. Rosselló, 87-89
Barcelona

GIMÉNEZ JULIÁN, E.
V-1987/1989-P.292
Instituto Valenciano de Arte Moderno. Centre Julio González
c. Guillem de Castro, 118
Valencia

GIMÉNEZ EROLES, M.
B-1987/1990-P.91
Escuela Politécnica del Baix Llobregat
c. Generalitat de Catalunya s/n
Sant Just Desvern
B-1987/1990-P.129
Facultad de Telecomunicaciones
c. Generalitat de Catalunya, s/n.
Sant Just Desvern
B-1988/1992-P.113
Residencia y Casal de Ancianos Teixonera
c. Josep Sangenís / Pl. de la Clota
Barcelona

GIRALDEZ DÁVILA, G.
B-1955/1958-P.117
Polígono de Viviendas Montbau
P. Vall d'Hebron / c. Arquitectura /
c. Vayreda
Barcelona
B-1957/1958-P.78
Facultad de Derecho
Av. Diagonal, 684
Barcelona
B-1963/1966-P.88
Conjunto de Viviendas
Av. de Sarriá / Av. Diagonal /
c. Ganduxer
Barcelona

GODAY CASALS, J.
B-1931/1932-P.60
Grupo Escolar Collaso y Gil
c. Sant Pau, 101
Barcelona

GOERLICH LLEÓ, J.
V-1934-P.287
Edificio de Viviendas
Pl. Ayuntamiento, 14
Valencia
V-1944-P.289
Edificio de Viviendas
c. Xàtiva, 4
Valencia

GÓMEZ TRIVIÑO, M.
GI-1988/1992-P.171
Hospital Comarcal de la Selva
Ctra. Cala de Sant Francesc
Blanes
GI-1993/1996-P.171
Hogar del Jubilado
Blanes
L-1989-P.178
Facultad de Medicina
c. Montserrat Roig, 2
Lleida
L-1992-P.179
Hospital Provincial
Av. Rovira Roure, 44
Lleida
L-1994-P.179
Edificio de Viviendas
Urbanización La Closa
Vielha
L-1995-P.180
Museo Comarcal
c. Sant Josep
Balaguer

GONZÁLEZ CORDÓN, A.
SE-1986/1991-P.263
Consejería de Agricultura
c. Genaro Parladé / c. Heredía
Sevilla
SE-1990/1991-P.263
Edificio de Viviendas
Av. López Gomara, 1-9
Sevilla

GONZÁLEZ EDO, J.J.
MA-1935-P.227
Edificio "El desfile del Amor"
P. de Reding, 16
Málaga

GONZÁLEZ GALLEGOS, J.
M-1990/1993-P.223
Edificio de Viviendas El Querol
Ctra. M-40
Madrid

GONZÁLEZ MARISCAL, J.
SE-1991/1995-P.267
Ayuntamiento
Coripe

GONZÁLEZ VILLAR, R.
C-1937/1941-P.147
Edificio de Viviendas "Cine Avenida"
Av. Cantón Grande, 18-20
La Coruña. A Coruña
C-1938-P.147
Edificio de Viviendas
c. Emilia Pardo Bazán, 3
La Coruña. A Coruña
C-1938/1939-P.147
Edificio de Viviendas
c. Doctor Federico Tapia, 8
La Coruña. A Coruña
C-1938/1939-P.147
Edificio de Viviendas
c. Doctor Federico Tapia, 10
La Coruña. A Coruña
C-1939-P.147
Edificio de Viviendas
c. Ramón de la Sagra, 1-7
La Coruña. A Coruña
C-1940-P.147
Edificio de Viviendas
c. Arzobispo Lago, 4-6
La Coruña. A Coruña

GONZÀLEZ, A.
B-1983-P.105
Restauración de la Torre
de la Manresana
Ctra. Igualada a Calaf
Els Prats de Rei
B-1983/1984-P.130
Restauración de las Termas Romanas
Pl. Església
Caldes de Montbui
B-1983/1985-P.105
Restauración de la Iglesia
de Santa Càndida d'Orpí
Ctra. BV-2131 Km. 9,7
Orpí
B-1984/1991-P.130
Restauración de la Iglesia
de Sant Vicenç de Malla
Ctra. N-152
Malla

GONZÁLEZ, M.
NA-1989/1990-P.233
Ampliación de la Facultad de
Medicina
Campus de Ciencias de la
Universidad de Pamplona
Pamplona. Iruña

GONZÁLEZ, P.
VA-1988/1995-P.293
Nuevos Juzgados
Valladolid

GRANELL MARCH, J.
T-1983/1989-P.277
Restauración del Mausoleo Romano
de Centelles
Cº Centelles
Constantí

GRASSI, G.
V-1985/1989-P.291
Restauración del Palacio del Marqués
de Campo
Pl. Arzobispo
Valencia
V-1985/1992-P.291
Rehabilitación del Teatro Romano
Sagunto

GREGOTTI, V.
B-1986/1990-P.103
Anillo Olímpico
Barcelona

GRUARTMONER FERRAN, F.
L-1975-P.181
Repetidor de Telefónica
Murallas de Bellver
Bellver de Cerdanya

GUALLART FURIÓ, V.
B-1989/1993-P.87
Complejo de Viviendas, Aparthotel y
Oficinas
c. Joan Güell, 218
Barcelona

GUARDIA CONTE, F.
B-1959/1962-P.82
Academia de Corte y Confección Feli.
(Antigua Joyería Monés)
c. Guillem Tell, 47 / c. Lincoln, 36-38
Barcelona

GÜELL GUIX, X.
B-1991/1994-P.121
Sede del Consejo Comarcal
del Baix Llobregat
Parque de la Torreblanca
Sant Feliu del Llobregat

GUIMÓN EGUIGUREN, P.
BI-1944-P.138
Edificio de Viviendas
c. Gregorio de la Revilla, 35
Bilbao. Bilbo
BI-1944-P.138
Edificio de Viviendas
c. María Díaz de Haro, 18
Bilbao. Bilbo
BI-1944-P.138
Edificio de Viviendas
c. Eguía, 6
Bilbao. Bilbo

GUINEA GARCÍA, E.
VI-1977/1980-P.297
Edificios de Viviendas
c. Blas López
Vitoria. Gasteiz

GUINEA GONZÁLEZ, J.
VI-1959/1961-P.295
Escuela de Ingeniería Técnica
c. Nieves Cano, 12
Vitoria. Gasteiz

GUNTER R. STANDKE
SE-1989/1992-P.266
Pabellón de Siemens
Camino de las Acacias. Isla de la
Cartuja
Sevilla

GUTIÉRREZ NOGUERA, J. M.
B-1982/1984-P.119
Cementerio Municipal
Malla

GUTIERREZ SOTO, L.
B-1935/1942-P.66
Edificio de Viviendas Casa Fábregas
c. Jonqueres, 16-18 / Pl. Urquinaona /
c. Trafalgar
Barcelona
CA-1960/1963-P.156
Antiguo Club de Golf
Urbanización Sotogrande de Guadiaro
San Roque
M-1944-P.195
Hotel Richmond
Pl. República Argentina
Madrid
M-1930/1933-P.191
Edificio de Viviendas
c. Fernando de los Ríos, 53
Madrid
M-1931/1933-P.191
Edificio de Viviendas
c. Almagro, 26
Madrid
M-1935/1940-P.191
Edificio de Viviendas
c. Miguel Angel, 2-4
Madrid
M-1936-P.195
Edificio de Viviendas
c. Fernández de la Hoz
Madrid
M-1941-P.195
Edificio de Viviendas Casa Amboage
c. Abascal
Madrid

M-1944-P.195
Edificio de Viviendas
c. Serrano
Madrid
M-1946-P.195
Edificio Carlos III
c. Goya
Madrid
M-1950-P.195
Edificio de Viviendas
c. Juan Bravo
Madrid
M-1955/1960-P.195
Polígono de Viviendas Vallehermoso
c. Arapiles / c. Fernando el Católico /
c. Magallanes / Vallehermoso
Madrid
M-1957-P.195
Edificio de Viviendas
c. Velázquez
Madrid
M-1968/1971-P.214
Edificio La Unión y el Fénix
P. Castellana, 37
Madrid
V-1933-P.288
Piscina Las Arenas
Playa de la Malvarrosa
Valencia
V-1958/1960-P.288
Torre de Valencia
Pl. Marqués de Estella
Valencia

GUTIÉRREZ, J. M.
B-1991/1993-P.134
Edificio de Oficinas F.E.C.S.A.
Av. Paral·lel / c. Cabanes
Barcelona
B-1992-P.109
Polideportivo y Escuela Pública
Pla de la Concòrdia
Montgat
B-1993-P.109
Polideportivo Municipal
Pg. Creu de la Pedra
Alella

HENRICH, J.
B-1989/1990-P.134
Urbanización del Paseo Joan de Borbó
y del Paseo Marítim de la Barceloneta
Moll de la Barceloneta
Barcelona

HENRÍQUEZ HERNÁNDEZ, R.
TF-1965/1966-P.282
4 Viviendas en el Camino Largo
Santa Cruz de Tenerife

HEREDIA SCARRO, R.
M-1964/1965-P.212
Pabellón de Cristal. Feria
Internacional del Campo
c. Aves. (Recinto Ferial de
la Casa de Campo)
Madrid

HEREU PASCUAL, F.
GI-1990-P.170
Manzana nº 3 de la Vila Olímpica
Banyoles

HEREU PAYET, P
L-1991-P.180
Instituto El Pont de Suert
Barrio Aragó
El Pont de Suert

HERNÁNDEZ LEÓN, J.M.
B-1992-P.67
Pabellón de la República Española en
la Exposición Internacional de París
de 1937. Reconstrucción
c. Jorge Manrique, s/n
Barcelona

HERNÁNDEZ MINGUILLÓN, R.
NA-1992/1994-P.233
Polideportivo
Universidad de Navarra
Pamplona. Iruña

HERNÁNDEZ-RUBIO CISNEROS, F.
CA-1965-P.157
Estación Marítima
Muelle Comercial
Cádiz

HERNÁNDEZ MARTÍN, H.
V-1988/1990-P.292
Centro de Producción de programas
de Televisión Valenciana, Canal 9
Burjassot

HERREROS GUERRA, J.
M-1986/1988-P.222
Polideportivo
c. Payaso Fofó / c. Arroyo del Olivar
Madrid
M-1989/1993-P.222
Viviendas en la M-30
Autopista M-30
Madrid
M-1992/1995-P.219
Ayuntamiento y Centro Cultural
Cobeña
VA-1990/1991-P.294
Polideportivo los Zumacales
Simancas

HIGUERAS DÍAZ, F.
M-1960/1985-P.206
Instituto de Conservación y
Restauración de Bienes Culturales
c. Greco, 4. Ciudad Universitaria
Madrid
GR-1964/1965-P.174
Centro Turístico
Playa de la Herradura
Almuñecar

HOLLEIN, H.
M-1991/1993-P.224
Edificio del Banco de Santander
P. de la Castellana
Madrid

HOZ ARDERIUS, R. DE LA
CO-1951/1952-P.160
Cámara de Comercio
c. Pérez de Castro, 1
Córdoba
CO-1954/1955-P.160
Edificio de viviendas
c. Cruz Conde, 13
Córdoba
CO-1960-P.161
Convento de las Salesas
Av. de S. José de Calasanz, s/n
Córdoba
CO-1962/1964-P.161
Fábrica El Águila
Polígono Industrial Las Quemadas
Ctra. N-IV, Km. 3
Córdoba
CO-1968/1970-P.160
Parque Figueroa
Av. General Perón / c. Crucero
Baleares
Córdoba
M-1953/1957-P.199
Colegio Mayor Aquinas
Altos del Observatorio
Madrid
M-1972/1982-P.214
Edificio Castelar
Pl. Emilio Castelar
Madrid
SE-1969/1974-P.259
Colegio de Médicos
Av Borbolla, 47
Sevilla

HURTADO TORAN, E.
M-1986/1988-P.222
Polideportivo
c. Payaso Fofó / c. Arroyo del Olivar
Madrid

IBARRARAN, F.
M-1930/1932-P.191
Edificio de viviendas
c. Hermosilla, 107
Madrid

IGLESIAS PICAZO, P.
TO-1984/1987-P.286
Rehabilitación del Teatro Rojas
Toledo

IMAZ, H.
BI-1956/1957-P.139
Edificio de Viviendas
Gran Vía, 56
Bilbao. Bilbo

INFIESTA, L. F.
B-1987/1990-P.89
Convento de Santo Domingo
c. Los Vergós, 33
Barcelona

IÑÍGUEZ DE ONZOÑO ANGULO, F.
AL-1967/1970-P.54
Edificio de Viviendas Parque
c. Reina
Almería
BI-1961/1965-P.139
Edificio de Viviendas Olabarría
Hermanos
c. Alda Mazarredo, 25
Bilbao. Bilbo
BI-1962/1967-P.139
Edificio de Viviendas en Estraunza
Gran Vía de Don Diego López de Haro,
59 / c. Gregorio de la Revilla
Estraunza
Bilbao. Bilbo
BI-1964/1966-P.140
Edificio de Viviendas Zugazarte
Av. Zugazarte, 37
Getxo
BI-1974/1977-P.142
Edificio de Viviendas
Av. Zumalacárregui
Bilbao. Bilbo
M-1959/1961-P.205
Poblado dirigido de Caño Roto.
1ª y 2ª fase
Vía Carpetana / c. Gallur / c. Laguna /
c. Marcelino Castillo/ c. Borja/ c. Ariza
Madrid
M-1966/1968-P.205
Grupo escolar Los Cármenes
c. Gallur, 486-488, 503
Madrid
M-1988/1990-P.220
Rehabilitación del Centro de Arte
Reina Sofía
c. Sta. Isabel, 52
Madrid

IRISARRI CASTRO, J.
M-1990/1992-P.248
Centro de Salud
Villamarín

ISASI ZARAGOZA, J.
M-1991/1993-P.216
Centro de Salud
El Espinillo

ISOZAKI, A. & ASS.
B-1985/1990-P.102
Palacio de Deportes Palau Sant Jordi
P. de Minici Natal. Anillo Olímpico
Barcelona
C-1993/1995-P.155
Museo del Hombre
Ctra. Circunvalación/c. Ángel Rebollo/
c. Sta Teresa
La Coruña. A Coruña
GI-1993-P.171
Pabellón de Deportes
Palafolls

ISPÍZUA SUSUNAGA, P.
BI-1932/1933-P.138
Grupo Escolar Briñas
Pl. Labaixeta
Bilbao. Bilbo
BI-1936-P.138
Edificio de Viviendas
c. Dr. Areilza, 10
Bilbao. Bilbo
BI-1937-P.138
Edificio de Viviendas
c. Botica Vieja / c. Rafael Ibarra
Bilbao. Bilbo

ITURRIAGA, J.M.
SS-1965/1967-P.272
Delegación de Hacienda
c. Oquendo, 20
San Sebastián. Donostia

JACKSON & ASS.
B-1967/1973-P.92
Conjunto Residencial
Les Escales Park
c. Sor Eulàlia de Anzizu, 24-46
Barcelona
B-1972/1975-P.93
Fundación Joan Miró
Pl. Neptú
Barcelona

JAÉN URBÁN, G.
A-1981/1984-P.52
Conservatorio Municipal de Música
c. Huerto de la Torre / Av. Libertad
Elche

JARAMILLO ESTEBÁN, A.
AL-1986/1989-P.55
Restauración de la Iglesia de San
Pedro el Viejo y Edificio Conventual
c. Sócrates / c. Padre Luque
Almería

JIMÉNEZ, I.
NA-1988/1990- P.233
Ampliación Facultad de Medicina
Campus de Ciencias.
Universidad de Pamplona
Pamplona. Iruña

JULIÀ CAPDEVILA, J.M.
B-198271986-P.133
Ordenación de la Via Júlia
Barcelona
B-1984-P.133
Plaza Sóller
Barcelona

JUNCOSA IGLESIAS, E.
PM-1957/1958-P.241
Estudio de Joan Miró
Son Abrines
Palma de Mallorca

JUNQUERA GARCÍA DEL DIESTRO, J.
BA-1987/1990-P.136
Centro Provincial de Telefónica
Av. de la Constitución
Mérida
GR-1989/1995-P.174
Centro de Alto Rendimiento
Sierra Nevada
M-1991/1993-P.223
Sede Social de Red Eléctrica Española
P. Conde Gaitanes, 177
Madrid
M-1980/1984-P.210
Conjunto Residencial Dr. Esquerdo
c. Rafael Finat
Carabanchel
M-1984/1987-P.210
Edificio de Viviendas
c. Islas Cíes / c. Peña Grande
Madrid
M-1984/1987-P.214
Rehabilitación y Reforma
de la Biblioteca Nacional
P. Recoletos, 22
Madrid
M-1989/1991-P.213
Edificio de Viviendas
c. Cristóbal Bordiu, 20
Madrid
MA-1983/1984-P.227
Edificio de Apartamentos
c. Carabeo, 78
Nerja
O-1990/1992-P.239
Pabellón de Congresos y
Exposiciones
Recinto Ferial
Gijón
S-1990/1993-P.251
Escuela de Vela de Alto Rendimiento
Puerto Chico
Santander

LABAYEN, J.
SS–1929/1930–P.269
Edificio del Club Náutico
Jardines de Alderdi Eder
San Sebastián. Donostia

LACASA NAVARRO, L.
B–1937–P.67
Pabellón de la República Española
en la Exposición Internacional
de París de 1937
c. Jorge Manrique, s/n
Barcelona
M–1928/1932–P.192
Instituto Nacional
de Física y Química
c. Serrano, 125-129
Madrid

LACIANA GARCÍA, A.
M–1934/1935–P.191
Edificio de Viviendas
c. Vallehermoso, 58-60
Madrid
M–1935/1936–P.191
Edificio de Viviendas
c. Pintor Rosales, 52
Madrid

LAFORET ALTOLAGUIRRE, E.
GC–1932/1942–P.164
Edificio del Cabildo Insular
c. Bravo Murillo, 23
Las Palmas de Gran Canaria

LAMELA MARTÍNEZ, A.
M–1963/1972–P.188
Bloque de Viviendas Galaxia
c. Fernandez de los Rios /
c. Hilarón Eslava / c. Isaac Peral /
c. Fernando el Católico
Madrid

LANGLE RUBIO, G
AL–1940/1947–P.53
Polígono de Viviendas Ciudad Jardín
Almería
AL–1944–P.53
Grupo Escolar Romualdo de Toledo
Almería
AL–1945–P.53
Estación de Autobuses
Almería

LARREA BASTERRA, J.
BI–1961/1965–P.139
Edificio de Viviendas Olabarría
Hermanos
c. Alda Mazarredo, 25
Bilbao. Bilbo
BI–1964/1969–P.141
Bloque de Viviendas Municipales
c. Larrakao Torre / c. Islas Canarias
Bilbao. Bilbo

LASOSA CASTELLANOS, M. J.
AL–1986/1989–P.55
Restauración de la Iglesia de San
Pedro el Viejo y Edificio Conventual
c. Sócrates / c. Padre Luque
Almería

LASTRA LÓPEZ, D. M.
S–1930/1931–P.250
Edificio de Viviendas Alonso
Pl. del Reenganche, 7 / c. Fernández
de Isla, 1-7 / c. Alcázar de Toledo
Santander

LAVIANO, L.
M–1964/1965–P.212
Pabellón de Cristal de la Feria
Internacional de Campo
c. Aves (Recinto Ferial de
la Casa de Campo)
Madrid

LEACHE RESANO, J.
NA–1989/1996–P.233
Centro de Salud de Azpilagaña
c. Luis Morondo, 5
Pamplona. Iruña

NA–1990/1991–P.233
Zona Deportiva de Urroz-Villa
Urroz
NA–1991/1994–P.234
Pabellón de las Industrías Gráficas
Lizarra
Ctra. de Tafalla, Km.1
Estella

LEÓN DÍAZ-CAPILLA, J. L.
HU–1931–P.175
Hospital Provincial de Huesca
Huesca
HU–1931–P.175
Pabellón de Enfermos Tuberculosos
Huesca
HU–1932/1934–P.175
Casa Polo
Pl. de Justicia, 1 / c. Lanuza
Huesca
MU–1934/1941–P.229
Edificio de Viviendas
c. Trapería
Murcia
MU–1935–P.229
Edificio de Viviendas
Pl. Santo Domingo
Murcia

LEÓN, E.
B–1990/1991–P.106
Torre de Oficinas Mapfre
P. Carles I / Av. Litoral
Barcelona

LÍBANO PÉREZ-ULLIBARRI, A.
BI–1966/1969–P.141
Instituto de Enseñanza Media
Polígono de Txurdinaga
Bilbao. Bilbo
BI–1974/1979–P.142
Edificio de Viviendas
Polígono Landakao
Durango

LINAZASORO RODRÍGUEZ, J.
M–1991/1993–P.225
Biblioteca Universitaria de la UNED
Senda del Rey, s/n.
Madrid
M–1991/1994–P.225
Facultad de Ciencias Económicas
Senda del Rey, s/n.
Madrid
M–1992/1995–P.225
Facultad de Psicología
Senda del Rey, s/n
Madrid
SS–1988/1991–P.273
Convento de Santa Teresa
San Sebastián. Donostia

LLANO ÁLVAREZ, J. M.
L–1991–P.180
Centro de Asistencia Primaria
Av. Tarragona
Tàrrega
L–1992–P.179
Tesorería de la Seguridad Social
c. Salmerón, 14
Lleida

LLIMONA TORRAS, P.
B–1959/1962–P.82
Academia de Corte y Confección Feli
(Antigua Joyería Monés)
c. Guillem Tell,47
Barcelona
B–1964/1968–P.89
Edificio de Viviendas
Via Augusta, 242
Barcelona
B–1964/1968–P.89
Edificio de Viviendas Calatrava
c. Calatrava, 2-6
Barcelona

LLINÀS CARMONA, J. A.
B–1986/1996–P.110
Campus Nord Universitat Politècnica
de Catalunya
c. Gran Capità / Av. Exèrcit /
c. Teniente. Coronel Valenzuela
Barcelona

B–1992/1995–P.132
Edificio de Viviendas
c. Carme / c. Roig
Barcelona
T–1985/1986–P.278
Biblioteca Pública
Rambla Vila-Seca
Vila-Seca
T–1991/1995–P.277
Rehabilitación del Teatro Metropol
Rambla Nova, 46
Tarragona
T–1993/1995–P.279
Instituto de Secundaria
Av. Sant Jordi, 62-64
Torredembarra

LLONGUERAS MESTRES, J.
B–1991/1993–P.100
Parvulario Tomàs Viñas
Mataró

LLORENS DURAN, J.I.
B–1990/1992–P.125
Equipamientos en las Losas
de la Ronda Litoral
c. Santander / c. Arbeca
Barcelona

LONCH, G.
M–1989/1993–P.221
Actuaciones en Trazas Históricas
Villa de Aranjuez
Madrid

LÓPEZ COTELO, V.
M–1981/1985–P.219
Facultad de Farmacia
Alcalá de Henares
M–1983/1986–P.219
Ayuntamiento y Plaza
Pl. Valdelaguna
Valdelaguna
M–1989/1992–P.210
Centro de Salud
c. Cuartel Huerta
Móstoles
SA–1984/1993–P.254
Rehabilitación de
la Casa de las Conchas
c. La Compañía / Rúa Mayor
Salamanca
Z–1984/1989–P.300
Biblioteca Pública de Aragón
c. Doctor Cerrada, 22
Zaragoza

LÓPEZ DE ASIAÍN, J.
SE–1964/1969–P.259
Escuela Técnica Superior de
Ingenieros Industriales
Av. Reina de las Mercedes, s/n
Sevilla

LÓPEZ DE CASTRO, L.
PO–1972/1974–P.247
Casa Consistorial
Ponteasures

LÓPEZ DÍAZ, L.
GC–1972/1993–P.167
Edificio de Oficinas y Talleres
c. Miller bajo
Las Palmas de Gran Canaria

LÓPEZ GONZÁLVEZ, M.
A–1934–P.50
Edificios de Viviendas
c. Juan Bautista Lafora, 1
Alicante
A–1934/1935–P.50
Edificios de Viviendas
c. Teniente Coronel Chápuli, 1
Alicante
A–1935/1939–P.50
Edificios de Viviendas Casa Borja
Pl. España, 5
Alicante
A–1935/1939–P.50
Edificios de Viviendas
c. Teniente Coronel Chápuli, 3
Alicante

LO–MA

A–1940/1942–P.50
Sanatorio del Perpetuo Socorro
Av. Gomez Ulla / c. Palacio Valdés
Alicante

LÓPEZ IÑIGO, P.
B–1957/1958–P.78
Facultad de Derecho
Av. Diagonal, 684
Barcelona
B–1955/1958–P.117
Polígono de Viviendas Montbau
P. Vall d'Hebron / c. Arquitectura /
c. Vayreda
Barcelona
B–1963/1966–P.88
Conjunto de Viviendas
Av. de Sarriá / Av. Diagonal /
c. Ganduxer
Barcelona

LÓPEZ OTERO, M.
M–1928/1936–P.184
Ciudad Universitaria
Madrid

LÓPEZ, E.
L–1988–P.181
Colegio Público
Pl. Escoles
Coll de Nargó

LÓPEZ-PELÁEZ, J. M.
SE–1990/1993–P.261
Edificio de Viviendas
Polígono de los Bermejales
Sevilla
M–1979/1992–P.216
Palomeras, Fase I, II y III
Madrid

LORENZO, J.
M–1989/1990–P.220
Conservatorio de Música
c. Dr. Mata
Madrid
M–1987/1990–P.213
Fundación de Gremios
Zona Industrial de Fuencarral
Madrid
TO–1985/1987–P.285
Conjunto de Viviendas
en el Castillo de Maqueda
Maqueda

LOZANO LARDET, E.
SA–1935–P.253
Edificio de Viviendas
Gran Via Canalejas
Salamanca

LOZANO VELASCO, J. M.
V–1993/1994–P.292
Centro Escolar para 750 Estudiantes
Canals

MACKAY GOODCHILD, M.
B–1959/1965–P.84
Edificio de Viviendas
Av. Meridiana, 312 bis-318
Barcelona
B–1970/1975–P.90
Centro Escolar de Enseñanza
Primaria y SecundariaTHAU
Ctra. Esplugues, 49-53
Barcelona
B–1975/1979–P.97
Edificio de Viviendas
c. Eduardo Conde, 50
Barcelona
B–1980–P.121
Edificio de Viviendas
c. Martí l'Humà
Sabadell
B–1981/1987–P.96
Parque de la Creueta del Coll
c. Nostra Señora del Coll, s/n
Barcelona
B–1983/1987–P.119
Conjunto de Viviendas
Nuevo Ensanche de Gallecs
Mollet del Vallés

B–1986/1992–P.106
Vila Olímpica
Poble Nou
Barcelona
B–1995–P.66
Ampliación del centro comercial
El Corte Inglés
Pl. Catalunya / c. Fontanella
Barcelona

**MACHADO MÉNDEZ-FERNÁNDEZ
DE LUGO, T.**
TF–1947–P.283
Edificio para los Prácticos del Puerto
Recinto Portuario
Santa Cruz de Tenerife

MADRIDEJOS FERNÁNDEZ, S.
M–1992/1993–P.226
Pabellón de Servicios
en el Colegio Carretas
Arganda del Rey
Madrid

MAGDALENA LAYOS, F.
J–1990/1993–P.161
Conjunto de Viviendas
Torreperogil
Jaén

MAGRO DE ORBE, I.
V–1985/1986–P.291
Edificio La Coma
Polígono Acceso a Ademuz
Paterna
V–1988/1991–P.291
Centro de Salud
Av. Enseñanza, s/n
Bétera

MAGÜI GONZÁLEZ, Mª L.
GC–1994/1996–P.167
Consejería de Hacienda
Prolongación Alonso Alvarado-
Benegas
Las Palmas de Gran Canaria

MANCHÓN, F.
TO–1989/1992–P.286
Rehabilitación del Antiguo Convento
de San Pedro Mártir
Toledo

MANGADA SAMAÍN, E.
M–1961/1963–P.201
Barrio de Loyola
Madrid
M–1962/1966–P.210
Barrio Juan XXIII
c. Joaquín Turina / c. Aguilar del Río
Madrid

MANGADO BELOQUI, F.
NA–1986/1987–P.235
Remodelación de la Plaza Carlos III
Olite
NA–1989/1990–P.235
Ampliación de las Bodegas Irache
Monasterio de Irache
Irache
NA–1990/1993–P.234
Remodelación de
la Plaza de los Fueros
Estella
NA–1990/1994–P.235
Rehabilitación de la Casa de
los Leones para Casa de Cultura
Olite
NA–1992/1994–P.234
Complejo Escolar
Mendillorri
NA–1992/1995–P.234
Edificio de Viviendas
c. de la Imperata
Estella
NA–1993/1995–P.235
Club de Golf
Zuasti
NA–1994/1996–P.235
Edificio de Viviendas
P. Argentina / P. Padre Calatayud
Tafalla

MANUEL CASABELLA, X.
LU–1990/1991–P.155
Mercado y Centro Cívico
Burela

MARGARIT CONSARNAU, J.
B–1986/1990–P.103
Remodelación del Estadio de
Montjuïc
Anillo Olímpico
Barcelona
VI–1973/1975–P.295
Cúpula del Pabellón Araba
Portal de Zurbano
Vitoria. Gasteiz

MARIMÓN, E.
VI–1962/1964–P.295
Edificio de Viviendas
P. Senda, 1
Vitoria. Gasteiz

MARÍN DE LA VIÑA, M.
0–1932–P.237
Edificio de Viviendas
c. de la Muralla, 5
Gijón
0–1933–P.237
Edificio de Viviendas
c. Uría, 23-25
Gijón
0–1933/1935–P.237
Edificio de Viviendas Casa Vallina
Av. de la Costa, 100 / c. Alfonso Nart
Gijón
0–1934–P.237
Edificio de Viviendas
c. Menéndez Valdés, 1-7
Gijón
0–1935–P.236
Edificio de Viviendas
c. Hortalizas / Pl. Instituto / c.
Contracay / c. Santa Elena
Gijón

MARÍN DE TERÁN, L.
SE–1983/1985–P.261
Nueva Barriada de Corza
Antigua Carretera de Carmona
Sevilla

MARQUET ARTOLA, J.
SS–1970/1971–P.272
Edificio de Viviendas Urumea
P. Ramón Mª Lili
San Sebastián. Donostia
SS–1972/1974–P.272
Instituto
Tolosa

MARRERO REGALADO, J. E.
S–1970–P.250
Bloque de Viviendas Edificio Siboney
Av. Castelar, 7-13
Santander
TF–1934/1936–P.281
Edificio de Viviendas Lecuona
c. Méndez Nuñez / c. Robayna
Santa Cruz de Tenerife
TF–1936/1937–P.281
Edificio de Viviendas Lecuona 2
c. Pi y Maragall / c. Méndez Nuñez
Santa Cruz de Tenerife

MARTÍ ARÍS, C.
B–1982/1985–P.105
Conjunto de Viviendas
Polígono Residencial
Igualada

MARTÍ PUZO, R.
B–1979/1986–P.91
Instituto de Formación Profesional
c. Mare de Déu de Montserrat, s/n
Cornellà de Llobregat
B–1982/1985–P.105
Conjunto de Viviendas
Polígono Residencial
Igualada
B–1988/1992–P.91
Centro de Asistencia Primaria
c. República Argentina, s/n.
Cornellà de Llobregat

MARTÍN MENIS, F.
TF—1989/1993—P.282
Colegio Mayor San Agustín
c. Agua
La Laguna

MARTÍN VELASCO, M.
V—1988/1990—P.291
Centro Rector del Parque Tecnológico
Paterna

MARTÍN, J. R.
M—1976/1978—P.207
Edificio de Viviendas
c. Arturo Sória / c. Hernández de
Tejada
Madrid

MARTÍN, M.
AL—1973/1974—P.54
Universidad Laboral
Ctra. Almería a Nijar, Km. 7
Almería

MARTÍN, R.
VI—1984/1986—P.296
Centro de Educación Especial
Llodio

MARTÍN-FERNÁNDEZ DE LA TORRE, M.
GC—1927/1928—P.164
Vivienda Unifamiliar Casa Machín
c. Alonso Quesada
Las Palmas de Gran Canaria
GC—1931—P.164
Vivienda Unifamiliar Casa Quevedo
c. Tomás Quevedo Ramírez, 7
Las Palmas de Gran Canaria
GC—1932—P.164
Vivienda Unifamiliar Casa Speth
c. Rosales, 4
Las Palmas de Gran Canaria
GC—1932—P.165
Vivienda Unifamiliar
Casa del Doctor Ponce
c. Bravo Murillo, 25
Las Palmas de Gran Canaria
GC—1932—P.165
Vivienda Unifamiliar Casa González
c. Tiziano, 59
Las Palmas de Gran Canaria
GC—1932/1936—P.165
Ciudad Jardín
Las Palmas de Gran Canaria
GC—1932/1942—P.164
Edificio del Cabildo Insular
c. Bravo Murillo, 23
Las Palmas de Gran Canaria
GC—1933—P.165
Vivienda Unifamiliar Casa Vega
c. Rosales, 2
Las Palmas de Gran Canaria

MARTÍN SÁNCHEZ, S
NA—1991/1994—P.233
Centro de Salud
c. Eneriega
Cizur Mayor

MARTÍNEZ CALZÓN, J.
SE—1989/1992—P.264
Puente del Centenario
Sevilla

MARTÍNEZ CASTILLO, A.
SS—1989/1991—P.273
Nave Industrial
c. Obispo Otaduy, s/n
Oñate

MARTÍNEZ FEDUCHI, L.
M—1931/1933—P.190
Edificio Capitol
Gran Vía, 41
Madrid

MARTÍNEZ GARCÍA-ORDOÑEZ, F.
V—1950—P.290
Colegio Guadalaviar
Av. de Blasco Ibáñez
Valencia

MARTÍNEZ GARCÍA, E.
TF—1992/1994—P.281
Estación del Jet-Foil
Muelle Norte
Santa Cruz de Tenerife

MARTÍNEZ LAPEÑA, J. A.
B—1971/1974—P.101
Edificio de Viviendas
c. Treball, 197
Barcelona
B—1975—P.129
Edificio de Viviendas
c. St. Josep / c. Miguel Hernàndez
Sant Vicenç dels Horts
B—1982/1986—P.97
Jardín de Vil·la Cecilia
c. Santa Amèlia / c. Eduard Conde
Barcelona
B—1992/1995—P.70
Piscinas Banys de Sant Sebastià
Barcelona
B—1993—P.72
Acesos al Castillo
c. Bisbe Urquinaona
Castelldefels
B—1995—P.66
Fachada de El Corte Inglés
Pl. Catalunya / Rda. St. Pere
Barcelona
GI—1983/1990—P.172
Restauración del Monasterio de Sant
Pere de Rodes
El Port de la Selva
GI—1983/1993—P.169
Plaza de la Constitució
Av. Jaume I
Girona
GI—1995—P.170
Instituto Bosc de la Coma
c. Toledo
Olot
M—1979/1992—P.216
Palomeras, Fase I, II y III
Madrid
PM—1981/1984—P.244
Restauración de la Iglesia
L'Hospitalet. Mallorca
PM—1981/1984—P.244
Restauración del Castillo de Bellver
Palma de Mallorca
PM—1983/1992—P.244
Restauración y Rehabilitación del
Paseo de Ronda Baluarts
Palma de Mallorca
PM—1983/1993—P.244
Nueva Escalera de Acceso al Castillo
de Ibiza
Ibiza
T—1982/1986—P.276
Centro de Asistencia Primaria
Ctra. de Gandesa a Tortosa
Gandesa
T—1982/1988—P.276
Hospital
Móra d'Ebre

MARTÍNEZ MANSO, F.
GR—1991/1992—P.174
Edificio de Viviendas
Polígono de Almanjayar
Granada

MARTÍNEZ RAMOS, J.
M—1986/1989—P.213
Parroquia Cena del Señor
c. Antonio Machado / c. Valderrey
Madrid
SE—1990/1993—P.261
Edificio de Viviendas
Polígono de los Bermejales
Sevilla

MARTÍNEZ SÁNCHEZ,C.
B—1935/1942—P.66
Edificio de Viviendas Casa Fábregas
C. Jonqueras, 16-18 / c. Trafalgar /
Pl. Urquinaona
Barcelona

MARTÍNEZ, V.
MU—1985/1987—P.230
Edificios de Viviendas
Alcantarilla

MARTORELL CODINA, J.M.
B—1955/1962—P.77
Grupo de Viviendas Escorial
c. Escorial / c. Legalitat /
c. Alegre de Dalt / c. Encarnació
Barcelona
B—1957/1961—P.80
Grupo de 130 Viviendas Para Obreros
de una Empresa Metalúrgica
c. Pallars, 299-319
Barcelona
B—1959/1965—P.84
Edificio de Viviendas
Av. Meridiana, 312 bis-318
Barcelona
B—1970/1975—P.90
Centro Escolar de Enseñanza
Primaria y Secundaria THAU
Ctra. Esplugues, 49-53
Barcelona
B—1975/1979—P.97
Edificio de Viviendas
c. Eduard Conde, 50
Barcelona
B—1980—P.121
Edificio de Viviendas
c. Martí l'Humà
Sabadell
B—1981/1987—P.96
Parque de la Creueta del Coll
c. Nostra Señora del Coll, s/n
Barcelona
B—1983/1987—P.119
Conjunto de Viviendas
Nuevo Ensanche de Gallecs
Mollet del Vallès
B—1986/1992—P.106
Vila Olímpica. Poble Nou
Barcelona
B—1995—P.66
Ampliación del centro comercial
El Corte Inglés
Pl. Catalunya / c. Fontanella
Barcelona

MAS, A.
AL—1973/1974—P.54
Universidad Laboral
Ctra. Almería a Nijar, Km. 7
Almería

MATEO MARTÍNEZ, J. L.
B—1983—P.128
Instituto de Formación Profesional
c. Sta Eulàlia, s/n
Santa Coloma de Gramenet
B—1984/1989—P.80
Piscina y Centro Deportivo.
Reforma de la Antigua Fábrica Catex
c. Pallars, 275
Barcelona
B—1986/1988—P.80
Edificio de Viviendas
c. Bilbao / c. Pallars /
Cº Antic de València
Barcelona
B—1989/1993—P.87
Complejo de Viviendas, Aparthotel
y Oficinas
c. Joan Güell, 218
Barcelona
B—1990—P.131
Piscina Cubierta
Campus de la Universitat Autònoma
de Barcelona
Cerdanyola del Vallès
B—1990/1992—P.120
Edificio de Juzgados
c. Germà Juli / c. Prim
Badalona
B—1993—P.131
Edificio de Oficinas para
los Servicios deportivos
Campus de la Universitat Autònoma
de Barcelona
Cerdanyola del Vallès
GI—1982/1985—P.172
Urbanización de la Villa de Ullastret
Pl. Església y calles Adyacentes
Ullastret

MATEO ORTEGA, A.
T0-1989/1992-P.286
Rehabilitación del Antiguo Convento
de San Pedro Mártir
Toledo

MATEOS DUCH, A.
B-1993/1994-P.133
Fòrum Nord de la Tecnologia
c. Pí i Molist, s/n
Barcelona

MATOS CASTAÑO, B.
SS-1989/1991-P.273
Nave Industrial
c. Obispo Otaduy, s/n
Oñate

MAYER VENEGONI, O.
GC-1974/1976-P.167
Edificio Aparcamiento
Av. Rafael Cabrera
Las Palmas de Gran Canaria

MEDINA BENJUMEA, F.
SE-1955/1962-P.257
Conjunto de Viviendas la Estrella
Av. Manuel Siurot, 3
Sevilla
SE-1963/1964-P.260
Subestación Sevillana de Electricidad
Santiponce
Sevilla

MEDINA BENJUMEA, R.
SE-1938/1944-P.257
Estación de Autobuses
y Grupo de Viviendas
Prado de San Sebastián
Sevilla
SE-1955/1962-P.257
Conjunto de Viviendas la Estrella
Av. Manuel Siurot, 3
Sevilla

MEIER, R.
B-1991/1995-P.126
Museo de Arte Contemporáneo
de Barcelona
Pl. dels Àngels, 1
Barcelona

MEJÓN ARTIGAS, J.
L-1993-P.121
Centro de Asistencia Primaria
c. Girona
Oliana
L-1995-P.181
Ayuntamiento
Pl. Reguereta
Oliana

MELLADO TERADO, L.
MA-1991/1994-P.227
Dirección Provincial de la Tesorería
c. Ingeniero de la Torre Acosta /
c. Simeón Giménez Reina
Málaga

**MENÉNDEZ DE LUARCA NAVÍA
OSORIO, J. R.**
M-1991/1993-P.225
Edificio Departamental
en la Universidad Carlos I
Leganés. Madrid

MERA GONZÁLEZ, J.I.
M-1987/1989-P.220
Edificio de Viviendas
c. Embajadores, 37
Madrid

MERCADÉ ROGEL, R.
B-1993-P.229
Biblioteca Popular Montserrat Roig
c. Verge Montserrat s/n.
Sant Feliu de Llobregat

MERI CUCART, C.
A-1992/1995-P.51
Centro Comercial
c. Valencia s/n / Av. Cotes Baixes
Alcoy

MERRILL
B-1991-P.106
Hotel Arts
P. Carles I / Av. Litoral
Barcelona

MEZQUIDA CASASES, J.M.
L-1982-P.177
Edificio de Viviendas
Av. Prat de la Riba, 76
Lleida
L-1984-P.177
Conjunto de Viviendas
c. Granada / c. Magraners
Lleida
L-1991-P.180
Centro de Asistencia Primaria
Av. Duràn i Sanpere, 45
Cervera

MIÁS GUIFRÉ, J.
A-1990/1991-P.52
Centro de Tecnificación y Alto
Rendimiento de Gimnasia Rítmica
y Deportiva
c. Foguerer José Ramón Gilabert Dauo
Alicante

MIEG, M.
VI-1977/1980-P.297
Edificios de Viviendas
c. Blas López
Vitoria. Gasteiz

MIES VAN DER ROHE, L.
B-1928/1929-P.56
Sede de la Fundación Mies van der
Rohe. (Antiguo Pabellón de Alemania
para la Exposición Internacional de
Barcelona de 1929)
Av. Marqués de Comillas, s/n
Barcelona

MIGUEL ARBONES, E.
NA-1989/1993-P.233
Centro de Salud
c. Luis Morondo, 5
Azpilagaña
Pamplona, Iruña
NA-1991/1994-P.234
Pabellón Industrial para las Gráficas
Lizarra
Ctra. Tafalla. km.1
Estella
S-1992/1993-P.251
Entrada y Control de Accesos al
Puerto
Autovía de acceso a los muelles de
Raos, Puerto de Santander
Santander

MIGUEL RODRÍGUEZ, J.L.
M-1979/1992-P.216
Palomeras, Fase I, II y III
Madrid

MILÀ SAGNIER, A.
B-1963/1964-P.73
Pabellón para la Fábrica Godó y Trias
Poligono Torrent Gornal
L'Hospitalet de Llobregat
B-1966/1971-P.88
Edificio de Viviendas y Oficinas
Atalaya
Av. de Sarrià, 71
Barcelona
B-1986/1990-P.103
Remodelación del Estadio Olímpico
de Montjüic
Anillo Olímpico
Barcelona
B-1968/1970-P.83
Edificio de Viviendas Monitor
Av. Diagonal, 500
Barcelona

MILANS DEL BOSCH PORTOLES, J.
L-1984/1991-P.177
Edificio de Viviendas
c. Alcalde Areny, s/n
Lleida

MINGUILLÓN MOURE, E.
B-1988/1990-P.104
Escuela
c. Esport, s/n
Castellví de la Marca
B-1992/1994-P.104
Ampliación de un Instituto
de Secundaria
c. Isabel la Católica, s/n
Vilanova del Camí
L-1986-P.180
Colegio Público Abad Ruera
Creu
Puiggròs

MIQUEL PARCERISA, I.
L-1984-P.178
Plaza dels Àpostols
Turó de la Seu Vella
Lleida

MIR, M.
B-1986/1992-P.81
Ampliación del Colegio Oficial
de Arquitectos de Cataluña y
Sede de la Caja de Arquitectos
c. Arcs, 1
Barcelona

MIRALLES MOYA, E.
A-1990/1991-P.52
Centro de Tecnificación y Alto
Rendimiento de Gimnasia Rítmica
y Deportiva
c. Foguerer José Ramón Gilabert Dauo
Alicante
B-1984/1986-P.120
Instituto de Bachillerato la Llauna
c. Indústria / c. Sagunto
Badalona
B-1985/1991-P.105
Parque Cementerio
Igualada
B-1986/1992-P.106
Vila Olímpica
Poble Nou
Barcelona
B-1986/1993-P.130
Centro Cívico
Hostalets de Balenyà
CS-1986/1994-P.162
Escuela Hogar
Morella
HU-1988/1994-P.176
Palacio de Deportes
Huesca

MIRÓ LLORT, B.
B-1971/1972-P.66
Edificio de Oficinas
Pl. Urquinaona, 6
Barcelona

MIRÓ VALVERDE, A.
M-1960/1985-P.206
Instituto de Conservación y
Restauración de Bienes Culturales
c. Greco, 4. Ciudad Universitaria
Madrid

MITJANS MIRÓ, F
B-1942/1943-P.68
Edificio de Viviendas
c. Amigó, 76
Barcelona
B-1950/1952-P.68
Edificio de Viviendas
c. Mandri, 2-6
Barcelona
B-1952/1954-P.68
Edificio de Viviendas
c. Vallmajor, 26-28
Barcelona
B-1954/1957-P.73
Estadio del Futbol Club Barcelona
Trav. de las Corts, 63-129 /
Av. Papa Juan XXIII, s/n
Barcelona
B-1955/1962-P.77
Grupo de Viviendas Escorial
c. Escorial / c. Legalitat /
c. Alegre de Dalt / c. Encarnació
Barcelona

PASCUAL, M.
CA-1988-P.158
Centro de Visitantes del Parque
Nacional de Doñana
Sanlúcar de Barrameda

PAZ MAROTO, J.
M-1934/1935-P.201
Talleres Municipales
P. de la Chopera, 41
Madrid

PEDRAGOSA MASGORET, F.
B-1970-P.121
Edificio de Viviendas
c. Alemanya / c. Portugal
Sabadell

PELAGI, M.
B-1962-P.76
Escuela Técnica Superior
de Arquitectura de Barcelona
Av. Diagonal, 649
Barcelona

PEMÁN GAVÍN, M.
Z-1987/1989-P.300
Nueva Sede de las Cortes de Aragón
Palacio de la Alfajería
Zaragoza

PENALVA ASENSI, G.
A-1940/1941-P.50
Edificios de Viviendas
c. Rafael Altamira, 1
Alicante

PENELA FERNÁNDEZ, A.
C-1991/1993-P.154
Centro Social
Conxo
Santiago de Compostela
PO-1989/1991-P.248
Centro de Salud
Cambados
PO-1991/1994-P.249
Biblioteca de la Facultad de Ciencias
Económicas y Empresariales
Campus Universitario de As Lagoas
Mar Cosende
Vigo

PEÑA GANCHEGUI, L.
M-1981/1986-P.210
Edificio de Viviendas
Av. General Fanjul /
Av. de los Poblados
Madrid
SS-1958-P.270
Edificio de Viviendas Torre
Residencial Vista Alegre
Parque de Vista Alegre
Zarautz
SS-1963-P.271
Grupo de Viviendas Iparraguirre
c. Ibaibarriga, 3
Mutriku
SS-1964/1965-P.271
Agrupación de Viviendas Aizetzu
Av. J. M. Allibar, 19
Mutriku
SS-1969-P.271
Grupode Viviendas Elu
c. San Agustín
Mutriku
SS-1969/1970-P.271
c. San Miguel, 1
Mutriku
SS-1974/1975-P.273
Unión Farmacéutica Guipuzcoana
Barrio de Ygara
Irún
SS-1976-P.273
Plaza del Tenis
San Sebastián. Donostia
SS-1981/1986-P.273
Edificio de Viviendas
Miraconcha
San Sebastián. Donostia
VI-1978/1993-P.295
Plaza de los Fueros
Vitoria. Gasteiz

PÈRDIGO NÀRDIZ, R.
T-1982/1986-P.277
Centro de Asistencia Primaria
Barrio de Granja
Tarragona
T-1984/1988-P.277
Centro Cívico
Barrio de Torreforta
Tarragona

PEREA CAVEDA, E.
SE-1977/1983-P.261
Sede del Colegio Oficial de
Arquitectos de Andalucía Occidental
Pl. Cristo de Burgos, 35 / c. Imagen
Sevilla

PEREA ORTEGA, A.
BI-1992/1993-P.144
Centro Regional de Explotación
de Red Eléctrica
Ctra. Enekuri / Cº Arangoiti. Deusto
Bilbao. Bilbo
C-1994-P.155
Centro Regional de Explotación
de Red Eléctrica
La Coruña. A Coruña
M-1990/1993-P.223
Centro de Salud El Bercial
c. Camino de Caballo, s/n
Getafe

PEREDA FERNÁNDEZ, L.
L-1996-P.178
Colegio Oficial de Arquitectos
c. Canyeret, 2
Lleida

PÉREZ ARROYO, S.
M-1986/1988-P.222
Polideportivo
c. Payaso Fofó / c. Arroyo del Olivar
Madrid

PÉREZ CARASA, J.M.
H-1935-P.156
Vivienda Unifamiliar
c. Cerrito, s/n
Punta Umbría

PÈREZ JOVÉ, P.
T-1983/1989-P.277
Restauración del Mausoleo Romano
de Centelles
Cº Centelles
Constantí
T-1986-P.277
Escuela Pública de Sant Pere
i Sant Pau
Barri de Sant Pere i Sant Pau
Tarragona
T-1987/1991-P.278
Colegio Público
Pl. Portalada
Altafulla
T-1988/1992-P.278
Biblioteca Pública Municipal
c. Ponent, 16
Salou
T-1991/1996-P.278
Edificio para Servicios Parroquiales
Av. Prat de la Riba
Reus
T-1992/1995-P.278
Instituto de Enseñanza Secundaria
Jaume I
c. Carrilet
Salou
T-1996-P.278
Facultad de Ciencias Económicas
Autovía de Bellisens
Reus

PÉREZ PARRILLA, S. T.
GC-1990/1993-P.167
Pabellón Cultural Fundación Mútua
Guananteme
c. Juan de Quesada, 11
Las Palmas de Gran Canaria

PÉREZ PITA, E.
BA-1987/1990-P.136
Centro Provincial de Telefónica
Av. Constitución
Mérida
GR-1989/1995-P.174
Centro de Alto Rendimiento
Sierra Nevada
M-1980/1984-P.210
Conjunto Residencial Dr. Esquerdo
c. Rafael Finat
Carabanchel
M-1984/1987-P.210
Edificio de Viviendas
c. Islas Cíes / c. Peña Grande
Madrid
M-1984/1987-P.214
Rehabilitación y Reforma
de la Biblioteca Nacional
P. Recoletos, 22
Madrid
M-1989/1991-P.213
Edificio de Viviendas
c. Cristóbal Bordiu, 20
Madrid
M-1991/1993-P.223
Sede Social de Red Eléctrica Española
P. Conde Gaitanes, 177
Madrid
MA-1983/1984-P.227
Edificio de Apartamentos
c. Carabeo, 78
Nérja
O-1990/1992-P.239
Pabellón de Congresos y
Exposiciones
Recinto Ferial
Gijón
S-1990/1993-P.251
Escuela de Vela de Alto Rendimiento
Puerto Chico
Santander

PÉREZ PLA, C.
M-1989/1993-P.216
Casa de Cultura
Serranillos del Valle
M-1992/1995-P.216
Ayuntamiento
Orusco del Tajuña

PÉREZ AMARAL, A.
TF-1992/1994-P.281
Estación del Jet-Foil
Muelle Norte
Santa Cruz de Tenerife

PERNAS GALI, F.
L-1992-P.180
Hospital Comarcal
Tremp

PESQUERA GONZALEZ, E.
S-1992/1993-P.251
Entrada y Control de Acceso
al Puerto
Autovía de Acceso a los Muelles
de Raos. Puerto de Santander
Santander

PFEIFFER DE FORMICA, C.
GR-1963/1965-P.174
Colegio Mayor Loyola
Polígono Universitario de la Cartuja
Granada

PIELTAIN ALVAREZ-ARENA, A.
M-1991/1993-P.216
Centro de Salud
El Espinillo

PIGEM BARCELÓ, C.
GI-1990-P.172
Hotel Albons-Calm
Albons
GI-1994-P.170
Pabellón de Acceso
a la Fageda d'En Jordà
Santa Pau

PI–RA

RAMOS GALIANO, F.
B-1982/1986-P.56
Sede de la Fundación Mies van der
Rohe. (Antiguo Pabellón de Alemania
para la Exposición Internacional de
Barcelona de 1929). Reconstrucción
Av. Marquès de Comillas, s/n
Barcelona
B-1991/1995-P.126
Museo de Arte Contemporáneo
de Barcelona
Pl. dels Àngels, 1
Barcelona

RAMOS PAÑOS, J.
M-1993/1995-P.210
Plaza de Toros y Espectaculos
c. Tulipán / Rda. del Norte,
Polígono los Rosales
Móstoles

RAMOS, J.M.
M-1979/1992-P.216
Palomeras, Fase I, II y III
Madrid

RAVENTÓS FARRARONS, R.
B-1926/1929-P.56
Pueblo Español
Av. Marquès de Comillas, s/n
Barcelona
B-1928/1932-P.56
Edificio de Viviendas
c. Lleida, 7-11
Barcelona

RAVETLLAT MIRA, P. J.
B-1990/1994-P.127
Instituto de Enseñanza Secundaria
Sant Pere de Ribes
B-1992-P.124
Eje del Cementerio de Santa Coloma
Av. Francesc Macià
Santa Coloma de Gramenet

REBOLLO PUIG, G.
CO-1990/1992-P.161
Estación del AVE
Av. América
Córdoba

REY AYNAT, M. DEL
V-1985/1986-P.291
Edificio La Coma
Polígono Acceso a Ademuz
Paterna
V-1988/1991-P.291
Centro de Salud
Av. Enseñanza, s/n
Bétera

REY PEDREIRA, S.
C-1930-P.145
Edificio de Viviendas
c. San Andrés, 124
La Coruña. A Coruña
C-1930/1931-P.145
Edificio de Viviendas
c. San Andrés, 157-159
La Coruña. A Coruña
C-1932-P.145
Mercado de San Agustín
Pl. San Agustín
La Coruña. A Coruña
C-1936-P.145
Conjunto de Viviendas Ciudad Jardín
de la Cooperativa Domus
c. Ferrol, 17
La Coruña. A Coruña

RIBAS BARANGÉ, F
B-1965/1967-P.92
Edificios de Viviendas
Av. Pedralbes /
c. Marquès de Mulhacén
Barcelona

RIBAS CASAS, J.M.
B-1955/1962-P.77
Grupo de Viviendas Escorial
c. Escorial / c. Legalitat /
c. Alegre de Dalt / c. Encarnació
Barcelona

RIBAS GONZÁLEZ, J.
B-1967/1973-P.92
Conjunto Residencial
Les Escales Park
c. Sor Eulàlia de Anzizu, 24-46
Barcelona

RIBAS PIERA, M.
B-1955/1962-P.77
Grupo de Viviendas Escorial
c. Escorial / c. Legalitat /
c. Alegre de Dalt / c. Encarnació
Barcelona
B-1958/1961-P.101
Laboratorios Uriach
c. Degà Bahí, 59-67
Barcelona

RIBAS SEIX, C.
B-1990/1994-P.127
Instituto de Enseñanza Secundaria
Sant Pere de Ribes
B-1992-P.124
Eje del Cementerio de Santa Coloma
Av. Francesc Macià
Santa Coloma de Gramenet

RIERA PENELLA, P.
B-1982/1984-P.119
Cementerio Municipal
Malla

RIERA, P.
B-1991/1995-P.134
Edificio de Oficinas F.E.C.S.A.
Av. Paral·lel / c. Cabanes
Barcelona
B-1992-P.109
Polideportivo y Escuela Pública
Pla de la Concòrdia
Montgat
B-1993-P.109
Polideportivo Municipal
Pg. Creu de la Pedra
Alella

RIETA SISTER, J.
V-1931-P.287
Edificio de Viviendas
Pl. Ayuntamiento, 10
Valencia
V-1935-P.287
Edificio de Viviendas
Pl. Ayuntamiento, 8
Valencia
V-1939/1941-P.289
Edificio de Viviendas
c. San Vicente, 22
Valencia

RIUS CAMPS, F.
B-1971/1976-P.77
Edificio de Viviendas
Av. Coll del Portell, 52
Barcelona
B-1983/1984-P.99
Velódromo de Horta
P. Vall d'Hebrón / P. Castanyers /
c. Germans Desvalls
Barcelona
B-1986/1992-P.106
Villa Olímpica
Poble Nou
Barcelona
B-1986/1997-P.110
Campus Nord de la Universitat
Politècnica de Catalunya
c. Gran Capità / Av. Exèrcit /
c. Teniente Coronel Valenzuela
Barcelona
B-1994-P.99
Capilla y Auditorio
Cementerio de Collserola
Barcelona
T-1987/1991-P.278
Pabellón Municipal de Deportes
Pl. Segregació
Salou

ROCA CABANELLAS, A.
PM-1932/1933-P.241
Edificio de Viviendas
Pl. Ornabeque, 5
Palma de Mallorca

RUISÁNCHEZ CAPELASTEGUI, M.
B-1986/1992-P.106
Vila Olímpica
Poble Nou
Barcelona

RIVERA GALLEGO, C.
A-1988/1990-P.52
Centro de Salud
c. Mar / c. Virgen del Remedio
Mutxamel
ROCA SIMÓ, F.
PM-1932/1933-P.241
Edificio de Viviendas
Pl. Ornabeque, 5
Palma de Mallorca

RODEJA ROCA, J.
GI-1995-P.171
Ayuntamiento
c. Nou / Pl. Ramal
Llers

RODRÍGUEZ ARIAS, G.
B-1931/1932-P.61
Edificio de Viviendas
Via Augusta, 61
Barcelona
B-1933/1934-P.61
Edificio de Viviendas Astoria
c. París, 193-197
Barcelona

RODRÍGUEZ COLL, T.
T-1982/1986-P.277
Centro de Asistencia Primaria
Barrio de Granja
Tarragona
T-1984/1988-P.277
Centro Cívico
Barrio de Torreforta
Tarragona

RODRÍGUEZ LÓPEZ, O.
CO-1989/1991-P.161
Conjunto de Viviendas
c. Fuente Santa
Almodóvar del Río

RODRÍGUEZ NORIEGA, J. L.
TO-1984/1987-P.286
Rehabilitación del Teatro Rojas
Toledo

RODRÍGUEZ PASTRANA, J. M.
TF-1989/1993-P.282
Colegio Mayor San Agustín
c. Agua
La Laguna

RODRÍGUEZ, M.
MU-1992/1994-P.231
Centro de Salud Virgen de la Caridad
c. Cabrera, s/n.
Cartagena
MU-1993/1995-P.231
Centro de Salud
c. Pina, s/n
Fuentetocinos

ROIG DURAN, J.
B-1985-P.91
Cementerio de Roques Blanques
Ctra. C-1413
El Papiol
B-1990/1992-P.124
Parque del Nudo de la Trinidad
Nudo de la Ronda Litoral / Rda. Norte
/ Autopista de Barcelona-La Jonquera
/ Autopista de Barcelona-Mataró
Barcelona
B-1992-P.121
Parc Catalunya
Sabadell
GI-1993-P.168
Area de Reposo
Lago Malniu
Meranges

ROIG, E.
L-1996-P.180
Teatro Municipal
c. Angel Guimerà, 24
Balaguer

ROMANY ARANDA, J.L.
M-1949/1950-P.198
Poblado de Viviendas de Calero
c. Emilio Gastesi / c. Federico
Gutiérrez / c. José del Hierro /
c. Prudencio Alvarez
Calero
M-1955-P.201
Unidad Vecinal Erillas
c. Puerto del Monasterio
Madrid
M-1955/1963-P.201
Unidad Vecinal Batán (1ª Fase)
Cº de Campamento.
Ctra. de Extremadura
Madrid
M-1962/1966-P.210
Barrio Juan XXIII
c. Joaquín Turina / c. Aguilar del Río
Madrid

ROQUETA MATÍAS, S.
B-1981-P.72
Instituto de Formación Profesional
El Prat de Llobregat

ROS BALLESTEROS, J.
B-1993-P.105
Instituto de Enseñanza Secundaria
c. Sant Vicenç
Igualada
GI-1990-P.171
Colegio Público
c. Pere Roure
Medinyà

ROS COSTA, L.
MU-1931/1932-P.228
Casa Portela
c. del Aire, 11-13
Cartagena

ROSELLÓ TIL, J.
B-1986/1992-P.81
Ampliación del Colegio Oficial
de Arquitectos de Catalunya y
Sede de la Caja de Arquitectos
c. Arcs, 1
Barcelona

ROVIRA GIMENO, J.M.
B-1995-P.129
Restauración del Molino
de Can Batlle
c. Molí
Vallirana

RUBERT DE VENTÓS, M.
M-1990/1994-P.220
Ampliación del Congreso
de los Diputados
c. Zorrilla / Carrera de San Jerónimo
Madrid

RUBIÑO CHACÓN, I.
CA-1989/1992-P.157
Centro Cultural
Sanlúcar de Barrameda
CA-1992/1994-P.157
Edificio de Viviendas
Av. Marina / Av. Madrid
Sanlúcar de Barrameda
SE-1988/1991-P.267
Casa de Cultura
Pl. Cazadores
Huévar de Aljarafe
SE-1992/1994-P.267
Viviendas en Hilera
Los Palacios
Sevilla

RUBIÑO CHACÓN, L.
CA-1989/1992-P.157
Edificio de Viviendas
Av. Marina / Av. Madrid
Sanlúcar de Barrameda
CA-1992/1994-P.157
Centro Cultural
Sanlúcar de Barrameda
SE-1988/1991-P.267
Casa de Cultura
Pl. Cazadores
Huévar de Aljarafe

SE-1992/1994-P.267
Viviendas en Hilera
Los Palacios
Sevilla

RUBIO, C.
M-1990/1991-P.224
Edificio de Oficinas
c. Alcalá Galiano
Madrid
M-1992/1995-P.214
Piscinas de la Universidad Autónoma
de Madrid
Madrid

RUBIO, V.
SS-1980/1983-P.272
Centro de Atención de Minusválidos
Psiquicos
Finca Zubieta
Ondarríbia

RUBIO SANCHEZ, D.
MA-1933/1934-P. 227
Teatro-Cine Torcal
c. Ramón y Cajal, 4
Antequera

RUÍZ CABRERO, G.
SE-1977/1983-P.261
Sede del Colegio Oficial de
Arquitectos de Andalucía Occidental
Pl. Cristo de Burgos, 35 / c. Imagen
Sevilla

RUÍZ DE OCENDA, F.
VI-1977/1980-P.297
Edificios de Viviendas
c. Blas López
Vitoria. Gasteiz

RUÍZ LARREA, C.
AL-1985/1987-P.55
Escuela de Danza y Conservatorio
de Música
Av. Padre Méndez
Almería
AL-1986/1989-P.55
Restauración de la Iglesia de San
Pedro el Viejo y Edificio Conventual
c. Sócrates / c. Padre Luque
Almería
M-1990/1991-P.224
Edificio de Oficinas
c. Alcalá Galiano
Madrid

RUÍZ VALLÉS, X.
B-1959/1962-P.82
Academia de Corte y Confección Feli.
Antigua Joyería Monés
c. Guillem Tell,47 / c. Lincoln, 36-38
Barcelona
B-1964/1968-P.89
Edificio de Viviendas
Via Augusta, 242
Barcelona
B-1964/1968-P.89
Edificio de Viviendas Calatrava
c. Calatrava, 2-6
Barcelona

RUÍZ, J.
M-1964/1965-P.212
Pavellón de Cristal de la Feria
Internacional de campo
c. Aves. Recinto Ferial de
la Casa de Campo.
Madrid

SAAVEDRA CERVANTES, M. L. DE
L-1992-P.179
Tesorería de la Seguridad Social
c. Salmerón, 14
Lleida
MA-1991/1994-P.227
Dirección Provincial de la Tesorería
c. Ingeniero de la Torre Acosta /
c. Simeón Giménez Reina
Málaga

SAAVEDRA MARTÍNEZ, V.
TF-1963/1981-P.280
Hotel y Apartamentos Maravilla
Ten-Bel
Las Galletas. Costa del Silencio
Arona
TF-1964/1967-P.281
Edificio de Viviendas Dialdas
Muelle Norte
Santa Cruz de Tenerife
TF-1966/1971-P.281
Sede del Colegio Oficial de
Arquitectos de Canarias
Rba. General Franco, 123
Santa Cruz de Tenerife

SABATER ANDREU, L.
L-1966/1968-P.177
Residencia de Ancianos Joana Jogan
Ctra. Vall d'Aran
Lleida
L-1974-P.178
Edificio Pal·las
c. Porxos de Dalt, 12
Lleida
L-1974-P.177
Club de Tenis Lleida
Cº Boixadors, 60
Lleida

SÁENZ DE OIZA, F.J.
M-1949/1950-P.198
Poblado de Viviendas de Calero
c. Emilio Gastesi / c. Federico
Gutiérrez / c. José del Hierro /
c. Prudencio Álvarez
Calero
M-1955-P.201
Unidad Vecinal Erillas
c. Puerto del Monasterio
Madrid
M-1955-P.201
Viviendas en la Puerta del Angel
Inicio de la Ctra. de Extremadura
Madrid
M-1955/1963-P.201
Unidad Vecinal Batán (1ª Fase)
Cº de Campamento.
Ctra. de Extremadura
Madrid
M-1961/1963-P.201
Barrio de Loyola
Madrid
M-1961/1968-P.208
Edificio de Viviendas Torres Blancas
Av América, 37
Madrid
M-1971/1981-P.213
Edificio de Oficinas
del Banco de Bilbao
P. de la Castellana, 79
Madrid
M-1986/1989-P.221
Bloque de Viviendas en la M-30
Polígono 38, junto a la M-30 Montalaz
Madrid
PM-1961/1963-P.242
Complejo de Apartamentos
Ciudad Blanca
Alcudia

SÁEZ LLORCA, C.
L-1988-P.177
Hogar Infantil
c. Llibertat, 1
Lleida
L-1995-P.177
Escuela de Ingenieros Agrónomos
Módulos 2 y 3
Av. Rovira Roure, 177
Lleida

SÁIZ HERES, V.
O-1935/1942-P.240
Edificio El Termómetro
c. Fruela, 18 / c. San Francisco
Oviedo

SALA, A.
B-1992-P.121
Conjunto Eix Macià
Sabadell

SALVA, J.C.
CA-1988-P.158
Centro de Visitantes del Parque
Nacional de Doñana
Sanlúcar de Barrameda

SALVADOR GRANADOS, F.
AL-1992/1995-P.55
Edificios de Viviendas y Oficinas
c. Central (Polígono de la Celulosa)
Almería

SALVADOR MOLEZÚN, G.
M-1991/1993-P.225
Edificio Departamental
en la Universidad Carlos I
Leganés
Madrid

SALVADORES NAVARRO, C.
V-1987/1989-P.292
Instituto Valenciano de Arte
Moderno. Centro Julio González
c. Guillem de Castro, 118
Valencia

SANABRIA BOIX, R.
B-1985/1988-P.81
Cuartel de la Guardia Urbana
Rambla Caputxins, 43
Barcelona
B-1986/1996-P.110
Campus Nord de la Universitat
Politècnica de Catalunya
c. Gran Capità / Av. Exèrcit /
c. Teniente Coronel Valenzuela
Barcelona
B-1992-P.131
Edificio Nova Unió
c. Colomé / c. Alfons Sala
Sant Cugat del Vallés
HU-1985/1987-P.176
Nueva Sede de la Diputación
de Huesca
Huesca
L-1984/1994-P.179
Auditorio Enrique Granados
c. Magdalena, 2
Lleida
L-1994-P.179
Almacenes Vielha Industrial
Ctra. de Francia
Vielha
L-1995-P.179
Escuela Oficial de Idiomas
c. Baró de Maials, 53
Lleida

SANAHUJA ESCOFET, J. M.
B-1992/1994-P.119
Conjunto de Viviendas
Barrio de Gallecs
Mollet del Vallès

SÁNCHEZ ARCAS, M.
CA-1934/1935-P.156
Mercado Municipal
Algeciras
M-1932/1933-P.184
Edificio central de los Servicios
de Calefacción
Av. Gregorio del Amo, 37
Madrid
M-1930-P.184
Edificio para la Junta de Gobierno
y Oficina Técnica
Madrid
M-1928/1932-P.192
Instituto Nacional de Física
y Química
c. Serrano, 125-129
Madrid
M-1932/1936-P.184
Hospital Clínico
c. Isaac Peral, s/n
Madrid

SÁNCHEZ ESTEVE, A.
MA-1933/1934-P.227
Teatro-Cine Torcal
c. Ramón y Cajal, 4
Antequera

SÁNCHEZ MORALES, M.
AL-1940/1995-P.55
Edificios de Viviendas y Oficinas
c. Central (Polígono de la Celulosa)
Almería

SANCHEZ, E.
M-1979/1992-P.216
Palomeras, Fase I, II y III
Madrid

SÁNCHEZ, I.
B-1992-P.69
Hotel Park
Av. Marqués de la Argentera, 11
Barcelona
B-1993/1994-P.131
Biblioteca Pública
P. Torre Blanca
Sant Cugat del Vallès

SANCHO OSINAGA, J. C.
M-1992/1993-P.226
Pavellón de Servicios
en el Colegio Carretas
Arganda del Rey
Madrid

SANCHO, J.
L-1996-P.180
Teatro Municipal
c. Angel Guimerà, 24
Balaguer

SANMARTÍ VERDAGUER, J.
L-1966/1968-P.177
Residencia de Ancianos Joana Jogan
Ctra. Vall d'Aran
Lleida

SANMARTÍN GABAS, A.
HU-1995/1996-P.176
Centro de Día y Hogar del Jubilado
Antiguo Convento de los Capuchinos
Coro Alto

SANTOS NICOLÁS, M.
M-1930/1935-P.185
Facultad de Medicina, Farmacia
y Estomatología
Pl. Ramón y Cajal, s/n
Madrid
M-1933/1936-P.184
Facultades de Ciencias
Madrid

SANZ BLANCO, J. C.
P-1992/1994-P.294
Casa de Cultura
Villamuriel de Cerrato

SANZ MAGALLÓN, J.L.
B-1963/1964-P.73
Pabellón para la Fábrica Godó y Trias
Polígono Torrent Gornal
L'Hospitalet de Llobregat
B-1966/1971-P.88
Edificio de Viviendas Atalaya
Av. Sarrià, 71 / Av. Diagonal
Barcelona

SARDÀ FERRAN, J.
T-1986/1991-P.278
Instituto de BUP
Centre Direccional
Cambrils

SAUQUET CANER, X.
B-1970-P.121
Edificio de Viviendas
c. Alemanya / c. Portugal
Sabadell

SCHWARTZ PÉREZ, C.
TF-1979/1987-P.282
Sede de la Caja de Ahorros
de Canarias
Pl. Patriotismo
Santa Cruz de Tenerife

SEDANO, F.
H-1940/1941-P.156
Oficinas de la Junta de Obras
del Puerto
Av. de Enlace
Huelva

SEGARRA, M.
B-1962-P.76
Escuela Técnica Superior
de Arquitectura de Barcelona
Av. Diagonal, 649
Barcelona

SERRA SOLÉ, L.M.
T-1988/1989-P.278
Nave Industrial Volvo
Autovía de Reus a Tarragona
Reus

SERRA, E.
B-1993-P.130
Centro Empresarial Nodus-Barberà
Polígono Can Salvatella
Barberà del Vallès
GI-1993-P.171
Ampliación y Reforma
del Cementerio
Riudellots de la Selva

SERRANO, M.
MU-1992/1994-P.231
Centro de Salud Virgen de la Caridad
c. Cabrera, s/n.
Cartagena
MU-1993/1995-P.231
Centro de Salud
c. Pina, s/n
Fuentetocinos

SERT LÓPEZ, J.L.
B-1930/1931-P.59
Edificio de Viviendas
c. Muntaner, 342-348
Barcelona
B-1932/1936-P.62
Conjunto de Viviendas Casa Bloc
P. Torras i Bages, 91-105
Barcelona
B-1933/1934-P.64
Joyería Roca
P. de Gràcia, 18
Barcelona
B-1933/1938-P.65
Dispensario Antituberculoso
Pje. Sant Bernat, 10 /
c. Torres Amat, s/n
Barcelona
B-1937-P.67
Pabellón de la República Española en
la Exposición Internacional de París
de 1937
c. Jorge Manrique, s/n
Barcelona
B-1967/1973-P.92
Conjunto Residencial
Les Escales Park
c. Sor Eulàlia de Anzizu, 24-46
Barcelona
B-1972/1975-P.93
Fundación Joan Miró
Pl. Neptú
Barcelona
PM-1957/1958-P.241
Estudio para el Pintor Joan Miró
Son Abrines
Palma de Mallorca

SIERRA DELGADO, J. R.
SE-1981/1983-P.261
Edificios de Viviendas
Manzana B-2
Sevilla
SE-1988/1991-P.263
Edificio Catalana Occidente
Av. San Francisco Javier
Sevilla

SIERRA DELGADO, R.
SE-1981/1983-P.261
Edificios de Viviendas
Manzana B-2
Sevilla

SI-SU

SE-1988/1991-P.263
Edificio de oficinas
Catalana Occidente
Av. San Francisco Javier
Sevilla

SIERRA NAVA, M.
AL-1967/1970-P.54
Edificio de Viviendas Parque
c. Reina
Almería
M-1949/1950-P.198
Poblado de Viviendas de Calero
c. Emilio Gastesi / c. Federico
Gutiérrez / c. José del Hierro /
c. Prudencio Álvarez
Calero
M-1955/1963-P.201
Unidad Vecinal Batán (1ª Fase)
Cº de Campamento.
Ctra. de Extremadura
Madrid

SIZA VIEIRA, A.
B-1986/1992-P.106
Vila Olímpica
Poble Nou
Barcelona
C-1990/1993-P.152
Centro Gallego de Arte
Contemporáneo
Ría Valle Inclán, s/n
Santiago de Compostela
C-1993/1994-P.152
Parque de Santo Domingo de Bonaval
Santiago de Compostela

SKIDMORE
B-1991-P.106
Hotel Arts
P. Carles I / Av. Litoral
Barcelona

SOLÁ SUSPERREGUI, B. DE
B-1982/1986-P.133
Ordenación de la Vía Julia
Barcelona

SOLÁ-MORALES RUBIÓ, I.
B-1982/1986-P.56
Sede de la Fundación Mies van der
Rohe (Antiguo Pabellón de Alemania.
Exposición internaciónal de
Barcelona 1929). Reconstrucción
Av. Marquès de Comillas, s/n
Barcelona
L-1991-P.180
Instituto El Pont de Suert
Barrio Aragó
El Pont de Suert

SOLÁ-MORALES ROSSELLÓ, M.
B-1964/1967-P.85
Edificio de Viviendas
c. Muntaner, 271-273
Barcelona

SOLÁ-MORALES RUBIÓ, M.
B-1964/1967-P.85
Edificio de Viviendas
c. Muntaner, 271-273
Barcelona
B-1990/1992-P.122
Edificio de Oficinas, Locales
Comerciales y Hotel L'Illa Diagonal
c. Numància / c. Entença /
c. Déu i Mata / Av. Diagonal
Barcelona

SOLAGUREN-BEASCOSA DEL CORRAL, F.
L-1991/1994-P.180
Escuela de EGB
La Fuliola

SOLANAS CANOVAS, A.
B-1980/1982-P.123
Parque de Joan Miró
c. Aragó/ c. Tarragona
Barcelona

SOLDEVILA BARBOSA, A.
B-1992-P.125
Equipamientos en las Losas
de la Ronda Litoral
c. Santander / c. Arbeca
Barcelona

SOLÉ CASULLERAS, N.
L-1983-P.178
Centro Cívico la Bordeta
c. Plà d'urgell
Lleida

SOLER, R.
GR-1991/1992-P.174
Edificios de Viviendas
Polígono de Almanjayar
Granada

SOTORRES ESCARTÍN, J.
B-1991/1993-P.134
Edificio de Oficinas F.E.C.S.A.
Av. Paral·lel / c. Cabanes
Barcelona

SÓRIA BADIA, E.
B-1979-P.119
Edificio de Viviendas
Pl. Espanya, 17
Manlleu
B-1979/1981-P.112
Edificios de Viviendas
c. Pí Molist, 39-63
Barcelona
B-1980/1988-P.114
Museo de la Ciencia
c. Teodoro Roviralta, 55
Barcelona
B-1985/1987-P.104
Escuela de Artes y Oficios
c. Pompeu Fabra / c. Torras i Bages
Sant Sadurní d'Anoia
B-1989/1992-P.119
Conjunto de Viviendas
c. Francesc Layret, 101/ Av. Rivolí, 6-8/
c. Mestre Coll, 3
Mollet del Vallès
B-1990/1992-P.123
Hotel Plaza
Pl. España, 6
Barcelona
B-1994/1995-P.135
Cine Imax
Moll d'Espanya
Barcelona
T-1983/1987-P.276
Centro de Asistencia Primaria
c. Francesc Macià s/n
Mora de Ebro
TF-1989/1993-P.282
Museo de la Ciencia y el Cosmos
La Laguna

SOLÁ SUSPERREGUI, B. DE
B-1982/1986-P.133
Ordenación de la Vía Julia
Barcelona

SOSTRES MALUQUER, J.M.
GI-1953/1958-P.168
Hotel María Victoria
Puigcerdà

SOTA MARTÍNEZ, A. DE LA
LE-1980/1983-P.183
Caja Postal de León
León
M-1957/1958-P.202
Edificio Industrial TABSA
Autopista de Barajas
Madrid
M-1958/1962-P.202
Nuevas Aulas y Gimnasio
del Colegio Maravillas
c. Joaquín Costa, 21
Madrid
M-1959/1960-P.202
Residencia Infantil para
Cristalería Española S.A.
Miraflores de la Sierra
M-1959/1963-P.202
Central Lechera CIESA
Polígono de Absorción
Madrid

M-1965/1967-P.202
Edificio Industrial CENIN
Ciudad Universitaria
Madrid
M-1967/1968-P.212
Colegio Mayor César Carlos
Av. Ramiro de Maeztu /
c. Ramón Menéndez Pidal
Madrid
PO-1966-P.247
Pabellón Polideportivo
Pontevedra
PO-1972-P.247
Edificio de Viviendas
c. Conde de Gondomar
Pontevedra
SA-1962/1963-P.254
Edificio de Viviendas
c. Prior
Salamanca
SE-1955/1956-P. 258
Pueblo de Esquivel para el INC
Esquivel
SE-1970/1971-P.260
Facultad de Ciencias Exactas
Av. Reina Mercedes, s/n.
Universidad de Sevilla
Sevilla
SS-1965/1967-P.272
Delegación de Hacienda
c. Oquendo, 20
San Sebastián. Donostia
T-1954/1957-P.275
Edificio del Gobierno Civil
Pl. Imperial Tarraco, s/n
Tarragona

SOTERAS MAURI, J.
B-1954/1957-P.73
Estadio del Futbol Club Barcelona
Trav. de las Corts, 63-129 /
Av. Papa Juan XXIII, s/n
Barcelona

SOTORRES, J.
B-1991/1993-P.134
Edificio de Oficinas FECSA
Av. Paral·lel
Barcelona
B-1992-P.109
Polideportivo y Escuela Pública
Pla de la Concórdia
Montgat
B-1993-P.109
Polideportivo Municipal
Pg. Creu de la Pedra
Alella

SUANCES PEREIRO, J. J.
C-1966/1968-P.148
Convento, Claustro y Capilla
para las Carmelitas Descalzas
La Coruña, A Coruña
OR-1980/1990-P.248
Intervención en el Monasterio
de San Estebo
Ribas de Sil

SUÁREZ INCLÁN, L.M.
SG-1962/1966-P.268
Unidad Vecinal Cooperativa Pío XII
Segovia

SUBÍAS FAGÉS, X.
B-1955/1958-P.117
Polígono de Viviendas Montbau
P. Vall d'Hebron/c. Arquitectura/
c. Vayreda
Barcelona
B-1957/1958-P.78
Facultad de Derecho
Av. Diagonal, 684
Barcelona
B-1963/1966-P.88
Conjunto de Viviendas
Av. Sarrià/c. Ganduxer
Barcelona

SUBIRANA I SUBIRANA, J.B.
B-1933/1938-P.65
Dispensario Antituberculoso
Pje. Sant Bernat, 10 /
c. Torres Amat, s/n
Barcelona

TABUENCA GONZALEZ, F.
NA-1990/1991-P.233
Zona Deportiva Urroz-Villa
Urroz

TARRAGÓ SALA, G.
B-1984-P.120
Jardines de Can Solei
c. Sant Bru
Badalona

TARRASÓ CLIMENT, O.
B-1989/1990-P.134
Urbanización del Paseo Joan de Borbó
y del Paseo Marítim de la Barceloneta
Moll de la Barceloneta
Barcelona

TARRÚS GALTER, J.
GI-1987/1989-P.170
Adaptación del Antiguo Hospicio
de Olot para Museo
c. Bisbe Lorenzana
Olot

TENREIRO RODRÍGUEZ, A.
C-1932-P.146
Edificio de Viviendas
c. Emilia Pardo Bazán, 2
La Coruña. A Coruña
C-1933-P.146
Edificio de Viviendas
c. Arzobispo Lago, 2
La Coruña. A Coruña
C-1934-P.146
Edificio de Viviendas
c. Torreiro, 6-8
La Coruña. A Coruña
C-1934/1935-P.146
Edificio de Viviendas
c. Estrella, 36
La Coruña. A Coruña
C-1937-P.146
Edificio de Viviendas
Av. Linares Ribas, 57
La Coruña. A Coruña

TERRADAS VIA, R.
B-1954/1955-P.72
Club de Golf
Cº Albufera
El Prat de Llobregat

TERRADES MUNTAÑOLA, E.
B-1992-P.130
Instalaciones de Tiro Olímpico
Ctra. N-152
Mollet de Vallès
B-1992/1995-P.134
Acuario de Barcelona-Centro de Mar
Moll d'Espanya
Barcelona
B-1994-P.130
Escuela de Bomberos
Ctra. N-152
Mollet del Vallès

TERRADES MUNTAÑOLA, R.
B-1992-P.130
Instalaciones de Tiro Olímpico
Ctra. N-152
Mollet de Vallès
B-1992/1995-P.134
Acuario de Barcelona-Centro de Mar
Moll d'Espanya
Barcelona
B-1994-P.130
Escuela de Bomberos
Ctra. N-152
Mollet del Vallès

TORBADO FRANCO, J.
LE-1935-P.182
Edificio de Viviendas
Av. de Roma, 18
León
LE-1936/1938-P.182
Edificio de Viviendas
c. Bernardo del Carpio, 13
León
LE-1939/1942-P.182
Edificio de Viviendas Casa Arriola
c. Ordoño II, 32
León

LE-1941-P.182
Edificio de Viviendas
c. Piloto Regueral, 2
León

TORRAS COLELL, M.
B-1990-P.121
Facultad de Veterinaria
Universidad Autònoma de Barcelona
Cerdanyola del Vallès
B-1993/1996-P.121
Escuela Universitaria de Informática
Ctra. Poble Nou
Sabadell

TORRENT GENIS, J.
GI-1995-P.171
Ayuntamiento
c. Nou / Pl. Ramal
Llers

TORRENTO CUCALA, C.
B-1992-P.121
Conjunto Eix Macià
Sabadell

TORRES CARVALHO, S.
M-1987/1989-P.220
Edificio de Viviendas
c. Embajadores, 37
Madrid

TORRES CLAVÉ, J.
B-1932/1936-P.62
Conjunto de Viviendas Casa Bloc
P. Torras i Bages, 91-105
Barcelona
B-1933/1938-P.65
Dispensario Antituberculoso
Pje. Sant Bernat, 10 /
c. Torres Amat, s/n
Barcelona

TORRES NADAL, J.M.
MU-1978/1983-P.230
Oficinas y Sede Social de Caja
de Ahorros de Murcia
Gran Vía Francisco Salzillo
Murcia
MU-1988/1994-P.231
Biblioteca Pública
Av. Juan Carlos I
Murcia

TORRES TUR, E.
B-1971/1974-P.101
Edificio de Viviendas
c. Treball,197
Barcelona
B-1982/1986-P.97
Jardín Vil·la Cecilia
c. Santa Amèlia / c. Eduard Conde
Barcelona
B-1986/1992-P.106
Vila Olímpica
Poble Nou
Barcelona
B-1992/1995-P.70
Piscinas Banys de Sant Sebastià
P. Joan de Borbó / P. Escollera
Barcelona
B-1993-P.72
Accesos al Castillo
c. Bisbe Urquinaona
Castelldefels
B-1995-P.66
Fachada de El Corte Inglés
Pl. Catalunya / Rda. St. Pere
Barcelona
GI-1983/1990-P.172
Restauración del Monasterio
de Sant Pere de Rodes
El Port de la Selva
GI-1983/1993-P.169
Plaza de la Constitució
Av. Jaume I
Girona
GI-1995-P.170
Instituto Bosc de la Coma
c. Toledo
Olot
M-1979/1992-P.216
Palomeras, Fase I, II y III
Madrid

PM-1981/1984-P.244
Restauración de la Iglesia
L'Hospitalet
Palma de Mallorca
PM-1983/1985-P.244
Restauración Castillo de Bellver
Palma de Mallorca
PM-1983/1992-P.244
Restauración y Rehabilitación del
Paseo de Ronda de las Murallas
Palma de Mallorca
PM-1983/1993-P.244
Nueva Escalera de Acceso al Castillo
de Ibiza
Ibiza
T-1982/1986-P.276
Centro de Asistencia Primaria
Ctra. de Gandesa a Tortosa
Gandesa
T-1982/1988-P.276
Hospital
Mòra d'Ebre

TORRES, J.
BI-1967/1970-P.139
Sede del Banco Bilbao Vizcaya
Gran Vía, 1
Bilbao. Bilbo

TORRES, J.M.
GI-1993-P.171
Ampliación y Reforma
del Cementerio
Riudellots de la Selva

TORRES, R. DE
AL-1986/1989-P.55
Restauración de la Iglesia de San
Pedro el Viejo y Edificio Conventual
c. Sócrates / c. Padre Luque
Almería

TORROJA MIRET, E.
M-1932/1936-P.184
Hospital Clínico
c. Isaac Peral, s/n
Madrid
M-1933/1936-P.
Facultades de Ciencias
Madrid

TOUS CARBÓ, E.
B-1970-P.86
Edificio de Oficinas
c. Balmes / c. Marià Cubí
Barcelona
B-1960/1962-P.72
Conjunto de Viviendas Sant Jordí
Ctra. Castelldefels
Viladecans
B-1965/1968-P.86
Edificio de Oficinas Banca Catalana
P. Gràcia, 236-238
Barcelona
VI-1964/1966-P.295
Pabellón para Kas
Av. Olmos, 2
Gamarra

TRILLO DE LEYVA, M.
SE-1975/1980-P.262
Conjunto residencial la Motilla
Dos Hermanas

TUÑÓN ALVAREZ, E.
M-1983/1985-P.219
Restauración y Nuevo Retablo
de la Iglesia de los Jesuitas
Alcalá de Henares
TO-1984/1987-P.286
Rehabilitación del Teatro Rojas
Toledo
ZA-1989/1995-P.302
Museo Provincial de Arqueología
y Bellas Artes
Pl. Santa Lucía, 1
Zamora

TUSQUETS GUILLÉN, O.
B-1967/1971-P.77
Vivienda Unifamiliar Casa Fullà
c. Gènova, 27
Barcelona

VEGA SAMPER, J.M.
VA-1938/1939-P.293
Edificio de viviendas
c. Capuchinos, 1
Valladolid

VÉLEZ CATRAIN, A.
M-1977/1978-P.226
Conjunto de Viviendas
Peña Grande
Madrid
M-1991/1994-P.226
Escuela de Protección Civil
Rivas Vacía
Madrid

VETGES TV MEDITERRÀNIA
V-1988/1990-P.292
Centro de Producción de Programas
de TV Valenciana. Canal 9
Burjassot

VIADER MARTÍ, J.
GI-1985-P.173
Edificio de Viviendes Beates
c. Beates
Girona
GI-1986/1993-P.173
Sede del Rectorado de la Universidad
de Girona
Girona
GI-1990-P.173
Manzana nº 10 de la Vila Olímpica
Banyoles
GI-1991/1993-P.173
Edificio de Viviendas
Can Sunyer
Girona
GI-1992/1996-P.173
Facultad de Ciencias Experimentales
Campus Universitario de Montilivi
Girona

VIAPLANA VEÁ, A.
B-1981/1983-P.95
Plaza dels Països Catalans
Pl. Estació de Sants
Barcelona
B-1982/1989-P.119
Plaza Josep Barangé
Granollers
B-1985/1989-P.81
Centro de Arte Santa Mònica
Rambla Santa Mónica, 7
Barcelona
B-1986/1990-P.122
Hotel Hilton
Av. Diagonal, 589
Barcelona
B-1990/1993-P.126
Centro de Cultura Contemporánea de
Barcelona. Casa de la Caritat
c. Montalegre, 5
Barcelona
B-1993-P.129
Biblioteca Popular Montserrat Roig
Verge M ontserrat s/n.
Sant Feliu de Llobregat
B-1993/1995-P.135
Complejo Lúdico Maremagnum
Moll d'Espanya
Barcelona
B-1995-P.135
Rambla de Mar
Moll de les Drassanes
Barcelona

VICENTE GARCÍA, J.
M-1987/1989-P.220
Edificio de Viviendas
c. Embajadores, 37
Madrid
SA-1989/1993-P.255
Instalaciones Deportivas
Salas Bajas

VIDAL ARDERIU, L.M.
L-1992/1995-P.181
Biblioteca de Sant Agustí
c. Lluís de Sabater
La Seu d'Urgell

L-1994-P.177
Restauración de la Casa Ducs d'Alba
Pl. Major
Castelló de Farfanya

VIDAL VIDAL, V. M.
A-1984/1986-P.51
Edificio Escolar El Arenal
Alcoy
A-1986/1992-P.52
Edificios de Viviendas
c.Barbacana / c. Virgen del Agosto
Alcoy
A-1992/1995-P.51
Centro Comercial
c. Valencia s/n / Av. Cotes Baixes
Alcoi
V-1980/1985-P.291
Edificio Manterol
Ctra. Albaida
Onteniente
V-1991/1995-P.291
Centro de Salud
Av. Sants de la Pedra
Sagunto

VIDAURRÁZAGA ZUGASTI, J.
BI-1991/1994-P.143
Casa de Cultura
Pl. Lehendakari Aguirre
Galdakao

VIEDMA VIDAL, E.
V-1933-P.288
Edificio de Viviendas Finca Roja
c. Albacete / c. Malaquer / c. Marva /
c. Jesus
Valencia

VILALTA PUJOL, R.
GI-1990-P.172
Hotel Albons-Calm
Albons
GI-1994-P.170
Pabellón de Acceso
a la Fageda d'En Jordà
Santa Pau

VILORIA, A.
SG-1962/1966-P.269
Unidad Vecinal Cooperativa Pío XII
Segovia

VILLANUEVA SANDINO, F.
SE-1974/1976-P.260
Facultad de Ciencias Económicas
y Empresariales
Av. Ramón y Cajal
Sevilla
SE-1976/1979-P.260
Manzana de Viviendas
c. Colombia / c. Progreso /
c. Valparaiso
Sevilla

VILLANUEVA PAREDES, A.
M-1979/1992-P.216
Palomeras, Fase I, II y III
Madrid
TO-1989/1992-P.286
Rehabilitación del Antiguo Convento
de San Pedro Mártir
Toledo

VIVANCO BERGAMÍN, L.F.
M-1933/1936-P.193
Grupo de Viviendas El Viso
c. Serrano / c. Guadalquivir /
c. Tormes / c. Sil / c. Nervión /
c. Concha Espina
Madrid

VIVES SANFELIU, S.
GI-1987/1989-P.170
Adaptación del Antiguo Hospicio
de Olot para Museo
c. Bisbe Lorenzana
Olot

VIVES, LL.
B-1993-P.130
Centro Empresarial Nodus-Barberà
Polígono Can Salvatella
Barberà del Vallès

YAMASAKI, M.
M-1986/1989-P.213
Edificio de Oficinas Torre Picaso
Pl. Azca / Pl. Pablo Ruíz Picasso
Madrid

YLLA-CATALÀ PUIGREFAGUT, D.
B-1994-P.119
Sede del Colegio de Arquitectos
de Catalunya
Pl. Bisbe Oliva / c. Escola
Vic

YLLESCAS MIROSA, S.
B-1929/1930-P.59
Casa Vilaró
Avda. Coll del Portell, 43
Barcelona
B-1934/1935-P.59
Edificio de Viviendas
c. Pàdua, 96
Barcelona

ZAVALA ARZADÚN, J.
V-1931-P.287
Ateneo
Pl. Ayuntamiento, 18
Valencia

ZUAZO UGALDE, S.
M-1931/1932-P.188
Conjunto de Viviendas
Casa de las Flores
c. Rodriguez San Pedro /
c. Meléndez Valdés / c. Gatzambide /
c. Hilarión Eslava
Madrid
M-1932/1936-P.188
Nuevos Ministerios
P. de la Castellana /
c. Raimundo Fernandez Villaverde /
Pl. San Juan de la Cruz
Madrid

ZULAICA ARSUAGA, L. M.
SS-1970/1971-P.272
Edificio de Viviendas Urumea
P. Ramón Mª Lili
San Sebastián. Donostia
SS-1972/1974-P.272
Instituto
Tolosa

Bibliografía Bibliography

1930-1960

Alemán de Armas, Adrián: *El caserío de Masca*, Santa Cruz de Tenerife, 1975
Álvarez Mora, Alfonso; Barrero Pereira, Paloma (y otros autores):
Guía de Madrid. Arquitectura y urbanismo, vols. I y II, Madrid, 1982-1983
Aranda Iriarte, Joaquín: *Los arquitectos de Gijón alrededor del racionalismo: los años treinta*, Oviedo, 1981
Baldellou, Miguel Ángel; Capitel, Antón: *Arquitectura española del siglo XX* (Vol. XL de Summa Artis), Madrid, 1995
Baldellou, Miguel Ángel: *Arquitectura moderna en Galicia*, Madrid, 1995
Barreiro Pereira, Paloma: *Casas Baratas. La vivienda social en Madrid (1900-1939)*, Madrid, 1991
Cantis Silberstein, Ariadna (y otros autores): *Madrid. Guía de arquitectura*, Madrid, 1992
Chias Navarro, Pilar: *La ciudad universitaria de Madrid*, Madrid, 1986
Cortés Vázquez de Parga, Juan Antonio: *El racionalismo madrileño*, Madrid, 1992
Bonet, Juan Manuel: *Diccionario de las vanguardias en España (1907-1936)*, Madrid, 1995
Buil, Carlos; Ruíz de Temiño, José María (más otros autores): *Catálogo de la Exposición Regino y José Borobio Ojeda, 1924-1958*, Zaragoza, 1991
Domènech Girbau, Luís: *Arquitectura española contemporánea*, Barcelona, 1968
Flores, Carlos; Amman, Eduardo: *Guía de la arquitectura de Madrid*, Madrid, 1967
Flores, Carlos; Amman, Eduardo: *Guía de la arquitectura de Barcelona*, Separata de *Hogar y Arquitectura* nº 55 nov.-dic. 1964
Fullaondo, Juan Daniel; Muñoz, Mª Teresa: *Historia de la arquitectura contemporánea española*, vol.1 y vol. 2. Madrid, 1994-1995.
Gago, José Luís (y otros autores): Miguel Martín. *Arquitecturas para la gran ciudad*. Las Palmas de Gran Canaria, 1995
García de la Torre, Bernardo I; García de la Torre, Francisco Javier: *Bilbao. Guía de Arquitectura*, Bilbao, 1993
González, Antoni; Lacuesta, Raquel: *Barcelona. Guía de arquitectura (1929-1994)*
Hernández-Cros, Josep Emili; Mora, Gabriel; Populana, Xavier: *Arquitectura de Barcelona*, Barcelona, 1990
Hervás Avilés, J.M.: *Cincuenta años de arquitectura en Murcia*, Murcia, 1982
Llordén, Moisés; Arias, Arturo: *Guía de Gijón*, Gijón, 1989
Monteys, Xavier (y otros autores): *La arquitectura de los años cincuenta en Barcelona*, Barcelona, 1987
Mosquera Adell, Eduardo; Pérez Cano, María Teresa: *La vanguardia imposible*, Sevilla, 1990
Mosquera Adell, Eduardo; Pérez Cano, María Teresa; Moreno Pérez, José Ramón: *De la tradición al futuro*, Sevilla, 1992
Navarro Segura, Maisa: *Racionalismo en Canarias*, Santa Cruz de Tenerife, 1989
Pérez Lastra, José Antonio: *Vaquero Palacios, arquitecto*, Oviedo, 1992
Pérez Parrilla, Sergio T: *La arquitectura racionalista en Canarias*, Las Palmas de Gran Canarias, 1977
Pérez Rojas, F. Javier: *Cartagena 1874-1936. Transformación urbana y arquitectura*, Murcia, 1986
Pozo Municio, José Manuel: *Regino Borobio Ojeda (1895-1976). Modernidad y contexto en el primer racionalismo español*, Zaragoza, 1990
Rábanos Faci, Carmen: *Vanguardia frente a tradición en la arquitectura aragonesa (1925-39). El racionalismo*
Rodríguez Llera, Ramón: *Arquitectura regionalista y de lo pintoresco en Santander (1900-1950)*. Santander, 1987
Seguí Aznar, M: *Arquitectura contemporánea en Baleares (1900-1947)*, Palma de Mallorca, 1990
Simó, Trinidad: *Valencia Centro histórico. Guía urbana y de arquitectura*. Valencia, 1983.
Varela Botella, S: *Guía de la arquitectura de Alicante*, Alicante, 1980
Vázquez Consuegra, Guillermo: *Guía de Sevilla*, Sevilla, 1994

1960-1996

A.A.V.V: *Arquitectura española contemporánea*, El Croquis Editorial, Madrid, 1989.

A.A.V.V.: *España. Vanguardia artística y realidad social 1936 - 1976*, Editorial Gustavo Gili, S.A. , Barcelona, 1976.

A.A.V.V.: *Bilbao. Guía de arquitectura*, Colegio Oficial de Arquitectos Vascos- Navarro, Bilbao, 1993.

A.A.V.V: *Pamplona. Guía de arquitectura*, Colegio Odicial de Arquitectos Vasco- Navarro, Pamplona, 1994.

A.A.V.V.: *Madrid. Guía de arquitectura*, Colegio Oficial de Arquitectos de Madrid, Madrid, 1992.

A.A.V.V.: *III Bienal de Arquitectura Española, 1993 - 1994*, Edita el Ministerio de Obras Públicas y Medio Ambiente, Consejo Superior de los Colegios de Arquitectos de España y Universidad Internacional Menéndez Pelayo, Madrid.

A.A.V.V.: *España: Arquitecturas de hoy*, Ministerios de Obras Públicas y Transporte, Madrid, 1992.

A.A.V.V.: *Muestra de arquitectura española*, edita el Ministerio de Obras Públicas, Transporte y Medio Ambiente, Centro de Publicaciones, Consejo Superior de los Colegios de Arquitectos de España, Universidad Menéndez Pelayo, Madrid, 1994.

A.A.V.V.: *I Muestra de 10 años de arquitectura española, 1980 - 1990*, edita el MOPT, Consejo Superior de los Colegios de Arquitectos de España, Universidad Menéndez Pelayo, Barcelona, 1991.

A.A.V.V.: *Construir arquitectura en España con acero*, Publicaciones Ensidesa, Volumen V, Pamplona, 1994.

A.A.V.V.: *Primera Bienal de Arquitectura española, 1991*, edita el MOPT, Consejo Superior de los Colegios de Arquitectos de España, Universidad Menéndez Pelayo, Madrid, 1991.

A.A.V.V.: *Sevilla siglo XX*, edita la Demarcación en Sevilla del Colegio Oficial de Arquitectos de Andalucía Occidental, Sevilla.

A.A.V.V.: *Europa de Postguerra 1945 - 1965. Arte después del diluvio*, edita la Fundación la Caixa, Barcelona, 1995.

A.A.V.V.: *Arquitectura valenciana. La década de los ochenta*, edita IVAM Centre del Carme, Paterna (Valencia), 1991.

A.A.V.V.: *Vitoria. Gasteiz. Guía de arquitectura*, edita el Colegio Oficial de Arquitectos Vasco- Navarro, Vitoria, 1995.

A.A.V.V.: *Arquitecturas recentes da Universidade de Santiago de Compostela (1990 - 1994)*, Universidad de Santiago de Compostela, Santiago de compostela, 1994.

A.A.V.V.: *Arquitectura pública de Andalucía*, edita la Junta de Andalucía, la Consejería de Obras Públicas y Transportes, Sevilla, 1994.

A.A.V.V.:*Arquitectura española. Años 50 - años 80*, edita el Centro de Publicaciones del MOPU Secretaría General Técnica, Madrid, 1986.

A.A.V.V.: *Trente oeuvres Architecture espagnole. Années 50 - années 80*, edita la Dirección General de Arquitectura y vivienda, MOPU, Madrid, 1985.

Bohigas, Oriol: *Contra una arquitectura adjetivada*, Editorial Seix Barral, Barcelona, 1969.

Bru, Eduard / Mateo, José Luis: *Arquitectura española contemporánea. Spanish Contemporany Architecture*, Editorial Gustavo Gili S.A, Barcelona, 1984.

Drexler, Arthur: *Transformaciones en la arquitectura moderna*, Editorial Gustavo Gili, S.A., Barcelona, 1981.

Domènech Girbau, Luis: *Arquitectura española contemporanea*, Editorial Blume, Barcelona, 1984.

Flores, Carlos: *Arquitectura española Contemporanea*, Aguilar S.A: de Ediciones, Bilbao, 1961.

Frampton, Kenneth: *Historia crítica de la arquitectura moderna*, Editorial Gustavo Gili, S.A., Barcelona, 1993.

Fullaondo, Juan Daniel / Muñoz, Mª Teresa: *Historia de la arquitectura contemporánea española*, Editorial Munillalería, Volumen I Y II, Madrid, 1995.

Gonzélez, Antoni / Lacuesta, Raquel: *Barcelona 1929 - 1994. Guía de arquitectura*, Editorial Gustavo Gili, Barcelona, 1995.

Güell, Xavier (ed): *Arquitectura española contemporánea. La década de los 80*, Editorial Gustavo Gili S.A, Barcelona, 1990.

Mas Serra, Elías: *Cincuenta años de Arquitectura en Euskadi*, edita el Servicio Central de Publicaciones del Gobierno Vasco, Vitoria, 1990.

Montaner, Josep Mª: *Después del movimiento moderno. Arquitectura de la segunda mitad del siglo XX*, Editorial Gustavo Gili, S.A., Barcelona, 1993.

Ortiz Echagüe, César: *La arquitectura española actual*, Ediciones Rialp, Madrid, 1965.

Piñón, Helio: *Arquitectura de las neovanguardias*, Editorial Gustavo Gili S.A., Barcelona, 1984.

Rodríguez, Carme / Torres, Jorge: *Grup R*, Editorial Gustavo Gili, S.A., Barcelona, 1994.

Solà- Morales Rubió, Ignasi de: *Diferencias. Tipografía de la arquitectura contemporánea*, Editorial Gustavo Gili, S.A., Barcelona, 1995.

Solà- Morales Rubió, Ignasi de: *Contemporary Spanish architecture. An eclectic panorama*, Rizzoly International Publications, Inc, New York, 1986.

Vázquez Consuegra, Guillermo: *Guía de arquitectura de Sevilla*, edita Junta de Andalucía, Consejería de Obras Públicas y Transportes, Sevilla, 1992.

Venturi, Robert: *Complejidad y contradicción de la arquitectura*, Editorial Gustavo Gili, S.A., Barcelona, 1992.

Zabalbeascoa, Anatxu: *The new Spanish architecture*, Rizzoly International Publications, Inc, New York, 1993.

GUÍA–GUIDE

Arquitectura de España 1929/1996
Architecture of Spain

FUNDACIÓN CAJA DE ARQUITECTOS
c. Arcs, 1. 08002 Barcelona
Fax: 93. 482 68 01
e-mail: arquitfundación@arquired.es

COORDINACIÓN
Marc Longarón

DISEÑO GRÁFICO
Ramon Prat
David Lorente

FOTÓGRAFOS
J. Allende 138, 140, 142, 143
J. Azurmendi 149, 151, 152, 154, 216, 217, 218, 221, 223, 225, 249, 286
X. Basiana/J. Oripnell 58, 59, 61, 63, 66, 68, 73, 74, 76, 78, 78, 81, 82, 83, 84,
85, 86, 87, 88, 89, 90, 91, 93, 96, 110, 111, 125, 132
J. Bernadó 180
L. Casals 56, 67, 96, 99, 101, 104, 109, 112, 114, 115, 116, 117, 118, 119,
121, 122, 123, 134, 135, 150, 151, 169, 174, 183, 208, 241, 254, 261, 301
F. Catalá Roca 28
C. Delgado 156, 227, 256, 258, 259
M. Centellas 161
E. Donato 113
F. Freixa 100, 170, 179, 277
C. Flores 13, 18, 22, 23, 50, 53, 64, 77, 145, 146, 147, 175, 182, 184, 185, 186, 187, 188,
189, 190, 191, 192, 193, 195, 196, 197, 198, 199, 200, 201, 202, 203, 205, 206, 228, 229,
232, 237, 238, 239, 240, 246, 250, 257, 269, 274, 275, 287, 288, 289, 293, 298, 299
G. García-Ventosa 168
J. Gomis 241
X. Güell 55, 105, 106, 107, 108, 126, 136, 137, 139, 141, 144, 162, 163, 164, 166, 171, 172,
176, 209, 210, 211, 212, 213, 214, 220, 226, 255, 273, 276, 283, 286, 295, 300, 302, 303
L. Jansana 75, 279
Kindel 51
W. Koch 270
M. Longarón 57, 64, 65, 69, 70, 71, 79, 80, 92, 173
J.M. López Peláez 242
D. Lorente 292
D. Malagamba 52, 129, 152, 158, 223, 260, 264, 267, 291
F. Mangado 234,
Maspons/Ubiñá 268, 271
M. Melgarejo 290
M. Morilla 236
R. Munoa 269, 295
R. Prat 72
C. San Millán 235
H. Suzuki 98, 102, 149, 153, 155, 222, 224, 233, 262, 265, 294.

EQUIPO DE DIBUJO
Celia Amorós
Nuria Guinovart
David Moncusí
Joan Piera
Gemma Solanellas
Alicia Tofrá

PRODUCCIÓN
Font i Prat Associats S.L.

DISTRIBUCIÓN
ACTAR
Cristina Lladó, Anna Tetas
Roca i Batlle 2-4, 08023 Barcelona
Tel (93) 418 77 59 Fax (93) 418 67 07

IMPRESIÓN
Ingoprint

D.L. B-23.154-96
ISBN 84-920718-9-3